徳野崇行

日本禅宗における追善供養の展開

国書刊行会

はしがき

本書は我が国における禅宗の展開を追善供養という観点から通史的に描いたものである。中世以降の禅宗寺院で編纂された清規と呼ばれる行法書や日鑑などの記録から死者供養の歴史を明らかにすることで、これまで日本古来からの伝統とされてきた「先祖供養」を儀礼の変遷から批判的に検証したものである。

書名を死者供養ではなく追善供養としたのは、死者の弔いを扱う仏教研究は葬儀論が中心となっているため、葬儀ではなく、葬儀後に営まれる仏教儀礼に焦点を絞ることで死者供養という営みを先鋭化させたかったためである。

本書は、死者供養に関する筆者の論稿をまとめたもので、その多くは、平成二十二年度〈二〇一〇〉十月に駒澤大学に提出した学位請求論文「日本仏教における追善供養の研究――歴史的変遷と現状」に基づいている。学位論文において追善供養の歴史を扱った部分では、清規をはじめとする禅宗の史料を通史的に検討するものであったが、本書ではこれに、鈴木正三が撰述した仮名草子の『因果物語』の考察や、近世行法書の出版について扱った論稿も加えてある。学術誌に掲載した論稿との対応関係については本書巻末の「初出一覧」に示した通りである。

最後に本書刊行にあたり、平成二十九年度駒澤大学特別研究出版助成の交付を受けた。ここに記して感謝申し上げる次第である。

平成二十九年九月十七日

筆者　識

日本禅宗における追善供養の展開

【目　次】

目次

第二部　近世禅宗における追善供養の展開

第三部　近代禅宗における追善供養の展開

日本禅宗における追善供養の展開

序　論

一　本書の目的

序論では、本書の目的・方法を示し、その上で本書で主に扱う清規などの禅宗史料と、研究テーマとなっている死者の弔いに関する研究史を辿り、本書の意義を示したい。

まずはじめに本書の目的は、日本禅宗における追善供養の歴史的変遷を究明する点にある。そして「死者供養」という観点から日本禅宗における儀礼や実践の諸相を取り上げ、供養という行動様式の果たしてきた役割や意味を浮き彫りにしたい。あえて「先祖供養」ではなく「死者供養」という観点に着目するのは、これまでの研究において家制度や系譜的関係にもとづく「先祖」を対象とした弔いと、血縁・非血縁の別を問わない個人的な「死者」を対象とした弔いが、あまりにも差異化されずに議論されてきたことを批判的に検討するためである。「葬式仏教」という言葉に代表されるように、日本において死者の弔いを担ってきた主たる宗教が仏教であるという点を本書では問い直してみたい。

葬儀や追善供養といった仏教的な弔いの思想的基盤をなしているのは、仏教思想の根幹をなす因果応報の論理である。因果応報という論理が衆生一人ひとりの個別性を基盤とした思想であるため、追善供養という仏教儀礼もまた死者の個別性を前提としたものとなる。日本仏教の歴史において供養儀礼の対象が「亡者」と表現されてきたのはそのためである。「一切衆生」といった集合的な表象は原始仏教から見られるが、それを家などの系譜によって範囲を限定し集合的に表象することが日本で広く見られるようになるのは、家制度や敬神崇祖論が「国体」との関係で論じられる近代以降である。近代以前は天皇家や摂関家、中世以降の武家といった特別な意味をもつ集団にのみ、こうした系譜に基づく集合的な死者の表象が用いられた。

本書では、これまで「祖先崇拝」「先祖供養」という枠組みで議論されることの多かった追善供養の歴史的事象を、死者供養という呼称によって仏教儀礼としての性格を強調することで、日本の弔いを従来の固有信仰論ではない、日本仏教の歴史的展開として捉える。

これまでの死者の弔いを巡る研究では、墓制や葬儀などへの関心が中心に置かれることが多かった。しかし、本書ではとくに葬儀後に営まれる追善供養に焦点を絞る。日本における「死者供養」の全体像を理解するためには、墓の形態や葬儀だけでなく、中陰仏事・年忌仏事、臨時の法会といった仏僧が関与する供養儀礼、遺族による作善行為、施主と供養対象者との関係などにも視野を広げ、それらの歴史的変遷を辿る研究が重要だと考えるからである。こうしたアプローチによって、盂蘭盆に代表される日本の供養文化がいかに禅僧たちによって形作られてきたのかを明らかにする。

近年の研究成果によって古代・中世の天皇家や貴族、武士たちの追善供養に関する多くの知見が提示されているものの、これらの研究を総括しつつ追善供養の全体的な見取図を提示するような通史的研究はほとんどない。本書ではこれらの先行研究を参照しつつ、禅宗を事例とした追善供養の通史的な展開を描く。とりわけ、これまで追善供養の史料としてあまり注目されてこなかった清規・日鑑という禅宗寺院の行法書・日誌から、中世から近代までの供養儀礼を中心とした追善供養の変遷を論じていく。

清規・日鑑といった禅僧によって編纂された行法書を日本仏教における追善供養を考察する史料として用いるのは、これまで禅僧の行法書が民衆の実践とは離れた宗教的エリートの思想を示す史料として主に活用されてきた点を意識したものである。例えば道元の『典座教訓』のような清規史料は日本思想史・仏教思想史という学問分野において活用され、思想的意義が注目されてきた。一方、民衆による弔いの文化を対象とした諸研究が民俗学を中心に展開されてきたという経緯もあり、「仏教以前」にあった日本古来からの信仰である「祖先崇拝」という底流が論の枠組みを構成し、民俗的基盤への関心が中心に置かれることが多かったため、行法書に依拠するような仏僧の儀礼・活動からの影響を見ていく視点は希薄であった。

行法に精通した禅僧によって撰述された清規は、日分・月分・年分行事といった恒例行持、祈禱、葬儀や追善供養法といった臨時行持の行法を載録したもので、各寺院ごとに編纂された行法書である。そのため清規には、禅宗寺院の修行生活における種々の儀礼だけでなく、死者供養に関わる行法も数多く載録されており、これらの記述は禅僧による民衆教化の様態を示す重要な史料となっている。民衆層における葬儀や追善供養のすべてを仏僧の教化活動の影響と考えることはできないが、本書では禅僧によって実践された追善供養や施餓鬼・盂蘭盆会などの行法の影響を重視する視点から、日本仏教の民俗宗教的な展開を考察していきたい。

具体的な方法としては、清規を史料として儀礼の式次第や回向文の変遷に着眼する儀礼論的アプローチと、香語や日鑑に依拠した供養の具体例を分析する事例研究的アプローチ、そして供養の物語の分析などを用いる。清規を対象としたアプローチが供養儀礼のモデルを検討するものであるのに対し、香語や日鑑を対象とした研究は実際の使用例を、物語は供養の具体相をあきらかにするアプローチとなるため、これら三つのアプローチは相互補完的な性格をもつものである。

このように本書では清規を主な史料としながら禅宗の民俗宗教的な展開を通史的に論ずる。以下では、まずこの清規をめぐる研究史を整理した上で、本書の主題となる死者の弔いに関わる諸研究を辿る。その上で、追善供養の歴史的変遷を考察する筆者の研究方法の視座を提示して本書の意義を論じていきたい。

二　清規に関する研究の変遷

本書は、禅宗寺院で編纂された僧堂修行の規範である清規や日鑑から、日本における追善供養の歴史的展開を描くものである。清規・日鑑の辞義を述べるならば、清規とは、「中国の禅宗の独立に伴い、独自の規矩を制定し、それを成文化したもの」を指し[(1)]、日鑑とは禅宗寺院に置かれた「寮舎」と呼ばれる各専門部署の日々の務めを記載した指南書、あるいは日誌を言う。まずは本書の研究手法の意義を明示するために、清規研究の概略を整理していきたい。清規研究の変遷に関しては、すでに小坂機融、尾崎正善によって委細が論じられており[(2)]、二氏に導かれながら清規を対象とした諸研究の変遷を見ていきたい。

清規を対象とした研究の変遷

これまで禅宗の清規に関する研究は、岡田宜法、鏡島元隆、小坂機融、沖本克己[(3)]などを中心に、中国撰述の『百丈清規』『禅苑清規』、日本曹洞宗において「高祖」と尊称される永平道元の『永平清規』、「太祖」と尊称される瑩山紹瑾の『瑩山清規』を中心に発展してきた。中国撰述の清規が注目されたのは、「宗祖の清規の源流」という性格によるものであり、清規研究は曹洞宗の宗祖研究の一環として進展してきたといえる(4)。

曹洞宗全書刊行会が一九二九年から一九三八年にかけて編纂した『曹洞宗全書』では、両祖の著作や高僧の語録だけでなく、清規・日鑑・切紙などの資料も数多く蒐集・翻刻された。本事業は清規研究においても大きな足場を形成した特筆すべき業績として位置づけられる(5)。これを受けて清規などの禅籍を通史的に考察した岡田宜法による『日本禅籍史』が一九四三年に刊行された。本書は中世の道元撰『永平清規』『正法眼蔵』の叢林行法に関わる諸巻、瑩山撰『瑩山清規』に加え、秀茂撰『広沢山普済寺日用清規』、天倫楓隠撰『諸回向清規』を、近世では卍山道白撰『椙樹林清規』、心越興儔『寿昌清規』、面山瑞方撰『洞上僧堂清規行法鈔』、大洞院の『橘谷大洞指南』、玄透即中撰『永平小清規』、黄泉無著撰『永平小清規翼』を取り上げ、清規の全体構成を比較考察するものであった(6)。

戦後以降、この清規研究を精力的に進展させたのは小坂機融である。小坂が研究に着手した一九五八年頃について、「宗門でのこの面の研究というものは、従来それほど積極的に進められてはいなかったと言うのが、これまでの現状である」と述懐している(7)。小坂は自身の清規研究の変遷を「清規研究を入り口として、禅思想の研究、或は道元禅師の清規研究を通じて『正法眼蔵』の研究、或は『瑩山清規』を通じて瑩山禅師の研究」、そして「江戸期の宗学、復古運動の種々相というものの考察、或は批判的な研究等に趣いていった」と表現している(8)。つまり清規については重要性が指摘されてきたけれども、道元・瑩山を中心とした曹洞宗の思想史を究明する典籍としてはあまり用いられてこなかったという当時の日本禅宗史の学問的状況への認識を述べ、その欠を補うため、宗祖の思想を究明する一助として清規を用いた経緯を論じている。

その一方、「清規が仏法住持に添うように形成されて来た本来の意義を成立の原点に還って考えて、この意義が各時代にどのように自覚され伝承されているかを問」い、「宗門においては、清規受用の意義は、道元禅師のお示しのあるように、また特別に重要でありますので、この点をそれぞれの清規の変貌の中で充分吟味し、その真偽について検討しなければならない」とし、道元の思想と諸清規との関連に着目すべきであるとしている(9)。こうした見解の背景には、「教界の時流に流されず、又孤立することをも恐れず、世俗に迎合せぬ出家僧団を基盤として正伝の仏法を宣揚する」態度を示した道元の清規が「僧堂を根本とする修道者本意の生活規範であり、そして、自らの依拠した前代清規以上に純粋な立場に立つものであった」とする見方によるものである(10)。

この小坂の指摘にあるように、清規は道元や瑩山といった宗祖たちの思想、換言すれば宗旨を示す典拠として思想研究という文脈で用いられた。『瑩山清規』以降に編纂された諸清規は、道元・瑩山の清規をはじめとした著作群と比較することで吟味し、その位置づけを考察する必要があるという。

一九七〇年代に入ると曹洞宗全書刊行会より『続曹洞宗全書』が刊行され、『曹洞宗全書』では載録されなかった清規・日鑑等の史料が紹介され、一層その研究基盤が充実した(11)。本書で依拠する諸清規はこの『曹洞宗全書』『続曹洞宗全書』に負うところが多い。

以上、清規研究における史料の蒐集・翻刻や研究視点について見てきたが、その出発点に宗祖・宗旨研究という性格をもっていた。一九九〇年代以降に清規研究を、史料の翻刻とその位置づけ、諸清規の比較による儀礼の変遷の考察という多方面で進展させた代表的な研究者は尾崎正善である。尾崎は翻刻によって数多くの清規を世に知らしめ(12)、『瑩山清規』『正法清規』『普済寺清規』『椙樹林清規』などの禅宗に伝承される多種多様な清規の写本、刊本などを含めて比較することで、個々の清規の性格、位置づけを示す(13)一方、展鉢法、布薩、施餓鬼会、法戦式、三仏忌、仏慈講式、涅槃講式といった禅宗の儀礼の変遷を論じている(14)。とりわけ尾崎が翻刻した禅林寺本『瑩山清規』は現時点で最古の写本とされており、道元が僧堂行持の体系的な清規を撰述しなかった曹洞宗の行法を示す基本典籍として重要視されている。また川口高風が翻刻した一八世紀頃成立の『仙寿山全久禅院内清規』は近世の曹洞宗寺院の追善供養の様態を示す重要な史料となっている。(15)

清規を史料とする禅宗史研究と葬祭論

曹洞宗学を中心に極めて概略的に清規研究の変遷を素描したが、清規を仏教の民衆教化を示す資料として活用する手法は管見の限り、清規研究よりも次の二つの研究分野でとられてきた。一つは五山・林下の叢林における公家・武家・民衆との邂逅を描いた禅宗史研究、もう一つは教化学的視点から仏教教団の現代的問題に対応した葬儀論である。

禅宗の地方展開に関する先駆的な研究をなした鈴木泰山は、禅宗の清規のうち、『瑩山清規』と『普済寺清規』に着目している。(16)鈴木は『瑩山清規』『洞谷記』が密教思想の発展をもっとも雄弁に物語っており、「病気平癒、火盗双除、檀信徒帰崇等を祈り、上護法神は勿論、下陰明星宿の神等に至るまで、祈禱祭祀の誠を尽し、随時随処に秘密神呪を諷誦し、以て幾多の修法に一段の生彩を加え」たとし、(17)瑩山によって菩薩戒布薩式、羅漢供養、看経、接尊宿、接官、住持出入帰、吉凶斎商量、年中行事の仔細など法式の整備を進めたとしている。『瑩山清規』以後の諸清規については、南北朝から室町時代前半期にかけて制定されたとされる加賀大乗寺・能登永光寺・丹波永沢寺・同大寧寺・遠江大洞院等の清規は、江戸時代に改作されたもので原形を伝えないが、「室町時代全体を通じて発見し、信憑し得る清規は、大永七年、浜松庄富塚郷普済寺比丘秀茂が誌せる、『広沢山普済寺日用清規』が唯一のものである」と論じ、『瑩山清規』には見られない懺法が『普済寺清規』には散見でき、「一段と祈禱主義的仏教の諸分子を増大し、密教的儀礼の整備発展に躍進的な進歩を遂げ」たと論じている。

五山叢林を中心とする禅宗史を考察している今枝愛真は、『禅苑清規』『入衆日用清規』『叢林校定清規総要』『禅林備用清規』『勅修百丈清規』といった中国撰述の清規の日本伝来について論じ[18]、この影響を受けて東福寺の『慧山古規』、聖福寺の『安山清規』、無本覚心の『誓度院条々規式』、大徳寺の『徳禅寺法度』『正伝菴法度』、建仁寺の『当寺規範』、夢窓疎石の『臨川家訓』、固山一鞏の『清原寺家訓』が成立していくとしている。

桜井秀雄は瑩山門流が形成されていく過程を正法寺から論じる中で、「教化の実態」を示す史料として月泉良印の伝記とともに供養・入牌・誕生祈願・懺法祈禱・逆修などの儀礼を載録する『正法清規』を取り上げている[19]。

こうした宗学による曹洞宗史研究をより中世史研究に引きつけて禅宗の民衆化を論じているのが広瀬良弘である。広瀬は『禅宗地方展開史の研究』において「曹洞宗が地域社会、地域民衆に受容された理由は、葬祭（葬儀・法要）・受戒・祈禱の能力を持っていたことによる」と指摘し[20]、語録や寺院文書、金石遺文、授戒会の戒弟帳簿や禅僧の伝記など分析対象は多岐に及んでおり、『瑩山清規』『諸回向清規』『青原山永沢寺行事之次第』といった清規も取り上げている。

以上、禅宗史を対象としつつ清規を扱った諸研究について見てきたが、次に清規を扱ったもう一つの研究分野である葬儀論について見ていきたい。今日の既成仏教教団の有りようを示す言葉に「葬式仏教」「葬祭仏教」という表現が見られるように、現代において仏教諸教団の果たしている宗教的役割の中心には葬儀がある。このような現状を意識して曹洞宗はもとより各宗派の研究機関や宗門内の研究者によって、葬儀の位置づけを巡る研究が主要な研究対象となっている。禅宗の葬儀に関わる論稿に限って見ても、松浦秀光[21]、佐藤昌史[22]、尾崎正善[23]の論稿では、中国撰述の『禅苑清規』、日本中世の『瑩山清規』『正法清規』『龍泰寺行事次序』、近世の『椙樹林清規』『洞上僧堂清規行法鈔』、明治以降の『洞上行持軌範』『曹洞宗行持軌範』といった諸清規を用いて、尊宿・亡僧・在家者に対する葬送儀礼で用いられる念誦・回向文とその行法の変遷に関して詳細な検討が加えられている。これらの研究は、松浦秀光の先駆的な業績を除けば、一九九〇年以降になされたものであり、九〇年代以降、清規は宗祖の思想を究明する資料としてだけでなく、宗門の儀礼の変遷を辿る資料として頻繁に活用され始めたと言えるだろう。

本書の手法と問題点

本書の第一部では中世の清規を、第二部では近世の清規・日鑑を、第三部では近代に編纂される清規・行法書をもとに、禅宗における追善供養の歴史的変遷を辿る。このような本書の試みは、清規を史料とした葬儀研究の手法を追善供養へと援用したものである。葬儀に関わる行法・回向文の記載が個々の清規の巻末などにまとまって記載される場合が多いのに対し、追善供養に関わる記載は、葬儀に関する部分に中陰仏事の行法として記載されている場合もあれば、日分・月分・年中行事の記載などに組み込まれていたり、回向文を一覧にした箇所に部分的に記載されるなど、清規全体に散在している場合が多いので、それらを体系的に把握する必要がある。

こうした清規を用いて追善供養という宗教実践の有りようを考察する目的は、禅宗寺院の社会的役割や、民衆との交流を究明する点にある。これまで清規を用いた研究では、清規が撰述された寺院の時代背景や当該地域の神祇信仰・民間信仰が反映されていることはしばしば指摘されているものの、葬送儀礼の変遷を論じた論稿を除いて、寺院・僧侶と在家者との交わりを死者供養という領域から丹念に描きだそうとするアプローチは管見の限りあまりなされてこなかった。この背景には、先述したように曹洞宗の宗祖・宗旨を究明するところに力点を置く清規研究の手法が大きく影響しているように思われる。より具体的に言えば、岡田宜法の「禅籍史」という通史的な視点からの位置づけもあるが、『瑩山清規』を含めた諸清規に示された民俗宗教的側面は、民間信仰の「包摂」、あるいは「習合」「複合」と位置づけられる場合が多いため、禅僧が主導した主体的な教化活動として捉える視点が希薄であったと考えられる。このような中で、清規に描かれた民衆との接点に関する研究はその意義を主張することが難しく、研究対象となりにくかったのではないだろうか。

また、清規研究のもう一つの問題点として、行法の変遷に焦点を当てた研究は多いものの、誰がいつ、その儀礼を、何のために、営んだのかといった事例研究があまり進展していない感がある。本書ではこうした死角を香語や仏教説話、日鑑を活用することで、我が国における禅宗寺院と在俗者、民衆との邂逅を浮き彫りにしたい。筆者はこうした禅宗教団で伝承されてきた史料を、禅宗の民俗宗教的側面や日本の供養文化を究明する上で、非常に重要な知見を提供する史料と位置づけている。

その一方で、尾崎正善の「現今の多くの儀礼（施餓鬼会や大般若・葬祭・法事儀礼等々）が如何なる起源により起こり、どのような展開・改変を示してきたのか、その思想的な背景は那辺にあるのか、等々を明らかにすることが必要である」と指摘するように(24)、清規研究の課題の一つには、現在営まれている儀礼の濫觴と変遷を明らかにする点が挙げられている。本書はこうした試みの一つとして、中陰仏事や月忌、年忌供養といった追善供養の展開を辿る意味もある。次頁からの表1はすでに翻刻された清規・日鑑史料をまとめたものである。清規によって追善供養に関する記述に多寡の差があるため、本書では追善供養の変遷を辿る上で重要な清規や日鑑に絞って分析を進める。

最後に清規を用いて禅宗寺院の営みを考察する本書の問題と限界について二点附言しておきたい。一点目は本書で依拠した清規に関する問題である。本書では先述したように、すでに翻刻された清規に依拠し、追善供養の変遷を考察するものであるが、未翻刻の清規もいまだ数多く禅宗寺院に所蔵されている。翻刻された清規は臨済・曹洞宗において思想的に重要視されている文献であり、本書でこれらの清規に依拠して論を進めるのもそのためである。

表1 翻刻されている清規

＊小坂機融「清規研究の動向と展望」『駒澤大学大学院 仏教学研究会年報』二三号（一九九〇年）一五―一八頁、『曹洞宗全書 解題・索引』（曹洞宗全書刊行会、一九七八年）参照。

	清規名	撰者	成立年代	収録文献・論文
中国撰述	『禅苑清規』	長蘆宗賾	一一〇三年	『卍続蔵経』一一一冊 『曹洞宗全書 清規』
	『入衆日用清規』	無量宗寿	一二〇九年	『卍続蔵経』一一一冊
	『入衆須知』	不詳	一二六三年頃	『卍続蔵経』一一一冊
	『叢林校定清規総要』	惟勉	一二七四年	『卍続蔵経』一一二冊
	『禅林備用清規』	沢山弌咸	一三一一年	『卍続蔵経』一一二冊
	『幻住庵清規』	中峰明本	一三一七年	『卍続蔵経』一一一冊
	『勅修百丈清規』	東陽徳輝・笑隠大訢	一三三六年	『大正新脩大蔵経』四八巻
	『叢林両序須知』	費隠通容・百痴行元	一六三九年	『卍続蔵経』一一二冊
日本中世	『慧日山東福禅寺行令規法』	直翁智侃	一三一七～一三一九年	尾崎正善「翻刻・『慧日山東福禅寺行令規法』」『鶴見大学仏教文化研究所紀要』四号（一九九九年）
	『永平清規』 ・典座教訓 ・辨道法		・一二三七年 ・一二四四～一二四六年	主要なものとして 『道元禅師全集』第六巻（春秋社、一九八九年） 『曹洞宗全書 宗源上』 『大正新脩大蔵経』八二巻

・赴粥飯法 ・衆寮箴規 ・対大己五夏闍梨法 ・知事清規	永平道元	・不詳 ・一二四九年 ・一二四四年 ・一二四六年	大久保道舟『道元禅師清規』（岩波書店、一九四一年）が挙げられる。
日本中世			
『瑩山清規』禅林寺本	瑩山紹瑾	一三二四年（一三七六年写）	尾崎正善「翻刻・禅林寺本『瑩山清規』」『曹洞宗宗学研究所紀要』七号（一九九四年）
『瑩山清規』卍山本	瑩山紹瑾	一三二四年（一六八一年刊）	『曹洞宗全書　宗源下』 『大正新脩大蔵経』八二巻
『大鑑清規』	清拙正澄	一三三二年	尾崎正善「翻刻・聴松院蔵『大鑑清規』」『鶴見大学仏教文化研究所紀要』五号（二〇〇〇年）
『大鑑小清規』	清拙正澄		大正蔵経八一巻
『叢林拾遺（東漸和尚畧清規）』	東漸健易	一四一七年	尾崎正善「翻刻・京都大学文学部図書館蔵『叢林拾遺』（東漸和尚畧清規）」『鶴見大学紀要　第四部　人文・社会・自然科学編』三八号（二〇〇一年）
大安寺『回向并式法』	不詳	一四六二年頃	尾崎正善「翻刻・大安寺蔵『回向并式法』」『曹洞宗宗学研究所紀要』九号（一九九五年）
『南禅諸回向』	不詳	一四七九年以降	尾崎正善「翻刻・龍谷大学蔵『南禅諸回向』」『鶴見大学仏教文化研究所紀要』一二号（二〇〇七年）
『正法清規』	寿雲良椿	一五〇九年	『続曹洞宗全書　清規・講式』
静居寺『年中行事清規』	大樹宗光	一五二三年	尾崎正善「翻刻・永久文庫蔵『年中行事清規』」『曹洞宗宗学研究所紀要』一〇号（一九九六年）

『南禅清規』	不詳	一五二五年頃	尾崎正善「翻刻・京都大学文学部図書館蔵『南禅清規』（1）（2）」『鶴見大学仏教文化研究所紀要』一四号・一五号（二〇〇九年・二〇一〇年）
『広沢山普済寺日用清規』	秀茂	一五二七年	『曹洞宗全書　清規』
『龍泰寺行事次序』	大円正密	一五五九年	『続曹洞宗全書　清規・講式』
『諸回向清規』	天倫楓隠	一五六六年	『大正新脩大蔵経』八一巻
龍泰寺『清規古記録』	不詳	中世末か	『続曹洞宗全書　清規・講式』
日本近世			
相国寺『略清規』	能演	慶長年間（一五九六～一六一五年）頃	尾崎正善「翻刻・駒澤大学蔵『略清規』（叢規口実）」『鶴見大学仏教文化研究所紀要』八号（二〇〇三年）
『青原山永沢寺行事之次第』	不詳	一六三三年写	『曹洞宗全書　清規』
『黄檗清規』	隠元隆琦	一六七二年刊	『大正新脩大蔵経』八二巻
『小叢林略清規』	無著道忠	一六八四年刊	『大正新脩大蔵経』八一巻
大乗寺『椙樹林清規』	月舟宗胡 卍山道白	一六八〇～一六九一年頃	『曹洞宗全書　清規』
大乗寺『副寺寮日鑑』	不詳	一六八〇年以降	『続曹洞宗全書　清規・講式』
『吉祥山永平寺年中定規』	大清撫国	一七一六～一七二九年頃	尾崎正善「翻刻・岸沢文庫蔵『吉祥山永平寺年中定規』」『鶴見大学紀要　第四部　人文・社会・自然科学篇』三七号（二〇〇〇年）
清凉寺『海会堂日用毘奈耶』	東溟辨日	一七一六年写	『続曹洞宗全書　清規・講式』

日本近世			
『寿昌清規』	心越興儔	一七二七年刊	『続曹洞宗全書　清規・講式』
『橘谷内清規』	不詳	一七三一年写	『曹洞宗全書　清規』
『仙寿山全久禅院内清規』	不詳	一七三二〜一七五六年頃	川口高風「『仙寿山全久禅院内清規』について」『愛知学院大学教養部紀要』第四九巻第二号（二〇〇一年）
『洞上僧堂清規行法鈔』	面山瑞方	一七五三年刊	『曹洞宗全書　清規』
『洞上僧堂清規考訂別録』	面山瑞方	一七五五年刊	『曹洞宗全書　清規』
『橘谷大洞指南（橘谷山一向用心記）』	不詳	一七八一年写	『曹洞宗全書　清規』
『円通応用清規』	玄透即中	一七九三年	『続曹洞宗全書　清規・講式』
『妙高庵清規』	不詳	一七九八年写	『続曹洞宗全書　清規・講式』
『吉祥山永平寺小清規』	玄透即中	一八〇五年刊	『曹洞宗全書　清規』
清涼寺『寿山清規』	寂室堅光	一八一八年	『続曹洞宗全書　清規・講式』
『永平小清規翼』	黄泉無著	一八三八年刊	『曹洞宗全書　清規』
日本近代			
『明治校訂　洞上行持軌範』（『改訂増補明治校訂　洞上行持軌範』）	曹洞宗務院	一八八九年刊（一九一八年刊）	書籍として刊行
『万松山清規』	不詳	一九二七年写	『曹洞宗全書　清規』
『昭和改訂　曹洞宗行持軌範』（改訂版）『昭和訂補　曹洞宗行持軌範』	曹洞宗宗務庁	一九五〇年刊（一九五七年刊）一九六七年刊	書籍として刊行

『昭和修訂　曹洞宗行持軌範』		一九八八年刊	
永平寺『祖山行法指南』	大本山永平寺	一九七五年刊	書籍として刊行

表2は『曹洞宗宝調査目録解題集』『曹洞宗文化財調査目録解題集』をもとに[25]、未翻刻の清規・日鑑の中で、年中行事等の行法を載録した主要なものを一覧にしたものである。清規・日鑑という史料から追善供養の変遷を辿る際、これら未翻刻の清規を参照することも必要であると考えるが、本書ではまず翻刻された史料に基づいて論を進め、これら未翻刻の清規・日鑑に関しては今後の課題とし取り扱うことは控えたい。

二点目は本書で主に依拠する清規は行法の知識に長けた禅僧によって編纂された書籍であるという点である。このような史料的性格を有するため、清規は葬儀・供養の施主となった人々がこれらの儀礼や僧侶が説いた仏事の意味付け、死者観・先祖観を如何に受容していったかを示すものではない。加えて清規は行法書であるため、記載された供養儀礼がどのような階層の人々に、どの程度営まれたのかを知ることは難しい。追善供養の意味付けや死者観・先祖観を把握するためには、供養儀礼を営んだ施主たちが書き残した日記や記録を参照する必要があり、その用例や頻度などに関しては、施主の記録のほか、拈香法語や日鑑などを参照する必要がある。

とはいえ、本書で扱う清規に記載されるような追善供養を営む施主の中で、儀礼や先祖に関わる記述を残したのは、管見の限り、近世の藩主や老中といった要職にある武家や有力な商人・名主などに限られていると思われる。中世の清規が編纂された寺院の檀那には武士だけでなく在郷の民衆も含まれているが、追善供養や葬儀の感慨を述べる史料は文字を記録することがままならなかった民衆層には見出しにくい。

このような史料的制約を鑑みたとき、筆者はまず追善供養が禅宗寺院でどのように展開されたかを清規をもとに論じることは、民衆がどのような追善供養を営んできたかを知る一つの足掛かりになると考えている。追善供養の行法を体系的に示す史料である清規は、記述の委細、時代・地域を異にする種類の豊富さという点で極めて重要な史料となっている。清規・日鑑等を具に見ていくと、多寡の差はあるものの、そこには時代的・政治的・地理的環境を考慮し、法灯を保ち、発展させようと追善供養を展開させる禅宗寺院のしたたかな姿が浮き彫りになる。

表2　年中行事が記載された未翻刻の清規・日鑑

＊曹洞宗宗宝調査委員会編『曹洞宗宗宝調査目録解題集1　東海管区編』、同『曹洞宗宗宝調査目録解題集2　北海道管区編』、曹洞宗文化財調査委員会編『曹洞宗文化財調査目録解題集3　九州管区編』、同『曹洞宗文化財調査目録解題集4　中国管区・四国管区編』、同『曹洞宗文化財調査目録解題集5　近畿管区編』、同『曹洞宗文化財調査目録解題集6　関東管区編』、同『曹洞宗文化財調査目録解題集7　北信越管区編』をもとに作成。本表には筆者の判断で主要なものを挙げたが、他にも葬儀・追善供養に関する行法書・日鑑・文書・勧化帳など数多く所蔵されている。

所蔵寺院名	種別・番号	史料名	成立年代	解題（必要に応じて摘記・要約し、寂年を付した）	頁数
新潟県林泉寺	典籍七	林泉寺恒規法会疏等	一五七〇年写	守弥筆。表題・内題を欠くが、当寺の恒規大法会における疏・回向文・謹封等の範例文。すなわち、三朝佳節・涅槃会・降誕会・楞厳会啓建・同満散・施餓鬼・達磨忌・成道会・龍天供養の各疏、および土地堂念誦・歳末念誦・施餓鬼・楞厳会・龍天供養・蝗施餓鬼・船中祈禱等の回向文、などが見える。	『北信越管区』九〇一頁
新潟県徳泉寺	典籍七	徳泉寺清規	一六七四年写	永平、瑩山両清規に基づく規範を簡明に記したもの。	『北信越管区』八九三頁
				元禄八年（一六九五）編・写。永平・瑩山の両清規、	

静岡県石雲院	典籍一	龍門山石雲院指南簿	一六九五年	大乗寺の指南簿、および当寺の旧清規等により、石雲院五門派の評議によって定めた一山の指南簿。上巻には雲堂常規、日中・月中の各行事、雑儀軌、下巻には開山忌疏、年中行事等についての各規範が示されている。	『東海管区編』一一頁
静岡県妙厳寺	典籍一〇	〔広沢山普済寺日用定規〕	一七一三年頃写	筆者未詳。本書は、天正一〇年（一五八二）堂宇再創後、堂宇闕略あることから、大永古清規を随宜に省補して著された定規。本文の行事次第の諸所に大永古清規との対照があり、両規の省補・改訂の相違を知り得る。	『東海管区編』九〇頁
静岡県妙厳寺	典籍一一	普済寺日鑑	一七二二年頃写	筆者未詳。普済寺における年中行事日鑑を中心に、他の新命・塔司掟、一月中の行事、この外に造営普請願・財用に公私を分かつこと、現住持人の用弁すべきことなどを記した徳川家康直筆の写し、永禄一〇年（一五六七）の今川上総介義元の文書、慶長八年（一六〇三）の徳川家康の朱印の写しがある。	『東海管区編』九〇頁
宮城県泰心院	典籍二	三陽山泰心禅院年中行事指南簿	一七二九年写	峻山筆。旧来の常規が火災で焼失したので、泰心院一四世別峰興禅の代に再編し、古規として常置したもの。侍者の智堂が編集し、維那の峻山が書写している。内容は月中・年中各行事の指南簿であるが、後者には宗門の恒規の諸行事をはじめ、春の清明節、六月の曬薦普請、一一月の味噌撞、一二月の煤払普請式にいたる	『東北・北海道管区編』八八頁

				まで、和文体による詳細な定め。	
大阪府陽松庵	典籍一五	退蔵峰恒規	一七四七年以降写	延享三年冬安居の際に陽松庵主が定めた一山の指南簿で、永平古仏と当山開祖の垂範によるという。首に序文と「雲堂定規」を置き、以下、日分・月分・年分の各行法、上堂式・小参式・対霊小参・病僧摂養用心・亡僧戒・始祖講之事・挂搭僧一件・冬夏執事配役之名捌などの臨時行事について詳細に指南している。	『近畿管区編』二〇九頁
栃木県大中寺	典籍七	定規	一七五三年写	大中寺の日分定規指南であり、当寺三一世大光越宗代に定めたもの。末尾に内記・別記を付し、細部にわたる諸事項に関する心得や指南、および年貢米や畑金などの上納覚などを記している。	『関東管区編』五五六頁
福井県永建寺	典籍一五	維那寮指南記	一七六〇年	古柳編。当寺維那寮における手引書。月中行事・年中行事が記載されている。とくに後者が詳しい。奥書によれば、待月軒先代の鉄面が編集したものが存在したが、近ごろ失脚してしまったので旧記によって新たに筆記したという。	『北信越管区』三九七頁
石川県永光寺	典籍一三一	日鑑	一七六三年写	当寺四九二世石叟徹周の識語によれば、先住の魯道愚謙が壬午（一七六二）に撰述した清規で、侍者寮亀鑑とする。	『北信越管区』六一二頁
栃木県大中寺	典籍一〇	〔鐘司寮行事定規〕	一七六六年写	大中寺の鐘司寮に関する元旦から大晦日にいたる年間の行事定規。明和三年仲春の日に当寺三三世心光海印が、従前の定規は加筆が多く諸堂の規矩と附合せず当	『関東管区編』五五七頁

				局を惑わすため、これを整合させて書き改めたもの。	
新潟県徳泉寺	典籍一三	護国庵内清規	一七七〇年写	当寺末寺の護国庵（長野県上水内郡信濃町大井。現釈尊寺）の清規。日中行事、年中行事、典座寮指南、雲堂常規、口宣一〇項を載せている。	『北信越管区』八九四頁
山口県禅昌寺	典籍一二	法幢山侍者寮日鑑	一七七四年	大如泰音（一七八八寂）撰。独住一五世が列祖伝来の清規を捃摭し、上巻は一〇月から翌年三月まで、下巻に四月から九月までの日鑑差定を示し、末尾に掟二〇条を附したもの。	『中国管区・四国管区編』一二八頁
長野県貞祥寺	典籍一四三	洞源山貞祥禅寺内清規	一七七九年以前写	晦堂義秀（一七七九寂）編・写。まず当寺の昼夜行持指南を示し、以下に年分行事を詳記し、末尾に「着麻布直綴改衣日記」を付す。当寺二一世晦堂義秀の校定。筆者・年時ともに未詳。	『北信越管区』一六一頁
新潟県林泉寺	典籍五	衣鉢寮内之清規	一七八四年写	興鑑東国編。当寺住持職、および衣鉢侍者寮に関する規範。当寺二六世の興鑑東国が、従来の古清規を改めて新たに編集した書。日用行事雑記として年分行事を記載し、末尾に月見行事（八月一五日、九月一三日）・鎮守祭礼（九月一九日）・冬夜・冬至・節分・立春等の特別行事の規定が付載されている。	『北信越管区』九〇一頁
静岡県普済寺	典籍一七	広沢山内鑑指南記	一七九三年編・写	正徳三年（一七一三）三月に、普済寺住持の守るべき掟を定めた書。内容は、「年中初穂之定」「普請造営之掟」「財用公私ヲ分事」「現住常知弁事」「年中行事」「月中行事」「日中行事」「知殿指南」その他、の項目よ	『東海管区編』六頁

				り成る。	
島根県洞光寺	典籍七	年中行事侍者日鑑	一七九九年写	天然福苗筆。一年間の日常恒規行事における侍者の作法行事を述記したものの写。末尾に「規条」を載す。	『中国管区編』三〇五頁
新潟県雲洞庵	典籍九	金城山年中指南略	一八〇〇年写	甫暁筆。一月から一二月までの行法と注意を記す。巻末に「寛政十二庚申六月、見古記写之、副寺甫暁記」と識語される。甫暁については未詳。	『北信越管区』八〇八頁
秋田県蚶満寺	典籍六	日鑑記録	江戸期写（一八〇八年以前か）	表紙裏に「十九世代」とある。一九世大忠哲信（一八〇八寂）である。内容は年分行事ならびに心得を誌しており、前代の記を考慮して著されている。特に割布施について明細に記録している点は注目してよい。	『東北・北海道管区編』三九五頁
石川県永光寺	典籍一三二	永光諸清規	一八一八年撰 一八六八年写	某侍者写。元朝より歳末大施食まで月別年中行事の規則を示した仮名交り文の清規。原本は文化一五年（一八一八）五月一〇日、長福寺源忠が改めたものという。	『北信越管区』六一二頁
福井県永建寺	典籍九	曹紹山諸行事	一八五一年	甘雨為霖撰、霖玄光写。巻頭の文言によれば、それまで当寺で行ってきた諸行事作法を、永平寺六〇世臥雲童龍（一八七一寂）の命により当寺四一世為霖が改めたもの。	『北信越管区』三九六頁
大分県長松寺	典籍七	年中行事記	一八五二年撰	一三世舜堂仙玉が、面山瑞方の『僧堂清規』を標準としつつ、長松寺の門風に基づいて編したもの。	『九州管区編』七七頁
				内容は瑠璃光寺における四月一日から七月一六日、お	『中国管区・四

山口県瑠璃光寺	典籍二	〔瑠璃光寺制中行事指南簿〕	近世写	よび一〇月一日から正月一六日、に至る夏冬結制安居中の儀規指南簿。	国管区編』一五五頁
宮城県実相寺	典籍三	当山古記録	江戸期写	日辰・月次の行事差定。身体之辦・常規・知事清規・日中行事等すべて山法の行持指南書。	『東北・北海道管区編』一一五頁
静岡県石雲院	典籍八	可睡斎清規	江戸期写	袋井市可睡斎僧堂の清規。上巻は日中行事指南、三時の坐禅指南、行鉢法、諸回向文、晩参早参法、達磨永平二祖忌三仏会指南、出班焼香法、各差定例、下巻は月中行法、月中行事指南、年中行事指南から成り、整然と編集されている。僧堂安居衆中心の、弁道色の濃い本格的な清規である。	『東海管区編』一二頁
栃木県大中寺	典籍九	〔大中寺行事定規〕	近世写	九月晦日から七月一五日までの大中寺における弁道行事全般の定規。一一月一五日に当寺三五世永祝貞順に対する羅漢供養の修法を記載しているから、寛政一一年（一七九九）以後の定規である。	『関東管区編』五五七頁
岡山県円通寺	典籍四	〔善興寺年中日鑑〕	近世末期	内容は元日より大晦日に至る年中の行事日鑑である。善興寺とは、文中の大鳳代とあることからも、一三世に大鳳本光（一八六九寂）のいる広島県因島市の通玄山善興寺であろう。問題は、末尾に（1）祈禱札の書式、（2）臨時事、（3）諸神社江初穂事、（4）出入穢多エ遺物、の各定めが付記される中の（4）の項である。この項目は明らかに差別思想に基づく差別行為の	『中国管区・四国管区編』六頁

				定めである。	
福島県龍隠院	典籍一	年中規鑑	一八七〇年頃写	至仙卍定筆。至仙卍定（一八七六寂）は三二世。原本は万延元年（一八六〇）から慶応元年（一八六五）の年月記録散見されるので、その頃のものであろう。公用触書への添書様式に始まり、元旦諷経から晦日に至るまで月日ごとの諷経・行持と菜汁の数まで慣行を示し、また代官・大中寺への諸願届出様式と支配下寺院の添簡様式、入院・結制披露方法、時代書様式など山規を掲ぐ。	『東北・北海道管区編』一九頁
新潟県種月寺	典籍一	侍者寮日鑑	一八七六年	知徳寺（見附市本町）の侍者寮日鑑。内容は年分行事を記録した清規で、配位図・回向・疏等の文言、行持次第を載せている。乾の巻には四月から七月まで、坤の巻には一〇月より二月までを記している。	『北信越管区』七八八頁
大分県長松寺	典籍一	長松寺箴規	明治初期写	長松寺における日分・月分・年分行事の回向文を記したものである。祖堂諷経に挙げられた世代は、一三世舜堂仙玉までであり、『月谷宗派譜』によれば、一二世石山（月堂）筌芳が嘉永三年（一八五〇）寂であるから、当史料の成立は明治初期の頃であると思われる。	『九州管区編』七七頁
静岡県長松院	典籍二	〔深沢山年中行事並雑記〕	明治頃写	内容は「日中行事」（首欠）「年中行事」「年中雑記」より成る。長松院の日中・年中諸行事の次第を克明に記した山規および行事指南簿。	『東海管区編』二七頁

三　死者の弔いに関する研究の変遷

これまで本書で中心的に扱う清規などの禅宗史料に関して研究史を辿る形で筆者の立場を示してきた。次に本書の主題となっている追善供養に関する諸研究を「死者の弔い」という形でまとめ、その研究史を辿りつつ、本書の意義を述べていきたい。

死者を弔う営みに対する学術的な研究において、これまで実に多くの重要な見解が示されてきたことは言うまでもない。宗教を研究対象とする学問分野に限ってみても、『毛坊主考』や『先祖の話』を著し、「祖霊神学」とも呼ばれる固有信仰論を展開した柳田国男に端を発する民俗学の祖先崇拝論、民俗学の中で「仏教」と呼ばれるものに「民俗」を捉えようとする五来重に代表される仏教民俗学、上座部仏教圏での宗教人類学的研究の進展に伴い、世界宗教の具体相を考察するために仏教の民俗宗教的展開を対象とする宗教学や宗教人類学、現在の仏教寺院が果たす宗教的役割に焦点を当て、葬儀や追善供養の変遷を教理学的に考察する仏教諸宗派の宗学などである。

これらの死者への弔いに関わる研究史を鑑みれば、葬送儀礼や墓制、先祖観や他界観といった点に主たる関心が払われる一方、追善供養はその多様な広がりを持つにもかかわらず、主題化された研究はほとんどなく、今も多くの研究余地を残している。死者の弔いに関する研究が葬儀論を中心として進展してきたのは、日本仏教が「葬祭仏教」と称されることに見られるように、宗教的活動の中核に葬儀を置いていることが大きいと言えるだろう。また日本において仏教が葬儀を通じて民衆化したという経緯から、日本仏教史を辿る上で葬儀がとりわけ重要な儀礼として歴史的に位置づけられてきたことも影響していると考えられる。これらの学問分野の中で、死者を弔う営みは、「固有信仰」

「祖先崇拝」「祖先祭祀」「死者祭祀」「先祖供養」「死者供養」などの多様な学術用語によって概念化されてきた。これらの用語は研究者の問題関心によって使い分けがなされ、現代の死者への弔いだけでなく歴史的事象を捉える概念ともなっている。しかし、これまで概念規定に関する議論がそれほど蓄積されておらず、意味内容は研究者によって相違があり、コンセンサスが充分にとられているとは言い難い状況にある。それは以下に述べる弔いを対象とした研究の変遷に大きく起因している。

（一）民俗学による死者の弔いの研究

我が国において死者に対する祭祀や供養という営みを学術的な俎上に載せて、「先祖」という死者観を中核としつつ歴史的・現代的な展望をいち早く示したのは民俗学である。そこでは「祖先崇拝は日本古来からの固有信仰である」という「大きな物語」が提示された。例えば一族の始祖から系譜的な関係をもち、基本的には父系血縁原理に基づいた先亡の親族を「先祖」とする観念を「古来」より日本人は有し、この先祖を祀るという実践は仏教が伝来する以前から営まれ、仏教はこの「祖先崇拝」という基盤の上に間借りして先祖供養を展開したのであり、歴史を通じて連綿と先祖に対する祭祀や供養が続けられてきたという「物語」である。

言うまでもなく、その先鞭をつけたのは柳田国男の『先祖の話』等の業績であるが、柳田が「祖先崇拝」を日本の「固有信仰」とし、儒教や仏教に「汚染」される以前から存在する基層信仰としたことは周知の通りである。[26]この仏教に対する否定的評価のため、仏教的な追善供養を、「祖先崇拝」の「改悪」とまで表現している。[27]こうした論法は、祖先崇拝を「本質」とする民族的基盤の上に仏教の追善供養が導入されたという見解に立つものであった。死者は弔い上げによって個別性を喪失した集合的な祖霊として村落の氏神となり、農耕期には田の神として実りをもたらす豊穣の神となり、農閑期には山の神として田から山へと戻り、この循環を一年ごとに繰り返し、子孫を守護するといった学説が立てられた。

この柳田の固有信仰論は、竹田聴洲や堀一郎によって我が国の有史以前から続く歴史的事象として位置づけられていった(28)。竹田・堀の両氏は、仏教の追善供養が普及する以前の死者への弔いを柳田国男と同様に「祖先崇拝」という用語によって位置づけ、仏教の追善供養が定着する基盤として想定した。例えば、竹田は「祖先の追善菩提」は「仏教的装飾を施された祖先崇拝に外ならない」とし(29)、堀は「追善供養の盛行は固より我が国の祖先崇拝の信仰に根基するもの」と論じている(30)。民俗学を主とする祖先崇拝論の基調には、祖先や死者に対する追善供養が仏教以前の祖先崇拝の影響を受けて日本化したという見方があり、たとえそれらが仏教儀礼として営まれるものであっても、「民俗」に根ざした営みに置き換える視点があった。

このような柳田国男に代表される祖先崇拝論については、近代ナショナリズムとの関連から批判的に検討される一方、その歴史的上限を近世期とする見解も示されている。柳田国男の固有信仰論や祖先崇拝に関する言説のもつイデオロギー性については桜井徳太郎や森岡清美が指摘するところである。「祖先崇拝」「先祖供養」という実践や用語が内包するイデオロギー性に着目し、家族国家論に結びつく「祖先崇拝」「先祖供養」という実践が国民統治の側面を内包していたことを浮き彫りにした。固有信仰論のもつナショナリズム的性格については伊藤幹治や子安宣邦によって批判的に検討されているが(31)、民俗学内部から先祖祭祀を「固有信仰」と捉えることへ批判を展開しているのは岩田重則であり、「アエノコト」という民俗から固有信仰論に批判的な眼差しを向けているのが菊地暁である。岩田は近世仏教について論じる中で、「先祖祭祀とは純粋民俗とでもいうべき「固有信仰」ではなく、幕藩領主権力によって統制された近世仏教との習合において、近世以降形成されてきた「葬式仏教」の一つの発現形態であると考えなければならない」と論じている。[32]対して、菊地暁は民俗資料保護制度の展開や「アエノコト」の儀礼像が近代に創出されていく過程を分析し、民俗学の祖先崇拝論を批判的に検討している。[33]これらの研究によって指摘される祖先崇拝や先祖供養の持つイデオロギー性は、戦没者祭祀はもとより、近代における弔いの文化を考える極めて重要な側面である。

このように、死者に対する弔いの学術的な研究は、先述した民俗学の動向に見られるように「祖先」「先祖」を関心の中心に置く見方から始まった。かかる見方は、仏教の追善供養が導入される受容期の枠組としては重要であると筆者は考えるが、近代に至るまでの家制度に基づく死者への供養儀礼を「仏教的装飾を施された祖先崇拝」と捉えることは、供養儀礼のもつ仏教的側面や意味づけを見えにくくしてしまう問題がある。追善供養は法華八講・七僧法会・法華三昧・施餓鬼・懺法・写経など実に多様な形態をもち、こうした儀礼がなぜ選択されたのかを、時代背景や施主と寺院との関係性に即して考察することが重要であろう。つまりこのような祖先崇拝・先祖供養論では、供養儀礼のもつ仏教的意味づけが看過されてしまう問題があったと言える。

こうした弔いをめぐる民俗学的研究の重要な成果に一九七九年に刊行された『葬送墓制研究集成』が挙げられる。本書は民俗学の葬送習俗・墓・祖先祭祀に関する研究を集成したもので、葬法・葬送儀礼・先祖供養・墓の習俗と歴史など、死者・先祖の弔いを巡る習俗をテーマとした諸論稿が載録された。[34]井ノ口章次編『葬送墓制研究集成　第2巻　葬送儀礼』の構成を見ると、第一篇が「モガリ研究の問題点」、第二篇が「死の前後の呪術と儀礼」、第三篇が「親族の役割と葬式組の役割」、第四篇が「骨掛けの習俗」、第五篇が伊豆諸島の死霊祭祀の論稿となっているが、仏教的な葬送儀礼についてはほとんど言及されていない。[35]仏教民俗を専門とする坂本要が「葬式を中心とする死直後の死者儀礼については、墓制ほどには研究が進んでいない。……葬式そのものの研究が遅れてしまったのは、今述べたように死霊が祖霊に生まれかわる装置としての墓制や年忌明けに論が集中してしまったのと、葬式そのものは仏僧がやることであり、仏教教理の影響が強すぎて民俗学の対象とはならないとすることによると思われる」と述懐しているように[36]、葬儀や追善供養といった「仏教教理の影響が強」い事象は民俗学の対象となりにくかったのである。

死者の弔いを墓などの物的側面から論じたのは岩田重則である。岩田はタマガマ、メッパチ・メッパジキなどの埋葬地に置かれた墓上施設や石塔、最終年忌の塔婆、夭折者や戦没者の墓などに焦点を絞り、民俗学的な死者の弔いを発展させた[37]。

このような民俗学による祖先崇拝論を承けつつ、仏教諸宗派の葬儀・追善供養について比較検討することで、より儀礼に即して通史を描いたのは圭室諦成の『葬式仏教』である[38]。圭室は顕密の葬法や鎌倉仏教の葬儀法を示し、仏教の民衆化の起点として葬儀に注目した。そして中世後期に禅宗が「出家的・坐禅的なもの」から「在家的・葬祭的なもの」へ移行したことを禅語録に依拠して論じている[39]。仏教儀礼に基づいて追善供養の通史を示すという試みは、葬儀を仏教の民衆化の起点と捉えた着眼点と同様に、これまでの研究とは一線を画す業績であった。

一方、このような通史的な見通しを「十三仏信仰」を例に論じたのは渡辺章悟である。渡辺は仏教学的見地から、十三仏信仰の背景となる中陰や輪廻、地獄の思想史を仏典に基づいて概観し、中国における十王信仰や日本における十三仏信仰の展開を示し、板碑や石灯籠などの石造物、掛軸といった図像史料を調査し紹介している[40]。

(二) 仏教民俗学と死者の弔い

一九五〇年代以降、仏教に関わる儀礼や習俗を「民俗」と捉える仏教民俗学が興隆することで、「民俗」の創出に寄与した仏教の影響が再評価された。仏教民俗学の研究母体となった組織は二つあり、一つは五来重を中心とする高野山大学歴史研究会、もう一つは星野俊英を中心とする仏教民俗学会である。五来重は「日本仏教民俗学の構想」において、仏教民俗の研究テーマとして①仏教的年中行事、②法会・祈禱、③葬送習俗、④仏教講、⑤仏教芸能の五点を挙げている[41]。③葬送習俗には葬式・年回供養・墓制が含まれており、葬儀や追善供養は仏教民俗学という研究分野で考察が進められるようになった。

一九九二年に刊行された『葬と供養』では、天蓋・棺・経帷子・塔婆などを扱った葬具論に加え、「葬儀論」として「仏教の臨終儀礼」と「民俗の臨終儀礼」という節を設け、前者では源信撰の『往生要集』や、湛秀撰とされる『臨終行儀注記』、覚鑁の『孝養集』などから臨終における滅罪・追善の儀礼を紹介している[42]。

このような「仏教民俗」を対象とした研究が進展した背景には、一九七〇年頃から八〇年代にかけて一般生活者の信仰・実践を概念化する用語が「民間信仰」から「民俗宗教」へと移行し、日本の固有ないし基層的な信仰と世界宗教との混淆に着目する研究が精力的に進められたことが挙げられる。死者の弔いに関わる葬送儀礼や追善供養も「仏教」と「民俗・基層的信仰」との混淆・交渉を考察する格好の事例となり、研究は歴史と現代の習俗の両面に渡って蓄積されていった。

この時期に葬儀・追善供養の実態を実地調査をもとに論じた代表的な研究者は、桜井徳太郎と坂本要である。神仏習合を現代においても持続している現象と捉えた桜井徳太郎の『神仏交渉史研究[43]』では、島根県西岩見地帯を取り上げ、地域を「禅宗村落」「真宗村落」「神葬祭の村落」「禅・真両宗の村落」「禅・真・神道の村落」の五つに分類して習俗を比較し、死を表象する語句や葬式組・枕飯・葬送の有無やその名称、年忌供養の実施年忌など三四項目から菩提寺などの宗派性・地域的特質を検討している[44]。

対して坂本要は「祖先崇拝と葬式念仏」において、利根川流域の群馬・栃木・茨城・千葉の四県一六地域を調査地として葬儀における葬式組と念仏講の役割を丹念に調べ、出棺・百万遍の数珠繰り後に唱えられる和讃の式次第などを紹介し、極楽往生を祈念する僧侶による葬式と滅罪を求める講の葬式念仏とを対比的に捉えている[45]。

一方、歴史研究の面では田中久夫が中心となって進展していった。田中は「我々は、柳田国男と同じように、文献史学的偶発資料を積極的に利用しなければならない時が来た」という認識のもと[46]、六国史や日記、仏教説話集などの史料を積極的に活用した文献史学的なアプローチにより、古代における中陰仏事や年忌供養[47]、平安藤原氏の葬儀・墓制、天皇家の陵墓祭祀、盂蘭盆会・施餓鬼会といった年中行事の定着を論じ、日本における仏教儀礼と祖先崇拝との関連について研究を進めた[48]。

これら「仏教民俗」を対象とする研究の蓄積に伴い、「仏教」と「民俗」とをどのように定義すべきかという概念整理や研究手法の精緻化も試みられた。仏教民俗を巡る議論の前提には、「民俗」と「仏教」とを対置した二項対立の図式が頻繁に用いられ、個々の現象を考察する尺度となった。このような枠組は桜井徳太郎などの民間信仰・民俗宗教研究において提示された固有信仰と世界宗教の二極をもつ紡錘形のモデルと共通しており、「仏教の民俗化」と「民俗の仏教化」といった分析がなされていった。しかし、筆者はこうした「民俗」を仏教とは異なる領域に布置する概念設定は、固有信仰と通底する枠組であり、寺院や仏僧の管轄を離れた村落共同体や同族集団、家を中心とする事象に焦点を当て、仏教的営為とされる仏僧の供養儀礼を民俗研究の埒外に置いてしまう傾向が強かったと考えている。つまり、追善仏事といった寺院・仏僧が主導する儀礼は民衆層に広く定着した実践であったにもかかわらず、「民俗」として対象化されなかったのである[49]。これは民俗学の「仏教」に「汚染」されていない部分、あるいは「仏教」を除いた時に見出される部分を「固有信仰」とした柳田国男の祖先崇拝論や、この思想的枠組を継承し、成立宗教には含まれない「民族的基層」という性格を有する事象を「民俗」と呼ぶ概念設定に起因していると考えられる。このような視点は「仏教」や「民俗」を実態的な領域として規定するものであるが、こうした見方のもつ問題点が近年指摘されている。[50] 換言すれば、柳田国男のいう「固有信仰」や仏教民俗論における「民俗」が、仏教と対置される実態として説かれる場合が多いが、その「民俗」そのものを、仏教以前に遡及しうるような民衆の自律性によってのみ創出された実践・観念群とすることへの根本的な疑義の眼差しが向けられるようになったということである。盂蘭盆会や「セガキ」はもとより、「民俗」として扱われた多様な習俗・実践の中には、既成仏教の強い影響を受けたものが数多く見られるのであり、こうした実践・観念群を「仏教以前の民俗」と捉えてしまうことは、当該地域の地理的・歴史的・政治的文脈を無視する視点となる恐れがあるだろう。

ここで問題とすべきは、第一次産業の担い手を中心とした一般生活者の実践・観念群を「民俗」と称することではなく、当該地域の「民俗」を、仏僧・神官・山伏・巫者・遊行僧といったさまざまな宗教者との邂逅、寺社をはじめとする宗教勢力の状況、領主や代官などの統治者、近代で言えば国家や自治体行政といった権力の影響など、多様な要因によって成立・変動している複合体と見なす視点である。つまり、「民俗的な基盤」を各地域、各時代ごとに細かく吟味して、当該社会の寺社や宗教者、政治権力の影響を絶えず受けて、変動するものとして把握する必要があるという主張である。筆者もこのような指摘は重要であると考えており、先祖供養・死者供養という領域で言えば、葬儀や供養儀礼を寺院史料から考察することで、当該寺院の地域や時代の状況を踏まえた考察を蓄積していきたい。本書では、清規などを史料として禅宗寺院の追善供養の展開を見ていくことになるが、それはこうした問題意識を念頭におき、仏教儀礼そのものが「民俗」創出の一つの基盤となっていく過程を明らかにしたいからである。

（三）祟る死者と横死者の弔いをめぐる研究

一方、先の民俗学が説く祖先崇拝論において先祖観が守護神的性格を強くもつ温和な存在として描かれていたのに対し、御霊信仰や怨霊の研究、民間巫者研究などの分野では、「死者」という一般名詞を用いて、生者に敵意を向ける側面が論じられ、その対処法としての祭祀・供養が考察の対象となった(51)。五来重はこれを「凶癘魂《きょうれいこん》」と呼び「祟りと災いをおこしやすい恐怖的性格」を、祖霊化される前の一般的な死者の性格とした(52)。この「祟る死者」という性格は、シャーマニズム論によって現代の民間巫者の語りに見られる災因論にも通底する死者観であることが指摘される(53)。こうした御霊信仰論などの文脈と接合しつつ、「先祖」の範疇に入らない横死者や未婚の死者、夭折者、戦没者に対する弔いも「慰霊」研究という文脈で進められていった(54)。

戦没者を対象とする祭祀や供養を巡る研究は靖国神社や護国神社を中心としていたが、近年では慰霊研究という文脈で西村明が鎮魂論を基盤としながらシズメとフルイという概念で再検討している(55)。こうした慰霊研究の近年の成果として挙げられるのが村上興匡・西村明編の『慰霊の系譜』であり、国と遺族を極に置いた公私のグラデーションを想定しつつ、自治体や地域社会による慰霊の取り組みが焦点化されている(56)。対して、戦没者の弔いをより仏教教団の動向に沿って検討しているのが白川哲夫であり、仏教的な戦没者供養の近代史を詳細に描いている(57)。

（四）弔いの現代的変容

宗教人類学や家族社会学では、先祖供養の担い手である「家」に焦点を当て、先祖観、墓参といった実践と家族の現代的変容が論及されてきた。民俗学の祖先崇拝論では、固有信仰の通史的性格や普遍性を主張する傾向が強かったのに対し、社会学の研究では、社会変化に伴う先祖観や祭祀対象の変容が着目された。現代における死者の弔いの実践を見ていく上で、とりわけ重要な指摘は「先祖供養の私事化」という点と、父方・母方の「双方的な先祖観への推移」という点である。

現代における祖先崇拝の変化を仏壇に祀られた位牌の分析から、いち早く指摘したのは、ロバート・J・スミスである。スミスは日本の仏壇に祀られた位牌の中には、家制度に基づかないオジ・オバ・兄の子どもや、無系親族（母や妻の親族・養子の親族）、恩人・先生などの位牌があることを指摘し、これを「私的情愛の領域」と呼んだ。[58]そして、二〇世紀末までに「日本の祖先崇拝の支配的な形態」は双系的で、世代深度が浅い一世代・二世代の「死者の霊のために祈る供養」となるとの予測をしている。[59]

この先祖供養の私事化と双方的な先祖観は、森岡清美・孝本貢・井上治代らによって調査の蓄積がなされ、裏付けられていった。[60]井上は一墓所に二つ以上の家族が祀られている「複数家族墓」の存在とその増加が高度経済成長期から進展してきたことを指摘している。[61]一方、中込睦子は「位牌分け」の習俗を通して、母系の先祖の位牌祭祀の実態を考察し、先祖観の多様性を指摘している。[62]

その他、弔いを巡る主要な研究を挙げれば、森謙二は墓地埋葬法などの法制史の変遷や、それに対する行政的な諸問題、墓地経営などを扱っている。[63]一方、山田慎也は村落における伝統的な死生観と葬儀の変容、葬祭業者の活動を丹念に報告している。[64]林英一は火葬の歴史的展開と近代における火葬の受容年代を地域別に示している。[65]これらは葬制だけでなく、それを取り巻くさまざまな社会制度・行政・企業との結びつきや墓上施設などを主題化した点で注目される。

（五）宗教学による死者供養研究

宗教学における先祖供養論は藤井正雄や佐々木宏幹らが中心となって進めていった。藤井は供養儀礼の構造に関して、佐々木は「ホトケ」という語句のもつ両義性に着目しつつ、ともに東アジアにおける比較文化論的な視座に基づいた論が展開された(66)。

藤井のアプローチの前提には、「生活体としての日本仏教」を、日本への受容の過程で中国や朝鮮の土着宗教、さらには日本の「固有宗教」と習合して「二重、三重の習合体」として捉える視点があった。それは「中国仏教、朝鮮仏教とは異質の、独自の文化的存在」であるという(67)。施餓鬼や盂蘭盆会といった仏教儀礼は御魂祭りなどの「民俗」が仏教化したものと位置づけられてきたため、「仏教」としての側面を論ずる視点が希薄であったのに対し、藤井は浄土宗を中心としつつ葬儀や追善供養、施餓鬼会などの法要の構造とその意味の体系を、仏教教理との結びつきや機能の面から考察して通仏教的な比較の重要性を示した(68)。

一方、佐々木は、従来の民俗学では研究対象となりにくかった仏教的な生活実践や観念の総体を、「生活仏教」という概念をもって対象化する枠組みを示し、禅宗教団の事例を中心に、仏教と葬祭との結びつきを教理と実践との関連性において捉えた(69)。本書は追善供養を主題化することで、佐々木によって提唱された「生活仏教」の一端を歴史的に検討する試みでもある。

家族の変容といった家制度との関連性を問う家族社会学は別として、近年の祭祀や供養を論じた研究では、「先祖」よりも「死者」を対象化する場合が多くなっている(70)。この背景には「先祖」と「子孫」という家制度を前提とした領域だけでなく、死者一般への弔いや観念を対象化することで、キリスト教といった他の宗教文化との比較をより広く行い、弔いの文化をより多角的に見ていこうとする姿勢がある。加えて近年の研究では、夭折者や未婚の死者、戦没者や横死者といった不遇の死を迎えた者への供養や祭祀に対して積極的に光を当てる試みがなされている。先述した慰霊研究に加え、例えば桜井義秀は日本・韓国・沖縄の冥婚習俗を比較した『死者の結婚――祖先崇拝とシャーマニズム』で、系譜的な先祖観の希薄化と供養の私事化を問題関心に挙げた「祖先崇拝から死者の供養へ」という項を設けている。[71]鈴木岩弓は恐山におけるイタコの口寄せや僧侶による卒塔婆供養・大施食会、地獄巡り、積み石行動といった宗教実践の総称を「死者供養」としている。[72]

池上良正は死者供養を「仏教」という一宗教の現象としてだけでなく、道教や儒教の影響を受けて成立した複合的な「救済システム」として捉え、「日本仏教特殊論」を相対化する視座を提唱している。[73]そして「子孫を守護する先祖」と「苦しみ祟る死者」を内包した両義的な死者観の動態的把握の重要性を示唆し、祟る死者から守護する先祖へと移行させる対処法として祭祀・供養の展開を通史的に描いた。[74]川村邦光は供養・祭祀を包括する「弔い論」を提起しているが、これも同一の問題関心に基づくものであろう。[75]池上・川村などの見解は、供養や祭祀といった弔いの文化の新たな領域を見通す視座として筆者は特に重要な見解であると考えている。本書においては、池上良正の「救済システム」としての死者供養という捉え方を意識しつつ、供養を単に「仏教」の現象として捉えるのではなく、多様な宗教文化の影響を絶えず受けて変容する動態的性格を意識し、祭祀や供養を包括する用語としては、川村に依拠して「弔い」の語を用いていきたい。

四　本書の研究方法

「先祖供養」と「死者供養」

以上のような死者の弔いに関する研究の変遷をふまえ、本書では日本禅宗における葬儀や追善供養の全体像を、あえて「先祖供養」ではなく、「死者供養」という枠組みで捉えてみたい。その理由は以下の三点である。

一点目は、供養という実践によって結ばれている生者と死者との関係が多様である点を明確化させることにある。

「先祖供養」は供養対象者と供養の施主が家制度に基づいた間柄にあるか、あるいは「○○家先祖代々諸精霊」「○○氏先祖代々諸精霊」といった家名や氏名を伴うような「先祖」を対象とした作善行為を指す語として用いられる場合が多い。そのため、日本の研究では父系原理に基づかない供養が死角となりやすい傾向がある。「死者供養」という枠組みでは、こうした家制度に基づく死者や先祖を対象とした宗教実践だけでなく、それ以外の対象も含めて検討することができる。

二点目は「先祖」よりも「死者」という呼称の方が、死者が災厄をもたらす側面を含めて検討することができるため、日本における弔いの文化の歴史を捉える上で適合的であると考えるためである。供養儀礼は先考先妣などの追善菩提を願って弔い上げまで営まれ、供養された先祖は子孫を守護する存在とされてきたことは言うまでもない。しかし、死者のすべてがそのような温和な存在として観念されてきた訳ではなく、惨死や横死といった不遇の死を迎えた者には、生者に災厄をもたらすことへの畏怖の念が向けられてきた。追善供養には、生者が功徳を回向することで後生善処を祈るというだけでなく、死者がもたらす災厄への対処法としての側面が内包されてきた。中世において飢饉難民の餓死者のために営まれた施餓鬼会が追善仏事として普及していくことはそれを端的に示している。このような御霊信仰と共通する「恨み、祟る死者」というイメージは追善供養を考える上で重要な点であるが、先祖供養という語句はアカデミズムのみならず、現代社会において供養実践を表象する語句として機能し、死者のこのような負の側面に馴染まない常用語となっている。そのため、本書では「死者供養」の語を用いて、死者のもつ子孫を守護する側面と、恨み災厄をもたらす側面の両方を複合的に捉えていきたい。

三点目は、日本仏教によって展開されてきた追善供養は、「先祖」と表象される集合的・系譜的な死者群を対象とするよりも、戒名によってある特定の物故者一人を対象とするものが圧倒的に多かったという歴史的経緯に配慮するためである。また一次史料における供養対象の多くは「先亡」「亡者」という表現が一般的であった。供養対象の表現には、「遠祖」などの始祖や集合的な先祖、「七世父母」などの例も見られるが、そのほとんどは「先考先妣」「亡息・亡女」といった施主との間柄に応じた表現であり、「先祖」を対象とする供養が歴史的には主流となってきたとは言い難い。

「死者供養」の概念規定

以上のような理由から本書では、主として「死者供養」という概念によって先祖に対する儀礼と、物故者に対する儀礼を分ける視点から日本禅宗における追善供養の変遷を見ていき、必要に応じて先祖供養の語を用いていく。本書における「死者供養」という用語の定義について述べるならば、死者供養とは葬儀と追善供養を包括し、死者への回向を目的とした生者の作善行為と定義したい。葬儀と追善供養という二種の儀礼を比較して考えると、葬儀が基本的には没後に営まれる一度きりの儀礼であるのに対し、追善供養は時代によって差はあるものの中陰仏事や年忌法要など、営む時期の周期性や方法の多様性がある。追善供養の具体例をあげれば、造寺・造仏・土地の寄進、板碑・五輪塔・墓石といった石造物の建立、写経、写仏、塔婆、経典や陀羅尼の読誦、七僧法会、懺法、如法経、法華八講、曼荼羅供、盂蘭盆会、大施餓鬼会といった法会など枚挙にいとまがない。追善回向という思想の淵源は『餓鬼事経』といったパーリ仏典にまで辿ることができ(76)、仏教の日本伝来以前にすでに教理の一画を形成し、実践されてきた。

とはいえ、死者に対する供養全般を包括する概念として死者供養を用いて研究対象とする場合、問題点がある。それは、「死者」に対する「供養」として抽象化されうる実践すべてを対象化すると、その視点があまりにも拡散してしまうという点である。このような問題点を意識し、筆者は寺院・仏僧が主導する追善仏事や臨時の法要に焦点を絞って議論を進める。これは筆者の関心が寺院・僧侶と在家者・民衆との接点を浮き彫りにする点にあるためである。

五　本書の構成

本書は三部八章からなる。第一章から第三章までは第一部「奈良・平安仏教と中世禅宗における追善供養の展開」とし、中世までの追善供養について論ずる。第四章から第七章までは第二部「近世禅宗における追善供養の展開」とし、近世における追善供養を扱う。第三部「近代禅宗における追善供養の展開」は第八章を内容とし、近代に再編される追善供養について述べる。

第一章「奈良・平安仏教における追善供養の展開」では、仏教伝来時期の飛鳥・白鳳時代の仏像や経典の銘文、寺院建立の目的などから我が国における追善供養の淵源を辿る。奈良・平安朝に関しては六国史や空海撰『遍照発揮性霊集』、菅原道真撰『菅家文草』、藤原明衡撰『本朝文粋』所収の願文・表白文を用いて、仏像・仏画の作製、写経といった作善の形態、無遮大会・国忌・七僧法会・法華八講といった仏事の形態を意識しながら、天皇家・貴族層の追善仏事の事例を挙げて論じる。追善供養の具体相については主に『日本霊異記』を史料とし、とりわけ民衆層における実践を仏教説話の中から考察していきたい。

第二章「中世前期における禅宗の追善供養」では、『吾妻鏡』を史料として武家の追善仏事について確認し、日本最古の清規とされる京都五山東福寺の『慧日山東福禅寺行令規法』から禅宗の檀那忌や祠堂諷経といった供養儀礼について論じる。また室町期における足利将軍家の追善仏事について確認しつつ、曹洞宗における追善供養について『瑩山清規』（禅林寺本）や能登永光寺の置文などを検討する。

第三章「中世後期における禅宗の供養儀礼とその多様化」では、禅宗寺院で編纂された清規を用いて追善供養儀礼の変遷を検討する。一四世紀末から一六世紀初頭の追善供養については、禅語録に載録されている香語を史料としつつ、信濃大安寺蔵の『回向并式法』、陸奥正法寺の『正法清規』、駿河静居寺の『年中行事清規』、遠江普済寺の『広沢山普済寺日用清規』、天倫楓隠撰述の『諸回向清規』といった諸清規を時系列に置いて比較考察することで、中世後期において施餓鬼会や観音懺法といった禅宗の行法が追善仏事として導入されていく過程を明らかにする。

第四章「近世檀家制度の成立と供養の物語」では、まず檀家制度が確立され、死者供養を担う体制内宗教となった仏教教団における追善仏事の位置づけを、「宗門檀那請合之掟」などの史料から検討する。次いで鈴木正三撰『因果物語』から近世における追善供養の具体相を捉え、『諸国年中行事』『東都歳事記』に記載された追善供養に関する年中行事を取り上げる。

第五章「近世の出版文化と供養儀礼」では、近世の出版文化と供養儀礼との関連を施餓鬼や観音懺法の行法書などを中心としつつ全体的な状況を確認した上で、無著道忠撰の『小叢林略清規』と面山瑞方撰の『洞上僧堂清規行法鈔』という臨済・曹洞を代表する二人の学匠が編纂した行法書の版本を考察する。

第六章「近世加賀大乗寺における追善供養」では、近世における禅宗寺院の追善供養の具体相を加賀大乗寺を事例として、『椙樹林清規』と『副寺寮日鑑』という二つの史料から検討する。とくに財務部の日誌である『副寺寮日鑑』から、施財額によって十二段階に設定された追善仏事の格式や施主の地理的な分布状況と属性などについて考察していく。

第七章「藩主家の菩提寺における供養儀礼」では、彦根藩主井伊家の菩提寺である清凉寺と、信濃松本藩主戸田家の菩提寺である全久院、本山の永平寺の三ヶ寺を考察の対象とする。彦根清凉寺の『海会堂日用毘奈耶』『寿山清規』、信濃松本全久院の『仙寿山全久禅院内清規』、永平寺の『吉祥山永平寺年中定規』『永平小清規』の計五点の清規から、近世藩主家の菩提寺における供養儀礼の状況について検討する。

第八章「近代禅宗における追善供養の展開とその再編」では、明治初期に構想された檀那札の制度、壬申戸籍、追善供養の啓蒙書から、仏教に対する国家による位置づけとともに、家族国家観の影響の中で、仏僧や知識人が追善供養をどのように意味づけていたのかを論じる。次いで、仏教諸宗派によって展開された戦没者供養の式次第や行法を、宗教新聞や仏教教団の機関誌から見ていく。さらに追善仏事の再編の事例として、曹洞宗の規範・行法書を用いて、曹洞宗における追善供養の近代化がどのような変遷を辿ったのかを検討する。

注

（1）尾崎正善「清規研究の問題点——南禅寺関係の清規紹介を兼ねて」『禅学研究』第八〇号（二〇〇一年）九八頁。

（2）小坂機融「清規研究の動向と展望」『駒澤大学大学院　仏教学研究会年報』二三号（一九九〇年）、同「第一部総説四　清規の変遷」曹洞宗宗学研究所編『道元思想のあゆみ2　南北朝・室町時代』（吉川弘文館、一九九三年）、同「第一部　近世における道元禅の展開（四）清規論の展開」曹洞宗宗学研究所編『道元思想のあゆみ3　江戸時代』（吉川弘文館、一九九三年）。尾崎正善、前掲注（1）論文。

（3）沖本克己「清規研究ノート」佐々木教悟編『戒律思想の研究』（平楽寺書店、一九八一年）、同「戒律と清規」『岩波講座東洋思想　第12巻　東アジアの仏教』（岩波書店、一九八八年）。

（4）小坂機融「清規変遷の底流（一）（二）」『宗学研究』第五号、第六号（一九六三、一九六四年）。小坂は「清規変遷の底

流（一）」において、『百丈清規』から『勅修百丈清規』までの中国撰述の諸清規を比較し、荘主・街坊化主の職位の成立、祠堂諷経、聖節の行事、祝聖諷経、朝廷祈禱が追加されていく過程を取り上げ、「清規には修道中心の叢林生活の諸規定から出発し、次第に世俗進出の諸行事併修の叢林生活の規矩へと変化していった跡が見られる」と論じ、「清規変遷の底流（二）」において、これらの中国撰述の清規が道元・瑩山に如何に受容されたかを論じている。

（5）この『曹洞宗全書』に掲載された清規などの資料を列挙すると、清規関係は「宗源上巻」の『日域曹洞初祖道元禅師清規』、「宗源下巻」の『瑩山和尚清規』、「清規」の『洞上規縄』『釈氏洗浄略作法』『洞上僧堂清規行法鈔』『洞上僧堂清規考訂別録』『吉祥山永平寺小清規』『永平小清規翼』『椙樹林清規』『青原山永沢寺行事之次第』『橘谷内清規』『橘谷大洞指南』『万松山清規』『広沢山普済寺日用清規』『三足鼎儀軌』『太平山諸寮日看』『興因寺首座寮定規覚』『永渓山典座寮指南記』『増福山授戒直壇指南』『授戒会侍者暨直壇指南』『授戒会室侍私記』『洞上伽藍諸堂安像記』『洞上伽藍雑記』『禅苑清規』、切紙関係は「室中」の『洞上室内断紙揀非私記』、「拾遺」の『室内諸記拾遺』『日域曹洞室内嫡嫡秘伝密法切紙』となる。

（6）岡田宜法『日本禅籍史論』上・下巻（井田書店、一九四三年。復刊本は国書刊行会、一九七二年）。

（7）小坂機融「清規研究の動向と展望」『駒澤大学大学院　仏教学研究会年報』二三号（一九九〇年）一頁下段。

（8）小坂機融、前掲注（7）論文、二頁上段。

（9）小坂機融、前掲注（7）論文、三頁上段。

（10）小坂機融「清規変遷の底流（二）」『宗学研究』第六号（一九六四年）一三一頁下段。

（11）この『続曹洞宗全書』の清規に関するものは「清規」の『喪記集』『正法清規』『龍泰寺行事次序』『清規古記録』『最乗輪住大日鑑』『海会堂日用毘奈耶』『寿山清規』『副寺寮日鑑』『寿昌清規』『橘谷進山並開堂式』『円通応用清規』『祖規復古雑稿』『妙高庵清規』『鑑寺寮日要記』『日用内清規』『江湖指南記』『侍者寮指南記』『同行訓』『粥飯日用鉢式』『開戒会焼香侍者指揮』『伝戒受戒道場荘厳法』『大戒直壇指南』『直壇寮意得之事』『施餓鬼作法』『祈雨法壇儀規』

『仏祖袈裟考』『釈氏法衣訓』『法服正議図会略釈』『伝衣象鼻章巴歌』『法服格正』、講式本では『大般若講式』『歎仏会法式』『洞上唱礼法』『承陽大師報恩講式』『涅槃講式』『観音懺摩法』『羅漢供養式』『洞上大布薩法』『永平寺開山忌行法華講式』『達磨大師講式』『洞上伝灯講式』である。

(12)　曹洞宗に関するものは、「翻刻・禅林寺本「瑩山清規」」『曹洞宗宗学研究所紀要』第七号（一九九四年）、「翻刻・大安寺蔵「回向并式法」」『曹洞宗宗学研究所紀要』第九号（一九九五年）、「翻刻・永久文庫蔵『年中行事清規』」『曹洞宗宗学研究所紀要』第一〇号（一九九六年）、「翻刻『仏慈講式』」『曹洞宗宗学研究所紀要』第一二号（一九九八年）、「翻刻・岸沢文庫蔵『吉祥山永平寺年中定規』」『鶴見大学紀要　第四部　人文・社会・自然科学篇』第三七号（二〇〇〇年）がある。臨済宗に関するものは、「翻刻・聴松院蔵『大鑑清規』」『鶴見大学仏教文化研究所紀要』第五号（二〇〇〇年）、「翻刻・京都大学文学部図書館蔵『叢林拾遺』（東漸和尚略清規）」『鶴見大学紀要　第四部　人文・社会・自然科学篇』第三八号（二〇〇一年）、「翻刻・駒澤大学蔵『略清規』（叢規口実）」『鶴見大学仏教文化研究所紀要』第八号（二〇〇三年）、「翻刻・龍谷大学蔵『南禅諸回向』」『鶴見大学仏教文化研究所紀要』第一二号（二〇〇七年）、「翻刻・京都大学文学部図書館蔵『南禅清規』（1）」『鶴見大学仏教文化研究所紀要』第一四号（二〇〇九年）がある。翻刻の他に諸清規の項目索引を記した「清規関係文献項目索引」『鶴見大学仏教文化研究所紀要』第七号（二〇〇二年）がある。

(13)　『瑩山清規』に関しては、尾崎正善「「瑩山清規」の変遷について──徳泉寺蔵「延宝五年本」について」『宗学研究』第三五号（一九九三年）、「「瑩山清規」の変遷について（2）──諸本の系統に関する覚書」『曹洞宗宗学研究所紀要』第六号（一九九三年）、『椙樹林清規』に関しては、尾崎正善「「椙樹林清規」と「黄檗山内清規」──「雲堂常規」との比較」『宗学研究』第三六号（一九九四年）、『普済寺清規』に関しては、尾崎正善「普済寺関係清規について」『宗学研究』第四三号（二〇〇一年）がある。

(14)　尾崎正善の儀礼の変遷に関する研究は以下の通りである。展鉢法に関しては「展鉢法と食堂──宗門の展鉢法をめぐる問題点」『宗学研究』第四四号（二〇〇二年）、布薩に関しては「曹洞宗における「布薩」について」『印度学仏教学研究』

第四八巻第一号（一九九九年）、施餓鬼会に関しては「施餓鬼会に関する一考察（1）――宗門施餓鬼会の変遷過程」『曹洞宗宗学研究所紀要』第八号（一九九四年）、「施餓鬼会に関する一考察（2）――真言宗との比較を通して」『印度学仏教学研究』第四三巻第一号（一九九四年）、法戦式に関しては「法戦式について」『宗学研究』第四五号（二〇〇三年）、三仏忌に関しては「三仏忌について――成道会の儀礼について（1）（2）（3）」『宗学研究』第四六、第四七、第四八号（二〇〇四、二〇〇五、二〇〇六年）、講式に関しては「「仏慈講式」について」『宗学研究』第四一号（一九九九年）、「麟広書写本『瑩山清規』の涅槃講式について」『曹洞宗宗学研究所紀要』第一一号（一九九七年）、「曹洞宗における涅槃講式について」『宗学研究』第四〇号（一九九八年）、「曹洞宗における涅槃構式について（2）――諸本の校異と清規資料における位置づけ」『曹洞宗研究員研究紀要』第二九号（一九九八年）がある。

（15）川口高風「『仙寿山全久禅院内清規』について」『愛知学院大学教養部紀要』第四九巻第二号（二〇〇一年）。

（16）鈴木泰山『禅宗の地方発展』（吉川弘文館、一九四二年）五六―九五頁。

（17）鈴木泰山、前掲注（16）書、五六頁。

（18）今枝愛真「第一章第三節　清規の伝来と流布」『中世禅宗史の研究』（東京大学出版、一九七〇年）五六―七二頁。

（19）桜井秀雄「瑩山禅師門流の教団形成――教化学的視点から奥の正法寺を中心として」瑩山禅師奉讃刊行会編『瑩山禅師研究』（瑩山禅師奉讃刊行会、一九七四年）五三九―五四六頁。

（20）広瀬良弘『禅宗地方展開史の研究』（吉川弘文館、一九八八年）五二四頁。

（21）松浦秀光『禅家の葬法と追善供養の研究』（山喜房佛書林、一九六九年）。

（22）佐藤昌史「宗門葬祭儀礼の変遷――亡僧葬法を中心として」『教化研修』第三三号（一九九〇年）、同「宗門葬祭儀礼の変遷（二）――在家葬法を中心として」『教化研修』第三四号（一九九一年）。

（23）尾崎正善「宗門葬祭儀礼の一側面――宗門清規・回向の変遷を通して」『曹洞宗研究員研究紀要』第二四号（一九九三年）。

（24）尾崎正善「清規研究の問題点――南禅寺関係の清規紹介を兼ねて」『禅学研究』第八〇号（二〇〇一年）九八頁。

（25）曹洞宗宗宝調査委員会編『曹洞宗宗宝調査目録解題集1　東海管区編』（曹洞宗宗務庁、一九九一年）、同『曹洞宗宗宝調査目録解題集2　北海道管区編』（曹洞宗宗務庁、一九九四年）、曹洞宗文化財調査委員会編『曹洞宗文化財調査目録解題集3　九州管区編』（曹洞宗宗務庁、一九九六年）、同『曹洞宗文化財調査目録解題集4　中国管区・四国管区編』（曹洞宗宗務庁、一九九七年）、同『曹洞宗文化財調査目録解題集5　近畿管区編』（曹洞宗宗務庁、一九九九年）、同『曹洞宗文化財調査目録解題集6　関東管区編』（曹洞宗宗務庁、二〇〇三年）、同『曹洞宗文化財調査目録解題集7　北信越管区編』（曹洞宗宗務庁、二〇〇六年）。

（26）柳田国男は一九一〇年代では、仏教の果たした宗教的役割を評価する文言が次のように見られる。

念仏の功徳はよくこれらの亡霊を導いて遠い浄土に安頓せしめ、もはや閻浮の故里などの事をその念頭におかしめない。ゆえに娑婆には御霊に起因する災厄がなくなるとこういう理屈である。甚深なる教理は農夫にはまず用がない。凡眼に映じたる念仏の利益はつまり右の自他両面の済度であって、しかも近世国学家の罵倒にもかかわらず我々が仏教の日本文明に貢献したと認める最も重要な点もここにあるのである。

（柳田国男「念仏団体の変遷」『郷土研究』第二巻第二号〈一九一四年〉）

これは関東地方の念仏講や空也、一遍に代表されるような遊行の念仏行者に関する一説であり、御霊や亡霊による祟りを解消する念仏の果たした役割に注目し、その意義を認めている。

（27）『先祖の話』を著述した晩年に近づくほど、柳田国男は「仏教」に対する否定的な姿勢を強くしていく。追善供養を「改悪」と称した一説は次の通りである。

家が永続して先祖の霊が増加して行くとともに、だんだんに粗末になるかも知れぬおそれのある祭り方、または年とともに追善が間遠になって、末には忘れたり思い出さぬようになったりする年忌というものが、もしも仏法の本からの教えでも何でもなく、日本に入って来て後に在来の慣行を認めて、それと折合いを付けてこうきめたものだとしたら、それは遺憾ながら改悪と評してもよいものであった。せっかく我々の間にはいつまでも先祖を思慕し、年々欠かさずに子孫が寄り集まって、一定の期間生活を共にするという良い風習があったものを、なまじいにある少数の個人の記念に力を注いだばかりに、かえって他の多くのものを粗略にする結果になった。（柳田国男「先祖の話」『柳田国男全集13』〈一九四六年〉六四頁）

（28）竹田聴洲『祖先崇拝』（平楽寺書店、一九五七年）、堀一郎『上代日本仏教文化史』上・下巻（臨川書店、一九四一年・一九四三年）、同「序編」『我が国民間信仰史の研究（一）序編・伝承説話編』（創元社、一九五五年）、同『我が国民間信仰史の研究（二）宗教史編』（創元社、一九五三年）。

（29）竹田聴洲、前掲注（28）書、一六七頁。

（30）堀一郎「序編」『我が国民間信仰史の研究（一）序編・伝承説話編』（創元社、一九五五年）二五〇頁。

（31）伊藤幹治『柳田国男と文化ナショナリズム』（岩波書店、二〇〇二年）、子安宣邦『日本近代思想批判――一国知の成立』（岩波書店、二〇〇三年）。

（32）岩田重則「「葬式仏教」の形成」『新アジア仏教史13　民衆仏教の定着』（佼成出版社、二〇一〇年）三二五頁。

（33）菊地暁『柳田国男と民俗学の近代』（吉川弘文館、二〇〇一年）。

（34）『葬送墓制研究集成』（名著出版、一九七九年）の巻題・編者は次のとおりである。第1巻は「葬法」で土井卓治・佐藤米司が編者をつとめ、第2巻は「葬送儀礼」で井ノ口章次編、第3巻は「先祖供養」で竹田聴洲編、第4巻は「墓の習俗」で最上孝敬編、第5巻は「墓の歴史」で上井久義編となっている。

（35）井ノ口章次編『葬送墓制研究集成　第2巻　葬送儀礼』（名著出版、一九七九年）。

（36）坂本要「祖先崇拝と葬式念仏」竹田聴洲編『葬送墓制研究集成　第3巻　先祖供養』（名著出版、一九七九年）二九一頁。

（37）岩田重則『墓の民俗学』（吉川弘文館、二〇〇三年）、同『「お墓」の誕生――死者祭祀の民俗誌』（岩波書店、二〇〇六年）。

（38）圭室諦成『葬式仏教』（大法輪閣、一九七七年）。

(39) 圭室諦成、前掲注(38)書、一二八―一二九頁。
(40) 渡辺章悟『追善供養の仏さま　十三仏信仰』(北辰堂、一九八九年)。
(41) 五来重「日本仏教民俗学の構想」『仏教民俗』第一号(高野山大学歴史研究会、一九五二年)五六―五七頁。
(42) 五来重『葬と供養』(東方出版、一九九二年)六七一―七〇九頁。
(43) 桜井徳太郎『神仏交渉史研究』(吉川弘文館、一九六八年)四〇頁。
(44) 桜井徳太郎、前掲注(43)書、二六七―四一四頁。
(45) 坂本要、前掲注(36)論文。
(46) 田中久夫『祖先祭祀の展開――日本民俗学の課題』(清文堂出版、一九九九年)一九頁。
(47) 田中久夫「第七節　仏教と年忌供養」『仏教民俗と祖先祭祀』(永田文昌堂、一九八六年)三六九―三九二頁。
(48) 田中久夫、前掲注(47)書、同『祖先祭祀の研究』(弘文堂、一九七八年)、同編『祖先祭祀の歴史と民俗』(弘文堂、一九八六年)。
(49) 「民俗」と「仏教」を二項対立でとらえる視点が多かった一九八〇年代の中で、仏教儀礼への実地調査と報告を体系的にまとめた研究もなされており、代表的な業績として、瀬戸内寂聴・藤井正雄・宮田登監修『仏教行事歳時記(1月～12月)』(第一法規出版、一九八八年・一九八九年)が挙げられる。
(50) 池上良正「宗教学の方法としての民間信仰・民族宗教論」『宗教研究』第三二五号(二〇〇〇年)。
(51) 柴田實編『御霊信仰』(雄山閣出版、一九八四年)、山田雄司『跋扈する怨霊――祟りと鎮魂の日本史』(吉川弘文館、二〇〇七年)。
(52) 五来重、前掲注(42)書、七―一〇頁。
(53) 池上良正『民間巫者信仰の研究』(未來社、一九九九年)、大橋英寿『沖縄シャーマニズムの社会心理学的研究』(弘文堂、一九九八年)。

(54) 横死者や不遇の死者に関して主な業績を挙げれば、文化庁編『日本民俗地図Ⅶ（葬制・墓制）』（国土地理協会、一九八〇年）、波平恵美子「異常死者の葬法と習俗」『仏教民俗学大系4 祖先祭祀と葬墓』（名著出版、一九八八年）、勝田至「さまざまな死」『岩波講座日本通史 第8巻 中世2』（岩波書店、一九九四年）、水子供養では、森栗茂一「水子供養の発生と現状」『国立歴史民俗博物館研究報告』第五七集（一九九四年）、高橋三郎編『水子供養――現代社会の不安と癒し』（行路社、一九九九年）、ウィリアム・R・ラフルーア『水子――〈中絶〉をめぐる日本文化の底流』（青木書店、二〇〇六年）、未婚の死者に関しては、松崎憲三編『東アジアの死霊結婚』（岩田書院、一九九三年）、桜井義秀『死者の結婚――祖先崇拝とシャーマニズム』（北海道大学出版会、二〇一〇年）、となる。

(55) 西村明『戦後日本と戦争死者慰霊――シズメとフルイのダイナミズム』（有志舎、二〇〇六年）。

(56) 村上興匡・西村明編『慰霊の系譜――死者を記憶する共同体』（森話社、二〇一三年）

(57) 白川哲夫「日清・日露戦争期の戦死者追弔行事と仏教界――浄土宗を中心に」『洛北史学』第八号（二〇〇六年）、同「大正・昭和期における戦死者追弔行事――「戦没者慰霊」と仏教界」『ヒストリア』第二〇九号（二〇〇八年）。

(58) ロバート・J・スミス『現代の祖先崇拝』上・下巻、（御茶の水書房、一九八一年・一九八三年）。

(59) ロバート・J・スミス、前掲注（58）書（下巻）、三五八頁。

(60) 森岡清美『家の変貌と先祖の祭』（日本基督教団出版局、一九八四年）二二四頁、孝本貢『現代日本における先祖祭祀』（御茶の水書房、二〇〇一年）一三八―一四一頁、井上治代『墓と家族の変容』（岩波書店、二〇〇三年）二七一―二七二頁。

(61) 井上治代、前掲注（60）書、二六五頁。

(62) 中込睦子『位牌祭祀と祖先観』（吉川弘文館、二〇〇五年）。

(63) 森謙二『墓と葬送の現在――祖先祭祀から葬送の自由へ』（東京堂出版、二〇〇〇年）。

(64) 山田慎也『現代日本の死と葬儀――葬祭業の展開と死生観の変容』（東京大学出版、二〇〇七年）。

(65) 林英一『近代火葬の民俗学』（法藏館、二〇一〇年）。

(66)　佐々木宏幹『仏と霊の人類学――仏教文化の深層構造』（春秋社、一九九三年）。
(67)　藤井正雄「序論」『祖先祭祀の儀礼構造と民俗』（弘文堂、一九九三年）六頁。
(68)　藤井正雄「4葬送の儀礼」「5回向の儀礼」『日本人の仏教　仏教の儀礼』（東京書籍、一九八三年）、同「第三章　仏教儀礼の構造　第一節　仏教儀礼の構造比較――とくに通常法要儀礼と盆施餓鬼行事をめぐって」前掲注（67）書、一八九―二三四頁。
(69)　佐々木宏幹、前掲注（66）書、同『〈ホトケ〉と力――日本仏教文化の実像』（吉川弘文館、二〇〇二年）、同『仏力――生活仏教のダイナミズム』（春秋社、二〇〇四年）。
(70)　二〇〇六年九月一六日に開催された日本宗教学会第六五回学術大会公開シンポジウムは「死者と生者の接点」と題して、宮家準・藤井正雄・山形孝夫による講演があり、民俗宗教・日本仏教・キリスト教による死者への弔いの実践や死者観が検討されている（「公開シンポジウム　死者と生者の接点」『宗教研究』第三五一号〈二〇〇七年〉一―一六四頁）。
(71)　桜井義秀、前掲注（54）書、九―一二頁。
(72)　鈴木岩弓「墓地のコスモロジー――霊場・恐山にみる死者供養〈第11回「地球環境財団研究奨励金」研究成果報告書（1）〉」『地球環境研究』第五二号（地球環境財団、二〇〇二年）。
(73)　池上良正「東アジアの救済システムとしての「死者供養」」『宗教研究』第三五九号（二〇〇九年）一八二―一八三頁、同「上海における「死者供養仏教」の活性化――松隠因禅寺の事例を中心に」『文化』第二八号（二〇一〇年）。
(74)　池上良正『死者の救済史――供養と憑依の宗教学』（角川書店、二〇〇三年）。
(75)　川村邦光「弔い論へ向けて――死者、亡霊、戦死者から」『現代思想』第三三巻第九号（青土社、二〇〇五年）。
(76)　藤本晃『廻向思想の研究――餓鬼救済物語を中心として』（国際仏教徒協会、二〇〇六年）。

第一部　奈良・平安仏教と中世禅宗における追善供養の展開

第一章　奈良・平安仏教における追善供養の展開

本書はそのタイトルにあるように、日本禅宗における追善供養の展開を通史的に描くことを目的としていることは、序章で述べたとおりである。第二章以下では、清規史料などをもとに禅宗における供養儀礼を論じるが、まず第一章では、その前史とも言うべき、奈良仏教・平安仏教による追善供養の展開を見ていく。

禅宗が日本に伝来した鎌倉期には、すでに顕密寺院による供養儀礼が日本の弔いとして営まれる状況にあった。そうした中で、禅宗は新たな教理的背景を担いつつ、顕密寺院の供養儀礼と競合する形で追善供養を展開していく。このため、日本における供養文化の展開や禅宗における供養儀礼の歴史的変遷を捉える上でも、顕密寺院の供養儀礼について見ておくことは重要である。

本章では、古代の国忌に代表される官寺によって構築された天皇家の中陰仏事体制や、摂関家の追善供養、鎌倉期における武家の供養儀礼などについて、先行研究を整理しつつ奈良仏教と平安仏教による追善供養の展開を確認していく。まず古代に造立された仏像の銘文や造寺の目的、写経された経典に付された願文などから、古代においてすでに作善の功徳が死者の菩提円満のために回向されていたことを確認する。そして律令体制下に制度化された天皇家の国家的な追善仏事である国忌といった天皇家の追善供養を取り上げ、次いで摂関家に代表される貴族階級や民衆層の追善供養の様態を、追善仏事に使用された表白・願文、金石遺文、日本最古の仏教説話である『日本霊異記』をもとに論じていきたい。

第一節　造寺・造仏・写経願文と追善供養

日本仏教における追善供養の濫觴を探る場合、造仏の銘文、写経された経典の願文といった遺文や造寺に関わる史料の記述から見ていくことが有効なのは、他の仏教史研究と同様である。このような観点から古代仏教と死者供養との関連について論じたものに、堀一郎の『上代日本仏教文化史』『我が国民間信仰史の研究（二）宗教史編』が挙げられる。(1)

造仏の例で言えば、法隆寺の弥勒思惟像はその台座の銘より、高屋大夫が亡妻のために造ったもので、法隆寺蔵の釈迦如来仏は蘇我蝦夷が父馬子の三周忌に当たって造った仏像であった。島根県鰐淵寺蔵の観音像は、推定持統天皇四年（六九四）に出雲国若倭部徳大里が父母のために作製したものといわれ、新薬師寺蔵の十二神将因陀羅大将には七世父母六親眷属のために造った旨が記されているという。(2)

一方、寺院・堂舎建立の目的を追善とする例も多く、堀は寺院や堂の縁起については以下のように論じる。

造寺造堂についても明白に故人追善の縁起を有するものには、天智天皇が斉明天皇の奉為に請願して建立せられた筑紫観世音寺をはじめ、藤原鎌足の墓所に起塔した多武峰寺、藤原不比等のための興福寺北円堂、橘三千代のための興福寺西金堂、恵美押勝が先妣のために造立した興福寺講堂、光明皇后の奉為に建てた山階寺本院、法華寺内西南隅の浄土院などがある。

（堀一郎「わが国民間信仰史の研究　宗教史編　第八篇　民間信仰における鎮送呪術と民間念仏の機能」

『堀一郎著作集　第7巻　民間信仰の形態と機能』〈未來社、二〇〇二年〉三八四頁）

表1―1は書写された経典に付された死者供養に関する願文四点を一覧にしたものである。本表の示すように、先の造寺と同様に写経もまた追善を目的とするものがあり、(3) 功徳の回向は特定の死者だけでなく「七世父母」「六親眷属」といった広い対象にも向けられている。写経の願文だけでなく、「七世父母」の語は盂蘭盆会の濫觴とされる次の『日本書紀』の記述にも見られる。(4)

斉明天皇五年（六五九）七月庚寅（一五日）条

表1―1　飛鳥・奈良時代における死者供養を目的とした写経願文

年号・経典名	願文	史料名・頁数
天武一四年（六八六） 僧宝林敬造金剛場陀羅尼経願文	歳次丙戌年五月、川内国志貴評内知識、為七世父母御世及一切衆生、敬造金剛場陀羅尼経一部、藉此善因、往生浄土、終成正覚	『大日本古文書』（編年之二十四）一頁
天平二年（七三〇） 近江石山寺所蔵の僧賢証書写瑜伽師地論願文	天平二年歳次庚午二月十日、飛鳥寺僧賢証、為七世父母六親眷属及広尤辺尤際之、与一切有情共成仏道、貢敬瑜伽論七巻、……而法音輪大妙相二柱菩薩船主、分段生死之海度、而願与羣生共速尤上覚也。	『大日本古文書』（編年之二十四）七頁
天平一七年（七四五） 紀伊医王寺所蔵の大般若経願文	天平十七年七月六日、林連白刀自女、写仕奉大般若経一巻、依是功徳、七世父母、現在父母、六親眷属、令解脱八難処及諸人尤、乞冀十方浄土令往生、遂合尤上菩提、広及尤辺尤際、含色類共成仏。	『大日本古文書』（編年之二十四）二九七頁
宝亀元年（七七〇） 佐使主麻呂発願の解深密経願文	神護景雲四年歳次庚戌二月三日錦曰佐使主麻呂発願 瑜伽論一部上報仏恩為国帝臣、 次為尤辺尤際一切、 次〔為〕七世父母六親眷属慈悲父母兜率天浄土往生得見弥勒教	『大日本古文書』（編年之十七）一四七頁

群臣に詔して、京内の諸寺に、盂蘭盆経を勧講かしめ、七世の父母を報いしむ。

（坂本太郎・家永三郎・井上光貞・大野晋校注『日本古典文学大系68　日本書紀（下）』〈岩波書店、一九六九年〉三四〇頁）

豊浦宮の諸寺で群臣に盂蘭盆経を講義して、「七世父母」に報いたという内容であるが、『日本書紀』推古天皇一四年（六〇六）四月条には、「是年より初めて寺毎に、四月の八日・七月の十五日に設斎す」とあり、[5]釈尊降誕会とともに盂蘭盆会に際して設斎を寺ごとに行い、盂蘭盆経の講説などが行われていたことが分かる。このことから、七世紀にはすでに盂蘭盆会を通して父母の追善が教化されていたと推察される。

このように日本仏教が死者供養と密接に結びついたのは、なにも葬祭や追善供養によって仏教の民衆化が全国的に展開される中世からではない。先述した銘文や造寺の経緯から看取できるように、古代仏教は伝来してまもない飛鳥・白鳳時代において、すでに追善を祈る死者供養的側面をもっていた。官寺・官僧による鎮護国家体制が築かれる以前の段階において、仏教的な作善の功徳は、死者の菩提円満を祈り、極楽や兜率天への往生を願って営まれていた。仏教が国家的な庇護を受けていない七世紀において、このような傾向が見られることは、道教や儒教などの宗教文化との交渉を経ることで、死者供養と一体となって中国大陸・朝鮮半島から伝来した可能性を示唆しているように思われる。[6]

とはいえ、日本仏教がより追善供養と強い結びつきを示すようになるのは、壬申の乱以後に律令制が導入されてからのことであろう。というのは、天武天皇以後の天皇・皇后が崩御した後の弔いに「国忌」が導入され、七大寺をはじめとする官寺の官僧がこの天皇・皇后の追善仏事に動員されるようになり、一方では大学寮などの官人養成機関において『論語』や『孝経』が教科書として用いられ、貴族・官人に孝思想が受容され、父母への孝養の実践として追善仏事が重要視されたからである。以下では、律令体制以降の追善供養の様態を、天皇家・貴族・民衆という三つの身分階層別に見ていきたい。

第二節　天皇家の追善供養と奈良・平安仏教

天皇家における追善供養を考察するため、まずは奈良・平安京の諸寺の官僧による営みに着目したい。「学問仏教」と称されるように、唐で隆盛を極めた仏教諸派が大陸文化として日本に伝来し、三論・成実・法相・華厳・倶舎・律の南都六宗が形成され、仏教教理の研鑽が進められる一方、国家的な庇護のもとに国分寺・国分尼寺が造営され、金光明経を主とした経典を読誦することによって、国家繁栄を願う鎮護国家の役割を担った。

養老二年（七一八）に制定された養老律令には、僧・僧尼の活動を制限する二七箇条の僧尼令が含まれ、僧・尼僧、沙弥・沙弥尼の民衆布教が公的に禁止されたが、それは奈良仏教と死者供養とが無縁であったことを意味する訳ではない。というのは、奈良時代において天皇崩御の後に営まれた弔いの儀礼に仏教が導入され、国家的な追善供養儀礼としての「国忌」が制度化し、奈良仏教の官僧たちはこの追善仏事に動員されたからである。並びに、大学寮では『論語』『孝経』などの儒教経典が教科書として使用され、儒教的な孝思想は官人たちの倫理とされ、この孝思想の実践に仏教による追善仏事が選択されるようになった。

天皇家における中陰や年忌における弔いの儀礼に仏教が導入されたのは奈良持統朝における文武天皇の供養からであるとされている。天皇家の葬礼は奈良時代において殯宮儀礼と僧尼による仏事が併修されるようになるが、文武天皇をもって殯宮儀礼は消滅し(7)、唐に倣って天皇の年忌を供養する国忌が導入された(8)。古代における天皇・皇后の追善供養の「国忌」に関しては、古瀬奈津子が天武天皇から三条法皇までを網羅的に紹介している(9)。古瀬は、唐朝での皇帝の国忌日に宮中や諸寺で営まれる追善供養が日本に現れるのは、天武天皇（六八六年九月九日崩御）の国忌からであり、国忌とは一周忌の翌年からの命日に営まれる年忌を指し、奈良時代における国忌の特徴として、①「一周忌と国忌の行われる寺は原則として同じであった」こと、②「七七日・一周忌が、中央の寺だけでなく、諸国の国分寺・尼寺においても行われた例が見えること」を挙げている。[10]

奈良時代の天皇・皇后の追善仏事を一覧にしたものが表1―2であり、[11] 誦経・設斎などの追善仏事が中陰・一周忌に際して四大寺・七大寺を中心に営まれていることが看取できる。

法会の具体例を挙げれば、誦経・設斎に加え、天武天皇の「無遮大会」、元正天皇の「敬礼読経」、光明皇后の国忌には山階寺で梵網経の講義、法華寺では七日間の阿弥陀仏への礼拝が営まれている。称徳天皇の七七日に山階寺で設斎とともに国分寺・国分尼寺での「行道転経」という形式も確認できる。

追善仏事の布施物を見ると、元明天皇の一周忌には、華厳経（八〇巻）・大集経（六〇巻）・涅槃経（三〇巻）・大菩薩蔵経（二〇巻）、観世音経（二百巻）の経典をはじめ、灌頂幡八首、道場幡千首などの装飾幡、漆の机三六台、銅鋺一六八器、柳箱八二個が施入されている。光明皇后の七七日の場合は諸国で阿弥陀浄土画像の作成と浄土経の書写が営まれ、一周忌には国分尼寺で丈六の阿弥陀仏像一体、脇侍菩薩二体を造立している。

仏事の営まれる寺院は平城京の官寺が中心となり、聖武天皇以後は七大寺が誦経・設斎などの仏事を営んでいる。天平一三年（七四一）に国分寺建立の詔が発布されて各国に建立される国分寺（金光明四天王護国之寺）・国分尼寺（法華滅罪之寺）による供養は光明皇后以降に行われている。

高野新笠《たかののにいがさ》（光仁上皇中宮）・藤原乙牟漏《おとむろ》（桓武天皇皇后）の一周忌では、斎会に奉仕した官人の人数が明記されており、高野新笠の場合では爵を賜ったのが雑色九六人、禄を賜ったのが二九三人である。藤原乙牟漏では、雑色の人ら二六

表1—2　飛鳥・奈良時代における天皇家の追善供養

＊原文の記述は、坂本太郎・家永三郎・井上光貞・大野晋校注『日本古典文学大系68　日本書紀（下）』（岩波書店、一九六五年）、青木和夫、稲岡耕二、笹山晴生、白藤礼幸校注『新日本古典文学大系12〜16　続日本紀（一〜五）』（岩波書店、一九八九〜一九九八年）に依拠した。

	仏事の内容	原文
天武天皇（六八六年九月九日崩御）	【七七日】大官寺・飛鳥寺・川原寺小墾田豊浦・坂田寺の五大寺で無遮大会 【国忌】京師諸寺で設斎	・『日本書紀』巻第三〇　称制前紀（六八六）一二月乙酉（一九日）条 天渟中原瀛真人天皇の奉為に、無遮大会を、五つの寺、大官・飛鳥・川原・小墾田豊浦・坂田に設く。 ・『日本書紀』巻第三〇　持統天皇元年（六八七）九月壬戌（九日）条 国忌の斎を京師の諸寺に設く。
持統天皇（七〇二年一二月二二日崩御）	【六七日】大安・薬師・元興・弘福の四寺で設斎 【七七日】四大寺や四天王や山田など三三寺で設斎 【百箇日】御在所で設斎	・『続日本紀』巻第三　大宝三年（七〇三）正月丁卯（五日）条 太上天皇の奉為に、大安・薬師・元興・弘福の四寺に設斎す。 ・『続日本紀』巻第三　大宝三年（七〇三）二月癸卯（一一日）条 是の日、太上天皇の七七に当る。使を四大寺と四天王・山田ら卅三の寺に遣して設斎せしむ。 ・『続日本紀』巻第三　大宝三年（七〇三）四月（壬辰朔）癸巳（二日）条 太上天皇の奉為に、百日斎を御在所に設く。
文武天皇（七〇七年六月一五日崩御）	【初七日〜七七日】四大寺において設斎	・『続日本紀』第巻三　慶雲四年（七〇七）六月壬午（一六日）条 三品志紀親王、正四位下犬上王、正四位上小野朝臣毛野、従五位上佐伯宿禰百足、黄文連本実等を以て殯宮の事に供奉らしむ。挙哀、着服、一ら遺詔に依りて行はしむ。初七より七七に至るまで、四大寺に設斎す。
	【一周忌】華厳経八〇巻、大集経六〇巻、涅槃経三〇	・『続日本紀』巻第九　養老六年（七二二）一一月丙戌（一九日）条 詔して曰はく。「……真風を仰がずは、何ぞ冥路を助けむ。故に太上天皇

元明天皇 （七二一年一二月七日崩御）	巻、大菩薩蔵経二〇巻、観世音経二百巻の写経と灌頂幡八首、道場幡千首を造り、象牙の着いた漆の机を三六、銅鋺一六八器、柳箱八二を布施し、一二月七日より京や畿内の諸寺において僧尼二六三八人に設斎を供えた	の奉為に敬ひて華厳経八十巻、大集経六十巻、涅槃経卌巻、大菩薩蔵経廿巻、観世音経二百巻を写し、灌頂の幡八首、道場の幡一千首、牙を着くる漆の几卅六、銅の鋺の器一百六十八、柳箱八十二を造り、即ち十二月七日より京并せて畿内の諸寺に於て、便ち僧尼二千六百卌八人を屈請して、斎供を設けむ」とのたまふ。
元正天皇 （七四八年四月二一日崩御）	【初七日まで】 崩御後二日目に大安寺で誦経、三日目に山科寺で誦経。 【初七日】 飛鳥寺での誦経 【二七日～七七日】 京下寺での誦経。国司は潔斎し、諸寺の僧尼は一寺に集まり敬礼読経	・『続日本紀』巻第一七　天平二〇年（七四八）四月壬戌（二三日）条 大安寺に誦経せしむ。 ・『続日本紀』巻第一七　天平二〇年（七四八）四月甲子（二五日）条 山科寺に誦経せしむ。 ・『続日本紀』巻第一七　天平二〇年（七四八）四月丙寅（二七日）条 初七に当りて、飛鳥寺に誦経せしむ。是より後、七日に至る毎に京下の寺に誦経せしむ。 ・『続日本紀』巻第一七　天平二〇年（七四八）五月（庚午朔）丁丑（八日） 勅して、天下の諸国をして、太上天皇の奉為に、七日に至る毎に、国司自親ら潔斎し、皆諸寺の僧尼を請し、一寺に聚集めて敬礼読経せしむ。
	【初七日まで】 崩御の二日後に七大寺で誦経 【初七日・二七日】 七大寺で誦経	・『続日本紀』巻第一九　天平勝宝八歳（七五六）五月丁巳（四日）条 七大寺に誦経せしむ。 ・『続日本紀』巻第一九　天平勝宝八歳（七五六）五月辛酉（八日）条 太上天皇の初七なり。七大寺に誦経せしむ。 ・『続日本紀』巻第一九　天平勝宝八歳（七五六）五月戊辰（一五日）条 二七なり。七大寺に誦経せしむ。

聖武天皇 （七五六年五月二日崩御）	【三七日】 左右京諸寺で誦経 【五七日】 大安寺で設斎（僧・沙弥一〇〇〇余人） 【六七日】 薬師寺で設斎 【七七日】 興福寺で設斎（僧・沙弥一一〇〇余人） 【一周忌】 東大寺で設斎（一五〇〇余人）	・『続日本紀』巻第一九　天平勝宝八歳（七五六）五月乙亥（二二日）条 三七なり。左右京の諸寺に誦経せしむ。 ・『続日本紀』巻第一九　天平勝宝八歳（七五六）六月丙戌（四日）条 五七なり。大安寺に設斎す。僧・沙弥合せて一千余人なり。 ・『続日本紀』巻第一九　天平勝宝八歳（七五六）六月丙申（一四）条 六七なり。薬師寺に設斎す。 ・『続日本紀』巻第一九　天平勝宝八歳（七五六）六月癸卯（二一日）条 七々なり。興福寺に設斎す。僧并せて沙弥一千一百余人なり。 ・『続日本紀』巻第二〇　天平宝字元年（七五七）五月（戊申朔）己酉（二日）条 太上天皇の周忌なり。僧千五百余人を東大寺に請ひて設斎す。
光明皇后 （七六〇年六月七日崩御）	【七七日】 東大寺・京師諸小寺で設斎を営み、国ごとに阿弥陀浄土画像を造り、国内の僧尼に見せ、浄土経を書写・称讃し、国分寺で礼拝供養を営む 【一周忌】 法華寺内の阿弥陀浄土院で設斎を営み、国分尼寺で丈六の阿弥陀仏像一体・脇侍菩薩二体を造仏する 【国忌】 山階寺で梵網経の講義が忌日に営まれ、法華寺では七日間の阿弥陀仏への礼拝	・『続日本紀』巻第二三　天平宝字四年（七六〇）七月癸丑（二六）条 皇太后の七々の斎を東大寺并せて京師の諸の小寺に設く。その天下の諸国には国毎に阿弥陀浄土の画像を造り奉る。仍て国内の見にある僧尼を計へて称讃浄土経を写さしめ、各国分金光明寺に於て礼拝供養せしむ。 ・『続日本紀』巻第二三　天平宝字五年（七六一）六月（甲寅朔）庚申（七日）条 皇太后の周忌の斎を阿弥陀浄土院に設く。その院は法華寺の内、西南の隅に在り。忌の斎を設けむが為に造れり。その天下の諸国は各国分尼寺に阿弥陀丈六像一軀、挟侍菩薩像二軀を造り奉る。 ・『続日本紀』巻第二三　天平宝字五年（七六一）六月辛酉（八日）条 山階寺に於て年毎に皇太后の忌日に梵網経を講せしむ。京南の田卌町を捨して、その用に供す。また田十町を捨して、法華寺に於て毎年に忌日より

		始めて一七日の間、僧十人を請して阿弥陀仏を礼拝せしむ。
称徳天皇 （七七〇年八月四日崩御）	【初七日】 東西大寺で誦経 【二七日】 薬師寺で誦経 【三七日】 元興寺で誦経 【四七日】 大安寺で設斎 【五七日】 薬師寺で設斎 【六七日】 西大寺で設斎 【七七日】 山階寺で設斎。国分寺・国分尼寺で行道転経 【一周忌】 西大寺で設斎	・『続日本紀』巻第三〇　宝亀元年（七七〇）八月丁酉（八日）条 釈奠に停む。天下の凶服を以てなり。是の日、天皇崩りましてより、爰に一七に登てり。東西の大寺に誦経せしむ。 ・『続日本紀』巻第三〇　宝亀元年（七七〇）八月乙巳（一六日）条 二七なり。薬師寺に誦経せしむ。 ・『続日本紀』巻第三〇　宝亀元年（七七〇）八月壬子（二三日）条 三七なり。元興寺に誦経せしむ。 ・『続日本紀』巻第三〇　宝亀元年（七七〇）八月己未（三〇日）条 四七なり。大安寺に設斎す。 ・『続日本紀』巻第三〇　宝亀元年（七七〇）九月丙寅（七日）条 五七なり。薬師寺に設斎す。 ・『続日本紀』巻第三〇　宝亀元年（七七〇）九月癸酉（一四日）条 六七なり。西大寺に設斎す。 ・『続日本紀』巻第三〇　宝亀元年（七七〇）九月辛巳（二二日）条 七々なり。山階寺に設斎す。諸国は、国毎に管内の僧尼を金光・法華二寺に屈請して、行道・転経せしむ。 ・『続日本紀』巻第三〇　宝亀二年（七七一）八月丁巳（四日）条 高野天皇の忌斎を西大寺に設く。
光仁天皇 （七八一年一二月二三日崩御）	【初七日】【二七日～六七日】 七大寺で誦経。京師諸寺での誦経 【七七日】 国分寺・国分尼寺で追福のための設斎	・『続日本紀』巻三六　天応元年（七八一）一二月癸丑（二九日）条 太行天皇の初七に当る。七大寺に於て誦経せしむ。是より後、七日に値ふ毎に京師の諸寺に於て誦経せしむ。また、天下の諸国に勅して、七々の日に、国分二寺に見にある僧尼をして奉為に設斎し以て追福せしむ。

高野新笠（光仁上皇中宮）（七八九年一二月二八日没）	【初七日～六七日】 諸寺で追福のための誦経 【七七日】 諸国国分寺・国分尼寺で誦経 【一周忌】 大安寺で設斎	・『続日本紀』巻第四〇　延暦八年（七八九）一二月丙申（二九日）条 勅して曰はく。「中宮の七々の御斎は、来年の二月十六日に当る。天下の諸国の国分二寺の見にある僧尼をして奉為に誦経せしむべし。また七日毎に使を諸寺に遣して誦経せしめ、以て追福せよ」とのたまふ。 ・『続日本紀』巻第四〇　延暦九年（七九〇）一二月己未（二八日）条 是の日、中宮の周忌に当れり。大安寺に於て設斎す。 ・『続日本紀』巻第四〇　延暦一〇年（七九一）五月丁亥（二七日）条 中宮の周忌の斎会に仕へ奉りし雑色の人九十六人に、労の軽重に随ひて、爵賜ふこと差有り。その正六位上の者には廻してその子に授く。二百九十三人に禄賜ふこと、亦差有り。
藤原乙牟漏（桓武天皇皇后）（七九〇年閏三月一〇日没）	【一周忌】 斎会を営む	・『続日本紀』巻第四〇　延暦一〇年（七九一）六月壬辰（三日）条 皇后宮の周忌の斎会に供奉れる雑色の人ら二百六十七人に、前の例に准へて爵と物とを賜ふこと各差有り。

七人に、藤原乙牟漏の例に倣って爵・物が下賜され、僧尼だけでなく、官人も多数動員された大規模な仏事であったことが分かる。

　このような天皇家を対象とした追善仏事に加えて、敵味方供養の例が奈良時代に見られることは、山田雄司の指摘するところであり、天平宝字八年（七六四）の藤原仲麻呂の乱後に称徳天皇は南都十大寺に百万塔陀羅尼を建立し、戦没者の冥福を祈っている[12]。奈良時代において血縁や氏・家といった系譜的関係にある物故者だけではない死者が供養の対象となっていたことは注目される。

平安時代になると南都七大寺に加え、天台・真言の僧衆も導師や呪願師をつとめ、天皇家の追善供養に携わるようになる。遺骸を埋葬した陵墓の近くに菩提を弔う寺院が九世紀以降に成立しはじめ[13]、当該寺院で南都・天台・真言の僧が仏事を営んでいる。中陰仏事の例を示せば、天安二年（八五八）に崩御した文徳天皇の場合、中陰仏事は近陵の山寺、陵墓に近い広隆寺、陵辺の三箇所で継続的に営まれ、山寺には一〇名、広隆寺には四〇名の僧が置かれ転経念仏し、陵辺には二〇名が配され、昼夜に「大仏頂三昧」がなされた。七七日御斎会の翌日から三日間は東宮において、広隆寺僧四〇名・近陵寺僧一〇名によって転読般若経が営まれている。

延長八年（九三〇）九月二九日に崩御した醍醐天皇は一〇月一日に山科山陵へ葬られるが、その葬列での導師は天台西塔院主仁照が務め、御前僧四〇名が参列し念仏が唱えられている。山陵では醍醐寺・勧修寺の僧衆が二〇名ほど出仕し、三日間念仏を唱えている[14]。寛弘八年（一〇一一）八月二日に執り行われた一条天皇の七七日忌は七僧法会の形式で営まれており、顕密寺院の僧衆百僧（三会已講二〇名、東大寺僧六名、興福寺僧二一名、延暦寺僧四一名、東寺僧九名、大安寺僧一名、元興寺一名、薬師寺僧一名）が参加している[15]。大石雅章が指摘するように、平安期から鎌倉期にかけて、延暦寺・興福寺・園城寺・仁和寺・醍醐寺という顕密の中核的寺院の僧が天皇崩御の際、葬送の導師や呪願、荼毘時の念仏・土砂加持を営むだけでなく、中陰供養では御前僧の任に当たって供養に携わっていたのである[16]。

奈良時代で見られた天皇・皇后らに対する国分寺・国分尼寺での中陰仏事や一周忌は平安期では見られなくなり、年忌と国忌を営む寺院は分化して、国忌は太政官・図書寮・式部省・治部省・玄蕃寮・近衛府の式で規定が整備され、東大寺・西大寺などで営まれる朝廷の行事として完成していく[17]。『延喜式』（九六七年施行）以降、国忌は醍醐天皇までの九国忌に固定化され、天皇・上皇の国忌の新置・廃止は行われなくなる[18]。儀式の詳細に関しては『延喜式』に、

国忌斎会

毎レ至二其日一。諸司各向二其寺一。省差二輔丞録史生省掌一令レ向之。三綱依レ例弁二備於仏殿前一。……衆僧就レ座。礼仏散花。行香呪願。訖衆僧退出。群官散去。省依二諸司見参一造二奏文一。

（『新訂増補　国史大系第二十六巻　延喜式』〈吉川弘文館、二〇〇〇年〉四九九頁）

と見え、礼仏・散花し、行香の後、呪願という式次第であったことが分かる。「呪願」とは四句偈を連ねた願文であり、七僧法会にも見られる形式である。

平安時代中期になると、国忌以外の仏事が進展した。縁のある寺院で忌日法会を営んだり、御願寺での御斎会や[19]、発願日や結願日に忌日をあてた法華八講を営むことが定着するようになる。法華八講とは鳩摩羅什訳の『妙法蓮華経』八巻を講経する法会を言い[20]、その始修は延暦一五年（七九六）に「大和国石淵寺で大安寺僧栄好の母のために、勤操が行ったものとされている」という[21]。古瀬によれば、この法華八講は天皇・皇后の忌日などに追善供養の仏事として定着するのは一〇世紀であり、御願寺で営まれる国忌の代替物としての法華八講が、天皇との私的関係を基礎にした宮廷社会に規定された公的行事としての性格を帯びるようになったという[22]。

平安仏教によって密教思想が日本に伝来されると、追善供養で供えられる写経や曼荼羅・仏菩薩像、法要の形態、願文・表白の文言が密教的な性格を帯びるようになった。以下では、空海撰述『遍照発揮性霊集』（以下『性霊集』と略記す）、菅原道真の『菅家文草』、藤原明衡撰『本朝文粋』の三書に載録された願文から、天皇家における追善仏事の諸相を垣間見てみたい。

『性霊集』の第六巻から第八巻には、空海が撰述した追善仏事の願文が約二〇点ほど載録されているが、その中で天皇家に関するものは表1―3に挙げた三点であり、淳和天皇が施主となった桓武天皇と伊予親王に対する法華八講の願文二点と、嵯峨上皇の伊予親王に対する法会の願文一点である。とりわけ興味深いのは後者二点であり、これら

表1—3　空海『遍照発揮性霊集』所収の願文から見た平安時代における真言宗の追善仏事と作善

＊『日本古典文学大系71　三教指帰　性霊集』（岩波書店、一九六五年）二八六—三七六頁から作成

施主	供養対象	日時	法要の形態	造仏	図像	写経	『性霊集』中の番号
淳和天皇	桓武天皇		桓武天皇御筆の金字法華経七巻による法華八講（八日間）			法華経	45
淳和天皇	伊予親王	天長年間（八二四～八三四年）	法華八講	薬師如来、日光菩薩、月光菩薩		法華経	46
嵯峨上皇	伊予親王		斎筵	白檀の釈迦牟尼仏一体、観音菩薩像一体、虚空蔵菩薩像一体	金泥・銀泥の四大明王像四体、四摂菩薩、八供養、八方天の画像、法曼荼羅三昧耶曼陀羅		49

は伊予親王という御霊に対する仏事の願文である。淳和天皇が営んだ法華八講は伊予親王崩御から一七年以上を経てから営まれた仏事であり、嵯峨上皇の斎筵はさらにそれ以後のものである。淳和天皇の追善仏事では、薬師如来と脇侍の日光菩薩・月光菩薩の計三体の造仏、法華経の写経と四日間の法華八講が営まれている。嵯峨上皇では白檀の釈迦像、観音菩薩像、虚空蔵菩薩像各一体、金泥・銀泥による四大明王像四体の造仏、四摂菩薩や八供養、八方天の画像の作製と各々に法曼荼羅三昧耶陀羅尼を供え、三宝への設斎が営まれている。

『性霊集』載録の他の願文と比較して言えば、本尊仏・脇侍仏を作製し、法華八講や設斎を営むなど、いずれの仏事

も多大な施財に基づく大掛かりな作善である。ここから「御霊」とされた伊予親王に対して仏式で最大限の追善供養を営むことで「阿字の閣」「法苑（仏国土）」へと成仏させて、その悪影響を除こうとする姿勢が看取でき、空海という傑出した高僧の験力をもって、御霊の慰撫を試みたことが分かる。このような死者の祟りの対処法として追善供養が活用された例は、反乱鎮圧後の戦没者供養にも見られる。敵味方供養の例として前述した称徳天皇の百万塔陀羅尼の先例に続いて、平安期においても朱雀上皇によって平将門・藤原純友の乱での戦没者に対する「怨親平等」のための追善供養が営まれた。「朱雀院の賊を平げて後法会を修せらるる願文」と題する本法会の願文は『本朝文粋』第一四巻に載録されており、怨親平等の理念のもと、六道に観音菩薩図像六鋪と法華経六部が供えられ、仏事が修されている。[23]

図し奉る観音像六鋪

写し奉る法華経六部

…（中略）…

観音の誓ひ自在なり。三界を兼ねて群類を救ふ、妙法の功甚深なり。故に今、尊像を図絵し、宝典を繕写し、この一心を分かちて、六道に備ふ。……勝利を怨親に混じて、以て抜済を平等に頒たんと欲ふ。……

（大曽根章介・金原理・後藤昭雄校注『新日本古典文学大系27　本朝文粋』〈岩波書店、一九九二年〉一一〇―一一一頁）

この朱雀院の追善供養は、辻善之助が『日本人の博愛』において、官軍賊軍の戦没者の冥福を祈る「怨親平等」思想の最初の事例としたものである。[24]この願文では、戦没者のために観音菩薩の図像と法華経が六点ずつ供養されており、六道輪廻からの抜済を怨親に対して平等に分かつことで菩提を弔っている。伊予親王への追善仏事であれ、平将門・藤原純友の乱での官・賊の戦没者に対する法会であれ、非業の死を遂げ、浮かばれずに祟り障る死者を「祀る」という行動様式によって対処するだけでなく、仏教的な「供養―調伏」という手法をも用いることで、鎮静化しようと試みた例と言えよう[25]。

天皇家の追善仏事の形態と作善に関しては、『菅家文草』所収の菅原道真が作製した願文群に見ることができる。『菅家文草』は漢詩や奏上等が数多く載録されているが、巻第一一・一二には「願文」があり、そのうち二〇点は追善供養に関するものである。表1―4はそれらの願文から、天皇家の仏事である四つの願文を対象とし、仏事の施主・供養対象・作善を一覧にしたものである。

法華八講は③④に見られ、清和天皇が営んだ法華八講では、供養対象には七廟・四恩・冥道の鬼類が挙げられ、功徳力によって速やかに菩提果を証せんことが祈念されている。④の皇后明子が清和上皇のために営んだ周忌もまた法華八講であり、釈迦や薬師の三尊仏を造仏し、金字の法華経を中心とした多くの経典を供えている。概して三尊仏の奉納といった大掛かりな造仏・写経、法華八講という大法要の実施という作善によって大きな功徳力を生み、死者へと追善するという形態をとっている。このような傾向は一一世紀中頃に成立したとされる藤原明衡撰述の『本朝文粋』に載録された歴代天皇の仏事にも見て取れる。

朱雀院の四十九日では純銀の阿弥陀三尊仏、周忌では金色阿弥陀仏像一体が造仏され、円融天皇の四十九日には白檀阿弥陀三尊仏、花山法皇の四十九日は極楽浄土変一揁、一条天皇の四十九日は金色釈迦如来・阿弥陀如来・弥勒菩薩が造られている[26]。

このような大規模な追善仏事は多大な施財を要するため、天皇家や上層貴族に限られていた。古代末期の仏事の一例を示すものに、覚性法親王のものが挙げられる。この仏事は養和二年（一一八二）仁和寺宮にて五部大乗経供養の形態で営まれており、小峯和明が『澄印草等』をもとに指摘するように、次のようなものであった。

登高座―打磬―開眼―神分―表白―願文―発願―四弘―開題―誦経―諷誦―発願―呪願―仏名―教化―勧請―釈

経釈分――（布施）[27]
先の法華八講に比べて幾分簡略な法会となっており、覚性法親王の仏事においても、四弘・諷誦・仏名・教化といっ

表1―4　『菅家文草』に見る平安朝天皇家の追善仏事

＊川口久雄校注『日本古典文学大系72　菅家文草　菅家後集』（岩波書店、一九六六年）五九〇―五九三頁・五九八―六〇〇頁より作成

番号	施主	供養対象	日時	法要の形態	仏像	図像	写経	『菅家文草 菅家後集』の番号
①	平子内親王	母（仁明天皇女貞子）	周忌（貞観七年八月三日）		薬師如来丈六一体、脇侍二体	胎蔵界曼荼羅一鋪・金剛界曼荼羅一鋪	金字毘盧舎那経一部・金字本願薬師経一巻・金字随願薬師経一巻	639
②	弾正宮惟喬親王（文徳天皇第一皇子・生母静子）	先妣（紀氏）・七世父母・三界疎親	二周忌（貞観一〇年八月二七日）	雲林院での講筵			法華経一部・普賢観経一巻	641
③	清和天皇	七廟・長逝四恩・鬼類冥道	（元慶三年三月二四日から二六日）	清和院での法華八講（五日間）	釈迦仏像一体、脇士菩薩像二体		金字法華経八部、無量義経八巻、普賢観経八巻、金光明経一部	649
④	皇后明子	清和上皇	周忌（元慶五年一一月二六日から一二月四日までの八日間）	法華八講	銀像薬師仏一体、日光月光菩薩各一体		金字法華経八巻、無量義、普賢観経、般若心経各一巻	651

た要素は七僧法会と共通している。諷誦文は施主だけで複数寄せられ、諷誦文ごとに発願・四弘誓願・仏名・教化を営む形態である。

古代以降、南都六宗をはじめ、天台・真言の諸寺院で営まれる追善仏事では、撰述した表白・願文・諷誦文が唱えられており、写経や造仏、読経といった作善行為だけでなく、施主の供養への誠意を示し、故人の死を悼む願文、施主の営みを称賛する表白といった言語行為が追善供養の重要な部分を担っていたのである。

第三節　摂関家・貴族における追善仏事と墓参

平安時代の摂関家における追善供養の先駆的な研究である桃裕行の「忌日考——平安時代中期における」によれば、[28]「当時の主な歿後の仏事は、七七忌の所謂中陰仏事と周忌仏事との二つ」であり、正確に日数を数えた日には小仏事が営まれ、それより何日か先だった日には、忌日の仏事が行われた。また「一周忌」という呼称はなく、単に「周忌」と呼び、三周忌以上の年回法要は営まれていなかった。[29]そして「一般に忌日は尊属は父母に止まり、祖父母に及んでおらず、[30]藤原実資の母と妻、藤原実頼の妻の供養に見られるように、「婚姻した妻の忌日諷誦が生家の関係の寺で行われ」る事例があったという。[31]

藤原北家の事例を挙げれば、京樂真帆子が紹介しているように、興福寺の維摩会は藤原鎌足の年忌仏事であり、同寺南円堂で内麻呂の仏事として法華会が営まれていた。[32]藤原忠平の妻源欣子の中陰供養では、当時私寺での忌日行事が固定化されているにもかかわらず、七日ごとの仏事を営む寺院が異なり、愛宕寺・菩提寺・元慶寺・極楽寺・法琳寺・法性寺などで営まれていた。これらの寺院で営まれた仏事の多くは「誦経」であるが、四七日は「法華三昧」が追善仏事として行われている。[33]

貴族を代表する摂関家の葬儀・追善仏事に関しては、佐藤健治によってすでに詳細な検討が加えられている。[34] 佐藤によれば、一〇世紀中期まで摂関や藤氏長者の葬送は『延喜式』などに基づく官葬であり、「あくまで第一義的には国政上の地位や天皇対臣下という関係が優先された形で営まれていた」としている。[35] しかし、一〇世紀中期以後に大きな変化を迎え、藤原忠平以後「摂関家独自の執行体制のもと摂関葬法が営まれていくようになる」という。そして平安期の貴族社会では初七日から七日ごとに追善仏事が営まれるが、「五七日と七七日が重視され、実際には七七日のみ盛大に執り行うのが通例」であったという。四十九日と一周忌の法会は、日数の該当する日に営まれる「正日仏事」と吉日に合わせた「御法事」の二回営まれていた。前者の「正日仏事」が「故人への純然たる追善の場というに相応しい」法会であり、主催者は家督を継いだ者だけでなく、実母のケースも見られ、「近親者による純然たる追善仏事であった」という。[36]

一方、後者の「御法事」は「日時勘文で良い吉日を選んだ上、雑事定で行事人の決定や財源確保を行ない、家督を継いだ者の主催により、七僧法会のほか百僧などを拝請しての大々的な法会のなか、当代きっての学者と能書家によって作成された願文を朗読」する法会であり、「摂関家の代替りを象徴的に貴族たちに印象付」け、「国家行事に准じる扱いを受ける」行事であったとしている。仏事の種別に目を向けると、康和元年（一〇九九）に三八歳で没した藤原師通の四十九日・正忌、藤原頼忠の四十九日などの「御法事」は七僧法会によって営まれている。[37]

七僧法会とは講師・読師・呪願・三礼師・唄師・散花師・堂達という七つの所役によって営まれる追善仏事である。この七つの役に関しては、橋本初子の以下の解説がある。

呪願師は、施主にかわって法会の目的＝供養の趣旨を仏に告げる呪願文を捧げる役目を持ち、法会全体の指導的役割をはたす。講師・読師はともに高檀に登って向いあい、開眼・神分・表白・願文・諷誦文を読み聞かせる役目、堂達は、法会全体の進行係として打ち物（磬・鐘など）を打ち、合図をする。唄師は、法則どおりの讃・偈・伽陀等の演唱をする音楽の担当者。三礼師は、法会に参集する人たちを代表して、もっとも正式の拝礼（五体投地）をする役。散花師は、法会荘厳のための花筥を手に葩を散ずる役目を負う。

（橋本初子「史料紹介　七僧法会について——足利義満没後百ケ日七僧法会の史料」『愛知学院大学大学院文学研究科　文研会紀要』第二、三一頁）

七僧法会の大まかな流れを橋本の論稿に従って簡略に記せば、以下のようになる。[38]まず七僧が道場へ入場し、仏の左手側に呪願師・読師・唄師・堂達、右手側に講師・三礼師・散花師が着座する。堂達の鳴らし物を合図に唄師が発音すると、七僧による行道が行われ、散花師が花弁を撒き、唄師・散花師が対揚を唱える。次いで講師・唄師が高座に上がって仏名・神分を唱え、読師は表白文・願文・経題を読み上げる。そして諷誦文ごとに発願・四弘誓願・仏名・教化を唱える。諷誦文を読み終えると、諸仏諸尊の勧請を行い、五部大乗経の一部を講師が講釈し、法会の御願旨を唱えて諸法を終えるというものである。この七僧法会はとりわけ式次第が整備された仏事の形態で、古代だけでなく、中世においても貴族や天皇家の忌日に営まれた。

この七僧法会以外の仏事に目を向ければ、興福寺維摩会（藤原鎌足）、法性寺御八講（藤原忠平）、法興院御八講（藤原兼家）、法成寺御八講（藤原道長）などに見られるように、[39]法華八講が天皇家と同様、摂関家の重要な追善仏事として定着していく。

藤原氏の仏事に限らず「願文」は「表白」とともに古代における追善仏事の重要な要素であった。願文とは「法会を行なう主催者（施主）の願意を記し」た文章であり、「表白」は祭祀執行者である僧侶によって作文され、法会の趣旨を述べる文で、いずれも「法会の場に参席した聴衆に聴かせるという目的だけでなく、法会に招じられた聖霊に捧げられ」るものであった[40]。我が国の表白・願文の早い例は、空海撰『性霊集』や『東大寺諷誦文稿』であり、これらの願文集には、追善仏事の際に用いられた表白・願文が載録されている。そして、興味深いのは、田中徳定が指摘するように、これらの文面では親への法恩のモデルとして、『大方便仏報恩経』の須闍提太子や忍辱太子といった仏典の説話だけでなく、孝子伝から曽参や丁蘭参などの孝子説話を挙げて文飾を施し、施主の行為を讃えていることである[41]。

ではこの願文・表白を通して、追善仏事の具体相を垣間見たい。平安朝の追善仏事において使用された願文を載録しているのは、伊予親王への追善仏事について先述（第一章第二節）した際に取り上げた空海撰『性霊集』である。空海撰述の願文に関しては勝又俊教、静慈圓による研究があり、いずれも追善仏事を含む当時の法要に関して詳細な検討を加えている[42]。以下では『性霊集』に載録された追善供養に関する願文のみに焦点を当てて、九世紀における真言宗の追善仏事の形態を見てみたい。表1―5は施主と供養対象・作善を一覧にしたもので、願文の順番は施主と供養対象との間柄による。本表が示すように、1から10までは子が父母への追善仏事に用いた願文であり、11から13は親が子を供養する願文で、合算すると一三例を数え、親子間での仏事が多く載録されている。20・21は施主・日時・作善が明記されていない雛形と思しき願文であるが、20は母の兄弟である「舅（伯父）」を供養対象としており、願文が父系原理にのみ基づいた親族を対象としているわけではないことを示唆している。

作善行為には、写経・造仏・仏画や曼荼羅の作製・講経・香華の供養・設斎・田畑の寄進が確認できる。写経では法華経（3・4・7・13）が最も多いが、理趣経（9・19）・大日経（6・10・14）・孔雀経（4）・金剛頂経（5）といった密教経典や、般若心経（4・7・13）・金剛般若経（16）・阿弥陀経（4）などもある。造仏で言えば、表1―5には阿弥

表1―5　空海『遍照発揮性霊集』所収の願文から見た平安時代における真言宗の追善仏事と作善

＊渡邊照宏・宮坂宥勝校注『日本古典文学大系71　三教指帰　性霊集』（岩波書店、一九六五年）二八八―三七六頁より作成。
静慈圓『空海密教の源流と展開』二六八頁・資料2を参照しつつ、法要の形態などの項目を新たに付け加えた。

	施主	供養対象	日時	法要の形態	造仏	図像	写経	施入	『性霊集』中の番号
1	菅野真道	父母			阿弥陀像一体、観音菩薩・勢至菩薩各一体				64
2	荒城大夫	父母				十方の仏菩薩神王の像六〇体		道場幡二〇流	61
3	林学生	考妣				阿弥陀仏像一体	法華経二部の書写	伽藍修理料として米三〇斛	69
4	葛城魚主	先考	弘仁一二年（八二一）一〇月八日	大日経の講演			金光明経一部、法華経両部、孔雀経一部、阿弥陀経一巻、般若心経二巻		63
5	弟子僧の真境	亡考	七七日	設斎			金剛頂経一部三巻		71
6	式部丞仲守（行左衛門権佐笠朝臣仲守）	先妣	天長元年（八二四）一〇月二二日	大日経の講演		大日微細会の曼荼羅一鋪九幅（七十三尊の図）	大日経（若干）		56
7	田中少弐（太宰府次官）	先妣	一周忌　大同二年（八〇七）二月一一日	設斎と香花を諸尊に供養		千手千眼大悲菩薩、四摂八供養摩訶薩埵などの十三尊の図像	法華経一部八軸、般若心経二軸の写経		65
8	藤左近将監	先妣	三七日	妙法の転風、金仙への礼供					67
9	忠延	先妣	諱の日（周忌か）	理趣経の講演、大曼荼羅の陳列			理趣経		76
10	孝子	先妣				両部曼荼羅	大日経		75

11	藤原葛野麿（賀能）	息子	周忌	法筵を設け、三尊に礼供する					53
12	藤原葛野麿（賀能）	息子		設斎					50
13	三島真人助成	娘	不明	五八名の僧侶を請い、法華経の講宣を営む			金字の法華経一部、般若心経一巻		79
14	式部丞仲守（行左衛門権佐笠朝臣仲守）	亡室（藤原氏五女）	一周忌 天長四年（八二七）五月二二日	神護寺での大日経講読		大日一印（金剛界九会の六会）曼荼羅一鋪五幅	大日経一部七巻		66
15	丹波守の清原氏	妻							59
16	良岑安世（冬嗣の異母弟）	兄（藤原冬嗣）	大祥の斎 天長四年（八二七）七月				金字の金剛般若経一二紙		48
17	和気の夫人	姉						法華寺千灯会への墾田の施入	58
18	弟子僧の真体	妹	七七日 天長三年（八二六）一〇月八日	大日経の講説、百味を三尊に供えること				神護寺の伝法料として土佐国久満・田村庄・美作国佐良庄・但馬国針谷の田の施入	70
19	不明	藤原葛野麿（賀能）	弘仁一二年（八二一）九月七日	香花を仏に供えて誦経		遺品の服の糸を用いた一七尊の曼荼羅	理趣経一巻		55
20	有る人	先舅	春秋						80
21	有る人	亡親	今日	道場を荘厳し、妙供を設け、三宝に供養			大乗等		82

陀三尊（1）や阿弥陀仏のみの例（3）が見られる。その他で言えば、曼荼羅の作画の例（6・10・14・19）が多い。仏事の形態で言えば、法華経・大日経・理趣経の講説（4・6・9・13・14・18）が追善仏事として広く営まれていることが分かる。

空海作の願文を載録した『性霊集』から古代の追善供養を見たとき、母方の伯父を供養するといった母系の親族への供養がある一方、その施主と供養の対象との間柄が祖父母といった二親等の供養は見られず、親子間の仏事がほとんどであった。これらを通覧して感じるのは、誦経・講演といった法要の形態よりも仏像・仏画・曼荼羅の作製や写経による作善を重視する姿勢である。13の三島真人助成が亡娘のために営んだ仏事の願文には「朝夕涙を流し、日夜に慟を含むと雖も、亡魂に益無し」とあり、悲哀を「無益」として作善を強調する内容となっている。願文には仏像・仏画の作製や写経といった作善行為がほとんど盛り込まれており、法要の形態というよりも、追善の功徳の根拠たる作善行為を明示することで死者の菩提を弔う傾向が見られるのである。

一方、表1―6が示すように『菅家文草』所収の願文にも貴族などの追善仏事が明確に見て取れる。本書には藤原・菅原・源・平・大江・安倍・坂上氏の仏事の願文が載録されているが、先の『性霊集』と比較して言えば、真言宗的な色彩はあまり感じられず、写経においては特に法華経が重視される傾向がある。天皇家の仏事と比較すれば、造仏の例はあまり見られず、写経の作善を重視している様子がうかがわれ、それを示している願文は2番である。この願文では写経による作善を経典ごとに①亡室の抜苦与楽、②亡室の滅罪、③義父の滅罪、④義父母の菩提の四つに分別して明言しており、菩提円満だけでなく、「滅罪」を願うこともまた追善仏事の主要な役割であったことを示している。

死者を埋葬した「墓」に関して目を向ければ、王公諸臣の山野占有を禁じる慶雲三年（七〇六）三月丁巳（一三日）の

表1—6 『菅家文草』から見た平安朝の追善仏事

＊川口久雄校注『日本古典文学大系72 菅家文草 菅家後集』（岩波書店、一九六六年）五八八—六〇九頁より作成

	施主	供養対象者	日時	法要の形態	造仏	図絵	写経	願文の番号
1	藤原基経	父（藤原良房）	周忌 貞観一五年九月二日					644
2	藤原山蔭中納言	亡室 亡室の先考・先妣	亡室の周忌	法会		（亡室の抜苦与楽）毘盧舎那曼荼羅一鋪	（亡室の抜苦与楽）金字法華経一部八巻、無量義経、観普賢経、阿弥陀経、地蔵経、般若心経各一巻 （亡室の滅罪）金光明経一部四巻、仏頂尊勝陀羅尼経、般若心経各一巻 （亡室考）金光明経一部四巻、仏頂尊勝陀羅尼経、般若心経各一巻 （亡室考妣）金字法華経一部八巻、無量義経、観普賢経、仏頂尊勝陀羅尼経、般若心経各一巻	655
3	藤原高経	先妣	周忌（元慶八年四月一〇日）	阿弥陀仏への敬礼、法華経への帰依	無量寿仏、地蔵菩薩、金剛因菩薩、普賢菩薩、金剛語菩薩、観世音菩薩、弥勒菩薩、文殊師利菩薩、大勢至菩薩像		法華経八巻、無量義経、観普賢経各一巻、阿弥陀経四巻、仏頂尊勝陀羅尼経、転女成仏経、般若心経各一巻	657
4	菅原道真	先考・先妣	（元慶五年一〇月二一日から二四日）	吉祥院での法華八講	観音像		法華経一部八巻、普賢観経、無量義経各一巻、般若心経一巻	650
5	菅原道真	外祖母（多治氏の源朝臣済子）	七七日忌（仁和二年七月一三日）			諦釈菩薩	法華経一部八巻、無量義経、普賢観経、般若心経各一巻、転女成仏経二巻	660
6	菅原道真	外祖母（多治氏の源朝臣済子）	（仁和二年一一月二七日）			延命帝釈、一字等菩薩像、観世音菩薩像		661

7	源能有	母（伴氏）	周忌（貞観五年一二月一三日作）	講会			法華経一部・仏名経三巻	637
8	源湛（土佐権守）	亡室・鬼類冥道（藤原氏）	七七日（貞観一六年一一月一〇日作）	平等の法会を設け、講筵を展ぶ	阿弥陀像一体		法華経一部	646
9	源湛時	父（河原左大臣源融）兄（源昇）	父の周忌（寛平八年八月一六日）				一切経	666
10	家人	源全姫（清和天皇女御）	七七日忌		銀大毘盧舎那仏一体、白檀四仏・四菩薩	三昧耶像	金字法華経一部、無量義、普賢観経、般若心経各一巻	652
11	平朝臣遂良	先考 母六〇歳の祝賀	仁和元年一二月二〇日	禅居寺での法筵	（母）如意輪菩薩	（先考）阿弥陀仏像	（先考）金光明経 （母）法華経	658
12	大江豊岑・真岑	先妣（「祖父祖母」「先考」も含む）	周忌（貞観六年八月一一日から一五日）	法華八講、斎食		地蔵菩薩一鋪	法華経	638
13	安倍宗行	先妣（多治）・先妣之祖孝	（貞観一一年九月二五日作）	法華八講			紺紙金字の法華経一部、普賢観経・無量義経一巻、般若心経一巻	642
14	安倍貞行	先妣・七世父母・六親眷属	貞観一八年四月二三日から二六日	華山寺での法華八講				647
15	左兵衛少志坂上有識	先考、先考之七世父母・六親眷属	周忌	最勝・法華の講会			経典	653
16	某人（雛形）	亡孝・七世父母	周忌（貞観一〇年作）	講筵	薬師仏像・云々		金光明経・云々	640

詔では、(43)「氏々の祖の墓」は植樹して林とすることを認めており、王公諸臣の諸氏の「祖墓」があったことを示してい

る。養老律令の「喪葬令」において、三位以上の者、別族の始祖である「別祖」、氏中の宗長である「氏宗」の三者にのみ墓碑の造立が認められ、墓は当該集団の「祖」に限定されていた。しかし、このような墓碑の造立に関する規定が見られるものの、八世紀から九世紀初頭までは「死後の墓地での追善供養や墓参りの風習など、考慮の対象外であ」ったと服藤早苗は指摘する。(44) そして墓参の開始は藤原忠平（八八〇～九四九年）の頃であり、墓参や元旦四方拝における「氏神」「墳墓」への礼拝などを通して、貴族層において祖先の墳墓を対象とする祭祀儀礼が開始され、「先の墳墓が祭祀されるべき場所であるとの観念が、萌芽」していったとしている。そして一〇世紀には、墓参が貴族層に広まり、近くの寺院で諷誦を修する慣習も始まっていたという。(45)

第四節　民衆の追善仏事

追善仏事に関する記述を天皇・摂関家といった宮廷を彩る中央の上流階級から見てきたが、続いて国司などの地方豪族や民衆層などに目を向けてみたい。天皇家や摂関家ほどの史料は残されていないため、判然としない部分も多いが、少なからず追善仏事の事跡は確認できる。平安期を天台・真言の地方展開の時代と位置づける高木豊は、平安時代において「造像・写経・埋経・供養等」を通して「地方の豪族や在庁官人・武士だけでなく、いわゆる庶民が仏教弘通の対象となりはじめ」ており、「地方民間での仏教受容はやがて鎌倉時代に新しく興ってくる仏教の地ならし」となったとしている。(46) 民間への布教を禁じた僧尼令の法的効力が弛緩する一〇世紀後半に、追善供養を含むさまざまな作善行為が地方へ伝播した。

高木が取り上げているように平安時代の金石文（竹内理三遍『平安遺文――金石文編』）の中で、作善によるもの一一一点を見ると、東北・関東・中部・近畿・中国・四国・九州など全国規模の分布を示しており、作善者の身分には藤原・紀・泰・橘・源・平といった諸氏がいる一方、「甲斐国司権介」「前筑前守」といった国司、「判官代高向朝臣弘信」などの在庁官人、藤原永信を願主としてそれに結縁した「村人等」と表記された在地の豪族が含まれている。全国規模で見られる作善行為の中には、父母への菩提を弔うような追善のための作善が数多く見られ、法華経を主とする経筒・瓦経による埋経、観音菩薩や阿弥陀仏などの造仏、五輪塔などの造塔が確認できる(47)。

下級官人の追善仏事を語る資料として正倉院に所蔵されている請暇解が挙げられる。天平宝字四年（七六〇）から宝亀二年（七七一）に写経生などが提出した一二種の請暇解を見ると(48)、その中で下級官人が祖父母・母・男・伯のための斎食を休暇理由としてあげており、「写経生という下級官人の間に父母等親族の忌日に斎食を行うという慣習が広まっていた」という(49)。天皇家や摂関といった上層階級では、その権威や財に見合う大規模な作善や追善儀礼が営まれていたが、奈良・平安期には下級官人や地方豪族にも追善供養が流布し、定着しつつあったと思われる。

田中徳定は唐の律令を手本に天武天皇以降に導入される律令制の道徳的基盤に儒教があり、中央官人を養成する大学寮において、『論語』『孝経』が必須のテキストとされていたこと、並びに地方豪族たちが中国の儒教道徳や漢字文化を摂取していたことを論じ、律令体制による儒教思想の受容を指摘している(50)。田中の考察でとりわけ示唆的なのは、『続日本紀』の孝子表旌の例を挙げて庶民層における追善仏事を論じている点である。

承和三年（八三六）一二月辛丑（七日）条には、「父母没するの後、口に滋味を絶ち、廟を建て像を設け、四時に供養す」と仏像を安置する廟を設けて亡父母に斎食を施した人物や、『続日本紀』承和八年（八四一）三月壬申朔日条の「父の忌日毎に、斎食して経を誦し、年を累ねて息まず。……常に墳墓を守り、深く仏法を信じ、香を焚きて終を送る」人物が「孝子」とされており、「九世紀中頃には、庶民階層においても、親の忌日に仏教儀礼による祖先祭祀が行

なわれていた」という。(51) 並びに次の『日本後紀』大同元年（八〇六）六月辛亥（一九日）条に、

制。頃年追孝之徒。心存二哀慕一。事務二豊厚一。眩二人耳目一。各競求レ名。至二於貧者一。或買二却田宅一。還滅二家途一。凡功徳之道。信心為レ本。因二物多少一。寧有二軽重一。宜二誦経布施一者。親王。一品商布五百段已下。二品三百段已下。三品四品各二百段已下。諸王諸臣。一位五百段已下。二位三百段已下。三位二百段已下。四位一百段已下。五位五十段已下。六位已下卌段已下。宜下依二件差一。莫上レ令二相超一。又世俗之間。毎レ至二七日一。好事修レ福。既无二紀極一。為レ弊不レ少。宜二三七日。若七七日。一度施捨一。其非二商布一者。亦宜レ准二此数一。

（『新訂増補　国史大系第三巻　日本後紀』〈吉川弘文館、二〇〇〇年〉六四頁）

とあることから、「九世紀初頭には、身分の上下を問わず追善供養法会が盛んに行なわれた」と論じている。(52) 田中が挙げている九世紀の孝子表旌で着目したいのは、四十九日や一周忌をもって追善仏事を終えていた時代において、供養を続ける人物が「孝子」として表象されている点である。多くの歳月を経てもなお、仏法を信じ、親への追善仏事を絶やさないことが「孝」とされたことは、中陰仏事だけでなく、年忌仏事を継続的に営み、追善仏事の忌辰が増加する道徳的基盤となったであろう。

光明皇后によって天平二年（七三〇）に設立された施薬院・悲田院もまた死者供養を営んでいたとされている。施薬院は路辺の病者を収養し、施療することをその第一の役割としていたが、薬草の施行だけでなく、医療と連続する葬送の機能も果たしていた。例えば貞観一七年（八七五）正月二九日の冷泉院火災の際には、殉職者の葬送を担当していた。また仁和三年（八八七）五月一六日の勅に見られるように、藤原氏の葬送地は施薬院所領内にあり、氏人の葬送を営んでいたとされている。(53) 一方、悲田院においても『続日本後紀』承和九年（八四二）一〇月一四日条には、嶋田と嶋河原などにあった五千五百余頭の髑髏を集めて焼き、同月二三日条でも、嶋河原の髑髏を集め埋葬している。

第五節　『日本霊異記』に見る供養の物語

以上、仏像の銘文や『日本書紀』『続日本紀』の記述、追善仏事の願文などから古代における追善供養について見てきた。最後に古代における寺院・仏僧の死者供養について『日本霊異記』をもとに論じてみたい。『日本霊異記』(正式には『日本国現報善悪霊異記』)は延暦六年(七八七)に原本が成立し、弘仁年間(八一〇~八二四)までに改編が加えられて完成したとされる日本最古の仏教説話集である(54)。説話に見られる追善仏事の事例すべてが民衆層を対象としたものではないが、古代における民衆層の追善供養を考える上で示唆に富む物語が多数載録されている。管見の限り、死者への追善供養に関する記述が見られるのは、上巻第一〇縁・一二縁・一三縁・三〇縁・三三縁、中巻第三縁・二四縁・三二縁・三三縁・三八縁、下巻第四縁・九縁・一三縁・一六縁・二五縁・二六縁・二七縁・三五縁・三七縁の合計一九縁である。表1―7は物語の中で供養の願主となった人物、追善の対象となった人物、供養法を一覧にしたものである。

説話の中で営まれた仏事だけでなく、当為として語られたものを含め、『日本霊異記』に記載された死者への追善供養法を列挙すれば、造寺、造塔、仏像・仏画の作製(阿弥陀仏・観世音菩薩)、土地・財産の寄進、施財によって安居を行わせること、斎食(設斎)、食物・衣服の布施、放生、法華経の講読、写経、金剛般若経の誦経、遺骸の処置、死者の罪業と没後の報いを知ることである。これらの供養法は史実というよりも、唱導性を強くもった物語の中で範型・当為として説かれたものである。以下では、まずは『日本霊異記』に載録された追善供養を通覧した上で、とりわけ筆者が重要と考える上巻三〇縁・中巻二四縁の物語を詳しく見ていきたい。造寺・造塔に関しては、上巻二三縁

表1－7　『日本霊異記』に見る追善供養の用例

	供養の願主	供養対象	供養法
上巻第10縁	息子（大和国添上郡山村の在昔椋家長公）	父	被と財物を布施し、広く功徳を修める。
上巻第12縁	僧（元興寺沙門の高麗学僧道登と従者の万侶）	無縁の死者	人獣に踏まれていた道端の髑髏を拾って木の上に置いたこと（大晦日の諸霊への祭祀）。
上巻第23縁	子	父母	当為として造寺・造塔・造仏・写経・安居を行わせることを説く。
上巻第30縁	息子（豊前国宮子郡少領の膳臣広国）	父	一般論として食・衣服の布施、読経、造仏、放生、斎食を説き、実際の供養は造仏・写経・三宝供養。
上巻第33縁	妻（河内国石川郡八多寺の里人）	夫	夫の生前の願いであった阿弥陀仏の仏画を作し、斎会を営んで金堂へ奉納し、敬礼したこと。
中巻第３縁	母	息子（武蔵国多麻郡鴨里の吉志火麻呂、筑紫の防人）	遺髪を箱に入れ、仏像の前に置き、僧侶による諷誦。
中巻第24縁	奈良左京の六条五坊に住む楢磐嶋	閻魔王の使者の鬼	三人の鬼（故人）の名を呼び、金剛般若経百巻を読誦すること。その後は、節ごとの供養。
中巻第32縁	薬王寺の知事の僧浄たち、檀越	薬王寺の寺務者	薬王寺の僧侶による誦経。
中巻第33縁	父母（大和国十市郡菴知村の富家）	娘	亡娘の頭部を韓の筥に入れ、初七日の朝に、三宝の御前に置き斎食をしたこと。
中巻第38縁	弟子たち	奈良京馬庭山寺の師僧	師僧の遺産を施財とした誦経。
下巻第４縁	娘と婿（隠岐国掾）	舅（奈良京の大僧）	斎食を設けたこと。
下巻第９縁	夫（藤原朝臣広足）	妻	『法華経』を書写・講読し、福聚を追贈したこと。
下巻第13縁	妻子	夫（美作国英多郡の役夫）	中陰の間に観音図像を写仏し、写経し、福力を追贈したこと。
下巻第16縁	姉・弟（越前国加賀郡大野郷畝田村の横江臣成人）	母	亡母の生前の罪とその報いを知ること、造仏・写経。
下巻第25縁	妻	夫（紀伊国安諦郡吉備郷の漁師、長男紀臣馬養）	七七日の間に営まれた斎食。
下巻第26縁	妻（田中真人広虫女）	夫（讃岐国三木郡大領の外従六位上小屋県主宮手）	四十九日に禅師・優婆塞を三二人を集めた法会。三木寺・東大寺への財物・牛馬・土地・稲の寄進。
下巻第27縁	通り掛かりの人（備後国葦田郡大山里の品知牧人）	無縁の死者（葦田郡窟穴国郷の穴公の弟公）	髑髏に刺さった筍を抜き、干飯を供えたこと（晦日の諸霊への祭祀）。
下第巻35縁	地獄に堕ちた悪代官（遠江国榛原郡の物部古丸）	桓武天皇	経師四人を召し、法華経一部を写経し、六九三八四人の知識を率いて、平城京の野寺にて大法会を営み、写経した法華経を講読したこと。
下巻第37縁	妻子	夫（従四位上佐伯宿禰伊太知）	中陰供養、法華経一部を写経。

に見られる実母に孝養をまったくしない者に対し、

善き人何為《なにす》れぞ孝に違ふ。或る人は、父母の奉為《おほみため》に、寺を建て塔を立て仏を造り経を写し、衆《もろもろ》の僧《ほうし》を屈請《こひむか》へて安居を行はしむ。汝は家財《たから》饒にして、貸《いらし》の稲多く吉《よ》し。何すれぞ学履《まなびおこなひしこと》に違ひて親《おや》母に孝せざる

（出雲路修校注『新日本古典文学大系30　日本霊異記』〈岩波書店、一九九六年〉三六―三七頁）

という戒めの言葉を語り、生前の孝のあり方として寺・塔・仏像を造り、写経し、僧の安居へ布施するという作善を説いている。本縁末では『雑宝蔵経』に依拠して「孝せざる衆生はかならず地獄に堕つ。父母に孝養せば浄土に往生す」と父母への孝養の有無と後生の善処・悪処との相関を明言している。

上巻三三縁には仏像、仏画の作製による追善が見られる。夫に先立たれた妻が亡父の供養のために絵師を招いて阿弥陀図を作製し斎会を設けたという話で、下巻一三縁では、鉱山の中に生き埋めになった鉱夫が、法華経写経の発願の功徳によって生還する話であり、本話で妻たちは夫が死んだものと思い、「観音の像《みかた》を図絵《えが》き、経を写し、福《さきはひ》の力を追贈《おひおく》」っている。[55]

写経の作善に関しては、上述の下巻一三縁を含め四話に見られる。下巻一六縁に、赤子たちに乳をあげなかった罪で苦しむ母に対し、息子が仏像を作り、写経をして母の罪を償ったとある。法華経を写経して追福する話は二つの縁に見られる。一つは下巻九縁で、藤原朝臣広足が地獄を遍歴し、あの世で妻と出会い、広足の子を宿して死んだので夫も刑罰を受けるべきだと妻が進言したのに対し、苦を受ける代わりに現世に戻って法華経を書写することを約束し、実行している。もう一つは下巻三七縁で、ある都の人が筑前に下ったときに冥界遊行を体験し、地獄で従四位上の佐《さ》伯宿禰伊《えきのすくねい》太知《たち》が法華経一部を生前に写経していたが、それ以上の罪を犯していたため、責め苦を受けているのに会う。現世で伊太知の妻子にその様子を告げると、妻子は「卒りて七七日を経て、彼の恩霊の為めに、善を修し福を贈るこ

と既に畢りぬ。何にか図らむ、悪道に堕ちて劇しき苦を受くということを」と答えており、中陰仏事によって追善はすでに終わっているのに、悪道に落ちているとは驚きである、と返答している。つまり本話の構成は多罪のため中陰仏事に加えて、さらなる供養の追納を求めた物語である。先述したとおり、奈良・平安期の追善供養はおおむね中陰に限られて、没後四十九日を期限としていた。本話は従四位の位階にある貴族層が、中陰仏事を終えれば、「悪道に堕ちて劇しき苦を受く」ことはないとの認識をもっていたことを示しており、中陰供養が死者の悪業を滅する手法として定着していたことを物語っている。

また、閻魔王は伊太知を裁く際に、法華経による作善と罪を比較しており、まずは罪の数と写経した法華経の巻数を、次いで六万九三八四字という文字数を比較して裁断を下しており、法華経のもつ滅罪の効果を表現するために巻数や約七万字の文字数といった数量的なレトリックが使用されている。本縁は妻子がさらに法華経一部を書写することで結ばれており、法華経写経による滅罪の功能が多大であることを説く話となっている。

経典読誦による追善の例は多く見られる。中巻三縁では、自分を殺そうとした息子がその悪報によって大地の底に堕ちてしまい、母親は残った遺髪を箱に入れて仏像の前に置き、読誦を請い法事を営んでいる。中巻三二縁では、寺の資金を返さずに没したために、牛に生まれ変わった寺務の従事者に対し、その因縁を知った僧や檀越らが誦経を修している。中巻三八縁では、銭三〇貫を隠し持っていた山寺の僧が「部屋の戸を開けてはならない」との遺言を残して死ぬと四十九日後、僧の部屋の戸口の前に毒蛇が伏すようになり、弟子たちが因を知って隠されていた銭を見つけ、それを布施に充てて誦経し、追福している。

下巻二六縁では、道理に合わないやり方で酒を売り、稲の取り立てをした女性が病床に伏していると、夢に閻魔王が現れ、現世で報いを受けるべきであると語り、それを夫子に告げると死んでしまう。家族の者は七日を過ぎるまで遺体を火葬にせずに安置し、僧や優婆塞三二人を招き集め、願を立てて冥福を祈る仏事を営んでいる。本縁では、女は生き返るものの異形の姿になっており、夫たちは五体投地をし、三木寺に財宝を、東大寺に土地を寄進することで懺悔滅罪するが、まもなく女性は死んでしまう。本縁は追善仏事がいかに盛大に営まれていても、不法なやり方で金儲けをし、罪が大きいとされたものを救うことはできないことを示すものである。本話は、追善仏事の功徳の限界を語ることで、仏法に適った生前の営みの重要性を説き示す説話となっているが、その唱導的性格は別として、こうした富裕層が近親の物故者に対し、禅師・優婆塞などを数十人集める追善の大法会を営んでいたこと、並びに死者への追善のために寺院へ財産・土地を寄進していたことを本縁から推察することができる。下巻三五縁は筑紫肥前国松浦郡の火君《ひのきみ》という人物の冥界遊行譚である。役人の権威を濫用した罪で、冥界で釜ゆでになっている物部古丸から火君は法華経書写を請願されたので上申書を提出すると、その書簡は大宰府を経て桓武天皇に届けられるが、不問にふされてしまう。二〇年が経過して菅野朝臣真通《まみち》がこれを再び桓武天皇に奏上し、天皇が施皎《せきょう》僧都に相談して詔を発し、延暦一五年三月七日に経師四人を請じて法華経一部を書写し、善珠大徳を講師に、施皎僧都を読師に任じて平城京の野寺《のでら》で大法会を営み、法華経を講読するという国家的な追善儀礼によって古丸へ追善している。

中陰仏事として斎食が挙げられている例は多く、上巻三〇縁・三三縁、中巻三三縁、下巻四縁・二五縁に見られる。中巻三三縁では鬼に食べられてしまった娘の供養において、残された頭を「韓の筥」に入れ、初七日の朝、三宝の御前に置いて斎食をしている。下巻四縁では、借金をしていた義父の僧を船上から手足を縛って海へと落とした男が、義父のために少しばかりの斎食を設けて三宝に供える法事を営み、それに義父や「自度《じど》の例《ともがら》」が参加している。これは死者に対する追善として、通りすがりの僧たちに斎食を設ける供養が営まれていた事例である。下巻二五縁では、ある漁師が漁に出ていて海に流されてしまうが、「南無無量災難令解脱釈迦牟尼仏」と唱えることで事なきを得るも、妻は夫が死んだものと思い、四十九日が過ぎて、斎食をなし報恩したとある。

その他の供養法の例を挙げれば、奈良山の渓谷で人や獣に踏まれていた髑髏を、通りすがりの僧の従者が木の上に置く上巻一二縁、同じく通りがかりの男が「痛い、痛い」と叫ぶ髑髏から突き刺さった筍を抜いて、干飯を供える下巻二七縁の二つの縁には、髑髏という遺骸の処置による供養が認められる。上巻一〇縁では、前世で稲の負債を返さずに亡くなったため、牛に転生した父のために広く功徳を修めたとあるが、その供養法は明記されていない。

以上のように、『日本霊異記』に記載された追善供養法を概略的に見てきた。ここで今一度表1—7の供養の願主と対象者との関係に着目すれば、基本的に親子・夫婦間という一親等間で営まれており、祖父母といった対象の追善供養がほとんど見られない。上巻一二縁・下巻二七縁では大晦日に「諸霊を拝む」という風習が確認できるが、設斎・誦経といった仏事は確認できないため、『日本霊異記』からも「孝」の実践として仏教の追善供養が営まれていたことを確認できると言えるだろう。

では続いて死者供養を考える上でとりわけ興味深い記述が見られる上巻三〇縁、中巻二四縁を取り上げて見たい。

上巻三〇縁「非理に他の物を奪ひ、悪行を為し、報を受けて、奇しき事を示しし縁」という縁に着目したい。本縁は膳臣広国《かしわでのおみひろくに》という豊前国宮子郡の少領（地方官人）の冥界遊行説話であり、地獄に行った広国が責め苦を受ける妻・父と出会い、現世で父は自分を養うために生き物を殺し、高利貸しを働いて、人の物を強引に奪い取り、他人の妻を犯した罪で、体に三七本の釘を打たれ、毎日九百段の刑杖で打たれるという刑罰を受ける惨めな姿で描かれている。

本話では、当時の供養とその功徳の相関関係を示す以下のような記述がある。

おほよそ米一升を布施する報《むくい》は、三十日の粮《かりて》を得む。衣服一具《きもののひとよそひ》を布施する報は、一年《ひととせ》の分《わけ》の衣服を得《う》。経を読ましむる者《ひと》は、東方の金の宮に住み、後に願《ねがひ》に随ひて天に生れ、仏菩薩を造る者は、西方の無量寿浄土に生れ、生

を放つ者は北方の無量浄土に生れ、一日斎食する者は十年《ととせ》の粮を得む

（出雲路修校注『新日本古典文学大系30　日本霊異記』〈岩波書店、一九九六年〉四六頁）

この記述に従い追善と功徳の相関を一覧にしたものが表1―8であり、食物・衣服の布施、斎日、読経、造仏、放生の六種の供養法とその功徳が具体的に説かれている。この言説の語り手が冥界で獄卒に責められる父か、主人公である広国か、あるいは作者の景戒か判断しがたいが、当時の供養がどのような功徳をもっていたかを明言する語りとして興味深い。

表1―8　『日本霊異記』上巻第三〇縁に見られる作善行為と功徳の対照関係

追善行為	死者への功徳
米一升の布施	三〇日の粮
一日の斎食	一〇年の粮
衣服一具の布施	一年分の衣服
読経（僧侶による）	東方の金の宮への往生後に生天
仏菩薩像の作製	西方無量寿浄土への往生
放生	北方無量浄土への往生

物語の結末では、現世に戻った広国が地獄で苦しむ父親を救うべく、「其の父の奉為《おほみため》に、仏を造り経を写し三宝を供養して、父の恩を報い、受くる所の罪を贖」うことで、菩提を弔っている。表1―8に照らして言えば、父親は造仏の功徳により、西方浄土へ往生したことになる。本話に示された作善と功徳の対照関係は、『日本霊異記』の唱導文学としての性格を考慮するならば、布教の担い手であった僧侶たちが人々に追善仏事を勧化する際に示されたと考えられる。この対照関係は、物故者があの世で生活するために追善仏事が必要不可欠であることを説く、きわめて理解の便に長じた手段であり、その信憑性は夢や冥界遍歴における死者の語りによって補強されている。

『日本霊異記』のもつ唱導的性格のため、(56) 死の迎え方が劇的な部分も多く見られ、執筆年代の実状・史実と捉えることは難しいが、これら説話に描かれた物語と現実との乖離が大きければ、人びとに共感されず、唱導の意味を持ち得ないので、『日本霊異記』に記された供養に関する記述は、当時の世相を反映していると考えて問題ないだろう。

中巻二四縁にも死者供養を考える上で重要な記述が見られる。本縁の概要は以下の通りである。大安寺の修多羅銭を用いて交易をしていた楢磐嶋《ならのいわしま》という者が死期を迎えたため、この人物に閻魔王の鬼三人が使わされる。しかし、寺の交易のために働いているのだから罪を許せと四天王の使いが妨害する。鬼はやっとの思いで磐嶋のもとへ到着するが、空腹になってしまい、楢磐嶋に干飯をもらいつつ、替え玉を持ちかける。その交換条件として、食事として牛を提供すること、並びに鬼たちの替え玉をした罪が地獄で責められないように、三人の名を呼び上げて『金剛般若経』百巻を読誦することを要求する。そして三名の鬼の名は「高佐麻呂・中知麻呂・槌麻呂」であるという。この要求を受け入れると、翌日に牛一頭が死んでおり、楢磐嶋は大安寺の南の塔院を訪れ、沙弥仁耀《にんよう》法師に『金剛般若経』百巻の読誦を請い、仁耀はこれを二日で読み終える。三日後にこの鬼が現れ、「大乗の力に依りて百段の罪を脱れ、常より食飯一斗を復倍して賜ふ。喜しく貴し。今より以後、節ごとに我が為に福を修り供養せよ」と告げて(57)、たちまち消えてしまう。

以上が「閻羅王の使の鬼召さるる人の賂を得て許す縁」の粗筋であり、ここで「鬼」とされているのは、「高佐麻呂・中知麻呂・槌麻呂」という名の示すように、もともとは現世での生を全うした死者たちであろう。本縁では、彼ら鬼になった者たちの生前の罪に関して何ら記されていないが、『金剛般若経』の読誦が追善となって、彼らの食事の量が増加している。また鬼たちが経典読誦の前に「我が三の名を呼びて」と追善対象の読み込みを要求していること、そして追善供養のための『金剛般若経』読誦を大安寺の「沙弥」が営んでいたことは注目に値する。第一点目の供養の指定であるが、これは先述したように古代の追善供養では「表白」によってなされていた部分であり、こうした儀礼形態が説話の中にも浸透している様子がうかがわれる。二点目は、大安寺のような官寺の塔頭において、すでに追善のための経典読誦を受け入れ、しかもその担い手が受戒していない沙弥であったことを本縁から窺い知ることができる。また再び鬼が現れて節ごとの修福を要求していることから、追善仏事を営む時期の一つに「節」、つまり六斎日があったことが分かる。

以上のように、『日本霊異記』に記載された追善仏事の手法は三宝への設斎が中心となりつつも、写経・造仏など多様性を帯び、個々の施主たちの状況に合わせて営まれていた。大安寺において施主の要望に対応する死者供養が描かれており、大安寺のような官寺において個別的な供養儀礼が営まれた可能性を示唆している。追善仏事は作善の果報を死者に振り向けるものであるため、作善行為すべてが死者供養となりえる素地をもつものの、仏教への貢献の大きさがその追善の効能と相関関係にあったことは興味深い。造寺、造塔、造仏といった財力を要する作善は仏教興隆の礎となるため、例えば上巻三〇縁に造仏の功徳が極楽往生として説かれているように、その功徳は大きいものとされている。

斎食や衣服・食料の布施といった経済的な負荷が比較的少ない作善も『日本霊異記』には多く見られ、造寺・造塔・造仏がかなわない民衆層に対する追善行為の道筋が示されている。上巻三〇縁に見られる作善と功徳の相関関係は、民衆層へ追善仏事の必要性を教化する極めて説得的な語りであったが、貴族層に見られる造寺・造塔といった多大な財施と、設斎や読経による作善との格差や不均衡を明示するものであり、「地獄の沙汰も金次第」と揶揄されるような仏教の商業主義的側面を表明する可能性を内包している。

しかしその一方で、下巻二六縁で不法なやり方で富家となった者が病死した後に、その財力をもって盛大な仏事を営むも救われなかった話を載せることで、没後の追善仏事の限界を説き、生前の仏法に背かぬ善行の重要性を説くことで、こうした批判に応えようとしているように思われる。いずれにせよ、『日本霊異記』の追善仏事に関する記述は、設斎や誦経による追善供養が天皇や貴族といった上流階級以外にも説かれはじめていたことを示している。

まとめ

以上、日本仏教史や古代史を対象とする諸研究を参照しつつ、六国史の記述や銘文、『日本霊異記』を史料として天皇家・摂関家や貴族・民衆層という身分階層別に仏事や作善の事例を取り上げ、古代における追善供養の様相を考察した。

仏教が伝来してまもなく我が国では、造仏・造寺・写経が開始され、その功徳の多くは追善として死者にも振り向けられていた。律令体制成立以後は、天皇家の弔いの儀礼に国忌が導入され、東西大寺を中心とする官寺の官僧が、天皇や皇后の中陰供養や周忌を担っていた。平安仏教が成立して以降、延暦寺・園城寺・安居院といった山門・寺門派、興福寺という顕密権門の中核寺院の僧衆によって天皇の中陰仏事は営まれた。光明皇后によって創立された施薬院・悲田院もまた死者供養との関係が看取され、施薬院は冷泉院火災の殉職者の葬送を担当し、悲田院は嶋田・嶋河原などにあった遺骸の埋葬を行っていた。

一方、天皇家による追善供養は御霊という祟る死者に対しても営まれていた。真言宗開祖の空海の願文には、伊予親王への追善菩提のための多数の造仏や法華八講といった追善供養を営んだ記載が確認され、空海による追善仏事によって、御霊を成仏させることで、菩提を弔いつつ排除しようとする姿勢が表れていた。

このような天皇・皇族への追善供養の導入が進む中で、氏寺をもつような有力貴族層もまた追善仏事を積極的に営んでいる。中陰仏事などは、吉日を選んだ近親者による御法事と、家産の継承を表明する大規模な正日仏事に二分化していく。この背景には、官位・財産・権威といった家産の増加に伴って、追善仏事がより重要性を帯びたことが影響しているであろう。服藤早苗が指摘するように、藤原氏では藤原忠平のころに墓参や元旦四方拝における「氏神」「墳墓」への礼拝などを通して、祖先の墳墓を対象とする祭祀儀礼が開始されており、家・門流の拡大と「祖先」の埋葬地の重要性の変化は相関していると考えられる。

追善回向の積徳として広く営まれた写経は法華経を中心としつつも、空海『性霊集』に見られるように、真言宗の追善仏事に際しては理趣経・大日経・孔雀経・金剛頂経といった真言密教の経典が書写されており、宗派性を重視する姿勢が表れていた。写経に用いられた料紙に目を向ければ、小峯和明が指摘するように、清和天皇崩御に際して女御藤原多美子が供養した法華経には、清和天皇からの手紙を漉いた紙が用いられ、和泉式部が早逝した娘の追善供養に書写した経典の表紙には、朝露の如き人生を物語る「露置きたる萩」の織り柄をした形見の唐衣であった[58]。

また古代の国家制度の基盤に律令制が導入されたことは、追善供養にも大きな影響を与えた。田中徳定が指摘するように、律令体制下の官人教育に『論語』『孝経』といった儒教経典が教科書として用いられ、孝思想が仏教とともに在京の貴族だけでなく、官人の倫理・道徳の規範として普及し、それは地方豪族にも及んでいた。

淳仁天皇代の天平宝字三年（七五九）六月丙辰（二二日）に官人の規律を正す勅では、「儒教の五常の徳目である仁・義・礼・智・信とともに、仏教の三毒（三つの煩悩）である貪・瞋・痴が併記」され、「儒教・仏教を区別することなく、ともに官人の人格陶冶に必須の倫理」とされたのであり[59]、『続日本紀』の孝子表旌には斎食を施すだけでなく、先考・先妣への経典誦経もまた「孝子」の一つのモデルとなっていた。『礼記』「祭統篇」には「孝子の親に事ふるや、三道有り、生くれば則ち養ひ、没すれば則ち喪し、喪畢れば則ち祭る」とあり[60]、没後に喪に服して「祭る」ことが孝子の道として説かれていることを鑑みれば、儒教的な「孝」の実践の一つとして仏式の追善仏事が営まれたと言えよう。

平安時代の作善に関する金石文から見れば、経筒・瓦経による埋経、観音菩薩や阿弥陀仏の造仏、五輪塔の造塔が亡者追善のために営まれ、その分布は北は東北から南は九州に及び、作善者の身分には藤原・紀・泰・橘・源・平といった諸氏だけでなく、甲斐や筑前の国司、在庁官人、村人なども含まれていた。

こうした追善仏事の民衆層への普及は『日本霊異記』にも少なからず見ることができ、追善仏事の手法には設斎・写経・造仏が営まれており、大安寺といった官寺でもまた民衆の要請に応じた供養が営まれる説話も見られた。説話の中には、作善と供養の相関を明確に説くものもあり、このような説話を媒介に追善仏事を多様な階層の人々へと唱導していった僧侶の姿が垣間見られる。

天皇家であれ、摂関家であれ、追善仏事の基本的な形態は①仏教に関わる物的資源の作製（造寺・造塔・造仏・写経など）、②忌日に因んだ読経、設斎、経典の講演、③表白文・願文の読誦の三つの部分から構成されていた。仏事の形態には、誦経・設斎が中心となりつつも、法華三昧という懺悔・滅罪の儀礼、念仏や大仏頂三昧といった法要が確認された。これらの仏事や併修される造仏・写経がほぼ定式化されていたのに対し、③の表白文・願文の作成はある程度の形式が整備されてはいるものの、僧侶が仏教・儒教の典籍から多様な記述を駆使して作製する創造性に富む営為であった。死者を「孝子」と顕彰する表白文・願文が読誦される追善仏事は、律令体制下によって孝倫理を涵養された貴族・官人たちが孝を実践する営みとなっていた。

古代の追善仏事について概括的な説明を試みるならば、仏教伝来時点ですでに多様な作善行為が営まれ、その目的の一つに死者供養があった。律令体制確立以後、大学寮などの教育機関で儒教倫理を身につけた官人たちは、亡父母に対して追善仏事を営むことで「孝」を実践していき、仏僧は孝子伝の孝子を引用しながら、施主の孝養深きことを表象していった。国家的追善仏事として七大寺や国分寺・国分尼寺を動員して営まれる天皇の国忌が寺院数・僧尼数や参列者という規模において最大のものであり、これを模範としつつ在京の貴族や中・下級の官人たちもまた、故人への弔いを示すことを前提としながらも自らの品格を誇示するために、追善供養を実践していったのである。

注

（1）堀一郎『上代日本仏教文化史』上・下巻（臨川書店、一九四一年・一九四三年）、同『我が国民間信仰史の研究（二）宗教史編』（創元社、一九五五年。同書は『堀一郎著作集　第7巻　民間信仰の形態と機能』〈未來社、二〇〇二年〉に載録）。

（2）堀一郎『堀一郎著作集　第7巻　民間信仰の形態と機能』（未來社、二〇〇二年）三八三―三八四頁。古代における造寺の目的に関しては、堀一郎『上代日本仏教文化史　下巻』（大東出版社、一九四三年）五―三四頁に詳しい。

（3）堀一郎『上代日本仏教文化史　上巻』（大東出版社、一九四一年）二四五―二五四頁。

（4）速水侑「二　氏族仏教の発達」『日本仏教史　古代』（吉川弘文館、一九八六年）五五頁、坂本要「餓鬼と施餓鬼」『地獄の世界』（北辰堂、一九九〇年）七二〇頁。

（5）坂本太郎・家永三郎・井上光貞・大野晋校注『日本古典文学大系68　日本書紀（下）』（岩波書店、一九六九年）一八七頁。

（6）池上良正「東アジアの救済システムとしての「死者供養」」『宗教研究』第三五九号（二〇〇九年）一八二―一八三頁。同「上海市における「死者供養仏教」の活性化――松隠禅寺の事例を中心に」『文化』第二八号（二〇一〇年）一九―三四頁。

（7）大石雅章『日本中世社会と寺院』（清文堂出版、二〇〇四年）二五七―二六〇頁。

（8）田中久夫「第七節　仏教と年忌供養」『仏教民俗と祖先祭祀』（永田文昌堂、一九八六年）三六九―三九二頁。

（9）古瀬奈津子「『国忌』の行事について」『古代文化』第四三巻第五号（一九九一年）。

（10）古瀬奈津子、前掲注（9）論文、二頁、六頁。

（11）奈良・平安時代の天皇・皇后の追善仏事を一覧にしたものに、古瀬奈津子、前掲注（9）論文、三頁記載の「第1表　天皇・皇后の忌日行事」がある。筆者は本表を参照しつつ、追善供養に関わる記述を補足して作成した。
（12）山田雄司「怨霊と怨親平等との間」国学院大学研究開発推進センター編『霊魂・慰霊・顕彰――死者への記憶装置』（錦正社、二〇一〇年）二二頁。
（13）大石雅章、前掲注（7）書、二六五―二七〇頁。
（14）大石雅章、前掲注（7）書、二六四―二六五頁。
（15）大石雅章、前掲注（7）書、二二九―二三〇頁。
（16）大石雅章、前掲注（7）書、二三三―二三四頁。
（17）古瀬奈津子、前掲注（9）論文、七―一〇頁。
（18）中村一郎「国忌の廃置について」『書陵部紀要』第二号（一九五二年）。
（19）堀裕「平安期の御願寺と天皇――九・十世紀を中心に」『史林』第九一巻一号（二〇〇八年）。
（20）法華八講は一之座から八之座にわたり、「精義、講師、読師、唄匿散華、問者、堂達の諸役によって営まれ、読師が経題を唱え講師が経文を講釈し、問者が教義上の質問を発して講師がこれに答え、精義が問答を判定し、堂達が進行を司る」式次第となっている。「法華八講」『岩波仏教辞典（第二版）』（岩波書店、二〇〇二年）九三一頁。
（21）古瀬奈津子、前掲注（9）論文、一一頁。
（22）古瀬奈津子、前掲注（9）論文、一二頁。
（23）渡邊照宏、宮坂宥勝校注『日本古典文学大系71　三教指帰・性霊集』（岩波書店、一九六五年）二八八―二九一頁、二九八頁。
（24）藤田大誠「近代日本における「怨親平等」観の系譜」『明治聖徳記念学会紀要』復刊第四四号（二〇〇七年）一〇八頁。
（25）池上良正『死者の救済史――供養と憑依の宗教学』（角川書店、二〇〇三年）二七―五〇頁。

(26) 大曽根章介・金原理・後藤昭雄校注『新日本古典文学大系27　本朝文粋』（岩波書店、一九九二年）三六四―三六八頁。
(27) 小峯和明「表白」『仏教文学講座　第8巻　唱導の文学』（勉誠社、一九九五年）一六三―一六四頁。
(28) 桃裕行「忌日考」『桃裕行著作集　古記録の研究』上巻（思文閣出版、一九八八年）二一三―二六二頁。
(29) 桃裕行、前掲論、二一四頁。
(30) 桃裕行、前掲論、二三二頁。
(31) 桃裕行、前掲論、二四〇―二四一頁。
(32) 京樂真帆子「平安時代の「家」と寺――藤原氏の極楽寺と勧修寺を中心として」『平安京都社会史の研究』（塙書房、二〇〇八年）一一〇頁。
(33) 京樂真帆子、前掲注（32）書、一一八頁。
(34) 佐藤健治「葬送と追善仏事にみる摂関家行事の成立」『史学雑誌』一〇三巻一一号（一九九四年）。
(35) 佐藤健治、前掲注（34）論文、三九頁下段。
(36) 佐藤健治、前掲注（34）論文、四二―四六頁。
(37) 「七僧法会」とは、法会の主役となる七人の役僧（講師・読師・呪願師・三礼師・唄師・散華師・堂達）が出仕して行われる大法会である。
(38) 橋本初子「史料紹介　七僧法会について――足利義満没後百ケ日七僧法会の史料」『愛知学院大学大学院文学研究科　文研会紀要』第二号（一九九一年）三一―三二頁。
(39) 佐藤健治、前掲注（34）論文、四六―五六頁。
(40) 田中徳定『孝思想の受容と古代中世文学』（新典社、二〇〇七年）九七頁。
(41) 田中徳定、前掲注（40）書、一〇頁、九七―一二三頁。
(42) 勝又俊教「第八章　空海と仏事法会」『弘法大師の思想と源流』（山喜房佛書林、一九八一年）二四三―二九〇頁、静慈

圓「第二編　空海の行動と思想　第二章　空海の願文の構造とその特色」『空海密教の源流と展開』（大蔵出版、一九九四年）二三五―二九三頁。

（43）青木和夫・稲岡耕二・笹山晴生・白藤礼幸校注『新日本古典文学大系　続日本紀（二）』（岩波書店、一九八九年）一〇二―一〇五〇頁。

（44）服藤早苗『家成立史の研究』（校倉書房、一九九一年）八三頁。

（45）服藤早苗「平安貴族層における墓参の成立――墓参より見た家の成立過程」藤井正雄・義江彰夫・孝本貢『シリーズ比較家族2　家族と墓』（早稲田大学出版部、一九九三年）二五一頁。

（46）高木豊『平安時代法華仏教史研究』（平楽寺書店、一九七三年）一一九頁。

（47）高木豊、前掲注（46）書、一三八―一三九頁。

（48）古瀬奈津子、前掲注（9）論文。

（49）古瀬奈津子、前掲注（9）論文、一四頁。

（50）田中徳定、前掲注（40）書。

（51）田中徳定、前掲注（40）書、六一―六四頁。

（52）田中徳定、前掲注（40）書、六四頁・七三頁。

（53）新村拓「施薬院と悲田院」『日本医療社会史の研究――古代中世の民衆生活と医療』（法政大学出版、一九八五年）一五頁。

（54）出雲路修「解説」『新日本古典文学大系30　日本霊異記』（岩波書店、一九九六年）三一九頁。本節では『日本霊異記』の本文は『新日本古典文学大系30　日本霊異記』に依拠した。また本文を解釈する際、多田一臣校注『日本霊異記』上・中・下巻（筑摩書房、一九九七・一九九八年）を参照した。

（55）出雲路修校注、前掲注（54）書、一四七頁。

（56）中村史『日本霊異記と唱導』（三弥井書店、一九九五年）九―一一頁。

(57) 出雲路修校注、前掲注(54)書、九九頁。
(58) 小峯和明、前掲注(27)論文、一四三頁。
(59) 田中徳定、前掲注(40)書、八八―八九頁。
(60) 竹内照夫『新釈漢文大系28　礼記　中』(明治書院、一九七七年)

第二章　中世前期における禅宗の追善供養

第一章では、仏教が伝来した日本において、すでに死者の弔いに仏教的な供養儀礼や作善が取り入れられ、奈良時代・平安時代を通じて多数作善を基調としながら天皇家や摂関家といった貴族層において追善供養が執り行われてきたことを確認した。このように古代において死者供養との密接な結びつきが確認される日本仏教であるが、追善仏事の営まれる年忌の増加、実施される身分・階層や地域的な広がりといった点で、さらなる展開を見せるのは中世である。

中世における追善供養の変化として注目されるのが、追善仏事を営む忌辰の増加である。古代においては中陰の思想を根拠とした四十九日の仏事が主要なもので、一部に一周忌が見られる程度であった。それが中世になると百箇日・三回忌が加わることで十仏事となり、さらに七回忌・十三回忌・三十三回忌が追加されて十三仏事となる。三十三回忌を弔い上げとする現在の追善供養のあり方は中世に確立されたといってよい。

十仏事の形式は七日ごとの中陰仏事に、儒教の『儀礼』「士虞礼」に見られる卒哭に続く附祭・小祥・大祥を取り入れた形式である(1)。この十仏事を思想的に根拠付ける経典として、中国では『預修十王生七経』が成都の蔵川によって編纂された。本経は当時敦煌地方に広まっていた『還魂記』の冥界遍歴に仮託して成立したものであり、成立の上限は八世紀中頃であるという(2)。この中国撰述の『預修十王生七経』に基づいて、一二世紀後半から一三世紀前半に日本で撰述されたのが『地蔵菩薩発心因縁十王経』（以下『地蔵十王経』と略記す）であり、(3)この『地蔵十王経』が十仏事の典拠となった。

追善供養を通史的に論じた圭室諦成と渡辺章悟によれば、中陰供養に百箇日・一周忌・三回忌を加えた十仏事は中国で盛んになり、日本における三回忌の初出は『源平盛衰記』に見られる文治二年（一一八六）に営まれた平重衡の三回忌であるという。(4)しかし、『吾妻鏡』寿永三年（一一八四）二月四日（後述の表2—1・1番）には、「相国禅門三回忌景を迎え、仏事を修す」とあり、二年ほど遡ることができる。しかし、第一章で論じたように、法隆寺の釈迦如来像は馬子の三周忌に造仏されたことを鑑みると、その起源はさらに遡ることができるだろう。とはいえ、こうした事例は稀であり、一二世紀末に三回忌の例が多く見られるようになり、十仏事への移行の萌芽が認められる。

一方、十仏事に七回忌・十三回忌・三十三回忌を加えた十三仏事の定着は一二世紀から一四世紀頃とされている。圭室諦成はその典拠に『地蔵十王経』を加工した一五世紀成立の『十三仏抄』を挙げている。(5)渡辺章悟は鎌倉時代末期までに七回忌・十三回忌・三十三回忌が加えられて十三仏事となり、室町時代後期には民衆にも浸透するようになったとしている。(6)十三仏事に追加された三仏事の例を挙げれば、七回忌の成立年代は不明確であるもの、十三回忌の例は『法然上人行状画図』にある元久元年（一二〇四）の後白河法皇の仏事、『吾妻鏡』の寛喜二年（一二三〇）一二月二五日条にある源実朝、『高山寺縁起』の寛元二年（一二四四）の明恵上人、虎関師錬『元亨釈書』巻五「明遍」の条に見る藤原通憲の十三回忌の記録などから、一二世紀から一三世紀にかけて十三回忌が普及したという。

三十三回忌に関しては、渡来僧の清拙正澄（一二七三〜一三三九）の『清拙語録』にある三十三回忌の記載や、北条貞顕の書写した『円覚経』の奥書に見られる正慶二年（一三三三）に父北条顕時の三十三回忌の例、光厳院の日記などから、三十三回忌は鎌倉時代末に流行し始めたとしている。(7)

以上のように、十仏事は三回忌の初出や『地蔵十王経』の成立時期から、一二世紀後半から一三世紀前半頃にかけて成立し、十三仏事は一三・一四世紀にかけて定着していった。追善供養を営む忌辰が増加していく中世という時代は、まさに鎌倉新仏教の成立という日本仏教における極めて大きな転換期であった。鎌倉仏教による新たな教理体系の確立は追善仏事の多様化を促すこととなり、顕密の行法ではなくさまざまな宗派の追善仏事が展開されていくようになる。平安朝では天皇家や公家といった京洛での顕密仏事が多く見られたが、武士・御家人が台頭して武家政権が樹立されると、鎌倉幕府の源氏三代将軍家や北条氏、室町期では足利氏などに追善仏事を営んだ例が多く見られる。

本章では、まず中世における武家政権を樹立した源氏三代将軍や北条氏、室町期の足利氏の追善仏事を中心に、武家における追善供養を『吾妻鏡』の記述や、武家八講を取り上げながら検討したい。とりわけ、このような仏事が顕密僧だけでなく、禅僧たちによっても担われるようになり、顕密の行法だけでなく、禅宗様式も台頭していく様相に着目したい。

第一節　『吾妻鏡』に見る武家の追善仏事

鎌倉幕府を担った源氏三代将軍や北条氏による追善仏事に関しては『吾妻鏡』からその様相を知ることができる。周知のように、幕府の置かれた鎌倉には多くの禅院が開創された。北条氏などの有力武士たちによって文治四年（一一八八）に浄妙寺が、正治二年（一二〇〇）に寿福寺が、建長五年（一二五三）には建長寺が創建されていく。『吾妻鏡』には、このような背景のもとで、追善仏事を武家がどのように取り入れ、営んでいったのかを知る記載が多数あり[8]、すでに追善仏事に関する一四六例の記述を挙げた野口武司による精緻な報告がある[9]。野口の報告では、網羅的に追善仏事の記述が取り上げられているものの、仏事の形態や儀礼を司る導師に関してはあまり着目されていないので、筆者は追善仏事の形態が記載されていた四三例を表2—1にまとめた。本表の1番から25番は武家・御家人の追善仏事、26番から32番は法皇・上皇を対象としたもの、33番から36番までは戦没者供養の事例、36番から43番は禅僧が導師を務めている追善仏事である。

追善仏事の形態を列記すれば、法華経・大乗経の写経や摺写（5・8・14・25・30・37・38・42番）、如法経十種供養（6・34・40番）、曼荼羅供（9・12・16・23・41番）、一切経供養（10・11・13・21・24・43番）、万灯会（3・4・33番）、法華八講（17・20番）、七僧法会（32番）、法華経の読誦・転読（2・27・31番）、真言供養（19・20番）、温室施行（15・26番）、塔婆・多宝塔の建立（19・41番）、千日間の法華三昧（6番）となる。如法経十種供養は円仁によって体系化され、比叡山横川を中心に発展した法華経書写の行法である。[10] 法華経のもつ功徳と、書写という行為による作善の二重の功徳を生むこの儀礼は、死者追善・逆修のために中世において広く営まれた。[11]

この如法経十種供養に加え、法華経の頓写仏事や法華八講、法華三昧など天台顕教による追善仏事のほか、曼荼羅供や真言供養といった密教的な仏事も含まれており、鎌倉幕府の武家や天皇を対象とする追善供養では、平安朝と同じく顕密的な追善仏事が支配的であったことが分かる。

法皇・上皇の仏事を見ると、後白河法皇の場合は四十九日に百僧供（28番）、一周忌では千僧供養が営まれ（29番）、鶴岡八幡宮・勝長寿院・伊豆山・筥根山・大山寺・観音寺・高麗寺・六所宮・岩殿寺・大倉観音堂・窟堂・慈光寺・浅草寺・真慈悲寺・弓削寺・国分寺などの顕密寺院による大規模な仏事が営まれている。[12] 後鳥羽院の仏事では、院宸筆を摺った法華経百部を持仏堂で奉読し、七僧法会が執り行われている（30〜32番）。

『吾妻鏡』には源頼朝・源実朝を施主とする戦没者供養の例も確認できる。[13] これらの供養は戦陣で命を落とした

表2—1　『吾妻鏡』に見られる追善供養

＊『新訂増補　国史大系　吾妻鏡』前篇・後篇（吉川弘文館、二〇〇〇年）より作成。供養対象・施主に関しては、野口武司「『吾妻鏡』の死没記事」『信州豊南短期大学紀要』二三号（二〇〇六年）を参照した。

番号	年月日	供養対象（年忌）	施主（仏事の導師）	仏事・作善の形態（場所）	原文
1	寿永三年（一一八四）二月四日条	平清盛（三回忌）			四日癸亥。平家日来相二従西海山陰両道軍士数万騎一。搆下城墎於摂津与二播磨一之境一谷上。各群集。今日迎二相国禅門三廻忌景一。修二仏事一云々。
2	文治元年（一一八五）八月三〇日条	源義朝	源頼朝	日々の法華経転読	卅日庚辰。二品御素意偏以レ孝為レ本之処。未レ尽二水菽之酬一。而平治有レ事。厳閤夭亡給之後。以二毎日転読法花経一。被レ備二没後追福一。而令レ極二栄貴一給之今。被レ企二一伽藍作事一。……
3	文治二年（一一八六）七月一五日条	源頼朝の二親以下尊霊	源頼朝 北条政子	盂蘭盆万灯会（勝長寿院）	十五日庚寅。迎二盂蘭盆一。於二勝長寿院一。被レ行二万灯会一。仍二品并御台所渡御。是奉二為二親以下尊霊得脱一也云々。
4	文治四年（一一八八）七月一五日条	源義朝（一七回忌）	源頼朝 北条政子	盂蘭盆万灯会（勝長寿院）	十五日己酉。奉二為先考御追福一。於二勝長寿院一。被レ勤二修万灯会一。武州并常胤遠元等沙二汰之一。二品及御台所等有二御参堂一云々。
5	建久二年（一一九一）九月三日条	源義朝（三〇回忌）	（恵眼房）	法華経一部頓写（南御堂）	三日己酉。奉二為先考一。於二南御堂一。有二御仏事一。被レ供二養頓写法華経一部一。恵眼房為二御導師一。
6	建久五年（一一九四）一〇月二五日条	鎌田正清 源義朝	鎌田正清女（大学法眼行恵）	如法経十種供養 一千日之間の法華三昧（勝長寿院）	廿五日壬午。於二勝長寿院一。有二如法経十種供養一。是故鎌田兵衛尉正清息女所レ修也。且為レ奉レ訪二故左典厩御菩提一。且為レ加二亡父追福一。一千日之間。於二当寺一屈二浄侶一。令レ行二如説法華三昧一云々。願文信救得業草レ之。因幡前司広元清二書之一云々。将軍家并御台所為二御結縁一令レ参給。導師大学法眼行恵。……
7	建保四年（一二一六）七月一五日条	坊門信清	源実朝室信子	盂蘭盆供	十五日丙午。陰。月蝕不二正見一。今日。御台所渡二御寿福寺一。奉二為先考一。被レ刷二盂蘭盆供一。
8	元仁元年（一二二四）六月二二日条	北条義時（臨時仏事）	三浦義村（走湯山浄蓮房）	法華経六部の頓写仏事	廿二日戊子。陰晴。臨時御仏事。三浦駿河前司修レ之。導師走湯山浄蓮房。一日頓二写法花経六部一云々。
9	嘉禄元年（一二二五）八月二七日	北条政子（中陰）	竹御所（弁僧正定豪）	曼荼羅供（庭儀）	廿七日乙卯。霽。今日二品御葬家御仏事。竹御所御沙汰也。導師弁僧正定豪。曼陀羅供庭儀如レ例。……

10	嘉禄二年（一二二六）七月一一日条	北条政子（年忌）	北条時房・泰時（大蔵卿法印良信）	一切経供養（勝長寿院）	十一日甲子。晴。故禅定二位家周関御仏事。於二勝長寿院一被レ修レ之。有二一切経供養之儀一。奏二舞楽一。大蔵卿法印良信為二導師一。此経日来聖人勧進也。相州。武州已下人々群集。竹御所御出云々。……
11	寛喜元年（一二二九）七月一一日条	北条政子（年忌）	北条時房・泰時	一切経供養（勝長寿院）	十一日丙子。当二于故禅定二品〔政子〕御月忌一。於二勝長寿院一。被レ行二一切経会一。相州。武州被レ参云々。
12	嘉禎元年（一二三五）七月一八日条	竹御所（一回忌）	北条時房・泰時（大阿闍梨助法印厳海）	曼荼羅供（新阿弥陀堂）	十八日己卯。霽。故御台所周関御仏事也。未刻。於二新阿弥陀堂一。被レ行二曼荼羅供一。大阿闍梨助法印厳海。相州。武州以下人々詣給。……
13	嘉禎三年（一二三七）六月一一日条	北条政子（十三回忌）	北条泰時（助僧正厳海）	一切経供養（大慈寺）	十一日庚寅。霽。奉二為二位家追善一。於二大慈寺一。供二養一切経一。導師助僧正厳海。題名僧六十口。有二舞楽一。施主左京権大夫也。将軍家為二御聴聞一御出云々。
14	暦仁元年（一二三八）七月一一日条	北条政子（十三回忌）	北条泰時	五千巻あまりの経典を園城寺唐院に奉納	十一日甲申。左京兆密々参二園城寺一給。是去年当二于禅定二位家一十三年御忌景一。為レ奉レ報二彼恩徳一。於二鎌倉一所レ被レ終二書功一之一切経五千余巻。今日又迎二件御月忌一。依レ被レ奉レ納二于唐院霊場一也。当寺者。聖灵之御帰依。施主御渇仰異二他所一云々。毎経巻之奥。令レ加二左京兆署判一給云々。
15	延応元年（一二三九）五月二六日	北条政子	北条泰時	法華堂近隣に温室を設け、毎月六斎日に僧徒を入らせる	廿六日乙未。前武州為二禅定二位家御得脱一。被レ積二作善一事。年々歳々未レ緩。其中。於二彼法華堂之傍一。被レ建二温室一。令レ結二番薪等雑掌人一。毎月六斎日。可レ令レ浴二僧徒一之由。有二沙汰一。仍誡二後年退転一。今日被レ定二置文一。其状云。……
16	寛元元年（一二四三）六月一五日条	北条泰時（一周忌）	（大阿闍梨信濃法印道禅）	曼荼羅供（山内粟船御堂）	十五日庚申。天霽。故前武州禅室周関御仏事。於二山内粟船御堂一被レ修レ之。北条左親衛并武衛参給。遠江入道。前右馬権頭。武蔵守以下人々群集。曼荼羅供之儀也。大阿闍梨信濃法印道禅。讃衆十二口云々。此供。幽儀御在生之時。殊抽二信心一云々。
17	寛元三年（一二四五）九月二七日条	西園寺公経（一周忌）	九条頼経	法華八講	廿九日辛酉。天晴。入道大納言家屈二請八口僧於久遠寿量院一。被レ行二八講一。秉燭之後。被レ引二御布施一。水谷左衛門大夫重輔。内蔵権頭資親。讃岐守親実等取レ之。是故大相国公経。周関御追善也。……

18	建長二年（一二五〇）一二月二九日	源頼朝・実朝、北条義時・政子	北条重時・時頼	源頼朝・実朝、北条義時・政子の墳墓を巡礼	廿九日庚申。奥州。相州令レ巡二礼右大将家。左大臣家。二位家并右京兆等御墳墓堂々一給。後藤佐渡前司。小山出羽前司。三浦介。出羽前司。刑部大輔入道等参会云々。……
19	建長六年（一二五四）六月三日条	安達義景（年忌）	安達泰盛（左大臣法印厳恵）	塔婆供養 真言供養	三日癸酉。晴。故城介入道願智周関期立二塔婆一遂二供養一。導師左大臣法印厳恵。真言供養也。
20	建長六年（一二五四）六月一五日条	北条泰時（三回忌）	（信濃僧正道禅）	御塔建立・真言供養 御追福御八講（極楽寺青船）	十五日乙酉。霽。今日。迎二前武州禅室十三年忌景一。被レ供二養彼墳墓青船御塔一。導師信濃僧正道禅。真言供養也。請僧之中。々納言律師定円。光俊朝臣子。備中已講経幸。蔵人阿闍梨長信等在レ之。為二此御追福御八講一。自二京都一態所レ被二招請一也。相州御聴聞。御仏事已後。相州令レ帰二山内御亭一給之処。鎌倉中騒動。路次往返之輩。多以帯二兵具一。仍則渡二御鎌倉御亭一也。
21	康元元年（一二五六）七月六日条	矢部禅尼	北条時頼（若宮別当僧正隆弁）	一切経供養	六日甲午。朝雨。辰尅属レ霽。夕又雨降。今日為二前武蔵禅室後室禅尼一。被レ供二養一切経一。導師若宮別当僧正隆弁云々。
22	正嘉二年（一二五八）二月一三日条	北条経時（十三回忌）	北条時頼	七日間の五種行	十三日癸巳。晴陰不レ定。今日。奉二為故中武州十三年御追福一。於二最明寺一被レ始二行七ケ日五種行一。相州禅室為二法主一。殊令レ致二丁寧一給云々。
23	文応元年（一二六〇）五月一〇日条	安達景盛（三回忌）	北条時氏室松下禅尼（大阿闍梨日光別当法印尊家）	曼荼羅供	十日丁丑。晴。秋田城介入道覚智第三年追福。松下禅尼為二施主一被レ修レ之。願文草右京権大夫茂範朝臣。清書本曼陀羅供。大阿闍梨日光別当法印尊家。
24	文永二年（一二六五）六月三日条	安達義景（十三回忌）	（若宮別当僧正隆弁）	一日より三日まで十種供養・一切経供養 正日仏事は多宝塔一基を供養（無量寿院）	三日己巳。日中夕立。故秋田城介義景十三年之仏事也。於二無量寿院一。自二朔日一至二今日一。或十種供養。或一切経供養也。而今迎二正日一。供二養多宝塔一基一。導師若宮別当僧正隆弁。……
25	文永二年（一二六五）八月十三日条	北条長時・北条重時		左典厩の夢想に依る五部大乗経の頓写	十三日戊寅。霽。故武州禅門長。周関仏事被レ修レ之。又為二極楽寺奥州禅門没後追福一。被レ書二写供養三五部大乗経一。是依二左典厩御夢想一。一日内所レ被二頓写開題一也。

26	建久三年（一一九二）三月二〇日条	後白河法皇	源頼朝	百日間の温室施行（山内）	廿日壬辰。於二山内一有二百ケ日温室一。往反諸人并土民等可レ沿之由。被レ立二札於路頭一。是又為二法皇御追福一也。俊兼奉二行之一。今日御分也云々。平民部丞。堀藤次等沙二汰之一。以二百人一被二結番一。雑色十人在二此内一云々。
27	建久三年（一一九二）四月四日条	後白河法皇（三七日）	源頼朝（恵眼房阿闍梨）	毎日法華経一巻の読誦	四日乙巳。三七日御仏事也。導師恵眼房阿闍梨。自二今日一。幕下可下令レ読二誦毎日一巻法花経一給上云々。是日来御日所作外也云々。
28	建久三年（一一九二）五月八日条	後白河法皇（四十九日）	源頼朝	百僧供	八日己卯。法皇四十九日御仏事。於二南御堂一被レ修之。有二百僧供一。早旦各群集。……僧衆。鶴岡廿口　勝長寿院十三口　伊豆山十八口　筥根山十八口　大山寺三口　観音寺三口　高麗寺三口　六所宮二口　岩殿寺二口　大倉観音堂一口　窟堂一口　慈光寺十口　浅草寺三口　真慈悲寺三口　弓削寺二口　国分寺三口也
29	建久四年（一一九三）三月一三日条	後白河法皇（一周忌）	源頼朝	千僧供養	十三日庚辰。迎二旧院御一廻忌辰一。被レ修二御仏事一。千僧供養也。……其儀。被レ定二宿老僧十人一。所レ為レ頭也。仍各相二具百僧一。点二便宜道場一。為レ沙二汰饗禄等一。毎二百口一被レ相二副二人奉行一云々。……
30	寛元二年（一二四四）六月四日条	後鳥羽院	九条頼経（大蔵卿僧正良信）	院宸筆の法華経を版木とした法華経百部を摺写	四日癸酉。為二前大納言家御願一。奉二為後鳥羽院御追善一。日来被レ摺二写法華経百部一。此形木即所レ被レ彫二彼震筆一也。仍今日被レ遂二供養一。大蔵卿僧正良信。為二導師一。請僧七口。……
31	寛元二年（一二四四）九月一五日	後鳥羽院	九条頼経	法華経読誦（持仏堂）	十五日癸丑。後鳥羽院御追福摺写法華経。於二御持仏堂一被レ奉レ読二始之一。定親法師奉二仕之一。
32	寛元三年（一二四五）六月三日条	後鳥羽院	（三位法印頼兼）（僧正良信）	五部大乗経の頓写仏事　七僧法会　法花五種妙行（久遠寿量院）	三日丙寅。天晴。被レ召二聚右筆之輩一。於二久遠寿量院一。一日中被レ書二写五部大乗経一。則有二供養之儀一。七僧法会也。三位法印頼兼為二導師一。同日被レ修二法花五種妙行一。導師卿僧正。良信。云々。是後鳥羽院御追福也。
33	建久元年（一一九〇）七月一五日条	平氏滅亡衆	源頼朝	盂蘭盆万灯会（勝長寿院）	十五日丁卯。今日。盂蘭盆之間。二品参二勝長寿院一給。被レ勤二修万灯会一。是為レ照二平氏滅亡衆等黄泉一云々。
34	建久五年（一一九四）三月二五日条	伊東祐親　大庭景親	源頼朝	如法経十種供養（願成就院）	廿五日丙戌。於二伊豆国願成就院一。被レ修二如法経十種供養一。是為レ被レ訪二祐親法師景親已下没後一也。

35	承元三年（一二〇九） 五月二〇日条	梶原景時・一類亡卒者供養	（真智房法橋隆宣）	夢告を受けた戦没者供養 （法華堂）	廿日壬子。於二法華堂一。為二故梶原平三景時并一類亡率等一。被レ修二仏事一。導師真智房法橋隆宣也。相州被レ参。是日来営中有二怪異等一。又有二御夢想之告一。仍且以修善。為レ被レ宥二彼怨霊一。俄及二此儀一云々。
36	建保三年（一二一五） 一一月二五日条	和田義盛以下亡卒	源実朝 （行勇律師）	夢告を受けた戦没者供養 （法華堂）	廿五日庚辰。於二幕府一。俄令レ行二仏事一給。導師行勇律師云々。是将軍家去夜有二御夢想一。義盛以下亡卒群二参御前一云々。
37	正治元年（一一九九） 四月二三日条	源頼朝 （百ケ日供養）	源頼家 （荘厳房阿闍梨行勇）	造図（新図釈迦弥陀各一鋪） 写経（法華経六部） （御持仏堂）	廿三日甲申。故将軍百ケ日御忌辰也。於二御持仏堂一。被レ修二仏事一。仏。新図釈迦阿弥陀各一鋪。経。法華経六部。導師荘厳房阿闍梨行勇云々。
38	正治二年（一二〇〇） 一月一三日条	源頼朝 （一周忌）	源頼家・北条時政 （葉上坊律師栄西）	造仏（絵像釈迦三尊一鋪・阿字一鋪） 写経（金字法華経六部） 摺写（五部大乗経）	十三日庚子。晴。入レ夜雪下。殆盈レ尺。垸飯。土肥弥太郎沙汰也。迎二故幕下将軍周闋御忌景一。於二彼法花堂一。被レ修二仏事一。北条殿以下諸大名群参成レ市。仏。絵像釈迦三尊一鋪。阿字一鋪。以二御台所御除髪一。被レ奉レ縫レ之。経。金字法華経六部。摺写五部大乗経。導師葉上坊律師栄西　請僧十二口……
39	承久三年（一二二一） 正月二七日	源実朝 （三回忌）	北条政子 （荘厳房律師行勇）	百僧供（法花堂） 乞食千人に十疋ずつ施行 犯科者三〇人の免罪許輩厚免	廿七日壬子。晴。今朝。於二法花堂一。修二故右大臣第三年追善一。二品沙汰也。導師荘厳房律師行勇。百僧供。……次有二施行一。乞食千人。々別十疋。亦犯科者三十許輩厚二免之一。……
40	嘉禄二年（一二二六） 三月二七日条 四月四日条	源義朝・頼朝・北条政子	（荘厳房〈行勇〉）	如法経十種供養・納経 （源義朝・頼朝・北条政子の法華堂）	廿七日壬午。霽。如法経十種供養。導師荘厳房律師。武州令二聴聞一給。…… （四月）四日戊子。晴。如法経御奉納。右大将家。右府将軍。二品。三ケ之法華堂各一部也。又相州奉二為故二品追善一。於二大倉新御堂之墎内一。建二立三重宝塔一。今日事始也。
41	嘉禎二年（一二三六） 六月五日条	北条義時 （十三回忌）	北条泰時 （大阿闍梨庄厳房僧都行勇）	塔婆建立 曼荼羅供 （願成就院の北傍）	五日庚寅。……今日。武州於二北条一修二右京兆十三年追善一給。正日雖レ為二来十三日一。故被レ引二上之一。此間。願成就院北傍。建二立塔婆一。本尊則大日釈迦弥陀等尊像也。行二曼荼羅供一。被レ遂二供養儀一。大阿闍梨庄厳房僧都行勇。讃衆十二口。……

42	建長五年（一二五三）一一月二五日条	①皇帝万歳・将軍家・重臣の千秋、天下太平 ②源氏三代将軍・北条政子をはじめ北条一門の追善菩提	北条時頼（宋朝僧道隆禅師）	丈六地蔵像と千体地蔵像の奉納 五部大乗経の頓写仏事（建長寺）	廿五日庚子。霰降。辰尅以後小雨灌。建長寺供養也。以二丈六地蔵菩薩一為二中尊一。又安二置同像千体一。相州殊令レ凝二精誠一給。去建長三年十一月八日有二事始一。已造畢之間。今日展二梵席一。願文草前大内記茂範朝臣。清書相州。導師宋朝僧道隆禅師。又一日内被レ写二供養五部大乗経一。此作善旨趣。上祈二皇帝万歳。将軍家及重臣千秋。天下太平一。下訪二三代上将。二位家并御一門過去数輩没後一御云々。
43	正嘉二年（一二五八）三月二〇日条	矢部禅尼（三回忌）	（道隆禅師）	一切経供養（建長寺）	廿日庚午。……今日。相二当前武州禅室御後室第三年遠忌一。於二建長寺一被レ供二養一切経一。導師道隆禅師也。相州禅室。相州。武州已下。結縁人々満二堂上一。

「亡卒」「怨霊」の夢告を受けて俄に営まれており、盂蘭盆万灯会や如法経十種供養によって執行されている。

一方、源家将軍の祖となった源義朝のために文治二年（一一八六）・文治四年（一一八八）七月一五日に盂蘭盆万灯会が行われている（3・4番）が、建久元年（一一九〇）の万灯会は源平合戦での「平氏滅亡衆」の「黄泉を照らす」ために営まれている（33番）。そもそも鎌倉の諸寺の多くは、兵乱で没した亡者たちの菩提を弔う目的で建立されており、例えば「二階堂」とも呼ばれ、中尊寺大長寿院を模した永福寺は奥州合戦の戦没者の菩提のため建久二年（一一九一）に建立され、文永の役・弘安の役の戦没者供養のために円覚寺が弘安五年（一二八二）に創建されている。

続いて、禅僧が導師を務めた36から43番の追善仏事を見ると、栄西やその法嗣である退耕行勇、蘭渓道隆によって源頼朝・実朝、北条義時らの供養儀礼が執り行われていることが分かる。儀礼内容に着目すれば、行勇は百僧供（39番）・曼荼羅供（41番）を、蘭渓道隆は一切経供養（43番）を営んでいる。曼荼羅供とは空海が両部曼荼羅を新調した際に修したのを起源とする儀礼で、曼荼羅を礼拝して香華を供え、罪過を滅する『大日経』秘密曼荼羅品に依拠する行法である。[14] 一切経供養は五千巻あまりの経典一切を書写し供養する法会であり、[15]『吾妻鏡』に記された一切経供養の導師を見ると、山門派の良信（10番）・東密の厳海（12番）ら顕密僧が務めている。このように一三世紀において、退耕行勇や蘭渓道隆などの禅僧による追善仏事は顕密の行法に準じたものであった。

葉貫磨哉が退耕行勇を「栄西に黄龍派の内行の証果があっても、法式仏事に禅宗様は未だ独立固定せず、新旧未分化の時代」と位置づけているように、[16] 行勇は師栄西の兼修禅の立場を受け継いでいた。例えば、40番の嘉禄二年（一二二六）三月二七日に如法経十種供養の導師を務めており、書写された法華経は四月四日に源義朝・頼朝・北条政子の三箇所の法華堂に奉納されている。41番の嘉禎二年（一二三六）六月五日に営まれた北条泰時による北条義時の十三回忌では、願成就院の北傍に塔婆を建立する仏事で曼荼羅供を執行し、元仁元年（一二二四）七月の北条義時の中陰仏事では四七日・六七日の仏事で導師を務め、将軍頼経の顕密の護持僧とともに追善供養を担っている。[17] 以上のように源頼朝・北条政子ほか、北条氏の帰依を厚く受けた行勇の追善仏事は顕密の行法によるものであり、禅宗的な追善仏事は見られない。

以上、『吾妻鏡』の記述から鎌倉前期における追善仏事が顕密僧・禅僧を問わず顕密の行法に依拠した仏事であったことを示した。鎌倉後期に入ると来朝禅僧たちが鎌倉の禅院に晋住するようになり、建長五年（一二五三）に蘭渓道隆が建長寺の開山となり、無学祖元が弘安五年（一二八二）に円覚寺開山となる。延慶四年（一三一一）には曹洞宗宏智派の東明慧日が、元亨四年（一三二四）には臨済宗楊岐派の霊山道隠が円覚寺に転住しており、彼ら宋からの来朝禅僧たちによって北条氏の葬儀・追善供養が営まれるようになっていく。北条時宗（一二八四年没）・宗政（一二八一年没）の葬礼では無学祖元が下火の導師を務め、北条貞時の葬礼では東明慧日が、北条得宗家の場合は建長寺・円覚寺の禅僧によって葬礼が営まれている。[18] このような武家の葬儀に禅僧が積極的な関わりを見せる中、来朝禅僧による追善仏事に陞座・拈香・楞厳呪読誦といった禅宗様式の行法が認められるようになる。その早い例は『北条貞時十三年忌供養記』に認められ、[19]元亨三年（一三二三）一〇月二一日に作善のための建長寺華厳塔の建立と供養では東明慧日が導師となって「陞座説法供養」の後に楞厳呪が諷誦されている。二四日には円覚寺一二世の霊山道隠（一二五五～一三二五）による陞座と金剛経転読・諷経行道が営まれ、大方殿によって二六日夜に無畏堂で設けられた仏事では拈香・諷経・陞座が執り行われている。加えて二三日舎利殿において如法経十種供養が、二三日には御経供養、二四・二五日の両日は法華八講・一品経供養など、顕密による追善仏事が併修されている。原田正俊の指摘にあるように、北条貞時十三回忌に際して顕密僧による追善仏事とともに、東明慧日・霊山道隠といった来朝禅僧による陞座・拈香、禅院衆僧による楞厳呪・金剛経転読が営まれ、顕密・禅の仏事が併修されているのである。[20]

第二節　京都五山東福寺『慧日山東福禅寺行令規法』に見る檀那忌

以上前節では、『吾妻鏡』を史料として鎌倉五山の来朝禅僧による源氏将軍家や北条氏の追善仏事について見てきた。本節では、日本最古の清規と称される『慧日山東福禅寺行令規法』（以下では、『慧日古規』と略記す）から、一四世紀初頭の臨済宗東福寺における追善供養について見ていきたい。

『慧日古規』は文保年中（一三一七～一三一九）に東福寺第一〇世直翁智《じきおうち》侃《かん》（一二四五～一三二二）が編纂したもので、その奥書より、第一七一世了菴桂悟《りょうあんけいご》（一四二五～一五一四）が永正二年（一五〇五）に書写したものであることが知られる。[21]

東福寺は円爾弁円を開山とし、嘉禎二年（一二三六）に摂政九条道家が発願し、建長七年（一二五五）にその子一条実経によって創建された。後深草・後嵯峨両天皇をはじめ、朝廷の帰依も篤く、五山の第一位となり、現在では臨済宗東福寺派の「大本山」として広く知られている。

『慧日古規』の位置づけに関して、その翻刻を行った尾崎正善は「日本で僧堂規矩を定めた現在最古の清規」とし[22]、「日本における『瑩規』以前の清規史料に関しては、活字化されたものは皆無と言ってよい」状況の中で、『慧日古規』は時代的にも、永平寺三世の徹通義介や『瑩山清規』を撰述した瑩山紹瑾への思想的影響を考える上でも貴重な史料であると論じている[23]。本清規には開基となった九条道家や北条氏の檀那忌が記されており、追善供養の歴史的変遷を考える上でも重要である。とりわけこの『慧日古規』は、日本禅宗において檀那忌の行法を記した嚆矢と考えられ、禅宗の追善仏事の濫觴を知る貴重な手がかりとなる。

『慧日古規』に記載された檀那忌を月日順にまとめたのが表2―2である。尾崎正善の論稿にもあるように一四世紀前半の東福寺では、檀那忌として一月一四日の九条道家室綸子、一月一八日の一条実経、一月二一日と二月二一日の九条道家、一月二二日と一一月二二日の北条時頼、一月二六日と一〇月二六日の北条貞時、四月四日の北条時宗、五月二二日の北条高時の七名に対する九つの檀那忌が確認できる。このように東福寺では「祖師忌・檀那忌を重要視」する姿勢があり[24]、追善仏事は年中行事化されていた。表2―2が示すように、九条氏で言えば東福寺創建を発願した九条道家とその室綸子、実質的に創建を果たした一条実経が檀那忌の対象となっている。法会の名称は戒名の後に「諷経」「半斎」と法要の種別を記すものと、「忌」「忌諷経」「遠忌」と表現するものがあり、統一されていない。法要の会場、種類、読誦される経典は、九条道家・北条時頼・北条貞時に見られるような法堂で楞厳呪を読む半斎諷経と、九条道家室綸子・九条道家に見られるような祠堂で楞厳呪や大悲呪を読む法要の二種が確認できる。檀那忌以外の記述で追善仏事に関わるのは正月初日の条であり、以下のようにある。

　土地堂諷経大悲呪・消災呪。又聞鐘声、祖師堂諷経大悲呪。亦聞鐘声、祠堂諷経大悲呪。即時就方丈両班大耆旧点湯。

（尾崎正善「翻刻・『慧日山東福禅寺行令規法』」『鶴見大学仏教文化研究所紀要』第四号、五八頁上・下段）

表2―2　『慧日山東福禅寺行令規法』の檀那忌

＊尾崎正善「翻刻・『慧日山東福禅寺行令規法』」『鶴見大学仏教文化研究所紀要』第四号（一九九九年）より作成。割注は〈〉で示す。

月日	対象	記述
一月一四日	九条道家室綸子（開山大檀那準后大姉）	開山大檀那準后大師諷経。〈就祠堂、大悲呪〉
一月一八日	一条実経（円明寺殿下）	大徳諷経了就円明寺殿下忌諷経〈大悲呪。〉
一月二一日	九条道家（開山大檀那光明峰寺禅定殿下）	開山大檀那光明峰寺禅定殿下之忌〈就祠堂。楞厳呪〉大檀越禅定殿下誕生日祈禱。〈就山門閣金剛経・観音経・消災呪同音〉
一月二二日	北条時頼（最明寺殿）	最明寺殿忌〈半斎就法堂。楞厳呪〉
一月二六日	北条貞時（最勝園寺殿）	最勝園寺殿忌〈半斎就法堂。楞厳呪〉
二月二一日	九条道家（開山大檀那光明峯寺殿）	開山大檀那光明峯寺殿遠忌。半斎聞鐘声、就法堂諷経〈楞厳呪。〉斎僧布施等行之。
四月四日	北条時宗（法光寺）	法光寺遠忌。
五月二二日	北条高時（日輪寺殿宗鑑禅門）	日輪寺殿宗鑑禅門半斎
一〇月二六日	北条貞時（最勝園寺殿）	最勝園寺殿遠忌。半斎就法堂楞厳呪。
一一月二二日	北条時頼（最明寺殿）	最明寺殿遠忌。半斎就法堂楞厳呪。

東福寺において元旦には、祖師堂での歴代住持への諷経の後、開基などの檀那の位牌を祀る「祠堂」で大悲呪を読誦する諷経が認められる。このように一四世紀前期においてすでに東福寺では、年忌を弔う檀那諷経と祠堂に祀られた檀越物故者を供養する「祠堂諷経」が確認できるのである。

第三節　室町期における足利将軍家の追善仏事

先に鎌倉期における武家の追善仏事が顕密的なものから、顕密・禅の併修という形態も見られるようになったことを確認したが、本節では室町期における足利氏の追善仏事を例に武家による追善供養の様相を見ていきたい。室町期の武家による追善仏事で第一に着目したいのは「武家八講」である。法華経を八講に分けて講義し、教学の理解を競うこの追善仏事は、第一章でも見てきたように、平安朝藤原氏をはじめとして氏や一門の紐帯となる公的な仏事として展開されてきた。後述するように、天皇家でも平安後期から国忌八講・御宸筆八講という形態で取り入れられており、室町期には足利氏の追善仏事としても頻繁に営まれるようになる。

表2―2にある鎌倉期の北条貞時の仏事にも法華八講は見られたが、室町期において、この武家八講は幕府が主催し、「将軍家正統・最近の故人の追善を家長の位置にある者が等持寺で行う」儀礼であり[25]、政権の担い手を明示する極めて政治的な文脈で営まれるもので、暦応二年（一三三九）から明応三年（一四九四）まで、「約一五〇年間にわたって開催された恒例の顕教法会」であった[26]。室町幕府の将軍家による法華八講の初出は、暦応二年（一三三九）の足利尊氏の父貞氏の九回忌とされており[27]、それ以降、尊氏の母清子や足利歴代将軍の年忌仏事として営まれ、尊氏の百回忌なども康正三年（一四五七）に等持寺にて、この武家八講をもって営まれた[28]。

南北朝期において、この武家八講と並んで前将軍の追善仏事として営まれたのが宮中での「御懺法講」である。三島暁子の指摘にあるように、武家による法華懺法の初見は康暦元年（一三七九）である。二代将軍の足利義詮の十三回忌では武家八講と併行して等持寺で営まれ、その翌康暦二年（一三八〇）にも御懺法講は営まれている。武家による法華懺法は足利義満が「天皇家の追善儀礼の流れに倣い、法華懺法を武家にも取り入れようとしたもの」であり[29]、個々の例を挙げれば、足利義満の一周忌（一四〇九年）・三回忌（一四一〇年）は禁裏で、七回忌（一四一四年）・十三回忌（一四二〇年）は仙洞で、足利義満の三十三回忌（一四四〇年）と足利義教の一周忌（一四四二年）は清涼殿を道場として開催されている[30]。しかし、義満没後、前将軍の追善仏事としての法華懺法は定着せず、わずかに寛正四年（一四六三）の八代足利義政生母の百箇日供養や、応仁の乱後の義政室、日野富子の父日野重政の供養に用いられるのみであった。以上のように前将軍を対象とする足利氏の追善仏事には法華八講・御懺法講という顕教の仏事が取り入れられたのである。

とはいえ、足利氏の追善供養には北条氏に見られたような顕密仏事と禅宗仏事の併修という傾向も確認される。貞治三年（一三六四）に営まれた足利尊氏の七回忌は、四月二一日から二九日の九日間にかけて、常在光院・等持寺・天龍寺で修行された[31]。大田壮一郎が報告しているように、仏事の形態には律家勤行や清和院の法事讃、顕密僧による理趣三昧・曼荼羅供、禅家による拈香・陞座、二三日から二七日には法華八講が催され、その他に十種供養・大衆諷誦・五部大乗経読誦が含まれ、「公家故実に倣った顕密仏事」は命日以前に営み、正日仏事は禅家の追善供養をもって営んでいる。つまり、顕密・禅による追善仏事を併修する形式を採っているのである。それは足利義詮七回忌の仏事でも同様であり、原田正俊が指摘するように、禅僧による拈香諷経とともに、武家八講・曼荼羅供が併修されている[32]。

一方、時代は下るが、天正一六年（一五八八）一〇月に大徳寺で営まれた織田信長の葬儀の式次第に目を向けると、『総見院殿追善記』や『太閤記』にあるように、一一日に転経、一二日に頓写仏事と施餓鬼、一三日に懺法、一四日に入室、一五日に闍維（荼毘）、一六日に宿忌、一七日に陞座・拈香という式次第となっており、臨済禅僧による施餓鬼・懺法・陞座・拈香という禅宗様式の仏事のみで追善供養が構成されている[33]。

このような戦に生きた武士たちを供養する遺族たちの心境を語っているのは、『沙石集』第八巻第二二話「歯取ラル事」である[34]。本話には梶原景時の妻の尼君が、夫を討たれた後にあまりに嘆き悲しんで、世をも人をもひどく恨んでいたのを建仁寺の本願僧正が常々教化し、追善仏事に関して進言するというエピソードが含まれている。尼君は「故梶原大なる物にて侍りしかば、罪も定めて大きなるらむ。如何なる善根をか営みて、彼の苦患をたすくべき」と僧正に相談すると、僧正は「事善の中には、塔を建るこそ最上の功徳なれ。当寺に塔を立て給え」と述べ、この勧めに従って尼君は他の人を煩わせることなく、三年のうちに造塔したという話である[35]。本話は建仁寺の塔が火事を免れる因縁を説いた物語であるが、ここで注目したいのは、妻が亡夫のことを、「罪も定めて大きなるらむ」とその罪が多大であることを認めている点である。梶原景時に代表される武士という殺生を生業とする職分において、罪業を犯すことは不可避のものであった。尼君の「如何なる善根をか営みて、彼の苦患をたすくべき」という僧正への問いは、単に追善の方法を尋ねるものではなく、多大な罪を背負う武士たちの菩提を弔う作善として何が適切なのかを質問したものである。武士と罪業との関係については、往生伝に説かれるような発心して出家し、阿弥陀仏を一心に念じて極楽往生するエピソードが取り上げられる場合が多いが[36]、このような武士の主体的な信仰心とは別に、発心に至ることなく戦陣で散った武士の場合においても、その遺族が生前の罪業を意識して、犯した罪の重さに相応しい追善仏事を選ぶ説話が語られたことは興味深い。『沙石集』では、建仁寺の本願僧正は梶原景時の供養には、「最上の功徳」をもつ「造塔」がよいと説いており、このような説話が語られる背景には、武士の罪業の大きさと追善仏事の功徳を比較し選択する感覚が武士やその遺族に共有されていたことを示すものと捉えて大過ないであろう。おそらく、弔う側の意識が追善仏事の多様化を促す要因となったと考えられる。

こうした足利将軍家の追善法会に対抗するかたちで、天皇家では恒例行事であった国忌八講や臨時で仙洞・宮中において営まれる御宸筆八講、御懺法講が営まれていく。中世における天皇家の追善供養の概略に関しては、久水俊和が次のようにまとめている。

中世に見られる追善供養としては、一般的な御経供養の他に、法華経八巻を八座に講説し追善法会を行う法華八講や、その法華経を天皇家の家長の書写により祖先を追善する宸筆八講、両部曼荼羅の諸尊を供養し祖先を弔う曼荼羅供、罪障を仏菩薩に懺悔し天皇みずから行道・楽器所作を行う御懺法講、禅宗が営む懺法である観音懺法などがあげられる。(37)

久水が簡潔にまとめているように、中世の天皇家の追善仏事の法要には、一般的に見られる御経供養に加え、顕密の国忌八講・宸筆八講・曼荼羅供、禅宗的な観音懺法が主立ったものとして挙げられる。これらの仏事は法要の内容が同一でも、場所や執行形態によって一様ではない。例えば、御願寺で営まれた国忌八講は「公家沙汰」による国家的追善仏事であるのに対し、宸筆八講は宮中・仙洞で営まれる宮中仏事であった。

では法華八講から中世天皇家における追善仏事の様相を見ていきたい。三島暁子が指摘するように、平安時代において、摂関家の藤原氏主導により天皇家・公家に浸透した追善仏事の形態であった法華八講は、藤原氏の女子が入内して皇后となるのに伴って天皇家でも御願寺での「御八講」や、宮中・仙堂での私的性格の強い「宸筆御八講」として天皇家の追善仏事として営まれるようになっていく。(38)

御願寺を例に中世前期における寺院統制を検討している海老名尚は、六勝寺などの天皇家の御願寺が鎮護国家に加え、「御念仏、御八講、盂蘭盆会」といった追善仏事を執行する役割を果たしていたことを指摘している。(39)海老名は天承元年（一一三一）より白河院追善のために阿弥陀堂で開始された「法勝寺御八講」を例に取り、「御八講」を「院が主宰し、上卿・弁が行事として配された国家的仏事」と位置づけ、円宗寺・尊勝寺・成勝寺・最勝光院・長講堂の御八講も同様の形態であろうと論じている。(40) 光厳院の時期には、南朝に対して北朝皇統の正統性を強調するという文脈のもと、可能な限り法華八講が開催された。前代からの法勝寺御八講に加えて、後白河・後嵯峨・伏見・後伏見天皇という北朝皇統に属する天皇への多様な国忌八講が恒例行事として営まれていたのである。(41) しかし、後光厳院の時期に入ると、法勝寺御八講と実父光厳院の「安楽光院御八講」に限られ、後円融院・後小松院・後花園院の時代には、直前の治天の国忌八講のみとなり、国忌八講の頻度・規模は縮小されていき、後土御門天皇以降では法華八講ではない五部大乗経の写経仏事や曼荼羅供に代替されていく。(42)

御願寺での国忌八講が寺院開催の法華八講であるのに対し、「宸筆御八講」は宮中・仙堂で催され、天皇・上皇の書写した『法華経』を用いる法華八講であり、宮中開催の初見は「天暦九年（九五五）の村上天皇による母后藤原穏子追善で、これが以降の宸筆御八講の起こりと解釈されている」という。(43) 宸筆御八講は母后・先帝追善の儀礼であり、天皇の居所である宮中・仙堂で営まれるため、国忌八講のような恒例行事ではなかった。三島暁子はその例として、先の初出とされる藤原穏子の八講に加え、長保四年（一〇〇二）の藤原詮子三回忌、治暦元年（一〇六五）の後朱雀天皇十一回忌、長治元年（一一〇四）の藤原賢子二十一回忌、久安四年（一一四八）・久寿年間の堀河院への仏事、安元三年（一一七七）の建春門院（平滋子）一周忌、文永七年（一二七〇）の土御門天皇四十回忌、元応二年（一三二〇）の談天門院（藤原忠子）一周忌、応安三年（一三七〇）の光厳天皇七回忌、康暦二年（一三八〇）の後光厳天皇七回忌、応永一二年（一四〇五）の後円融院十三回忌、永享七年（一四三五）の後小松院三回忌、延徳二年（一四九〇）・明応三年（一四九四）・大永四年（一五二四）の嘉楽門院（大炊御門信子）三回忌・七回忌・三十三回忌の一七例を挙げている。(44) もともと母后追善の仏事であった宸筆御八講は南北朝以降、清涼殿で営まれるようになり、足利将軍家の武家八講に対抗し、天皇の権威を誇示する先帝追善の仏事へと変質するという。[45] しかし、応仁の乱を経た一五世紀後期には略儀となり、供養対象も当初のように母后へと移行する。

この変化とともに一四世紀には後光厳院以降、天皇家の追善儀礼として「御懺法講」という法華懺法が導入されていく。御懺法講は七日間にわたる「罪障の悔過によって追善を願う宮中の声明法会で、天皇が本尊の周りを行道し（「御行道」）、また雅楽の奏楽（「御所作」）に加わることを特徴とする」ものである。[46] 三島暁子の指摘によれば、法華懺法を議定所で営む「御懺法講」は北朝の後光厳天皇が私的な「内々の儀」の供養として取り入れたものであり、[47] 実質的な初年となるのは応安元年（一三六八）の後伏見院三十三回忌であるという。この御懺法講は前天皇・上皇の追善としても営まれ、後伏見院三十三回忌に続いて御懺法講が年忌仏事として営まれた例は一三八〇年の後光厳天皇七回忌、一三九九年の円融天皇七回忌、一四〇六年の後光厳天皇三十三回忌、一四〇八年の通陽門院三回忌、一四三九年・四五年の後小松天皇の七回忌・十三回忌、一四七五年・八二年の後花園天皇の七回忌・十三回忌、一五〇二年・一五一二年の後土御門天皇の三回忌・十三回忌、一五二八年の後柏原天皇の三回忌となっており、[48] 法華懺法は南北朝期・戦国期を通じて継続して天皇家の追善仏事として営まれ、法華八講の代替的役割を果たしていく。

このように法華八講・法華懺法という顕教の行法を基盤に天皇家の追善仏事は構成されていたが、室町四代将軍の足利義持（一四二八年没）は、後円融院の三十三回忌に際して、前例のない禅宗の「観音懺法」を取り入れ、仏事に際し仙洞御所へ相国寺僧を派遣して執り行っている。[49] しかし、観音懺法が武家による天皇家への公的な仏事として定着することはなく、義持が禅宗へ帰依したことによる例外的なものであった。以上のように、天皇・上皇や后母の公的な文脈での追善供養は、平安朝以降よりの顕密的な法華八講・法華懺法によって営まれてきたのである。

一方、葬送儀礼においては顕密寺院だけでなく、律・禅・念仏といった遁世僧による活動が見られるようになる。

古代から鎌倉期まで天皇の葬送儀礼や中陰仏事を担ってきたのは天台・真言の諸大寺・興福寺を中心とする南都の中核寺院であったが、この体制に変化が見られるようになるのは鎌倉末期であるとされている。大石雅章は天皇の葬儀・追善仏事を務める僧侶の所属寺院を考察する中で、葬儀・仏事に律・禅・念仏といった遁世僧の参加が初めて確認できるのは、文保元年（一三一七）に崩御した伏見上皇の葬礼においてであるとしている。[50]そして伏見上皇以降の花園天皇・後光厳天皇・後円融天皇・崇光天皇・称光天皇・後小松天皇・後土御門天皇の葬儀や中陰供養の共通点として、「遺骸に直接触れる入棺及び葬送に携わる禅・律・念仏系の僧と聖霊回向を目的とした中陰仏事に携わる顕密の中核的寺院の僧とに分業」され、「顕密体制内において、天台・真言・南都の中核的寺院と新しく興隆してきた禅・律・念仏系の寺院との間に一種の分業体制が成立して」いたとしている。[51]このように伏見天皇を起点として天皇家の葬儀・追善供養が顕密寺院だけでなく、禅・律・念仏系の僧衆によっても担われていくという過程が認められるのである。

次に中陰供養の具体的な式次第を、顕密と禅・律・念仏との分業体制の起点となった伏見天皇の例から見ていきたい。大石雅章が指摘するように、伏見天皇の葬送では、浄土宗西山派の浄金剛院長老である本道上人が入棺の儀を執行し、五七日仏事の施米・温室施行・放生は律宗寺院である法金剛院が担っている。対して、中陰仏事は延暦寺僧六名、仁和寺・園城寺・興福寺僧各一名が御前僧として携わり、顕密寺院の僧衆が営んでいる。[52]

表2―3は伏見天皇が崩御した文保元年九月三日から一〇月二九日までのおよそ二ヶ月間の中陰仏事が詳録されている『伏見上皇御中陰記』をもとに、仏事の記述をまとめたものである。[53]本表が示すように、中陰の期間には毎日（法華）懺法・日仏供養・例時作法が営まれ、七日ごとの「御仏事」では、複数の諷誦文が寄せられる誦経・説法が行われており、顕密寺院主導の追善仏事が確認できる。御仏事では中陰仏事の会場となっていた衣笠殿だけでなく、天

表2―3　『伏見上皇御中陰記』から見た伏見上皇の中陰仏事

＊『群書類従　第29輯　雑部』三三二―三四六頁より作成。

年月日	仏事の形態
文保元年（一三一七）九月三日	〈崩御〉
九月四日	持明院からの葬列・御葬礼事
九月五日	荼毘・遺骨を深草法華堂へ納骨し、衣笠殿での法会（唄・散花・説法）・日仏供養・例時・護摩
九月六日	御懺法（九条錫杖）・日仏供養（唄・散花）・例時
九月七日	御懺法・日仏供養・例時（今日より三条錫杖追加）
九月八日	御懺法・日仏供養・例時
九月九日〈初七日〉	御懺法・日仏供養（仏三鋪経三部被二供養一）・初七日御仏事（御諷誦三通・御誦経・説法）・例時・七箇寺での御誦経（延暦寺・法勝寺・最勝寺・宝荘厳印院・蓮華王院・浄金剛院・珍皇寺）
九月一〇日	御懺法・日仏供養・例時
九月一六日〈二七日〉	御懺法・日仏供養・二七日御仏事（御諷誦四通）・例時・七箇寺での御誦経（蓮華王院・最勝光院・東寺・広隆寺・即成院・浄金剛院・珍皇寺）
九月二〇日	仏供養
九月二一日	仁和寺で御誦経を始める。
九月二三日〈三七日〉	三七日御仏事（御諷誦五通）・七箇寺での御誦経（蓮華王院・清水寺・平等院・安楽行院・仁和寺・醍醐寺・珍皇寺）
九月二七日	日仏供養・臨時御仏事（願文）・例時
九月三〇日〈四七日〉	四七日御仏事（諷誦五通）・七箇寺での御誦経（清涼寺・法勝寺・東寺・蓮華王院・浄金剛院・園城寺・珍皇寺）
一〇月二日	御持仏堂で六時礼讃（一念僧侶七名の参勤）
一〇月三日	礼讃結願の後に御懺法・日仏供養・月忌の御経供養儀（観音経）
一〇月五日	准后（伏見天皇母）の御誦経（発願・四仏・仏名・教化・堂達の呪願）・例時
一〇月六日	日仏供養・例時
一〇月七日〈五七日〉	懺法・五七日御仏事（七僧法会）・御誦経・例時・施米事・温室事（東悲田院・上悲田院・左獄・蓮台野・清水坂）・放生事（淀津・河尻・大津・堅田・桂河）

一〇月九日	懺法・日仏供養・准后による臨時御仏事
一〇月一三日	日仏供養・例時・頓写経道場の荘厳
一〇月一四日〈六七日〉	法華経八巻一日頓写・御懺法・日仏供養・頓写供養事・六七日御仏事（御諷誦六通）・七箇寺での御誦経（東寺・法勝寺・尊勝寺・広隆寺・法金剛院・清水寺・珍皇寺）・施米事・温室事（同右）・放生事（同右）
一〇月一五日	延明門院〈伏見天皇女〉の御願による臨時御仏事（御願文・諷誦あり）
一〇月一六日	広義門院（後伏見天皇女御）による御仏事（三礼・如来唄）
一〇月一七日	北山入道（西園寺実兼）の臨時御仏事・侍臣の一品経供養（願文・諷誦〈一品経人数五二名〉）
一〇月一九日	一品経供養（願文・諷誦）・持仏堂での卒塔婆経・諸神呪
一〇月二〇日	仁和寺宮による臨時御仏事（唄・散花）・一万部御経と不断念仏結願
一〇月二二日〈七七日〉	御懺法・永福門院（伏見天皇中宮）の臨時御仏事の曼荼羅供（呪願・唄・散花・讃）・例時結願（三礼・通戒・黄昏偈・無常偈・六□・四奉請・出経・合殺・廻向・後唄・三礼・七仏・初夜偈・九声念仏・仏名・乞誓・事由・神分祈願・六種廻向・三条錫杖）・七箇寺での御誦経・施米事・温室事・阿弥陀護摩
一〇月二九日	寝殿で御仏事（諷誦）

台・真言の諸寺、六勝寺などの七箇寺に使いが出され、誦経を営んでいる。五七日忌（一〇月七日）の御仏事は七僧法会の形式を採り、六七日忌（一〇月一四日）には如法経と思われる法華経八巻の頓写仏事、七七日忌（一〇月二二日）には曼荼羅供といった仏事が見られ、五七日・六七日・七七日の仏事では施米・温室・放生といった施行も併修されている。

伏見天皇の母や娘、近臣による臨時御仏事も催され、九月二七日の臨時御仏事では外題宸筆の法華経一巻・阿弥陀経百巻、宸筆の阿弥陀経六巻が供えられている。一〇月一五日の延明門院（伏見天皇女）の臨時御仏事では、

今日被レ行二臨時御仏事一。延明門院御願也。
御仏。阿弥陀仏。以二法皇御衣一被レ図レ之。
御経。浄土三部経八部。宸筆。
阿弥陀経一巻。御自筆。

（『群書類従　第29輯　雑部　伏見上皇御中陰記』三四二―三四三頁）

とあり、伏見天皇の御衣で作製した阿弥陀仏の図像や宸筆の浄土三部経八部、御自筆の阿弥陀経一巻が供えられている。以上のように、伏見上皇の葬儀と追善仏事には、施米・温室の施行に加えて、法華懺法・例時作法などの顕教の仏事と曼荼羅供といった密教仏事を中心に構成されていることが確認できる。

一方、表2―4は伏見天皇の崩御より一世紀を経た応永二三年（一四一六）に没した伏見宮栄仁親王の追善供養を伏見宮貞成親王の日記『看聞御記』を史料としてまとめたものである。伏見宮栄仁親王は夢窓疎石に参じた絶海中津に帰依し、大光明寺内に建立された大洞院が菩提所となった。仏事を担ったのは泉涌寺の塔頭である即成院・法安寺の僧衆や、一周忌の安楽光院の衆僧といった顕密僧が認められるが、そのほとんどは相国寺派大光明寺、菩提所の大洞院の禅僧である。

追善仏事の形態に目を向ければ、大衆諷経（初七日）、理趣経読誦・舎利講式（二七日）、半斎諷経（三・四・五・六七日・月忌・百箇日正日）、阿弥陀経礼讃（四七日）、法華経の頓写仏事（五七日）、観音懺法・拈香（四十九日）、施餓鬼会・五部大乗経転読（百箇日）といった多様な仏事が営まれている。このような追善仏事の構成からは懺法、法華経書写によって滅罪をはかり、施餓鬼会において三界万霊を薦亡し、阿弥陀経礼讃によって極楽往生を祈るなど、多様な仏事による作善を得ることで一物故者を供養する「多数作善」の観念が示されており、その功徳が「尊霊脱を得ること疑う

表2―4　『看聞御記』に見る伏見宮栄仁親王（法名大通院）の追善仏事

＊『群書類従・補遺2　看聞御記（上）』四八―一一四頁より作成。傍線は筆者による。割注は〈〉で示す。

年月日	法要の形態	法要の内容
応永二三年（一四一六）一一月二六日条（初七日）	長老仏事 大衆諷経	廿六日。晴。御初七日也。別而無御仏事之儀。長照院殿入御。清雲菴。良寿房等同参。於門前面々入見参。則御帰。陰陽師在貞参。楽人景清参。根西堂僧六七人相伴参。諷経申。今夕御収骨也。仏事為聴聞公私皆参入桟敷。予聊遅参。先鳥居前進寄焼香申。此間寺大衆等東門前群立歴々也。焼香了入桟敷。次長老〈徳祥和尚。〉進寄唱仏事。其間周乾蔵主。蔭蔵主。桂首座。寿蔵主等奉拾御骨。抑椎野殿不拾給。為黒衣御見所不得其意。三位。重有朝臣同不奉拾。雖有先規不拾之条何如。諷経畢。対御方。近衛局奉拾。長老仏事了大衆諷経。次捧御骨。撞鐃鉢寺へ入御。方丈ニ奉安置。次大衆於方丈庭前又諷経。新御所。予以下於地蔵殿聴聞。事訖御位牌面々焼香申。……
一二月二日条（二七日）	理趣経 舎利講式	二日。晴。二七日御仏事。恵舜蔵主〈数日依病気不被出頭。〉被執行。即成院坊主。法安寺坊主両三人等参。理趣経。舎利講式等読之。斎点心如例。常徳院主参焼香申。
一二月七日条（三七日）	半斎諷経	七日。朝雨降。三七日御仏事引上。洪蔭蔵主被申沙汰。退蔵菴奉行。請僧寺長老。蔵光菴。退蔵菴。行蔵菴。指月坊主。以下卅余人点心如例。多宝院主〈大光明寺前住。〉参則斎請之。半斎諷経如恒。惣得菴主。御寮明元等詔請。男女於御前斎食。今日御仏事。被励懇志。尊霊定有御納受歟。芳徳菴捶等献之。
一二月一二日条（四七日）	半斎諷経 阿弥陀経礼讃	十二日。雪降。四七日御仏事。綾小路三位申沙汰。請僧光台寺坊主以下八人。惣得菴。御寮明元等請之。点心斎如例。男女上下食之。半斎諷経了。阿弥陀経礼讃等勤行。
一二月一七日条（五七日）	法華経の頓写仏事 半斎諷経 副供養（地蔵菩薩図像	十七日。晴。卅五日御仏事。椎野申沙汰。頓写法花経一部被供養。導師安楽院長老也。半斎諷経了。有経供養。説法殊勝感涙難禁。面々落涙添哀傷了。副供養。絵像地蔵菩薩一幅。〈新御所御筆。〉梵網経一巻〈翻御遺書奉摺写。〉円覚経一巻。〈予奉書写。〉寿量品一巻〈翻御遺

	一幅・梵網経・円覚経・寿量品各一巻）	書搨写〉等也。対御方。近衛局。綾小路三位。重有朝臣。各諷誦上之。布施各別。後日被送遣了。物得菴主。御寮明元等。善勝菴坊主詔請。今日之儀如形可謂厳重歟。
一二月二一日条 （六七日）	半斎諷経 入牌	廿一日。晴。六七日御仏事引上。予申沙汰。請僧蔵光菴僧衆参。半斎諷経如例。斎点心。寿蔵主為如形之儀。窮困今更愁歎之中遺恨也。自岡殿法花経一部。布施〈二百疋〉被進之。御看経目六被相副。殷勤御沙汰也。大光明寺。御中陰明日結願。然而為例日之間。今夕御位牌仏殿総塔ニ奉渡云々。
一二月二三・二四日条 （四十九日逮夜）	諷経 観音懺法	廿三日。雨降。為御仏事風呂被焼。面々入之。自弟菊法花経〈漸写〉一部。御布施〈三百疋〉被進之。尽七御追善殊更表希懇志之由左府申。夜芝殿一献持参。今夜祗候。御時被結縁。廿四日。雨降。早旦道場室礼。……晩景大光明寺長老。恨西堂以下僧衆十七人参。有諷経。……諷経了。長老以下退出。但懺法衆残留。亥剋懺法始之。導師洪西堂香。……懺法事更殊勝。催感涙。幽霊定随喜歟。聴衆済々候。芝殿。物得菴主。御寮明元。比丘達参。懺法畢。僧衆聊勧食事。退出。
一二月二五日条 （四十九日正日）	拈香 諷経 斎食	廿五日。天晴。風静。尽七之義令結願。大光明寺長老拈香。勧王院主洪西堂。恨西堂。以下僧衆卅六人詔請。早旦点心了。先退出。半斎時分参。大光明寺衆僧悉参。但座席狭少之間。諷経了少々退出。寺中斎食点斎被入之。先拈香。次諷経。次斎食。茶礼了。長老勧王院主御対面。僧衆退散。御中陰無為無事結願珍重也。殊拈香殊勝。尊霊得脱無疑者歟。今日之儀。寿蔵主奉行。宮中外様男女上下斎点心等食之。頗大儀也。……中陰畢夜魚味食之。……
一二月二〇日条 （月忌供養）	半斎諷経	廿日。晴。御月忌始。如形御仏事。半斎諷経如例。斎点心。寿蔵主為奉行。光台寺二盆。捶等進之。抑蔵光別而御忌中執沙汰申。経譜行満散云々。新御所焼香ニ入御。聞。今夜内侍所御神楽也。源宰相不参。
	施餓鬼	廿八日。晴。入風呂。今夕施餓鬼。大通院御百ケ日為追善也。道場儀。南面廂間大床際庭。立棚。施餓鬼供具備之。其前立机一脚。置花瓶香炉。道場北障子屏風一双立廻。本尊〈阿弥

応永二四年（一四一七）二月二八日条（百箇日逮夜）		陀。観音。〉奉懸。仏壇御位牌供具灯明等置之。西斜衆僧参。寺長老。蔵光菴。行蔵菴。退蔵菴以下僧衆廿八人。喝食四人等也。則施餓鬼始之。廂間東二ケ間懸翠簾為聴聞所。予。椎名。女房。惣得菴等於此所聴聞。北西間一間懸翠簾。女中。芝殿。比丘尼達候。三位以下於大床聴聞。施餓鬼殊勝今更催哀慟了。乾蔵主今日入来。栄蔵主。蔭蔵主等同共行施餓鬼了。長老面謁則退出。僧衆退下。次焼香申。次撤供具。事了源宰相参来。長資朝臣帰参。勝阿参盃酌申沙汰。
二月二九日条（百箇日正日）	半斎諷経 五部大乗経転読	廿九日。雨降。御百ケ日正忌也。即成院坊主。是明房。玄忠等参。半斎諷経如例。大光明寺御仏事。五部大乗経転読云々。抑大通院御位牌至百ケ日安置常御所了。御仏事畢之間。御持仏堂ニ御位牌今日奉渡之。常御所下格子立廻了。今日入彼岸。
一一月一八日条（一周忌仏事）	法華懺法（惣礼・伽陀・懺法供養文・六根段・四悔・念仏経段・回向伽陀）	……衆僧入場着座。導師登高座。調子了楽。〈宗明楽。〉次惣礼。次伽陀。次懺法供養文。次楽〈蘇合序十二拍子。〉次敬礼段。次楽〈同三帖。〉次六根段。〈初段。二段。〉次楽。〈同破急。〉次三段四段〈動御簾前宰相参進。付物事仰之。笛前宰相。笙郷秋。琵琶一向略之。〉次楽。〈万秋楽破。〉次五段。〈笛景房。笙郷秋付之。〉六段。……四悔。次楽。〈白柱。〉次十方念仏経段。〈有行道。〉次楽。……次回向伽陀。〈笛前宰相景房替々付之。笙郷秋付之。〉次楽。〈千秋楽。〉懺法畢長老衆僧起座。次地下起座。次堂上起座。次簾中起座。〈僧達行蔵菴ニ退出。地下楽人宿ニ罷出。〉……

者無し」と感じられる程であった。

北条貞時の追善供養において顕密寺院の仏事と陞座・拈香といった禅宗の仏事が併修されていることはすでに見たが、伏見宮栄仁親王の追善供養には、陞座・拈香に加えて、観音懺法や施餓鬼会といった仏事も取り入れられている。これは天皇家の死者供養において禅宗が埋葬といった遺体処理に関わる領域だけでなく、追善供養をも職掌とするようになったことを示していると考えられる。

『看聞御記』には、石川力山も取り上げているように[54]、伏見宮家の治仁親王の葬儀・追善仏事に関しても応永二四年（一四一七）二月から三月の記載に詳説されている。治仁親王の葬儀は天龍寺系の大光明寺末庵蔵光庵が執行し、追善仏事も臨済禅僧たちによって営まれている。仏事の委細は、半斎諷経（初七日・六七日）・『地蔵本願経』の頓写（五七日）・懺法（六七日）であり、栄仁親王とほぼ同様の仏事が営まれている[55]。このように一五世紀初頭において、五山による追善仏事には顕密の仏事と同様の法華経の頓写仏事や五部大乗経の転読だけでなく、観音懺法や施餓鬼会といった行法もが導入されていたのである。この禅宗の追善仏事の多様化は、おそらく法華懺法・法華八講・如法経十種供養・曼荼羅供といった顕密寺院の体系化された追善仏事に匹敵しうる禅宗独自の追善仏事の体系を主張するものであったであろう。次節では日本曹洞宗の体系的な清規の嚆矢となる瑩山紹瑾『瑩山清規』から中世禅宗による追善供養の展開を示していきたい。

第四節　『瑩山清規』（禅林寺本）に見られる亡者回向と追善供養法

本節では日本禅宗の一つである曹洞宗において中世前期にどのような追善供養が展開されたのかを清規史料をもとに論じていきたい。曹洞宗における追善供養の展開を清規から見ていこうとするとき、まず第一に着目しなければならないのは、宗祖である永平道元（一二〇〇～一二五三）の撰述した僧堂安居に関わる『永平清規』『正法眼蔵』の諸巻である。道元は「『百丈清規』『禅苑清規』に対して、批判的な見解もないわけではないが、全体的に仏祖の行履を伝える無二の規範として深い信頼を寄せていた」とされ[56]、『正法眼蔵』の「洗面」「洗浄」などの行住坐臥の規範を示した巻のほか、『禅苑清規』を基調として、それを補完する形で、「典座教訓」「辨道法」「赴粥飯法」「衆寮箴規」「対大己五夏闍梨法」「知事清規」の六篇を撰述したとされている。(57) 近世に入り、この六篇は永平寺三〇世の光紹智堂によって寛文七年（一六六七）に『日域曹洞初祖道元禅師清規』（『永平清規』『永平大清規』とも言う）と題して刊行され、全国展開を遂げた宗門に広く伝わることとなる。岡田宜法が指摘するように、『正法眼蔵』の「安居」「供養諸仏」「受戒」「重雲堂式」「陀羅尼」「洗浄」「洗面」「袈裟功徳」「伝衣」「看経」「普勧坐禅儀」の諸巻が叢林の規矩に関わる行法を伝えるものの、『瑩山清規』のように回向文や次第等を記載するものではない。(58)

『禅苑清規』に依拠し、平生修道の領域に限定した清規のみを残した道元に対して、曹洞宗で「太祖」と尊称される瑩山紹瑾（一二六八～一三二五）は元亨四年（一三二四）に『瑩山清規』（正式には『能州洞谷山永光禅寺行事次序』と呼び、『洞谷清規』とも言う）を撰述し、僧堂における日分・月分・年分の行事だけでなく、亡僧葬儀法や在家者に対する追善仏事の回向文を制定した。そのため『瑩山清規』は曹洞宗における追善仏事の回向文の嚆矢であり、その回向文から追善仏事の形態が推定しうる極めて重要な史料となっている。並びに施餓鬼会の行法の中には「結縁諷経」と呼ばれる法要が確認でき、曹洞宗による檀越追善仏事の濫觴を物語る。『瑩山清規』は中世において書写伝承され、曹洞宗寺院において数多く編纂されることとなる諸清規の源となった典籍である。ただし『瑩山清規』の原本は散佚しており、現時点で最古の写本とされているのは、永和二年（一三七六）に普済善救（一三四七～一四〇八）によって書写された福井県越前市禅林寺所蔵のものである。本写本は尾崎正善によって翻刻されており、(59) 以下ではこの『瑩山清規』（禅林寺本）から中世曹洞宗における追善仏事の濫觴を探ってみたい。

まず『瑩山清規』（禅林寺本）に記載された追善仏事の回向文に着目したい。本清規には「亡者回向」「亡者是檀那中崇重人回向」に加えて、「在家等人回向」と題した回向文が二種類載録されている（以下では、この二つを便宜的に「在家

表2—5　『瑩山清規』（禅林寺本）に記載された追善仏事の回向文

＊尾崎正善「翻刻・禅林寺本『瑩山清規』」『曹洞宗宗学研究紀要』第七号、八〇—八一頁。傍線は筆者による。割注は〈〉で示す。

回向名	亡者回向	亡者是檀那中崇重人回向	在家等人回向A	在家等人回向B
回向文	浄之。上来現前清衆。諷誦大云云。所集功徳。奉為　没故〈某甲〉。資助覚霊。荘厳報地。伏願。処生死流。驪珠独耀於滄海。踞涅槃岸。桂輪孤朗於碧天。十方三世云云。	浄之。山門今月。伏値過去云云禅門。覚霊月忌之辰。謹集合山清衆。諷誦大云云。所集殊勲。奉為没故〈某甲〉云云。伏願。処生死流。驪珠云云於碧天。覆蔭後毘。福報無尽。十方三世云云云。	浄之。上来現前清衆。諷誦大云云。所集功徳。奉為〈新円・没故・某甲〉。資助幽霊。荘厳報地。伏願。身超浄域。業謝塵労。蓮開上品之華。仏授一生之〈記十方云云〉	浄極光通達。寂照含虚空。却来観世間。猶如夢中事。上来現前清衆。同音諷誦大云云。所集功徳。奉為某甲覚霊。荘厳報地。伏願。一霊不昧。八識照然。蓮開上品之花。仏授一生之記。十方三世云云。

等人回向A・B」とする）。この四種の回向文は『瑩山清規』の巻末に記されており、その文言は表2—5の示すとおりである。亡者回向、亡者是檀那中崇重人回向（以下「崇重人回向」と略記す）という名称から考えて、追善仏事における死者の呼称は「亡者」であり、「崇重人」とそれ以外の二者に分別されて仏事が営まれていた様子が看取できる。また崇重人回向には「覚霊月忌之辰」とあるから、崇重人に対する月忌供養もすでに営まれていたことが分かる。在家等人回向A・Bは伏願句（「伏願」以下の文言）が異なっていることから、回向文のバリエーションを示すために載録されたものであろう。

表2—5の上から三種の回向文の冒頭に「浄之」とあるのは、歎霊句を略記したもので、在家等人回向Bの冒頭にある「浄極光通達。寂照含虚空。却来観世間。猶如夢中事」を指す。[60] この偈文は桜井秀雄の指摘にもあるように『首楞厳経』第六巻の偈からの引用である。[61] 法要で読誦される経典に関してはいずれも「大云云」とあるので委細は不明

であるが、『瑩山清規』を継承しつつ編纂された『正法清規』などに「大仏頂万行首楞厳陀羅尼」とあるので、その略記と思われる。

法要の形態に関して言えば、亡者回向・在家等人回向A・Bでは「上来現前の清衆」という部分が崇重人回向のみ「謹んで合山の清衆を集め」とあり、いずれも定型句ではあるが、文意から言えば崇重人回向のみ一山の衆僧全体で営むべき法要としての性格をもつ。加えて他の回向文で「功徳」となっている箇所が「殊勲」とある点など明らかに差異化が図られている。おそらく「崇重人」が意味するのは、字義どおりに信仰の篤い檀那というだけでなく、開基をはじめとした有力な外護者に対する呼称であり、崇重人回向はこうした有力檀那に対する追善仏事であっただろう。

次にこれら四種の回向文の中の供養対象を読み上げる部分を見ると、亡者回向では「没故〈某甲〉。資助覚霊」、崇重人回向では「過去云云禅門。覚霊」と「没故〈某甲〉云云」、在家等人回向Aでは「〈新円・没故・某甲〉。資助幽霊」、在家等人回向Bでは、「某甲覚霊」とあり、死者を表象する語句には「覚霊」「幽霊」の二種が確認でき統一されてはいない。一番最初に挙げられている亡者回向は、曹洞宗が現在営んでいる「檀越正当回向」という追善仏事の回向文の初出であるため、『瑩山清規』成立以降、曹洞宗ではこの「亡者回向」が追善仏事において唱えられてきたと言える。『瑩山清規』にこれらの回向文が記載され、追善仏事の行法が示されたことは、曹洞宗教団の民衆層への布教教化を進める基盤となった。

では続いて月分、年分行事から追善仏事に関して見ていきたい。供養を主眼とした仏事ではないが、本清規には「檀那諷経」、あるいは「檀那粥歎仏」と呼ばれる月分行事が記載されている。この儀礼は小食の際に僧堂で維那が「稽首薄伽梵。円満修多羅。大聖菩薩僧。功徳難思議。又云。今辰浄粥一堂。奉為本寺旦那。十方施主。福寿荘厳。仰憑尊衆念」と念誦して十仏名を唱えるもので、(62) 各檀那や施主たちの福寿を祈る諷経である。このような檀那を意識した月分行事は近世に面山瑞方によって撰述された『洞上僧堂清規行法鈔』に見られるように、檀越の福寿だけでなく死者への追福をも祈る儀礼となった。

一方、年中行事の中で注目したいのは大施餓鬼会である。今日では夏の風物詩の一つに数えられる施餓鬼会であるが、中近世の禅宗では、盂蘭盆と歳末の二度営まれることを通例としていた。現在の曹洞宗で営まれている施餓鬼会は享保一二年（一七二七）に面山瑞方が撰述した『施餓鬼作法』の甘露門に基づくものであるが、曹洞宗における施餓鬼法の初出は、この『瑩山清規』と言ってよい。『瑩山清規』（禅林寺本）に示された施餓鬼法は、禅林寺本が書写された一三七六年までの過程の中ですでに変更が加えられたものであるが、個々の行法には割注で「正本に無し」といった文言が付されており、これらを総合すると「正本」という施餓鬼会の原型が看取できるので、都合二種の行法が記されていることになる。この施餓鬼法は「檀那施食」と呼ばれるような檀信徒の追善仏事にも用いられるようになり、その使用例も多く、死者供養による曹洞宗の民衆教化の極めて重要な儀礼の一つとなった。

『瑩山清規』（禅林寺本）記載の大施餓鬼会の行法の出典および曹洞宗における施餓鬼会の行法の変遷に関しては、すでに尾崎正善によって詳細な検討が加えられている[63]。尾崎によれば、禅林寺本所収の行法は、不空訳の『施諸餓鬼飲食及水法并手印』『仏説救抜焰口餓鬼陀羅尼経』などの経典群に陀羅尼の対応関係は確認できるが、「その差定・偈文・回向等に関しては典拠を特定することはできない」としている。そして、中国・中峰明本（一二六三〜一三二三）撰『幻住庵清規』との類似点が多く、それ以前の記録には確認できないため、「『瑩山清規』成立当初は、その様な清規の一部を引用した」との見解を示している[64]。梵清系『瑩山清規』の写本に記載された「開甘露門」の「若人欲了知」「南無啓教阿難尊者」「七如来」「阿弥陀大呪」という部分は、長禄三年（一四五九）頃に撰述された臨済宗の原古志稽撰『大施餓鬼集類分解』と共通し、「『幻住庵清規』で規定された臨済流の施餓鬼儀礼が日本に渡り、京都五山において受容される過程において更なる付加、独自性が盛り込まれた」ものであり[65]、端的に言えば、曹洞宗における施餓鬼会法は真言宗等の密教からではなく臨済系の行法を継承したものであるという。

『瑩山清規』（禅林寺本）所収の大施餓鬼会の行法に関しては、すでに尾崎によって詳細な考察がなされているが、禅宗における中世以降の追善仏事を見ていく上で重要なので以下に取り上げたい。まずはその準備に関して次のようにある。

〔七月〕十四日晩。施餓鬼供。庫下所管。大幡四流。小幡廿五流。銀銭疏等。皆維那所管也。幡大者立四方。幡小者立供物盆器上。小幡者五色也。銘云。唵嚩呢吒喇吽嗳咤娑婆呵。十四日。大座湯後。在少間仏殿前露地。立台盤安供物台一対。一者飯。一者菓子也。鉢盛水加溝萩。

（尾崎正善「翻刻・禅林寺本『瑩山清規』」『曹洞宗宗学研究所紀要』第七号、四一頁）

大施餓鬼を営む準備物には、まず庫下が所管する大幡四流と小幡二十五流、維那が所管する銀銭・疏があり、大幡四流は施食棚の四方に、小幡二十五流は盆器に盛られた供物に立てる。仏殿の露地には高台（施食棚）を立て、飯と菓子、水を張り、溝萩（盆花）を入れた鉢を供えて儀式に移る。

大施餓鬼会の式次第に関わる記述を「全体的な行法」「維那・両班の進退」「唱句」の三つにまとめたものが表2―6である。儀式に先立ち維那は行者に施餓鬼の案内を命じ、法要開始の合図となる鐘を鳴らして大衆を集める。次いで維那と両班は焼香し、住持および施食人の拝請に赴く。施食人とは「人」の語が僧との対比的な「俗人」としての意味合いをもつため、おそらくは施餓鬼会の施主ということになるだろう。つまり法要の準備を行い、施主を会場へと誘導、万事準備が整ったところで法要の導師を務める住持を招き、施餓鬼会が開始される、という流れとなる。大施餓鬼会の式次第を簡潔に記せば、表2―6の示すように①合掌念仏・②灑水真言・③開口真言・④施与飽満真言・

表2—6　『瑩山清規』（禅林寺本）の大施餓鬼会の行法

＊尾崎正善「翻刻・禅林寺本『瑩山清規』」『曹洞宗宗学研究所紀要』第七号、四一—四四頁より作成。〔 〕は原本となった「正本」にないとの記述がある部分である。

	全体的な行法	維那・両班の行法	唱句
儀式前		時主維那令行者報施餓鬼案内。鳴鐘集衆。維那出班焼香。請主人両班問訊。問訊了。又請施餓鬼人。主人或首座等尊宿令施餓鬼。	
①合掌念仏	先問訊供物。先合掌念仏（三反）	初段十方念。……左手作拳。抑左腰。右手作施与印。	〔若人欲了知三世一切仏。応観法界性一切唯心造。〕南無十方仏。南無十方法。南無十方僧。南無本師釈迦牟尼仏　南無大慈大悲救苦観世音菩薩。神咒加持浄飲食、普施河沙衆鬼神。願者飽満捨慳心悉脱幽冥生善道。帰依三宝発菩提、究竟得成無上覚功徳無辺尽未来、一切衆生同法食。〔南無啓教阿難尊者〕
②灑水真言	次灑水真言。水印大拇握之。□指並立加持。	灑水呪時。先右手作水印。所謂大拇指握之。四指並立。七遍加持間。三遍後右手取溝萩灑水。	南無薩婆怛多蘗。多縛盧枳帝唵三摩羅三摩羅吽。
③開口真言	弾指三下加持	開口咒時。弾指三下。	南無蘇嚕婆耶怛蘗多耶怛姪佗唵蘇嚕蘇嚕婆耶蘇嚕婆耶蘇嚕娑婆訶。
④施与飽満真言	五指皆立外向加持	施与咒時握飯投庭上。	南無三曼多没駄喃梵。
⑤五仏超請証明加持	次五仏超請証明加持合掌印	五仏超請証明時。又合掌而至回向。	南無多宝如来〔南無宝勝如来〕。南無妙色身如来。南無甘露王如来。南無広博身如来。南無離怖畏如来。
⑥念仏・回向			〔南無阿弥陀如来回向。南無阿弥陀婆耶多陀伽佗耶多你夜佗阿弥利都婆毘阿弥唎哆悉耽婆毘阿弥唎　多毘迦蘭帝阿弥唎哆毘迦蘭哆伽弥膩伽伽那怾多迦又目上示娑□訶〕
⑦供物加持	次供物加持左手作拳印。右手施印	供物加持。左手作拳。抑左腰。右手作施与印。	〔神咒加持浄飲食、普施河沙衆鬼神。願者飽満捨慳心悉脱幽冥生善道。帰依三宝発菩提、究竟得成無上覚功徳無辺尽未来、一切衆生同法食。〕汝等鬼神咒。我今施汝供。以供此食遍十方。一切鬼神共。
⑧回向			〔以此修行衆善根。報答父母劬労徳。存者福楽寿無窮。亡者離苦生安養。四恩三有諸含識。三途八難苦衆生。倶蒙悔過洗瑕疵。尽出輪回浄土。〕願以此功徳。普及於一切。我等与衆生。皆共成仏道十方々々。
⑨宣疏			（長文のため省略す）

⑤五仏超請証明加持・⑥念仏・回向・⑦供物加持・⑧回向・⑨宣疏となる。

①では初段の十方念（合掌念仏）から始まり、左手で拳を作って左腰に当て、右手は施与印にして「若人欲了知」に始まる句を唱える。そして十方の三宝、釈迦牟尼仏、観世音菩薩、阿難尊者の名号を唱え、加持した食を廻す。②灑水真言では親指を握り、他の四指を並んで立て、「南無薩婆怛多蘖。多縛盧枳帝唵三摩羅三摩羅吽」という灑水真言を七遍唱える。維那は三遍目以後に施食棚に進前し、右手で溝萩を取って洒水し、供物や道場を浄める。③開口真言では、「南無蘇嚕婆耶怛蘖多耶怛姪佗唵蘇嚕蘇嚕婆耶蘇嚕婆耶蘇嚕娑婆訶」という陀羅尼を唱えて弾指を三度し、餓鬼の口を開ける。続いて④施与飽満真言では、「南無三曼多没駄喃梵」と唱え、印は指五指をすべて外に向けて立て握飯を庭に投げて餓鬼に施食する。⑤五仏超請証明加持では、多宝如来・妙色身如来・甘露王如来・広博身如来・離怖畏如来の五如来の名号を合掌して唱える。続けて「南無阿弥陀如来」と三遍唱える⑥念仏とその回向を行う。⑦供物加持では、生飯偈に類似する唱句を唱え、維那は左手に拳印を、右手は施与印を作り、供物を加持する。⑧回向では大衆が「以此修行衆善根」に始まる回向偈、普回向、略三宝を唱えた後、維那が宣疏を行って終了となる。この宣疏の後半部には、

兼日各各漸修の経呪力、漸く此界他方の業苦海を驚かし、今夜如如円頓の心王呪、頓に妄想実受の浮塵山を崩す。若し然らば現前の微施、沙界恒沙界の飢饉類に供じ、群聚含類、無尽無辺際の法供養を受け、頓に無為実相の法味を飽足し、速やかに逍遥自在の安楽を遊戯して、存亡斉しく導き、怨親普く利せん。謹んで疏。

（尾崎正善「翻刻・禅林寺本『瑩山清規』」『曹洞宗宗学研究所紀要』第七号、四三—四四頁、原漢文）

とあり、「存亡斉しく導き、怨親普く利せん」とあるように、生者と死者の両方を導き、「怨親」にあまねく利益を与えんことが祈念されている。

この維那による宣疏をもって大施餓鬼会は終了となり、次いで楞厳呪回向がなされる。興味深いのは、その後「結縁諷経」という法要が営まれていることである。（傍線部は筆者による）

次楞厳呪回向。上来諷誦経呪。楞厳秘蜜神呪功徳。回向無尽法界一切含類。財法飢饉無量鬼神。悪趣群生。邪魔僻徒。飽満法味。正智開発。広度衆生。同円種智者。十方　次結縁諷経任諸衆意。

（尾崎正善「翻刻・禅林寺本『瑩山清規』」『曹洞宗宗学研究所紀要』第七号、四四―四五頁）

結縁諷経の辞義的な定義は、「仏縁を結ぶために、読経し祈禱回向すること」とあり(66)、具体的な仏事の名称というよりも、新たな結縁を生む法要全般を指す言葉として用いられたようで、目的は薦亡か祈禱か逆修のいずれかは分からない。ただし、本清規に「諸衆の意に任す」との文言が付加されており、結縁諷経を営むか否かどうかの判断、あるいは法要の次第をどのようにするかという裁量については、大衆に委ねられていることは事実であろう。またこの諷経は除夜施餓鬼の部分には見出せず、盂蘭盆の七月一四日のみに営まれたようである。推量の域を出るものではないが、この結縁諷経はおそらく「父母への報答」や「存亡斉しく導」こうと祈る大施餓鬼会の後に営まれていること、並びに本清規以降の『普済寺清規』の「結縁施餓鬼」や『諸回向清規』に「盂蘭盆結縁施食」などの一故人を対象とした薦亡の施餓鬼会が記載されていることから、盂蘭盆大施餓鬼会に際して施主の願いに応じて営まれる死者供養の儀礼であり、亡者を本尊や大施餓鬼会で名号を唱えた五如来・阿弥陀仏に結縁する諷経であったと考えられる。

続いて臨時設斎・設粥と施主の求めに応じた上堂について見てみたい。『瑩山清規』（禅林寺本）には、

臨時設斎設粥儭銭等。随時両班商議。講戒諷経。諷経或随施主意楽。又応施主所請。上堂講経。任施主所望。斎僧儭銭者。寺中三宝諸聖。病僧。請暇僧皆行之。沙弥童行僧三分一也。

施主所請　上堂者。必半斎時也。若斎罷也。……主人入来。陞座立榻上。時知客引施主。令焼香礼拝。此時主人

拈香若拈疏着座。知客引施主令着知事上肩少背後座位前。或小椅靠椅之説法了。下座立榻上。受施主謝拜。……

（尾崎正善「翻刻・禅林寺本『瑩山清規』」『曹洞宗宗学研究所紀要』第七号、七三―七四頁）

とあり、施主の意楽に応じて臨時の設斎や設粥、講戒諷経を営む行法が定められている。半斎諷経の際に、上堂して「拈香、若しくは拈疏」を行っており、先の盂蘭盆施餓鬼会などを考慮すれば、施主の依頼に応じて営まれる上堂についても生者のためだけでなく、亡者追善の説法や拈香・拈疏も含まれていただろう。

以上、『瑩山清規』（禅林寺本）から、一四世紀における曹洞宗の供養儀礼について、亡者回向などの四種の回向文、月分行事の檀那諷経、盂蘭盆大施餓鬼会と結縁諷経、臨時設斎設粥と上堂を取り上げて見てきた。本清規は先述したように、曹洞宗の清規の礎となったものであり、その行法の根源としての性格をもち、現行の儀軌である『曹洞宗行持軌範』の典拠の一つとなっている。亡者回向と崇重人回向の文言の差異が示すように、『瑩山清規』禅林寺本が書写された一四世紀後半においてすでに、「崇重人」かどうかという判断基準によって追善仏事が二種に分化し、段階化していた。また月分行事には「檀那諷経」という檀越の福寿無量を祈る儀礼が確認される一方、年中行事の盂蘭盆大施餓鬼会に併せて「結縁諷経」という法要も確認でき、本諷経は施主たちの願意に応じた薦亡の法会であっただろうとの筆者の見解を述べた。

次に『瑩山清規』に記載された行法を補完する役割を果たしていると位置づけられる『洞谷記』から、中世曹洞宗の追善供養について考えてみたい[67]。『洞谷記』には葬儀・追善供養に関する記述が見られ、それは「新住持入院」以下の二一篇の行法や規則を示した部分である。これらの清規的な部分は、卍山道白が刊行した流布本の『洞谷記』に見られるものの大乗寺所蔵の秘本には確認できないため、後人が追加したものとされている[68]。大乗寺の秘本と流布本の対照を行った河合泰弘[69]は、延享二年（一七四五）の『延享度曹洞宗寺院本末牒』において永光寺が總持寺の末寺と定められたため、「永光寺の住持嫩良は、同寺の由緒正しさ・寺格の高さを端的に示す史料として、『洞谷記』に注目し、それらのことをさらに裏付ける古文書等を組み込み、新たな『洞谷記』を完成させ」たのであろうと論じている(70)。一方、大乗寺秘本『洞谷記』の翻刻を行った大谷哲夫は、

大乗寺秘本「洞谷記」を所謂「洞谷記」の原形とするならば、現行活字本にみられ、秘本「洞谷記」に無い部分は恐らくは、大乗寺秘本の英就の奥書にみられた応永廿二年（一四一五）以後、明峨両派の確執の下に謄写伝写される間に瑩山禅師によって書き残された断片類あるいはそれに類する資料等々が歴史的に何ら考証されることなく単に次々と付加されたものに違いないのである。

（大谷哲夫「「洞谷記」その原形についての一試論――大乗寺秘本「洞谷記」を中心にして」『宗学研究』第一六号、一一五頁上段）

と論じており、加筆部分は瑩山の残した断片類やそれに類する資料であるとしている。筆者も大乗寺秘本にはない部分は、瑩山真筆かどうかは判然としない史料ではあるが、瑩山からそれほど下らない中世の史料であると考えており、「檀那忌」「吉凶斎商量」「住持遺物商量等事」の三篇は死者供養という観点から言えばとりわけ注目される。『瑩山清規』では亡者回向四種を載録するのみであったが、『洞谷記』には次のような檀那忌の行法が記されている。

檀那忌

如二本願一者。年忌太夜諷経。就二賓位一行レ之。当日半斎諷経。子孫不二営弁一。為二本寺経営一。可レ修二年忌一。知事供二茶湯一。本願忌者。月忌諷誦修レ之。其余檀那。年忌計修レ之。

（『曹洞宗全書　宗源下』五三三頁下段）

この記述から檀那忌は「本願」が賓位にて仏事に参列し、年忌におよんで待夜諷経・半斎諷経を営む形式であったことが分かる。「本願」は大乗寺秘本『洞谷記』にも見える語句であり、堂塔・伽藍を創立・寄進した人物の敬称である。

本規定はたとえ子孫が営弁せずとも本願の年忌は寺院の行事として営み、月忌諷経も執行するというものである。その他の檀那の場合は年忌のみで、月忌諷経は「本願」という伽藍の寄進者に限られた懇ろな供養という位置づけが看取できる。

続いて「吉凶斎商量」には、斎料と追善仏事との関係を示す記述が確認できる。

吉凶斎商量

如二壱石壱貫一。無二雑事一。斎者雑用二百文銭。可レ排二分諷経銭一。可二半斎諷経一。五斗五百已下者。粥罷諷経。次大悲呪一遍。可レ回二向亡者一。一石一貫已上者。斎時作レ疏。令レ宣二読維那一。後銀銭疏等焼レ之。行レ香可二排分一。斎僧銭施主自不レ行レ香。知事代行レ香行レ襯。上堂。講戒。随二施主所レ請。又写経。読経。如二別請一者。施物限二経衆一行レ之。…（中略）…如二施財送レ寺者。読経。写経。説法。啓白。随二送文文章一。両班商議。可レ行二仏事一。無二別請一。文章只如二斎料一。奉レ送者。可二斎議商量一。若如二祈禱写経読経請一者。除二出仕僧数一。不レ論二軽重一。不レ可二病僧行襯一。如二諷経銭一者。不レ論二経呪誦不誦一。可二一等行レ襯。

（『曹洞宗全書　宗源下』五三三頁下段）

本史料によれば、永光寺では一貫文の施入があった場合、諷経銭として二百文を充てて半斎諷経を営み、五斗五百以下の施入の場合は、粥罷諷経・大悲呪を唱えて亡者に回向する仏事を営んでいた（表2―7）。一石一貫以上ともなると疏を作成し、諷経にて維那が宣読するという。「施財寺に送る如くは読経、写経、説法、啓白、送文文章に随い、両班商議し、仏事を行うべし」とあるように、寄進状の文面に随いつつ、仏事の決定権は知事で構成された両班がもっている。文章が「斎料」とのみある場合も、「斎議商量すべし」と商議によって決定すべきとされている。本史料の名称に「吉凶斎」とあるように、設斎・上堂・講戒・説法・「経衆」による写経・読経は「凶斎」、つまり追善仏事とし

表2―7　『洞谷記』「吉凶斎商量」に見られる三段階の追善仏事

＊『曹洞宗全書　宗源下』五三二頁より作成。

布施	諷経の形態
五斗五百文以下	粥罷諷経・大悲呪
一石一貫文（二〇〇文が諷経銭）	半斎諷経
一石一貫文以上	半斎諷経・宣疏

ても営まれていたと考えられる。

本史料の成立年代に目を向ければ、第一に「上堂。講戒。随二施主所一レ請。」という部分が、先述した『瑩山清規』（禅林寺本）の「臨時設斎設粥襯銭」に酷似していることから、『洞谷記』の清規に関わる加筆部分は、おそらく『瑩山清規』を補完する目的で、瑩山やその門弟が一四世紀中に制定した古文書から引用したものと思われる。

次に着目したいのは、「住持遺物商量等事」に載録された亡僧の遺物商量に関する部分である。ここでは禅宗寺院の組織を物語るさまざまな役職の名称が記されている。

住持遺物商量等事

…（中略）…

平僧遷化遺物唱得銭支破。両班商議。随レ時可二配分一。如二古儀一。有二余力一。加二助常住一通例也。商議大概最初龕前。霊供自二公界一餞別。送亡日。唱衣日。拾骨日。入骨日。随レ力或設レ粥。或設レ斎。小仏事。鎖龕。挙龕入骨諷経。念誦下火。送亡共奉。唱衣行者。擔骨行者。或人工已上均等排分。擔龕人工。僧分一倍。舎維人工。擔骨一等。若亡僧。遺衣等排分。擔龕一等。直廰。悉随レ分排分。沙弥。童行。行者。僧三分一。人工。火客。行者三分一。……

（『曹洞宗全書　宗源下』五三一頁下段―五三二頁上段）

本規定は嗣法をせず和尚の位に達していない平僧が寂滅した際に、霊供・遺品の分配をどのように行うかを規定したものである。大要を記せば表2―8のようになる。本規定でとりわけ重要なのは大衆に満たない人々の役名が一覧で記載されていることであり、役職の上下を配分の分量によって推察できる点である[71]。とりわけ亡僧の遺衣は端的に示されており、龕を担ぐ擔龕、直廳、その下に沙弥・童行・行者、その下に人工・火客《かこ》という構成を見て取ることができる。公界の餞別の分配で示されているように、行者には唱衣行者・擔骨行者がおり、唱衣や拾骨を担ったと考えられる。人工には擔龕人工・舎維人工がおり、その他、典座の炊事を手伝う火客が挙げられている。

『徹通義介師喪記』には人工・人力・擔龕[72]、『明峰素哲禅師喪記』には霊龕をもつ擔龕人力や棹加香炉をもつ人工[73]、『峨山韶碩禅師喪記』では擔龕する人力[74]、『月泉良印禅師喪記』には笠をもつ人力[75]が確認できるが、おそらくこれらの役職者たちが茶毘の準備や実務を担ったであろう。本規定は亡僧を対象としたものであるが、在俗者の葬儀・仏事においてもこのような役割分担は共通していたと考えられる。秘本『洞谷記』に永光寺造営に際して「人夫三百人地引也、不レ知二普請僧数定一也」という記述や[76]、『瑩山清規』（禅林寺本）の歳末看経牓の「水陸一切前亡後滅。上自三宝手足供給之之人工火客」という文言を鑑みれば[77]、推量の域を出るものではないが、仏閣造営に携わる人工が禅宗教団の寺院組織に位置づけられ、架橋などの土木事

表2—8　『洞谷記』「住持遺物商量等事」「斎僧銭商量事」に見る斎料の分配

＊『曹洞宗全書　宗源下』五三一—五三二頁より作成。（　）内は配分の量。

公界の餞別	亡僧の遺衣等	斎僧銭商量事
送亡日・唱衣日・拾骨日・入骨日		
唱衣行者（均等排分）	擔龕（一等）	仏殿三尊。祖師一尊。土地一尊。聖僧。多聞。塔婆一尊。経蔵一尊。円通観音。僧衆什員。民衆。戒臘人数。沙弥。童行。什員。各行僧三分一。人工。什員。行者三分一行之。諸聖襯。客堂灯油。
擔骨行者（均等排分）	直廳（悉排分に分ける）	
人工（均等排分）	沙弥（僧三分の一）	
擔龕人工（僧分一倍）	童行（僧三分の一）	
舎維人工（擔龕一等）	行者（僧三分の一）	
	人工（行者の三分一）	
	火客（行者の三分一）	

業や葬儀の実務を担う存在であったと考えられる。とりわけ典座が所轄する火客という役職者は炊事のために火を扱う職掌から、火葬といった葬送との関係性も想定されるだろう。

以上『洞谷記』に載録された清規に関わる史料を見てきたが、葬儀や追善仏事の委細は知事によって構成された両班によって決められ、読経等の仏事を営む「経衆」と呼ばれるような大衆、その下に沙弥・童行・行者（唱衣・擔龕）・人工（擔龕・舎維）・火客といった役職の人々によって実際の葬儀・仏事は営まれていたと推察される。

第五節　能登永光寺の置文と布薩回向

以上、『瑩山清規』の最古の写本とされている禅林寺本を例に、亡者回向を唱える檀越の追善仏事、施餓鬼会や結縁諷経といった中世曹洞宗の供養儀礼について見てきた。本節では瑩山紹瑾が開創した永光寺に伝わる「尽未来際勤行置文」「布薩回向料足下行注文」「布薩回向人数注文」という文書と、永平寺に関する「霊供田目録」「永平寺定」という史料を用いて、中世曹洞宗における追善供養を考えてみたい。

瑩山が開創し、總持寺を退院した後に晋住した能登永光寺には、瑩山撰と伝えられる正中二年（一三二五）の「尽未来際勤行置文」という文書が残されており、内容は次のようなものである。

当山条々尽未来際可㆓勤行㆒事

一、本主円通慧球庵主逝去後、為寺院一大事、月忌大悲呪、正忌楞厳経、可諷誦回向、

一、蔵荊房主性禅比丘尼逝去後、同為寺院大事、月忌・正忌、如本主可訪其故、寄進田陸段、在湊、為僧食料、又三段三十苅、在越中安奴、瑩山一期中、為時料、遂為塔頭影供、又一段、同在安奴、是別而性禅没後忌日月忌料

也、無二信心、為当寺僧食之大檀越也、当寺止住住持・僧衆同存此旨、忌日月忌不怠上、塔頭可諷経回向、
一、直性後家円意沙弥尼逝去後、忌日・月忌如前可訪、僧食料寄進田参段、在同国金丸市後、
右、後々寄進田檀主如此式可訪、
瑩山記焉
正中二年乙丑七月十八日
（『曹洞宗古文書』上巻、一二六―一二七頁）

この置文は「本主円通慧球庵主」「蔵荊房主性禅比丘尼」「直性後家円意沙弥尼」の三者に対して没後どのような追善仏事を行うべきかを示している。「本主円通慧球庵主」は酒井保の山荘を寄進した祖忍尼であり、「蔵荊房主性禅比丘尼」は祖忍尼の母に当たる人物で、酒井保の地頭である酒井十郎章長の娘で、酒匂八郎頼親に嫁いだ人物である。この置文によれば三者の供養は永光寺の「一大事」であり、月忌は大悲呪、正忌は楞厳経によって諷誦回向すべきであるという。この規定は文末に「右、後々寄進田檀主はこの式の如く訪うべし」とあるように、新たに寄進田を施入した檀越に対する供養の取り決めともなっており、守護職にある地方領主やその近親者の供養は大悲呪・楞厳経を読誦する月忌・年忌仏事によって営まれていたことを物語っている。この読経のみによって亡者に追善する供養法は本章第二節で取り上げた『慧日古規』のものと同様のものであり、中世前期において臨済・曹洞に共通する標準的な行法と言えるだろう。

尽未来際勤行置文と同じく永光寺に所蔵されている文書には、布薩回向に関する文書が二点あり、これらには先の読経のみの供養法ではないあり方が次のように示されている。

布薩回向料足下行注文

永光十三世太源宗真和尚置　銭之注文真筆真判
龍淵庵主至謹大姉并妙湛大姉・慧一大姉・沙弥了悟、将名字可入布薩回向燉足事、本銭弐拾貫文、此ノ内方々下行、
三貫文　為浴室修理、浴主方ニ下行
五貫五百文　諸堂上葺ノクレ、
四貫四百八十七文　東司後架《修理》僧堂衆寮ノ畳以下ノ雑事ニ監寺方ニ下行、
三貫三百五十六文　又監寺方ニ番匠ノ作燉以下ノ雑事ニ下行、
三貫五百七十文　丈中ノ後架ノ修理并ニ畳以下ノ雑事ノ下行
以上弐拾貫文、
応永四年九月　日　　住持宗真（花押）

（『曹洞宗古文書』上巻、一四一頁）

この文書は布薩回向料として施入された金額を記したものである。布薩とは、もともと斎日に在家者を集めて説法する儀式であったが、後に出家者が半月ごとに二五〇戒等の戒条を読み上げて、律を犯してないかを確認し、犯した者は告白懺悔するという儀式を指す(78)。この「布薩回向料足下行注文」は応永四年（一三七一）九月に太源宗真によって作成されたもので、二〇貫文を布施した龍淵庵主である至謹大姉、妙湛大姉、慧一大姉、沙弥了悟の四名を布薩回向で読み込む旨が指示されている。

永光寺所蔵の二点目の布薩に関する文書は、永和二年（一三七六）の日付をもつ「布薩回向人数注文」という文書で、布薩による回向の対象者を列記したものである。

布薩回向人数注文

布薩回向人数事浄儀寺住

了悟　高橋息女　田一段寄進状在之

仏性　智鑒和尚
親父、米　十石出之、峨山和尚後御住□〔時〕
東司修造下行之、

円空　智鑒和尚
母儀、米　十石出之、同峨山和尚御住時、
東司造営〔下脱〕行　之、

法真　円通院比丘尼、　銭五貫文鐘楼造
立時下行之、

宗舜　故守護入道殿、田地一段寄進状
未出之、年貢先収之、

玄喜　故守護入道殿内室、田地一段
寄進状未出之、先年貢収之、

永和二年九月廿九日記之、

（『曹洞宗古文書』上巻、一四二―一四三頁）

先の史料にある「沙弥了悟」と同一人物と思われる高橋の息女「了悟」のほか、合計五名の戒名と身分、布施の内容が記載されており、宗舜・玄喜の割注に「故」とあることから、永光寺では追善仏事の法会として布薩が営まれていたことが看取できる。本史料をいち早く取り上げ、曹洞宗の民衆教化を指摘した横井覚道は「年代を降るに従い、布薩がやはり一般化し宗門教化活動の中に世俗諦が組み入れられた」と論じている。(79)また小坂機融は地方進出した曹洞宗寺院において檀越の要請によって祈禱が増加していく傾向が顕著に現れたのは、暦応二年（一三三九）一二月一三日に光厳上皇の院宣が下され、永光寺に能登国利生塔が設置されてからであるという。(80)両氏の指摘にあるように、これら二つの史料は、禅宗寺院の民衆教化の一側面を示すものであり、さまざまな仏教儀礼が死者薦亡のための追善供養

へと転用されたことを示す一事例と捉えてよい。

こうした布薩回向による亡者追善は宝慶寺でも営まれていたようである。宝慶寺蔵の貞治四年（一三六五）七月一八日の日付をもつ、沙弥円聡からの宝慶寺への寄進状では、故将軍家長寿寺殿たちの追善菩提を寄進の目的としている。

奉寄進宝□□□之事

越前国大野郡小山庄之内木□□〔本郷カ〕佐□役定

右当所者、沙弥円聡重代之領地□〔也カ〕、爰依当御代武恩深広、而為□〔奉〕荘□〔厳〕故将軍家長寿寺殿〔足利尊氏〕并□□□□御菩提、永代所奉寄附于本寺□□、然者整月別両度布薩之回向并毎五箇日、五日、十四日、十五日、十八日、晦日、釈迦、阿弥陀、弥勒〔　　　〕観音、地蔵、文殊、虚空蔵、達磨〔　　　〕法儀、尽未来際、可被擬彼御追福〔　　〕、

…（中略）…

貞治四年乙巳七月十八日　　受菩薩戒沙弥円聡（花押）

（『曹洞宗古文書』下巻、六〇八―六一〇頁）

判読不能な部分もあって判然としないところもあるが、「月別両度布薩之回向」とあるように朔望の布薩による回向と、五日、一四日、一五日、一八日、晦日の法儀に際して追福する旨が記されている。布薩による追善のための「布薩田」と呼ばれる寄進地は宝慶寺五世如忻が永正元年（一五〇四）に記録した寺領目録に三箇所記されている。長文のため、該当箇所のみ摘記する。

一舌〔ママ〕布薩田　舌〔ママ〕郷内　分米弐石　…（中略）…

一黒谷領家方之内布薩田　分米弐石　玉岩御判在…（中略）…

明応六年五月廿一日
一佐開地頭方　　　壱段分米壱石　為真林禅定尼布薩田、桑原次郎右衛門尉定久寄進

…（中略）…

右或公事未落居、或不知行之在所書加申候者、以後被聞召、可有御堪〔勘〕落者也、

永正元年甲子十二月廿五日　　如忻（花押）

（『曹洞宗古文書』下巻、六一一―六一三頁）

三番目の布薩田は桑原次郎右衛門尉定久が寄進したもので、「為真林禅定尼布薩田」と戒名が明記されることから、寺院行事としての布薩を営むための費用を捻出するものではなく、ある特定の物故者への追善のために寄進されたものであると思われる。このように中世曹洞宗の追善仏事の一つとして布薩が営まれていたと言えるだろう。

こうした中世曹洞宗における追善供養を示す記録は曹洞宗の本山である永平寺にも残っている。時代は下り一六世紀の史料ではあるが、本章において取り扱いたい。中世後期の永平寺の追善仏事を物語る史料に、永季寺納所の寿仙が記した明応四年（一四九五）の「霊供田目録」と永正六年（一五〇九）の「永平寺定」がある（傍線は筆者による）。

越前国吉田郡志比庄永平寺并諸塔頭霊供田目録

一久友名　壱町六段　文阿弥寄進桑代在之
一自家名内　一町一段　覚妙寄進
一金治光弘　三段　智慶大師寄進
一石王丸内　一町一反　了性寄進
一将監給内　一反　理久大師寄進
一慶禅名内　一町一反　小串四郎寄進銭成在之

一乙丸名　壱町壱段　盛行寄進善行寄進
一千原名内　一段　理栄大姉寄進
一匊紹名内　二反　□□（道勝カ）□（禅）門寄進
一貞友名内　七反　大竹殿寄進
一西嶋内　一反　理久大師寄進
一榎木町内　七反　小串寄進為二親

一宝慶寺田　二反　通妙禅尼霊供田
一番匠田　二反　□(元)久禅門霊供田
一中三郎名内得　四反　貴宗大姉霊供田
一西楽満内　六反　能登法師寄進
一黒次内　参反　能登寄進
一切谷地子　宗玄大師寄進
一乙丸名内得　五反　琮谷仏餉田
一末吉名内　二反　宝心童子霊供田 南保源兵衛寄進
一行者給　一町七反　自方ニ□□寄進
一寺山林　開闢檀那波多野寄進境者寄進状見之
開山塔頭承陽庵
一有谷名　五反　波多野寄進 銭在之
中興塔頭霊梅院
一久友名内　六反　仏餉田
一西嶋名内　八反　十七世和尚仏餉田
一石王丸内　三反　理祐大師霊供田
一清久名内　二反　善興僧霊供田
地蔵院

一藤田給内　一反　通妙禅尼月忌用之
一唯善内　一反　□(覚)□(智カ)大姉霊供田
一今末名　一町四反小　文林寄進 銭在之
一小寺分　三反　同上
一源太名内　七反　了性理栄寄進
一上野名内　三反　小串四郎寄進
一理和尚仏餉田　波多野寄進
一重□(下カ)受用散田　一町二反　波多野寄進
(紙継目朝倉貞景裏判)
一散田　六反　十六世和尚仏餉田 弟子等
一散田処々　壱町六反三百歩　仏餉田 銭在之
一黒次名内　六反　十世和尚仏餉田
一慶禅名内　二町一反　重顕明心 勝義霊供田
一藤田地田給　二反　理栄霊供田
一不動王名内　五反　宝慶檀那 寄進大野在之

一散田　三町八反六十歩銭在之　波多野寄進諸聖霊為也
　霊山院
一東楽満名　二町九反六十歩銭在之　波多野代々為め諸聖霊寄進
　如意庵
一散田　八反山林在之　宗玄大師寄進
　多福庵
一散田　一町三反七十歩　并山林在之大竹方霊供田寄進自処々寄進在之
　以上七ケ所
右目録之内或不知行或公事未落居在所等書加申儀候者於已後悉可有御勘落者也仍状如件
　明応四年十二月廿四日　永季寺納所
　寿仙（花押）

（『永平寺史』上巻、四七七―四七九頁）

本史料は中世永平寺の寄進田の目録であるが、「霊供田」という名称から、物故者の祠堂を目的とした施入であることが知られる。例えば、傍線部の榎木町内の七反は、小串が二親の霊供のために寄進し、末吉名内の二反は宝心童子の追善のために、南保源兵衛が寄進したものである。とりわけ、藤田給内の一反は、「通妙禅尼月忌用之」とあり、月牌供養が確認できる。波多野氏、小串氏、大竹氏、朝倉氏の家臣である南保氏などの寄進者は永平寺の所在した志比荘近辺の在地領主・武士であったとされている[81]。

この霊供田目録とともに永平寺での追善仏事の取り組みを明示する史料に、永正六年（一五〇九）の「永平寺定」がある（傍線は筆者による）。

定　　　永平寺

一、寺僧諸行事等不可闕、但諸寮舎諸塔頭衆出仕之時者、看寮一人、塔頭者三人充、可置之、塔頭衆他国出行之時可遂請暇也、
一、入院居成堅可停止、但就于老耄者、立代可勤之、
一、入院置銭同下行、雖有其定、無器用就于佗事者、可被用舎也、
一、入院置銭者修造奉行中江納而、窺住持可造営厳重善用、毎一回、於寺家審細仁可遂勘定也、
一、安居中不可有請暇、但常住用者可遂案内也、
一、寺俗為白衣寺家并門外仁不可有俳徊也、
一、自山中受用之薪者、可被慍、於寺家近辺不可慍、但於常住造営可有受用也、（紙継目朝倉孝景裏花押アリ）
一、為寺僧利銭利米等堅可停止也、
一、隔蓭江寺僧出入堅可停止、洗衣刻、以沙弥可使之、但追善等之時者、無伴而寄行也、
一、門前行者百姓番匠已下他家江不可彼管（被官）并彼管人居佳不可許容事、
一、門前行者百姓番匠給恩之下地山林等売買事如先規可停止也、
一、掃地普請等、諸塔頭寮舎衆不可闕之、
　右条々如件、
　　永正六年卯月　日

佳山（花押）

（『永平寺史』上巻、四九八—四九九頁）

本史料は寺僧、塔頭・諸寮、常住の宗僧たちの行事や掃地、普請への参加義務を規定し、寺院外での活動に関して一二ヶ条の規則を設けたものである。筆者が注目したいのは九番目の条項で、「但追善等之時者、無伴而寄行也」とあるように、追善仏事を山外で営む場合に沙弥を伴ってはならないという規定が確認できる点である。これは永平寺の諸塔頭の僧衆が檀越の屋敷等で執り行われる追善仏事に赴いていたことを示すものである。こうした追善仏事を依頼したのは先に挙げた波多野氏をはじめとする在地領主であろうことは想像に難くない。中世曹洞宗では葬儀だけでなく、追善仏事もまた教化活動の一翼を担っていたが、それは本山である永平寺でも例外ではなく、このような仏事からの布施は経済的基盤の一つとなっていたと考えられる。

まとめ

以上、本章では中世前期における禅宗の追善供養について見てきた。

第一節では、『吾妻鏡』などに依拠しながら鎌倉期における武家の追善供養について見てきた。平安朝に営まれていた顕密寺院の法華八講や如法経十種供養、曼荼羅供といった追善仏事は、中世鎌倉期において天皇家や公家だけでなく、源氏三代将軍や北条氏にも取り入れられていた武家政権の樹立に伴い、源平合戦や奥州合戦での戦没者供養が重要な政治的課題の一つとなっていたが、こうした横死者たちの菩提を弔う役割を鎌倉の禅院が担い、大規模な万灯会が執り行われた。一三世紀前半には栄西や退耕行勇といった禅僧を導師とする武家の追善仏事を確認できるが、その活動は顕密僧と足並みを揃えたもので、退耕行勇が如法経や曼荼羅供による追善仏事を執行するなど、顕密僧の行法と変わるものではなかった。しかし、一三世紀後半になると、執権職の北条氏の葬儀を無学祖元や東明慧日といった来朝禅僧が担うようになり、彼らは顕密仏事ではなく、陞座・拈香・楞厳呪読誦といった禅宗独自の仏事の供養儀礼を営んでいったことを確認した。

第二節では、文保年中（一三一七～一三一九）に編纂され、日本で撰述された現在最古の清規とされる『慧日山東福禅寺行令規法』を用いて、中世前期における禅院での供養儀礼について焦点を当てた。本清規には東福寺の檀越であった九条家や一条家という公家、北条氏などの檀那忌が年中行事として規定されており、法堂で楞厳呪を読む半斎諷経や、祠堂での楞厳呪や大悲呪を読誦する仏事の形態が確認できた。

第三節では、室町期以降の将軍家や天皇家などの追善供養について扱った。足利将軍家による武家八講やその菩提所である等持寺における顕密僧と禅僧による追善供養、尊氏や義詮の七回忌の追善供養の仏事構成について取り上げた。具体的な史料としては『伏見上皇御中陰記』や『看聞御記』などの記述から、従来の顕密による行法に、禅宗による拈香や観音懺法、施餓鬼会といった儀礼が加わることで多数作善の構成となっている点について確認した。

第四節では　曹洞宗の年中行事・追善仏事等の行法を体系的に示した清規である『瑩山清規』（禅林寺本・一三七六年書写）を史料として、中世前期における曹洞宗の追善供養の展開を示した。『瑩山清規』には四種の亡者回向が記載されており、その中には有力檀那の仏事に用いられたと思われる「崇重人回向」が含まれ、一般檀越と崇重人との仏事が差異化されていた点を指摘した。また盂蘭盆大施餓鬼会の後に「結縁諷経」という法要が見られ、この法要は檀越の願いに応じた追善仏事であると推察した。

瑩山撰とされる『洞谷記』「吉凶斎商量」には、施財が五斗五百文までの場合は粥罷諷経・大悲呪を、五斗五百文以上から一石一貫文までの場合は半斎諷経を、一石一貫文以上の場合は檀那疏を宣読する半斎諷経を営むという施財に応じた三段階の追善仏事が看取された。このような仏事の他に、永光寺・宝慶寺には一四世紀後半の年号が付された布薩回向に関する文書が所蔵されており、布薩もまた亡者追薦の仏事として取り入れられていた。

一方、今日「本山」と称される大寺でも積極的な追善供養の勧化が展開されていた。寺院と外護者が師檀関係を有する場合はあるにせよ、檀家制度が成立する以前に高野山の塔頭や永平寺では供養を勧募し、檀越物故者の追善供養が営まれていた。

注

（1）道端良秀『仏教と儒教』（第三文明社、一九七六年）一三三―一四七頁。
（2）渡辺章悟『追善供養の仏さま　十三仏信仰』（北辰堂、一九八九年）一四三―一四四頁。
（3）清水邦彦「『地蔵十王経』考」『印度学仏教学研究』第五一巻第一号（二〇〇二年）一八九頁。
（4）圭室諦成『葬式仏教』（大法輪閣、一九七七年）一五八頁、渡辺章悟、前掲注（2）書、一八四頁。
（5）圭室諦成、前掲注（4）書、一七一頁。
（6）渡辺章悟、前掲注（2）書、一八六頁。
（7）渡辺章悟、前掲注（2）書、一八四―一八五頁。
（8）武家の追善仏事を辿る上で、まず取り上げたいのは『吾妻鏡』である。本史料は北条得宗家の命によって鎌倉末期に編纂され、『明月記』や公文書等を参照しつつ、日記の記述形式で再構成した史料とされており、頼家将軍記の曲筆や得宗家の顕彰といった歴史的事実にそぐわない記述も含まれている（五味文彦『吾妻鏡の方法――事実と神話にみる中世』

〈吉川弘文館、一九九〇年〉）。

（9）野口武司「『吾妻鏡』の死没記事」『信州豊南短期大学紀要』二三号（二〇〇六年）一二四―一四二頁。

（10）林文理「中世如法経信仰の展開と構造」『寺院史論叢1　中世寺院史の研究（上）』（法藏館、一九八八年）。

（11）林文理によれば、この行法に法華懺法を必須要件とする円仁流如法経は横川如法堂を聖地とし、一二世紀末から一三世紀後期までに『供養如法経式』（建久八年〈一一九七〉伝写）を始めとして行法書が編纂され、追善仏事として頻繁に営まれた。嘉禎二年（一二三六）の宗快撰『如法経現修作法』に載録された如法経の行法は、①前方便（一日三時の法華懺法を七日間）、②正懺悔（一日六時の法華懺法を二一日間）、③料紙迎（正懺悔七日後）、④水迎（正懺悔一四日後）、⑤筆立て（写経を指す。正懺悔後、一日から数日で法華経一部八巻二八品と無量義経・観普賢経二巻書写）、⑥筒奉納、⑦十種供養（花・香・瓔珞・抹香・塗香・焼香・幡蓋・衣服・妓楽・合掌の十種の供具）、⑧奉納（埋経）という式次第となっていた。そして如法経は古く奈良時代から確認できるが、この行法に見られる法華懺法を前段とする如法経は円仁によって創始されたものであり、平安末期から鎌倉期に定式化されて中世を通じて普及したという（林文理、前掲注（10）論文）。

（12）鎌倉期における権僧正以上の顕密僧の動向に関しては、平雅行「鎌倉における顕密仏教の展開」『日本仏教の形成と展開』（法藏館、二〇〇二年）に詳しい。

（13）中世鎌倉の諸寺と戦没者供養に関しては、山田雄司『跋扈する怨霊――祟りと鎮魂の日本史』（吉川弘文館、二〇〇七年）一〇九―一二三頁に詳しい。

（14）『国史大辞典』第一三巻（吉川弘文館、一九九二年）二三九頁、行法に関しては岩原諦信『真言宗諸法会作法解説』（松本日進堂本店、一九三二年）参照。

（15）『国史大辞典』第一巻（吉川弘文館、一九七九年）六七四頁、一切経会は延久元年（一〇六九）の宇治平等院の一切経会が初例とされ、平安後期から流行し、延暦寺・仁和寺・法金剛院・行願寺や鶴岡八幡宮・勝長寿院などで恒例行事となっている。

（16）葉貫磨哉「鎌倉仏教に於ける栄西門流の位置――退耕行勇とその周辺」『仏教史学研究』第二〇巻第二号（一九七八年）。
（17）元仁元年（一二二四）七月一一日条には、「今日四七日御仏事。導師荘厳房律師行勇。」とあり、同年七月二三日条には「廿三日戊午。晴。三十五日御仏事。導師行勇律師云々。」とある。
（18）原田正俊「室町殿と仏事法会――葬送・中陰仏事を中心に」『仏教史学研究』第四三巻第二号（二〇〇一年）。
（19）「北条貞時十三年忌供養記（円覚寺文書二三六四号）」『神奈川県史　資料編2　古代・中世（2）』（一九七三年）六八九―七一二頁。
（20）原田正俊、前掲注（18）論文、一〇六頁。
（21）尾崎正善「『慧日山東福禅寺行令規法』について」『鶴見大学紀要　第四部　人文・社会・自然科学編』第三六号（一九九九年）四五―四七頁。『慧日山東福禅寺行令規法』の一部は白石虎月編『東福寺誌』（思文閣出版、一九三〇年）に紹介されている。
（22）尾崎正善、前掲注（21）論文、四八頁。
（23）尾崎正善、前掲注（21）論文、四六頁。
（24）尾崎正善、前掲注（21）論文、四九―五三頁。
（25）曽根原理「室町時代の武家八講論議」『日本仏教文化論叢　上巻』（永田文昌堂、一九九八年）六八四頁。
（26）大田壮一郎「室町幕府の追善仏事に関する一考察――武家八講の史的展開」『仏教史学研究』第四四巻第二号（二〇〇二年）四二頁。
（27）曽根原理、前掲注（25）論文、六七二―六七九頁。
（28）大田壮一郎、前掲注（26）論文、五〇―五一頁。
（29）三島暁子「南北朝、室町時代の追善儀礼に見る公武関係」『武蔵文化論叢』第三号（二〇〇三年）一一頁。
（30）三島暁子、前掲注（29）論文、七頁。

(31) 大田壮一郎、前掲注(26)論文、四六頁。
(32) 原田正俊『日本中世の禅宗と社会』(吉川弘文館、一九九八年)三五四―三五六頁。原文は『後愚昧記』応安六年(一三七三)一一月二九日条から一二月八日条。
(33) 赤田光男「林下塔頭の葬祭儀礼について――特に大徳寺の諸相」上井久義編『葬送墓制研究集成　第5巻　墓の歴史』(名著出版、一九七九年)、安藤嘉則「中世臨済宗徹翁派における入室について」『駒沢女子短期大学研究紀要』第三七号(二〇〇四年)。
(34) 渡邊綱也校注『日本古典文学大系85　沙石集』(岩波書店、一九六六年)三六一―三六八頁、小島孝之校注・訳『新編日本古典文学全集52　沙石集』(小学館、二〇〇一年)四二八―四三一頁。
(35) 渡邊綱也校注、前掲注(34)書、三六三頁。
(36) 梶原正昭「武士の罪業感と発心」今成元昭編『仏教文学の構想』(新典社、一九九六年)、五味文彦「第四章　信仰を求めて」『殺生と信仰――武士を探る』(角川書店、一九九七年)。
(37) 久水俊和「改元と仏事からみる室町期の皇統意識――後光厳院流後花園天皇の誕生」『国史学』第一九九号(二〇〇九年)六二頁。
(38) 三島暁子、前掲注(29)論文、一頁。
(39) 海老名尚「中世前期における国家仏事の一考察――御願寺仏事を中心として」『寺院史研究』第三号(一九九三年)九頁。
(40) 海老名尚、前掲注(39)論文、七頁。海老名によれば、この御八講と並んで盂蘭盆会が法勝寺では白河院が崩御した翌年の大治五年(一一三〇)から営まれるようになり、平安末期において盂蘭盆会を営む御願寺は法勝寺・尊勝寺・最勝寺であったが、鎌倉時代になると、この三ヶ寺に加え、円宗寺・成藤寺・延藤寺・蓮華王院・最勝光院などでも見られるようになるという。
(41) 曽根原理「室町時代の御八講論議」『南都仏教』第七九号(二〇〇〇年)一一六頁。

(42) 曽根原理、前掲注(41)論文、一一六—一二〇頁。
(43) 三島暁子「室町時代宮中御八講の開催とその記録——真名記と仮名記」『武蔵文化論叢』第二号(二〇〇二年)二頁。
(44) 三島暁子、前掲注(43)論文、六頁・表2。
(45) 三島暁子、前掲注(29)論文、一—四頁。
(46) 三島暁子、前掲注(29)論文、五頁、同「御懺法講の定着過程にみる公武権威の主導権争いについて——南北朝から室町後期まで」『芸能史研究』第一六二号(二〇〇三年)一四頁、天納傳中「宮中御懺法講について」『伝教大師と天台宗』(吉川弘文館、一九八五年)。
(47) 三島暁子、前掲注(29)論文、五頁、二—三頁・表1「追善儀礼の流れ」。
(48) 三島暁子、前掲注(29)論文、三頁・表1。
(49) 松岡心平「足利義持と観音懺法そして『朝長』」『人文科学科紀要　国文学・漢文学』第九四輯(一九九一年)。
(50) 大石雅章『日本中世社会と寺院』(清文堂出版、二〇〇四年)二七四頁。
(51) 大石雅章、前掲注(50)書、二二七頁。
(52) 大石雅章、前掲注(50)書、二二六頁。
(53) 『伏見上皇御中陰記』に関しては、大石雅章、前掲注(50)書のほか、五来重『先祖供養と墓』(角川書店、一九九二年)二〇六—二〇七頁でも取り上げられている。
(54) 石川力山「中世曹洞宗切紙の分類試論(九)」『駒澤大学仏教学部研究紀要』四五号(一九八五年)一六九—一七一頁。
(55) 『看聞御記』応永二四年(一四一七)二月一八日・三月四日・三月九日条。
(56) 小坂機融「解題　一、清規」『道元禅師全集　第6巻』(春秋社、一九八九年)二三四頁。
(57) 道元の清規観と『永平清規』に関しては、鏡島元隆「第五章第三　道元禅師の引用清規一覧」『道元禅師と引用経典・語録の研究』(木耳社、一九六五年)、小坂機融「清規変遷の底流(二)」『宗学研究』六号(一九六四年)、同「永平清規」『講座道元　第3巻　道元禅師の著作』（春秋社、一九八〇年）に詳しい。

(58) 岡田宜法『日本禅籍史論』（井田書店、一九四三年。復刊本は国書刊行会、一九七二年）上巻、一一九―一二七頁。『正法眼蔵』や『永平清規』ではなく、『正法眼蔵随聞記』に目を向ければ、父母への孝順のあり方を出家者と在家者で分けた説示が見られる。鈴木格禅・東隆真・河村孝道・石川力山・伊藤秀憲校訂『道元禅師全集　第7巻』（春秋社、一九九〇年）九八頁。

(59) 尾崎正善「翻刻・禅林寺本『瑩山清規』」『曹洞宗宗学研究所紀要』第七号（一九九四年）。

(60) この見解は、『瑩山清規』に依拠した『正法清規』の亡者回向、並びに月舟宗胡・卍山道白によって開版された『瑩山清規』（流布本）の亡者回向の冒頭には「浄極光通達」に始まる偈が記載されていることに基づくものである。『続曹洞宗全書　第二巻　清規・講式』八六頁上段、『曹洞宗全書　宗源下』四四六頁上段。

(61) 『大正新脩大蔵経』一九巻、一三二頁上段、桜井秀雄『修訂　曹洞宗回向文講義』（曹洞宗宗務庁、一九九七年）二八四頁。

(62) 尾崎正善、前掲注（59）論文、六九頁。

(63) 尾崎正善「施餓鬼会に関する一考察1――宗門施餓鬼会の変遷過程」『曹洞宗宗学研究所紀要』第八号（一九九四年）、同「施餓鬼会に関する一考察2――真言宗との比較を通して」『印度学仏教学研究』第四三巻第一号（一九九四年）、「施餓鬼会に関する一考察3――諸仏光明真言灌頂陀羅尼と大宝楼閣善住秘蜜根本陀羅尼について」『曹洞宗研究員研究紀要』第二六号（一九九五年）。

(64) 尾崎正善「施餓鬼会に関する一考察1――宗門施餓鬼会の変遷過程」『曹洞宗宗学研究所紀要』第八号（一九九四年）一二二―一二三頁。

(65) 尾崎正善、前掲注（64）論文、一二二―一二三頁。

(66) 『禅学大辞典』二七一頁、「結縁」の項を参照。

(67) 小坂機融「清規変遷の底流（一）（二）」『宗学研究』第五号・第六号（一九六三・一九六四年）。
(68) 河合泰弘「『洞谷記』の編集動機について（二）——流布本『洞谷記』の編集意図をめぐって」『禅研究所紀要』第三二号（二〇〇四年）。
(69) 河合泰弘「『洞谷記』二種対照（一）（二）（三）」『禅研究所紀要』第三〇～三二号（二〇〇二～二〇〇四年）。
(70) 河合泰弘、前掲注（68）論文、八〇頁。
(71) 永平寺の教団組織については石井清純『道元——仏であるがゆえに坐す』（佼成出版社、二〇一六年）一四五—一六四頁に詳しい。
(72)「徹通義介師喪記」『続曹洞宗全書　第二巻　清規・講式』四頁上段。
(73)「明峰素哲禅師喪記」前掲注（72）書、一二頁上段・一三頁下段・一六頁下段。
(74)「峨山韶碩禅師喪記」前掲注（72）書、一八頁下段。
(75)「月泉良印禅師喪記」前掲注（72）書、三七頁上段。
(76) 大谷哲夫「『洞谷記』その原形についての一試論——大乗寺秘本「洞谷記」を中心にして」『宗学研究』第一六号、二三一頁上段。
(77) 尾崎正善、前掲注（59）論文、五三頁。
(78)『禅学大辞典』一〇七一頁、「布薩」の項を参照。
(79) 横井覚道「日本曹洞宗伝承声明講式について」『宗学研究』第九号（一九六七年）六七頁上段。
(80) 小坂機融「清規変遷の底流（二）」『宗学研究』第六号（一九六四年）一三二頁下段、「永光寺文書」『曹洞宗古文書』上巻、一八二頁。
(81) 永平寺史編纂委員会『永平寺史』上巻（大本山永平寺、一九八二年）四八六—四九一頁。

第三章　中世後期における禅宗の供養儀礼とその多様化

前章でみてきたように、曹洞宗における行法の濫觴となった『瑩山清規』は一四世紀前期に成立している。本章では、『瑩山清規』に依拠しつつ、それぞれの寺院の状況に即して一五世紀以降に編纂された清規を主に扱いながら、中世後期における禅宗の追善供養の展開を検討する。本章で分析の対象とする史料を列挙すれば、信濃大安寺の『回向并式法』、陸奥正法寺の『正法清規』、駿河静居寺の『年中行事清規』、遠江普済寺の『広沢山普済寺日用清規』、臨済宗天倫楓隠の『諸回向清規』となる。本章で特に注目するのは、一五世紀以降の禅宗寺院では追善供養の行法に施餓鬼会や懺法が加えられて多様化する傾向が認められる点である。まずこの施餓鬼や観音懺法に関する先学の研究をまとめる形で概要を示した上で、一四世紀以降の香語や諸清規の分析を進めていきたい。

まず施餓鬼についてみていこう。中世の追善供養を考える上で、とりわけ重要な行法の一つは施餓鬼である。現代日本において施餓鬼会は盂蘭盆に営まれる年中行事として認識されているが、もともと餓鬼に食を施し、その功徳を回向するという性格上、特定の時節に限定される儀礼ではなかった。また三界万霊供養という総体的な物故者に対する仏事として催されたが、先に『看聞御記』の記述で伏見宮栄仁親王の百箇日仏事にあったように（第二章第三節表2―4）、中世以降、特定の物故者の追善仏事としても営まれるようになる。とりわけ横死などの死の有りようが悲惨な「浮かばれない苦しむ」死者に対する仏事として、飢饉難民の餓死者や戦没者の供養といった場面で、数多くの禅僧を動員して大々的に挙行された。

施餓鬼法の典拠となった不空訳『仏説救抜焰口餓鬼陀羅尼経』『施諸餓鬼飲食及水法并手印』『瑜伽集要救阿難陀羅尼焰口軌儀経』などを日本にもたらしたのは、空海・円仁・円珍とされる。(1) これを契機として日本に施餓鬼は展開していくが、真言宗の「施餓鬼の功徳は『仏説救抜焰口餓鬼陀羅尼経』『瑜伽集要救阿難陀羅尼焰口軌儀経』『仏説施餓鬼甘露味大陀羅尼経』にあるように、寿命延長・福寿増長」であり、「行者が餓鬼の妨げを受けないように修するものとされ、夜人が寝静まった頃水辺で修することが基本であったとし、これが中世には禅宗の影響で中国式の施餓鬼に転換し、真言宗でも盆供養に行われるようになった」という。(2)

原田正俊によれば、天台・真言の施餓鬼法に関しては、広沢流の寛助（一〇五七〜一一二五）の『別行』、保寿院永厳から覚成（一一二六〜一一九八）に伝えられ仁和寺の守覚による『沢抄』、台密では承澄（一二五〇〜一二八二）の『阿娑縛抄』第一五一に示されており、いずれも五如来名号を唱える『仏説救抜焰口餓鬼陀羅尼経』系の行法であるという。一方、一二世紀後半から一三世紀前半に成立した『餓鬼草紙』には四如来名号の行法があるため、『施諸餓鬼飲食及水法并手印』系であり、この頃すでに二系統の施餓鬼が存在していた。(3)

施餓鬼法の行法の典拠となっている水陸会は栄西撰『興禅護国論』「第八禅宗支目門」に定められた「一廻行事」という年中行事の規定に「八真言院行事。謂常修水陸供、冥道供也施主為祈福。為功徳。為亡者修之」とあり、施主の祈福と亡者の回向という冥陽両利の行法とされている。(4)

施餓鬼が特定の物故者の追善仏事として導入される背景には、南北朝以降の飢饉の頻発と多くの餓死者の発生が関連していると考えられる。七千項目にも渡る中世の災害情報をまとめた藤木久志によれば、応仁の乱を境に分けられる中世の飢饉・疫病は、源平合戦から応仁の乱までは三年から五年に一回と間欠的・集中的に起こり、応仁の乱以後は二年に一回とかなり慢性的に起きているという[5]。これらはいつも全国的に起きた訳ではなく、日本のある地域で記録的な飢饉・疫病が起きたことを示すものであり、一五世紀は日本に限らず、北半球全体が寒冷化した時期で「飢饉と戦争の世紀」であったという[6]。自然環境と生産力から中世史の時代区分を行った峰岸純夫も、一五世紀後半から一六世紀は寒冷化によって生産条件が悪化し、凶作・飢饉が頻発したと論じている[7]。このような度重なる飢饉によって、田畑を捨てた百姓は京都に流れ込み、流入難民の餓死者が京都にあふれていった。このような京都に流入した飢饉難民の餓死者や合戦の戦没者の菩提を弔うため、将軍家は五山禅僧による施餓鬼会を大々的に挙行する。

西山美香によれば、一四世紀から一六世紀にかけて、盂蘭盆という時節とは関係なく、飢饉や大規模な兵乱があった後に五山禅僧を動員して「千僧供養」が営まれ、その象徴が「大施餓鬼会」であったという[8]。足利将軍は明徳の乱（一三九一年）・応永の乱（一三九九年）・上杉禅秀の乱（一四一六年）・船岡山合戦（一五一一年）・天文法華の乱（一五三六年）や応永の飢饉（一四二〇年・一四二一年）・寛正の飢饉（一四六〇年・一四六一年）、天文の飢饉（一五三九年・一五四〇年）の後に五山僧を動員して、大規模な施餓鬼会を執行している。中でも寛正の飢饉の際にはさまざまな施行や供養が展開されている。寛正二年（一四六一）に勧進聖の願阿弥による勧進の願い出が幕府に許可され、一〇〇貫文の援助を受けて六角堂で「毎日八千人之設也」という大規模な粟粥の施行を二月六日から晦日まで行った[9]。

日々多くの流民が亡くなり、勧進僧集団は埋葬・供養という遺体処理の実務にも携わり、四条・五条の橋下に穴を掘り、一穴に千人、二千人の遺体を埋葬していったという[10]。『碧山日録』の記述によれば、粥の施行が打ち切られた二月晦日には四条橋の上流が死屍で溢れ、水流が滞るほどであり、城中の死者は八万二千人とも言われた。この「飢疫死亡之霊」の薦亡のため、三月・四月には将軍の命により、五山禅僧による施餓鬼会が四条橋・五条橋・渡月橋で営まれる。三月二九日に建仁寺が五条橋で、四月一〇日に相国寺が等持寺・等持院・真如寺・鹿苑寺の僧衆とともに四条橋で、四月一二日には東福寺が四条橋、四月一七日に万寿寺が五条橋、四月二〇日に南禅寺が四条橋、四月二二日に天龍寺が渡月橋で大施餓鬼会を修行している。(11)

施餓鬼会とともに中世禅宗の追善供養を考察する上で重要なのが観音懺法である。足利義持が後円融院の三十三回忌に際して観音懺法を営むも、天皇家の仏事としては定着しなかったことは先述した通りである（第二章第三節）。しかし、禅家に信仰を寄せた伏見宮栄仁親王に見られるように、その仏事には、北条氏・足利氏に見られるような顕密・禅の行法が併収される傾向が見られ、その中には観音懺法が含まれていた。観音懺法は円通大士へ懺悔滅罪を祈る仏事であるが、中世においてすでに追善供養・逆修・祈雨・祈禱といった多様な目的のもとに修されていた。織田信長の葬儀・追善供養を担った臨済林下大徳寺派においても観音懺法が営まれていた（第二章第三節）。

この死者供養の行法としての観音懺法は観世元雅作の「朝長」にも取り入れられている。(12)この演目を通して観音懺法は源朝長の菩提を弔い、救う行法として広く演じられていったのである。山中玲子が紹介している観世新九郎家文庫蔵『新九郎流小鼓習事伝書』には「せんぼうのおこりハぜんけのとむらひニせんぽうをしてとむらひ候事有、それをまなびて能ニつくりたる也」と記されている。正保五年（一六四八）の奥書をもつ本史料は宮増親賢が撰述したものを書写・伝承したもので「慶長以前の古文書」とされており、(13)中世の能楽師に観音懺法が「ぜんけのとむらひ」という認識があったことを示している。(14)中世・近世に「朝長」という能楽を通して「観音懺法によって武士が成仏する」物語が弘まることで、懺法の功徳を喧伝し、禅宗寺院における観音懺法の霊験を保証していったと考えられる。

以上中世仏教における施餓鬼と観音懺法の概要について見てきた。以下では、曹洞禅僧の香語や清規の分析を進めることとする。

第一節　曹洞禅僧の香語から見た追善仏事の形態

曹洞宗において『瑩山清規』以降に編纂された清規は一五世紀後半から一六世紀前半にかけて撰述された清規である。『瑩山清規』制定が一三二四年なので、およそ一四〇年は当時の状況を示す清規がなく、曹洞宗寺院では『瑩山清規』を書写・伝承しながら本清規に依拠した儀礼を営んでいたとされている。このように曹洞宗において一四世紀半ばから一五世紀半ばにかけては清規空白の時代であり、清規から追善供養を知ることはできない。しかし、これを補足する史料として禅語録があげられる。禅語録には、上堂・小参の法語に加えて追善・逆修の仏事で唱えられた香語が含まれており[15]、その中には「頓写」「諷誦」「陞座」「水陸供」「(円通) 妙懺」といった作善・法会の種別を記したものが存在する[16]。

本章では、この清規の間隙を埋めるべく、まず一五世紀の禅語録に載録された香語から追善仏事を考察したい。とりわけ、一五世紀前期までの拈香法語・楞厳呪読誦・法華経の頓写仏事を中心とした形態から、一五世紀半ばを起点として観音懺法や施餓鬼会が追善仏事として導入されていく過程を確認する。一五世紀の語録に収められた香語の記述には、「無遮大会」「水陸供」「(円通) 妙懺」といった施餓鬼会・観音懺法を示す語句が認められることは、一五世紀後半以降に編纂される中世の清規以前にこれらの法会が追善仏事化していたことを示すものであり、史料的制約を考えれば、施餓鬼会・観音懺法が追善仏事化した歴史的上限を示す貴重な記述と言えるだろう。図3―1は『曹洞宗全書』などに語録が翻刻された曹洞禅僧の法系を示したものであり、これらの語録から追善仏事の形態を探っていきたい。

図3―1　峨山派の法系図（抜粋）

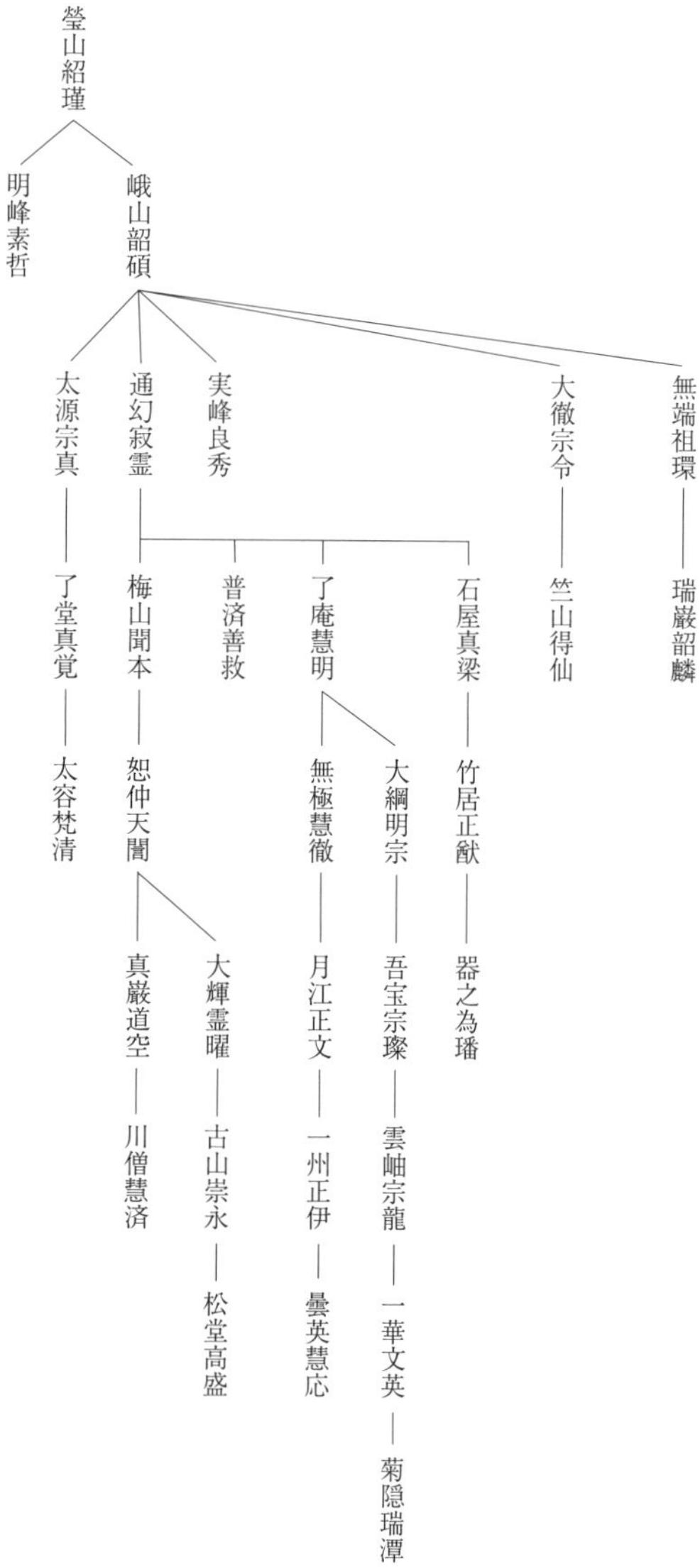

まず『永沢通幻禅師語録』について見ていこう。本語録に記載された通幻寂霊《つうげんじゃくれい》（一三二二～一三九一）の香語を見ると、[17]作善や法要に関する語句はほとんど確認できない。わずかに「竹菴貞禅師三十三年忌拈香」の割注に「付書写大乗妙典」、「智用大徳逆修拈香」に「写二彼法華一。今朝一部頓写」、「従原侍者年忌」の割注に「頓写妙典」という記述が見られるだけで、逆修・追善仏事に法華経などの頓写仏事が営まれていたことが分かるのみである。

通幻と同時代の実峰良秀《じっぽうりょうしゅう》（一三一八～一四〇五）では、『実峰良秀禅師語録』に越前の善信道城居士が設けた僧斎での説示が載録されており、「為二先考道性居士一就二本寺一令三僧書二写五部大乗経一。及設レ斎請レ小参」とある。この記述は先考への追善仏事として設斎とともに五部大乗経の写経仏事が営まれていたことを示している。[18]

表3―1は実峰良秀以降の禅語録の中から、追善仏事について明記されている場合、その香語を抜粋して一覧にしたものである。通幻の法嗣である普済善救《ふさいぜんきゅう》（一三四七～一四〇八）や、大徹宗令《だいてつそうれい》に嗣法した竺山得仙《じくさんとくせん》（一三四四～一四一三）においても写経（法華経・金剛般若経）や塔婆の建立、楞厳呪読誦が追善仏事の主な形態となっている。

無端祖環《むたんそかん》の法嗣、瑞巌韶麟《ずいがんしょうりん》（一三四三～一四三四頃）の語録には、在俗者の年忌仏事として営まれた陞座の法語が含まれている。[19]陞座とは法堂須弥壇に師家が登り、説法をすることである。伊藤良久によれば、上堂・陞座による追善仏事の例は臨済禅僧では、夢窓疎石（一二七五～一三五一）や義堂周信（一三二五～一三八八）にも多く見られ、曹洞宗よりも顕著であるという。[20]瑞巌韶麟の仏事には、この陞座のほかに「拈経」も挙げられており、おそらく法華経などの教義的解釈を論ずる法会も追善仏事として営んでいたと思われる。その説示には、「一日頓写妙法華経」「七軸妙法華経」との記載が見られ、拈経に際しても法華経の写経が併修されていた。仏事の施主と供養対象に目を向ければ、肥州大守舜国韶公が先考の宗円寺殿通仙慧公の十三回忌を弔う陞座や、[21]「施主大檀那」と称される備州大守基久が先考を追善供養する仏事が含まれ、[22]守護職にある武士の追善供養を曹洞宗が担っていたことを示している。

曹洞禅僧が有力武士の追善菩提を担う傾向は、曇英慧応《どんえいえおう》（一四二四～一五〇四）、菊隠瑞潭《きくいんずいたん》（一四四七～一五二四）にも確認できる。曇英慧応では林泉寺殿実渓正真禅定門（長尾重景・越後守護代）、菊隠瑞潭では永昌院殿前刑部太輔傑山勝公大禅定門（武田信昌）といった寺殿・院殿号の戒名をもつ武士たちが供養対象となっており、施主はその嫡男で守護職にある人物である。

とりわけ興味深いのは、「無遮大会」「水陸供」という施餓鬼会を示す語句が器之為璠《きしいばん》（一四〇四～一四六八）の香語に

表3―1　禅語録載録の香語から見た追善仏事の形態

＊香語の中で追善仏事の形態に関する記述が見られるもののみ記した。割注は〈〉で示す。

	香語の見出し	追善仏事の種別	原文（一部抜粋）	典拠
普済善救（1347～1408）	前住東慶慶忍大師三回忌拈香	・千人の雲水への供養 ・設斎（斎筵） ・七軸妙典（法華経カ）の頓写 ・拈香	……茲者大功徳主。当二初秋夏末一。伏値二某大祥忌之辰一。供二養一千雲水一。勧二請十方聖賢一。頓二写七軸妙典一。荘二厳一会斎筵一。特令下山僧拈香賛二揚仏事一。資中其冥福万千上。……	『曹全　語録一』一四八頁
	源海大姉四十九日拈香	・法筵 ・法華経（法華真典）の漸写 ・金剛般若経の頓写	……今日値二過去某卒哭之辰一。恭焚二這箇香一。以荘二厳法筵一。資二助淑魂一。又令二僧侶一。修二諸善因一。漸二写法華真典一。独二歩於大乗之宗門一。頓二写金剛般若一。長二養不壊之霊根一。……	『曹全　語録一』一四九頁
竺山得仙（1344～1413）	寿山椿公大禅定尼七回忌	・設斎 ・法華経（大乗芬陀利）漸写 ・楞厳呪読誦	……今月今日。伏値二寿山椿公大禅定尼七回忌一。就二于桂林禅寺一。厳二飾道場一。資二助冥福一。謹施二浄財一。抽二供仏斎僧之志一。仍命二現前清衆一。漸写二大乗芬陀利一。諷二誦秘密首楞厳一。……	『続曹全　語録』三一頁
	光岩道照禅門〈三十五日　死二于戦一〉	・法華経（大乗妙経）頓写 ・楞厳呪（秘密神呪）読誦 ・卒塔婆の建立	……迎二慈父光岩照公定門五七日之忌辰一。一一作二仏事一。般般抽二丹悃一。仍命二現前浄侶一。頓写二大乗妙経一。諷二誦秘密神呪一。兼彫二刻卒都婆一。……	『続曹全　語録』三七頁
	法成禅尼〈三十三回忌〉	・法華経（大乗妙経）頓写 ・楞厳呪（秘密神呪）読誦	……迎二悲母法成禅尼三十三回之忌辰一。就二于当寺一。抛二浄財一抽二丹悃一。約二清衆一頓写二大乗妙典一。諷二誦秘密神呪一。……	『続曹全　語録』四三頁
	通仙慧公十三回忌陞	・陞座	……肥州太守舜国韶公者。以レ名即レ名。……剰命二山僧一。	『曹全　語録

瑞巌韶麟（1343～1434頃）			
座		陞座俾ㇾ説二諸聖真乗一。弔二営先考前肥州宗円寺殿十三回忌辰一。荘二厳覚路一。……	二』一八四頁
通仙慧公二十五年陞座	・楞厳呪の読誦 ・陞座	……陞座之次。夫惟前肥州宗円寺殿通仙慧公廿五年遠忌。当庵住持比丘尼明忻庵主。弁二備香華灯明種種微供一。斎ㇾ仏施ㇾ僧。謹集二現前一会清衆一。諷二演大仏頂万行首楞厳神呪一。……	『曹全　語録二』一八七頁
理照大師卅三回忌陞座	・楞厳呪の読誦 ・陞座	……陞座之次。夫惟当庵住持笑翁忻庵主。偶値二先妣理照大師卅三年之遠忌一。……哀二現前清浄大海衆一。諷二誦大仏頂万行首楞厳神呪一。勧二請山僧一。勤行陞座。……	『曹全　語録二』一八五頁
長江久公沙弥断七拈経	・楞厳呪の読誦 ・拈経	……今日施主大檀那。惟宗朝臣備州太守基久。謹営二辦香華灯明茶菓珍羞種種微供一。以弔二訪先考前雲州〈某人〉断七忌之辰一。仍集二現前大衆一。諷二誦大仏頂万行首楞厳神呪一之次。借二手山僧一。拈二出此経一。伏願絶二三界輪回之業根一。到二無上菩提之妙場一者。……	『曹全　語録二』一九一頁
信光大師十七年忌拈経	・法華経の漸写 ・法華経の拈経	……恭拈二出斯漸写妙法華経三部一。分二付両手一。而用。奉ㇾ供二養三世達道大覚尊。荘厳劫微塵数仏。賢劫応現聖衆薩埵摩訶薩埵。殊者抜苦与楽持地尊。並閻魔宮中諸天子等一。弔二慰〈某人〉某忌。惟願。頓長二菩提苗種一。光明可ㇾ照二世間一者。……	『曹全　語録二』一九四頁
（一四四六年）龍文寺殿大造鈞公居士小祥忌香語	・**無遮大会（施餓鬼会カ）** ・楞厳呪（無上神呪）読誦	……大日本国山陽路防州城富田保居住奉三宝弟子多多良〈某甲。〉文安三年習坎廿有一日。伏値二先君龍文寺殿大造鈞公居士小祥忌之辰一。就二于本寺一。設二伊蒲盛膳一。建二無遮	『曹全　語録二』二二九頁

器之為璠（1404～1468）			
		大会斎一。仍請二清浄海衆一。諷二演無上神呪一之次。……	
（一四六〇年） 椿齢寿公　小祥忌香盒	・設斎 ・法華経（大乗蓮経）一部頓写 ・**施餓鬼会（水陸供）** ・楞厳呪（仏頂白傘蓋無上神呪）の読誦	……大日本国山陽路防州城富田保居住奉三宝弟子藤氏房種。長禄四年習坎十又六日。伏値二先考椿齢小祥忌之辰一。就二于本寺一。営二備伊蒲盛膳一。供仏斎僧。頓二写大乗蓮経一部一。謹二修水陸供一会一。仍命二合山六和清衆一。諷二誦大仏頂白傘蓋無上神呪一之次。借二手山野一。爇二者小兜楼婆一。……	『曹全　語録一』一二七頁
（一四六〇年四月二一日） 前伯州太守主峯宗公居士二十五回忌香語	・大斎会	……大日本国山陽路防州城吉敷郡居住奉三宝弟子伯州太守平氏重国。長禄四年首夏二十又一日。伏値二先考名廿五回忌之辰一。就二于定林禅寺一。設二大斎会一。修二種種白業一。作二諸般仏事一。……	『曹全　語録一』一三二頁
（一四六〇年九月二九日） 鋼峯宗公居士断七日忌香語	・設斎 ・如常（楞厳呪読誦の意カ）	……大日本国山陽路芸州城佐伯郡能美島居住奉三宝弟子藤氏定重。長禄四年閏菊月廿又九日。当二亡子鋼峯宗公居士断七日忌一。就二宝持禅寺一。辦二営伊蒲盛膳一。供仏斎僧。〈如レ常。〉……	『曹全　語録一』一三一頁
（一四六二年一二月二八日） 天瑞祐大姉大祥忌香語	（本宅にて） ・設斎 ・楞厳呪（白傘蓋無上神呪）の読誦	……大日本国山陽路防州城吉敷郡居住奉三宝弟子平氏重国。寛正三年臘月二十八日。伏値二先妣天瑞祐大姉大祥忌之辰一。預於二菊月二十九一。就二于本宅一。営二備伊蒲盛膳一。供仏斎僧。仍請二現前六和清衆一。諷二演白傘蓋無上神呪一之次。借二手山野一。爇二者木頭一。……	『曹全　語録一』一三三頁
（一四六五年） 椿齢寿公　七回忌香	・設斎 ・法華経（大乗蓮経）一部疾書 ・**施餓鬼会（水陸供）**	……大日本国山陽路防州城富田保居住奉三宝弟子藤氏房種。寛正六稔習坎十又六日。伏値二先考椿齢寿公七周忌之辰一。就二于本寺一。営二備伊蒲盛膳一。供仏斎僧。疾二書大乗	『曹全　語録一』一二八頁

語	・楞厳呪（仏頂白傘蓋無上神呪）読誦	蓮経一部一。謹二脩水陸供妙一会一。特請二合山浄侶一。諷二演白傘蓋無上神呪一次。借二手山野一。爇二這小兜楼婆一。……	
曇英慧応（1424〜1504）			
（一四九八年二月二五日）林泉寺殿実渓正真禅定門十七回忌之香語 ＊供養対象は長尾重景で、施主は長尾能渓	・設斎 ・楞厳呪の読誦 ・法華経八軸之蓮経の読誦（前七日） ・**観音懺法（妙懺）** ・諸呪陀羅尼の読誦 ・種々の勤行	……贍部洲日東扶桑国越之後州府君幕下執事平朝臣信州太守長尾能景公。明応七年戊午二月二十五日。伏値二先考実渓真公禅定門一十七年忌之辰一。……今月今日就二于本寺一。虔備二香華灯燭茶菓珍膳等之香味一。号二神儀於林泉寺殿一。供仏斎僧。前七日際。或読二誦八軸之蓮経一。或修二礼一座之妙懺一。読二誦諸呪陀羅尼一。種種勤行不レ遑二縷陳一也。即今当二散筵一。謹命二現前一会之禅侶一。諷二誦大仏頂万行首楞厳神呪一之次。……	『曹全　語録一』三七一頁
安養院殿瑞室賀公禅定門七周忌焼香之拙語	・設斎 ・前七日間に種々の勤行 ・楞厳呪の読誦	……贍部洲大日本国上州路最大山双林禅寺住持比丘恵応。今月今日。伏値二安養院殿瑞室賀公禅定門七周忌之辰一。越之常在老禅翁永順公。以二師檀之好一。就二于山門一。供仏斎僧。虔備二香華灯燭茶菓珍羞百味飲食一。前七日間。種種勤行。令二回向文縷陳一。不レ堪レ挙。今当二散筵一。命二現前六和清衆一。諷二演大仏頂万行首楞厳神呪一之次。……	『曹全　語録一』三六八頁
長徳院殿英林了雲大師十三回忌之香語〈七月十六日〉 ＊施主は長尾忠景	・設斎 ・命日月の朔日より日々の勤行 ・法華経（大乗妙典）の頓漸印写看読 ・金剛六喩経・**観音懺法（円通妙懺）**の印写	……贍部洲大日本国上州路最大山双林禅寺住持比丘恵応。山門今月今日。伏値二長徳院殿英林雲大師一十三回忌辰一。関東副元帥幕下前執事平朝臣尾張守長尾忠景公。以二慈恩難レ報。就二于山門一。供仏斎僧之儀。既洎二乎九旬一。殊自二月朔一。日日之勤行。大乗妙典頓漸印写看読若干部。印写数多。金剛六喩経。円通妙懺数巻。所二誦念一陀羅尼章句	『曹全　語録一』三六八頁

	・陀羅尼章句の誦念 ・楞厳呪の読誦	等之勝事。……而発ニ自恣快活之機一。謹命ニ他衆一。諷ニ誦大仏頂万行首楞厳神呪一之次。……	
無隠芳桂首座初元忌之香語 ＊施主は沼田景泰姉	・設斎 ・楞厳呪の読誦（中陰勤行） ・法華経（大乗芬陀利典）の頓写・漸写・看読 ・**観音懺法（妙懺）** ・大蔵之秘呪の誦念 ・塔婆の彫造	……瞻部洲大日本国関東道上州路沼田之荘牧主景泰公賢姉。当庵開基無隠桂公首座……就ニ于本庵一。厳備ニ香華灯燭茶菓珍膳茘丹蕉黄等之香味一。供仏斎僧。以精ニ修七七中陰之勤行一。大乗芬陀利典頓写漸写看読。更誦ニ念大蔵之秘呪一。修礼妙懺。雕ニ造塔婆一。種種之追厳。不レ遑ニ縷陳一。今月今日。伏値ニ初元忌之辰一。拝ニ屈現前一会清浄海衆一。諷ニ誦大仏頂光聚心仏所説一切事究竟無上神呪一之次。……	『曹全　語録二』三七〇頁
菊隠瑞潭（1447～1524）			
（一五〇七年一二月五日カ） 巨山海公禅定門三回忌	・**施餓鬼会（無遮勝会）** ・楞厳呪の読誦	……須弥南畔扶桑国甲州八代県増利郷居住菩薩戒弟子孝男藤氏朝臣縄基。永正第七来極月初五日。迺先考前匠作巨山海公禅定門第三回忌之辰。預今日就ニ于当院一。致ニ無遮勝会一。作ニ諸勝事一。具付ニ在維那陳白文一。乃令レ諷ニ演楞厳秘蜜神呪一之次。……	『曹全　語録二』五五九頁
（一五〇八年九月一六日） 永昌院殿前刑部太輔傑山勝公大禅定門 ＊供養対象は武田信昌	・**施餓鬼会（開甘露門水陸供）** ・**観音懺法（円通懺摩）** ・法華経（大乗妙典）の頓写仏事 ・塔婆（高顕）一基の造立 ・楞厳呪（大仏頂万行悉怛多般陀羅無上神呪）の読誦	……大日本国本州太守源朝臣賢孫信〈直虎〉公。謹於ニ永正八年今月十有六日一。伏値ニ祖父当山開基前刑部大輔傑山勝公大禅定門七周忌之辰一。拝ニ請四来尊衆一。前日開ニ甘露門水陸供一会一。修ニ礼円通懺摩一座一。頓ニ写大乗妙典一部一。造ニ立高顕一基一。令レ諷ニ演大仏頂万行悉怛多般陀羅無上神呪一之次。……	『曹全　語録二』五五八頁
（一五一八年一〇月	・**観音懺法（円通懺摩）**	……大日本国赤甲城府君北堂夫人等。維時永正戊寅小春	

一七日）	桂岩妙昌大姉	・塔婆（高顕）一基の建立 ・妙典一部の漸写 ・楞厳呪の読誦	十有七日。伏値㆓先妣桂岩妙昌大姉一十三回忌之辰㆒。所以捐㆓浄賄㆒。命㆓四来英衲㆒。修㆓礼円通懺摩㆒。彫㆓刻高顕一基㆒。兼日漸㆓写妙典一部㆒。……即今諷㆓演首楞厳秘蜜神呪㆒之次。……	『曹全　語録二』五六〇頁

見られ、曇英慧応の香語に「円通妙懺」という観音懺法を示す語句が、菊隠瑞潭の香語にはこの両方が確認できるという点である。これら香語から見た場合、曹洞宗において追善供養に施餓鬼会が用いられた歴史的上限は文安三年（一四四六）であり、観音懺法は明応七年（一四九八）と考えられる。

つまり、これらの香語が示すのは、守護職にあるような有力武士名たちの追善仏事を曹洞禅僧が担い、彼らの仏事に一五世紀半ば頃から施餓鬼会が営まれ、一五世紀末期になると観音懺法もまた追善仏事化し、一六世紀にはこの両法会を併修する例が見られるようになるのである。このような追善仏事の変化は、おそらく応仁の乱前後に頻発する飢饉や戦乱によって餓死や戦死といった横死者が急増し、三界万霊に対する供養の必要性が認識される一方、武士の「罪業」観の強まりなどを背景にした仏事による滅罪への要請が増大したことに起因すると考えられる。そして、一五世紀半ばまでの仏事の形態が拈香法語や法華経の写経、楞厳呪読誦を基調としており、法華経を主とした写経仏事は平安期から営まれている顕密仏教の追善仏事と同様のものである。一五世紀半ば以降の曹洞宗において、施餓鬼会や観音懺法という顕密とは異なる仏事を展開していったことは、追善供養における禅宗の独自性を主張するものであったのではないだろうか。以下では、施餓鬼会・観音懺法といった儀礼が追善仏事として曹洞宗の行法に包摂される様相を一五世紀後半から一六世紀にかけて制定される清規から見てみることにしたい。

第二節　信濃大安寺蔵『回向并式法』の弔施餓鬼

『瑩山清規』が制定された一三二四年から一五世紀半ばまでの清規が現存していないことは、禅語録に関する考察で先述した通りである。このような清規空白時代を経て一五世紀に編纂された『回向并式法』は、中世曹洞宗における追善供養の行法を伝える貴重な史料である。本清規は長野県長野市大安寺所蔵のもので、翻刻を行った尾崎正善は本清規を一四六二年頃に成立し、『瑩山清規』の年中行事の形式を踏襲し、葬送・追善儀礼の行法を付記したものと位置づけている(23)。

尾崎の指摘にあるように、『回向并式法』には「忌日卒塔婆之銘」や中陰勤行之次第といった追善供養に関わる行法が巻末に付されている。しかし、本清規で筆者が注目したいのは、年中行事の盂蘭盆施餓鬼回向の部分であり、施餓鬼回向を檀越の追善仏事に使用する場合の行法が記されている点である。これは本清規が成立した一四六二年頃に曹洞宗の追善仏事として施餓鬼会が営まれていたことを示すものであり、清規上の初出と考えられる。以下では、この年中行事の盂蘭盆施餓鬼と中陰仏事の行法に関する記述を取り上げ、一五世紀後半における曹洞宗の追善供養の一端を垣間見てみたい。

『回向并式法』には『瑩山清規』を踏襲した年中行事に関する記述が見られ、紙幅の大半を占めている。七月一四日の盂蘭盆施餓鬼の部分では、大幡四流・小幡二五流、盆器、洗米水香華といった準備物や、「若人欲了知」に始まる施餓鬼法、疏の文面等が記されている。盂蘭盆施餓鬼に関する記述の最後に二種の「盂蘭盆施餓鬼供之回向」が以下のように記されている（傍線は筆者による）。

盂蘭盆施餓鬼供之回向
○仏身充満於法界○普現一切群生前、随縁赴感靡不周○而常此レ処ス菩提座ヲ。○仰冀三宝、俯垂昭鑑、
山門今月今日、伏値如来解制盂蘭盆、教主目連尊者、教母之日、各々看誦、今当満散同音諷誦、大施餓鬼、大仏
頂万行首楞厳神呪、所鳩善利、仰讃十方常住、三宝果海聖賢、祝献護法烈位諸天、仙クハ衆シテ地界水界大小明霊。
総日本国内大小福徳一切明霊、所冀、○《名入》、先孝〔ママ〕七世父母、六親眷属等、伏願、大千界内ィ、存者福楽、亡者離苦、
三品九類、六道四生、阿沙餓鬼、一切幽霊、同受法味、令得飽満、法界群生、同円種智者。
此回向ワ弔施餓鬼ニモ用ベシ。其時山門今月ノ以下ニ年忌ヲ入ベシ。亦盆ニ弔施餓鬼有レ之。其時モ、集所功徳奉
為ト云以下ニ何人モ名入ベシ。

（尾崎正善「翻刻・大安寺蔵『回向并式法』」『曹洞宗宗学研究所紀要』第九号、一〇〇頁下段・一〇一頁上段）

「此回向ワ弔施餓鬼ニモ用ベシ」とあるので、「盂蘭盆施餓鬼供之回向」が盂蘭盆の施餓鬼だけでなく、「弔施餓鬼」という儀礼にも用いられたことが分かる（原本では「弔」を「吊」の字で表記）。そして、この「弔施餓鬼」とは、「其時山門今月ノ以下ニ年忌ヲ入ベシ」との記述から、年忌仏事の施餓鬼であったことが看取される。つまり『回向并式法』が編纂された一四六二年頃に、曹洞宗寺院において施餓鬼が追善仏事として営まれるようになっていたのである。「亦盆ニ弔施餓鬼有レ之。其時モ、集所功徳奉為ト云以下ニ何人モ名入ベシ」とあるので、この弔施餓鬼は盂蘭盆に際して営まれ、複数の供養対象の名を連ねて唱える手法が取られていたと考えられる。施餓鬼の行法に関しては、

○行導ノ内ニ大衆水ヲタムケベシ。故ニ疏ニ清浄大海衆等ト入ル、也。次ヲ以テ可レ出、行道ヲミダスベカラズ。次
ニ観音経行導也。是ハ結縁諷経共云イ、亦目蓮行導トモ云。只ダ目蓮諷経矣。此日、諸行事無シ。

（尾崎正善「翻刻・大安寺蔵『回向并式法』」『曹洞宗宗学研究所紀要』第九号、一〇一頁上・下段）

との記述も見られ、「若人欲了知」に始まる施餓鬼法の後の楞厳呪行道では水向けが行われ、次いで観音経行道という式次第となっている。この行道は「結縁諷経」「目蓮行導」「目蓮諷経」とも呼ばれていることから、観音経を唱えて遶行する大衆は母を救うために餓鬼界へと趣く目蓮の姿と重なり合いながら、目蓮が母を救ったように、施餓鬼法によって「三品九類、六道四生、阿沙餓鬼、一切幽霊」を救う存在となっている。観音経行道を施餓鬼の儀軌に登場する阿難ではなく、目蓮に結びつけて「目蓮行導」「目蓮諷経」と呼称することは、施餓鬼法が目蓮救母の物語によって意味づけられていたことを示唆している。

『回向并式法』には次のような「中陰早辰回向」「同勤行之次第」が記載されている。

中陰早辰回向。

仰冀三宝、咸賜証知。

上来諷誦経呪、功徳回向、常住三宝果海聖賢。専祈、中陰五旬勤行無哭、山家門鎮静、中外安穏、子孫繁昌、根量者少人寧酬慈恩、上報四恩、下資三有、法界有情、同円種智者。

同勤行之次第

早朝、普門品・大悲呪・消災呪。献粥、楞厳呪、粥了、金剛経。半斉、楞厳呪。日中、大乗妙典大悲呪。放参、同施餓鬼、宿忌。初夜、陀羅尼、坐禅。後夜、坐禅、陀羅尼。

（尾崎正善「翻刻・大安寺蔵『回向并式法』」『曹洞宗宗学研究所紀要』第九号、一一五頁下段）

この差定は中陰仏事として献粥諷経では楞厳呪、粥了諷経では金剛経、宿忌の施餓鬼会、半斎には楞厳呪を読誦し、放参後の施餓鬼を営む形式となっている。「施餓鬼、宿忌」とあるので、七日ごとの中陰仏事の宿忌に営まれる施餓鬼会は先述した施餓鬼回向を唱える「弔施餓鬼」であったと考えられる。

以上のように大安寺蔵『回向并式法』には、檀越の追善仏事としての「弔施餓鬼」の行法が示され、施餓鬼会が中陰仏事や年忌仏事として営まれていたことを看取できるのである。

第三節　陸奥正法寺『正法清規』に見る回向文の増加と懺法亡者之回向

では続いて、『瑩山清規』を継承する形で編纂された『正法清規』から、陸奥国の古刹、正法寺の追善仏事に目を向けてみたい。『正法清規』は正法寺正住七世の寿雲良椿《じゅうんりょうちん》が永正六年（一五〇九）頃に撰述した清規である。本清規は『瑩山清規』に準拠することを明示しつつも、祠堂入牌の回向文や「懺法亡者之回向・小白」という亡者追薦の観音懺法の回向文を載録しており、『瑩山清規』に比べて追善仏事の行法の増加が認められる。とりわけ『瑩山清規』には見られなかった追善仏事としての観音懺法の回向文は、曹洞宗における追善仏事の多様化を示す記載と言える。それでは『正法清規』の記載に触れる前にまずは正法寺の概略を見た上で、順次論を進めていきたい。

現在、岩手県奥州市水沢区石黒に位置する正法寺は、地頭の石黒越後守正瑞《まさただ》、長部《おさべ》近江守清長が寺領山林を寄進し、貞和四年（一三四八）四月に創建された。開山は總持寺二世の峨山韶碩《がさんじょうせき》の第一資、無底良韶《むていりょうしょう》（一三一三〜一三六一）である。無底良韶は永光寺開基である能登賀島郡酒井保の領主、酒井家の出身であり、「二哲」と称された明峰素《めいほうそ》哲《てつ》・峨山韶碩のもとで参学した。自筆の『無底良韶禅師自叙歴』によれば、貞和二年（一三四六）に土地堂を焼香した際、上下の寮の木版が響き、忽然として大悟したという(24)。正法寺の開基とされる石黒越後守正瑞は、源頼朝の台頭によって進出した千葉平氏の出身であり、胆沢郡黒石の領主で黒石町鶴城に居住していたとされ、一方、長部近江守清長も平泉の長島長部館主であり、黒石氏、長部氏といった地方領主の武士たちに外護され、正法寺は開創される(25)。

無底良韶は法嗣を残さずに康安元年（一三六一）に遷化したため、正法寺は峨山韶碩の法嗣である月泉良印《げっせんりょういん》（一三一九～一四〇〇）が継承し、その補佐役を、同じく峨山韶碩の法嗣である道叟道愛《どうそうどうあい》（?～一三七九）がつとめ、月泉良印示寂の後に正法寺は輪住制となる。

無底良韶をはじめとする峨山韶碩の門弟は、「峨山二十五哲」と呼ばれ、曹洞宗教団が能登・加賀・越前から地方へ進出する原動力となり、峨山韶碩の第一資である無底良韶が開創した正法寺は曹洞宗の地方展開の先駆的な寺院であった。

観応元年（一三五〇）には、南北朝時代の北朝第三代の崇光天皇から、嘉吉元年（一四四一）には後花園天皇から綸旨を受け、「曹洞第三の本寺」として出羽・陸奥二州の瑞世・転衣を行うことが許された「出世道場」となった(26)。曹洞宗の歴史上、出世道場とされたのは、永平寺、總持寺という本山以外にはこの正法寺しかなく、『正法年譜住山記』によると、天文元年（一五三二）の夏安居では僧衆二百を数え(27)、正法寺は峨山一派の独立本山として栄えていった。しかし、元和元年（一六一五）に江戸幕府によって「諸宗諸本山法度」が制定され、曹洞宗の「本山」は永平寺・總持寺のみとなり、正法寺は總持寺の末寺に組み入れられ、出世道場としての格式は消失することとなる(28)。

正法寺では先述したように月泉良印示寂の後に輪住制となっていたが、一六世紀に入り独住制へと切り替えられた。その転換点となったのが、永正元年（一五〇四）に続灯庵五世となり、同四年（一五〇七）に正法寺正住七世となった寿雲良椿であった。寿雲は一三四五年からの年譜をそなえた『正法年譜住山記』を永正一〇年（一五一三）に著し(29)、永正一二年（一五一五）には『正法眼蔵雑文』を記すなど(30)、正法寺の思想的基盤の整備を進めた人物であった。そして、この寿雲良椿によって撰述された修行道場の規則が『正法清規』である(31)。その序文には、

先師瑩山大和尚、洞谷御住世の時、本行事次序定め置かれる。然らば当山開闢以来今日に到るまで、写を以て本

と為すものなり。僅辱けなくも、上代の記録を改めるべからずといえども、先哲多智多解にして、何れの国に在りとも必ずその地に依り、或いはその疏中にその国内総社別社を請し奉る。また郡郷等地に随ってこれを記される。今已に濁悪の世なり。殊に当山の如きは、その目録弁ぜざるに、たまたま疏牓等を作るといえども、本行事のまま写書して、以て諷誦す。則ち当国において、北陸道の諸神の名を書し、以て奥州の鎮守と為し、これを諷誦するなり。爰れを以て、大概本行事を改易し、以て一返、当国当山の分を定むるものなり。

（『続曹洞宗全書　第二巻　清規・講式』四五頁上・下段、原漢文）

とあり、「多智多解」の先哲の残した「上代の記録」である『瑩山清規』を改めるべきではないという原則を示しつつも、疏や牓などに記載される神々の名や地名などを書写し、唱える際に不便であるため、『瑩山清規』（本行事）に大概依拠しつつも、これを改易して『正法清規』を定めたとしている。『正法清規』は自序に「永正六年」とあるように、寿雲が正住七世にあった一五〇九年頃に制定され、『瑩山清規』を正法寺常用の規矩に改換したものであると言われている(32)。

本清規は乾坤二巻に分かれており、乾巻には日中行事・月中行事・年中行事の行法が示され、坤巻は多様な回向・偈文を収めた回向集となっている。『瑩山清規』と『正法清規』を比較して論じた山端昭道は、乾巻の年中行事・日中行事・月中行事の行法に関しては「全く『瑩山清規』に依拠していると言ってよく、極めて忠実にそれを伝写し来っている」としている(33)。表3―2は『正法清規』に記載された回向文を種類別に一覧にしたものである。

『瑩山清規』（禅林寺本）と比べれば、檀越との接点を彷彿させる儀礼が大幅に追加されたと言えるだろう。また葬儀に関しては亡僧、尊宿の葬儀に用いられる念誦や回向文が記載されており、亡僧の山頭念誦は在家葬儀に用いられたことを推察させる文言が確認できる。『瑩山清規』が「亡僧時可行事」として亡僧葬儀法のみを記載するのと比べれば、

表３―２　『正法清規』（乾巻・坤巻）記載の回向文・疏一覧

＊『続曹洞宗全書　第二巻　清規・講式』45-98頁から作成。
（ ）内は法要の対象に関する読込がある場合、それを摘記したものである。

●月分行事、年分行事、晋山
・祝聖諷経
・土地堂諷経
・韋駄天諷経
・祖師堂諷経
・火星神諷経
・三念誦
・八念誦
・応供諷経回向
・通回向
・布薩作法
・請知事
・開堂
・常住僧衆行儀之偈文
・修正会満散疏
・涅槃会疏
・降誕会疏
・衆寮諷経回向
・土地堂念誦・回向
・楞厳会回向・満散疏
・施餓鬼会疏
・永平忌疏
・大乗和尚（徹通禅師）忌疏
・達磨忌疏
・成道会疏
・歳末看経牓・疏
・龍天回向疏

●亡僧葬儀
・亡僧念誦（某覚霊）
・挙龕念誦
・山頭念誦（新円寂某）
（出家百年弘道之身・在家一生行道之身）
・唱衣念誦（新円寂某）
・亡僧二七日念誦（新円寂某）

●尊宿葬儀
・尊宿之入龕念誦（新般涅槃某甲）
・起龕念誦
・龕前念誦・回向
・挙龕念誦
・檀上（新般涅槃某甲）

●祈禱
・檀那誕生
・為祈禱千巻読経
・大般若経結願疏（某甲禅侶）
・因病祈禱回向（某人・某官）
・因病祈禱普門品回向（旦那某）
・懺法祈禱回向、小陳白

●入牌、祠堂
・尊宿入牌之回向（某甲道号和尚）
・尊宿往世入牌之回向（某甲道号和尚）
・在家入牌之回向（某甲・道号）、小白（名）
・亡者之入牌之回向（某甲・道号）
・祠堂

●歎霊
・尊霊歎霊偈
・尊霊伏願句
・小院之坊主并首座伏願句
・亡僧嘆霊句
・亡僧伏願
・俗人官者嘆霊句

●逆修、供養
・逆修回向（某名）
・亡者回向（某甲）
・懺法亡者之回向（亡者名）、小白（亡名）
・懺法尊宿之回向（某和尚・某禅師）、小陳白（某名和尚）

●普請・火伏
・遷宮諷経回向（神名）
・橋供養回向（孝男・孝女）
・仏殿立柱
・僧堂立柱
・山門立柱
・開新僧堂
・大黒天神回向
・定光尊者止火偈（院・寺・庵・家）

尊宿葬儀が追記された形となる。

一方、追善供養に関しては、『瑩山清規』（禅林寺本）では亡者回向・崇重人回向などの四種の回向文が記載されていたのに対し、『正法清規』には『瑩山清規』に依拠した「亡者回向」のほか、「亡者之入牌之回向」「懺法亡者之回向」「祠堂」「俗人官者嘆霊句」があり、物故者の薦亡に関連する回向文が多様化している。それとは別に「因病祈禱回向」「懺法祈禱回向」「逆修回向」「檀那誕生」「在家入牌之回向」といった入牌、病気平癒、祈禱、逆修などの存命中の檀越に対するさまざまな回向文が掲載されている。加えて、橋供養や僧堂、仏殿、山門建立の法会に用いた普請に関わる回向文、「定光尊者止火偈」という寺院や庵、家を対象とした防火鎮護の偈文も見られる(34)。

『瑩山清規』（禅林寺本）において回向文は各項目で部分的に記載されるのみであったが、『正法清規』では回向文のほとんどが坤巻一巻にまとめられ、その数は回向文二四種、念誦一一種、疏一種、偈文五種となっており、曹洞宗における回向集の初出はこの『正法清規』の坤巻と言っても過言ではないほどである。そのため、桜井秀雄は本清規を「『瑩山清規』以上に、各種の供養・入牌および檀越のための誕生祈願から懺法祈禱・逆修等の多様な法事に及んでいる」と評価し(35)、一方、小坂機融は「諷経・回向文の面においての発展」とし、「ここに示される法儀は、民衆への浸透を容易ならしめる内容を豊かにし、地域社会の信仰形態に適応するものであった」と位置づけている(36)。桜井の論稿では、正法寺の開創とその門流の伝播や教化活動に関して、小坂の論稿では『瑩山清規』『龍泰寺行事次序』『正法清規』の構成比較と諸清規間での位置づけに焦点が当てられ、『正法清規』記載の回向・念誦・偈文が増加し、多様化したという点に触れるのみである。そこで本節では『正法清規』に記載された回向文や偈文等を個々に取り上げながら、中世の正法寺における追善供養について考察したい。

『正法清規』に記載された檀信徒に関わる回向文や偈文は、大きく三種に分かれる。一つは檀那との結縁、福寿を祈念する生者を対象としたもの、一つは入牌・祠堂の法要に用いられるもの、もう一つは死者の薦亡を願う葬儀、追善仏事に用いられたものである。以下ではこの順に見ていきたい。

ではまず一点目の檀那との結縁やその福寿を祈念する法会に用いられた、生者を対象とする回向文から取り上げてみよう。以下のものは「檀那誕生」と題する回向文である。

檀那誕生

上来諷二誦般若心経・大悲円満無礙神呪・消災妙吉祥神呪一。所レ集回二向本寺檀那。同六親九族各各。本命元辰当年属星一増二加威光一。所レ祈。福寿無量。所縁吉利者。十方三世一切仏。諸尊諸菩薩摩訶薩。摩訶般若波羅蜜。

（『続曹洞宗全書　第二巻　清規・講式』九三頁上段）

この「檀那誕生」という法会は、回向文にあるように、般若心経、大悲呪、消災呪の三つを読経し、正法寺の檀那とその六親九族に回向し、福寿無量、所縁吉利を願うものである。「誕生」はおそらく檀越の誕生日の意であり、『諸回向清規』の「将軍家誕生諷経」と通ずる誕生日という吉慶の辰を祝う儀礼であったと考えられる。

一方「檀那諷経」は檀那となっている人々の福寿無量を祈る法会である。この諷経は『瑩山清規』に依拠したもので、毎月三日、一七日の粥時に営まれた歎仏を指し、その行法は粥時に維那が白槌して「稽首薄伽梵。円満修多羅。大聖菩薩僧。功徳難思議。又云。今晨浄粥一堂。奉為本寺檀那十方施主。福寿荘厳。仰憑尊衆念」と念誦し、十仏名を唱えるというものである。この檀那諷経とは別に、『正法清規』には、檀那からの設粥、設斎の行法が以下のように示されている。

臨時設斎設粥儭銭等。随時両班□議。講戒諷経。諷経或随二坊主意楽一。又応二施主所請一。上堂講戒。任二施主所望一。

本行法は『瑩山清規』とほとんど同様で、臨時の設斎・設粥に際して、両班が商議し、坊主の意楽や施主の要望に応じて、講戒や諷経を営むものである。

（『続曹洞宗全書　第二巻　清規・講式』八〇頁上段）

二点目の入牌儀礼について見ていきたい。『正法清規』に記載された祠堂入牌の回向文は「尊宿入牌之回向」「尊宿往世入牌之回向」「在家入牌之回向」「亡者之入牌之回向」の四種である。これらの回向文は尊宿と在家者の二者に分かれ、さらにその生死によって四種に分けられている。(37)「尊宿入牌之回向」は在世、「尊宿往世入牌之回向」は遷化した尊宿のためのものである。在家者を対象とした入牌儀礼も在世と亡者の二種に分かれており、存命中の在家者を対象とした「在家入牌之回向」は次のようなものである。

在家入牌之回向在世之分

衆罪如㆓霜露㆒　恵日能消除　是故抽㆓丹懇㆒　懺㆓悔六情根㆒

仰惟三宝　咸賜証明

大日本国某甲国郡御庄村居住三宝弟子某甲入㆑名。或道号寿位。謹発㆓誠心㆒。今月今日。就㆓于山門㆒。供仏施僧。預修㆓冥《ミ》福㆒。荘厳㆓報地㆒。或拝《シ》㆓請和尚㆒。入牌安座仏事之次。謹命㆓現前清衆㆒。諷㆓誦大仏頂万行首楞厳神呪㆒。所㆑集善利。仰讃㆓十方常住三宝。果海無量聖賢㆒。祝㆓献護法諸天。三界万霊。十方至聖。今年歳分主執陰陽。権衡造化善悪聡明。南方火徳星君。火部聖衆㆒。今日施主本命元辰吉凶星斗。合堂真宰。日本国内大小神祇。養㆓山村若五道㆒大神。十王十殿。高位真宰。専祈。今日施主。現世大安穏。後生㆓善処㆒。四恩三有済資。法界衆生。同音種智者。十方　蜜。

（『続曹洞宗全書　第二巻　清規・講式』九七頁上段）

「在家入牌之回向」の「預め冥福を修し報地を荘厳す」との文言から、在家者が存命中に入牌する主旨は、預修（逆修）

にあったと言える。冒頭の偈文は『仏説観普賢菩薩行法経』の「衆罪如霜露　慧日能消除　是故応至心　懺悔六情根」の句を引用したものであり[38]、続いて「三宝弟子某甲入レ名。或道号寿位」と入牌の対象者の住所と俗名、道号が「三宝弟子」として読み込まれる。これは生前授戒をし、道号をもつ者とそうでない者の二種が当時、入牌の施主となっていたことをうかがわせる。読誦される経典は楞厳呪であり、後半部の「専ら祈る」以下では、「現世大安穏。後生善処」と現当二世の幸福が祈念されている。

対して、物故者の入牌儀礼の際に用いられたのは次の「亡者之入牌之回向」である。

亡者之入牌之回向

衆罪如二霜露一　恵日能消除　是故抽二丹懇一　懺悔六情根

仰惟三宝　咸賜証明

山門今月今日。謹集二合山清衆一。同音諷二誦大仏頂万行首楞厳神呪一。所レ集功徳。奉レ為二道号某甲或覚霊一。荘二厳報地一。伏願。依二此善利一。力滌根塵《ク》。消二除災障一。仗《ヒ》二無辺之了義一。発二本有之霊明一。円悟二上乗《ジ》一。頓《トン》空二諸相一。塵《ジ》塵剰剰。現二堅密之法身一。世世（生脱カ）生。作二菩提之善友一。速登二金剛宝地一。超昂二毘盧覚大一。法界含生。同円種智者。十方。

（『続曹洞宗全書　第二巻　清規・講式』九七頁上・下段）

冒頭の偈、読誦される経典は先の生者の入牌儀礼と共通している。読み込みの部分が生者の場合、「寿位」とされていた部分が「覚霊」となり、「預修二冥《ミ》福一」が「所レ集功徳」となっているので、功徳を集め亡者へと振り分ける文面となっている。回向文の後半部では「速に金剛宝地に登り、超えて毘盧覚大に昂す」とあり、成仏に対する密教的意味づけがなされている。

次に「祠堂」という回向文を見てみたい。先の入牌儀礼を経て祠堂に祀られた生者・物故者に向けて功徳を集めるのが、この祠堂回向を用いた「祠堂諷経」である。

祠堂

上来虔備二香薦茶湯之儀一。以伸二供養一。諷二誦大仏頂万行首楞厳神呪一。功徳所レ集奉為二祠堂入牌之衆一。荘二厳報地一。伏願。存者逍二遥百吉千祥之室一。亡者遊二戯四禅八定之天一。法界衆生同円智者。十方三世一切諸仏。諸尊諸菩薩摩訶薩。摩訶般若波羅蜜。

（『続曹洞宗全書　第二巻　清規・講式』九三頁上段）

回向の対象は「祠堂入牌之衆」と表現され、香茶湯が供えられ、楞厳呪が読誦されている。後半部では、「伏して願くは、存者は百吉千祥の室を逍遥し、亡者四禅八定の天を遊戯し、法界衆生同く智者を円にせんことを」とあるから、存者と亡者の両者への功徳を積む儀礼となっていることが分かる。

三点目の葬儀と死者の薦亡を願う追善仏事に用いられた偈文・回向文を考察する上で、まずは「嘆霊句」と呼ばれる偈文に着目したい。「嘆《たん》（歎）霊《りょう》」とは、「他人の霊に向かい、その徳を讃えること。先亡回向の文の始めの言葉」を指し[39]、先述した『瑩山清規』の亡者回向であれば「浄極光通達。寂照含虚空。」といった文言を示すとされる。伏願句は回向文後半で「伏して願くは」と唱えて回向文を締め括る部分を指す。『正法清規』では追善仏事の回向文とは別記する形で、「尊宿歎霊偈・伏願句」「小院之坊主并首座伏願句」「亡僧嘆霊句・伏願」「俗人官者嘆霊句」というものが記載されており、おそらく「亡者回向」などの回向文を基本とし、それに変化を加える文案として記載されたものと思われる。在家者に関わる偈文は以下に示した「亡僧嘆霊句・伏願」「俗人官者嘆霊句」の二種である。

亡僧嘆霊句

妙性円明。離二諸名相一。霊光独耀。迥脱二根塵一者。一切仏世界。猶如二虚空華一。三世平等而。畢竟無二去来一。真際円明。成二般若之機一。不昧実乗。直二入如来之地一。頓超二煩悩之愛河一。長游二功徳之園林一。

同伏願句中。俗人用レ之。

永離二冥道一。遄生二仏界一者。

六根浄脱。五障消除。永離二情愛之身一。早趣二真常之界一。

接二引群生一。同登二彼岸一者。憑二茲善因一。証二大菩薩一者。頓超二濁劫一。親授二菩薩之記一。永以二善因一。化二生楽一種智者。

一霊不昧。迴出二生死之春一。八識照速。登二般若之岸一者。霜花易レ謝。石火難レ留。其生也雲起二太虚一。其逝也漚傾二巨海一者。

（『続曹洞宗全書　第二巻　清規・講式』九〇頁上下段）

一点目の「亡僧嘆霊句・同伏願」は題名にあるように、嘆霊や伏願が用いられる仏事の対象となっているのは亡僧である。ただし「句中俗人之を用う」との表記や「俗人官者嘆霊句」に「伏願句」がないことから、亡僧嘆霊句の伏願句は在家者にも用いられたと考えてよいだろう。『正法清規』において亡僧葬儀法で山頭念誦において亡僧と亡者の回向文の使い分けがあることを鑑みれば、亡僧に対する追善供養法もまた在家者に適応されたものと推察される。

俗人官者嘆霊句

阿弥陀仏真金色。相好端厳無二等倫一。白毫宛転二五須弥一。紺目浄証二四大海一。伏願。積怨頓釈。若三氷泮二於長河一。衆罪消除。如三霜融二於恵日一。脱離九壊了悟。三乗悉見二本性之弥陀一。自遊二唯心之浄土一。六道四生法界含識。同円二種智一者。

（『続曹洞宗全書　第二巻　清規・講式』九〇頁下段—九一頁上段）

右に示した二点目の俗人官者嘆霊句の冒頭には「阿弥陀仏真金色。相好端厳無等倫。白毫宛転五須弥。紺目浄証四大海」とあり、これは『勅修百丈清規』の「病僧念誦」に依拠したものである。『勅修百丈清規』の病僧念誦は病僧のために十仏名一返、念仏百声、観音菩薩・勢至菩薩の仏名唱礼を各十声行う形式で、十仏名の回向文に「阿弥陀仏真金色」に始まる上述の句が確認できる。[40] 一方、典拠となっている病僧念誦が阿弥陀信仰に基づいているため、俗人官者嘆霊句においても「本性之弥陀」「唯心之浄土」といった文言が見られ、弥陀の本願力に乗じて、「積怨を頓に釈し、衆罪を消除」して、浄土へと往生することを祈念する内容となっている。

このように『正法清規』記載の嘆霊句は中国撰述の『勅修百丈清規』などに依拠しており、これらの偈文を『正法清規』の撰者である寿雲良椿が作成したものとは明言できないが、少なくとも清規には取り入れている。これは『正法清規』が序文に示されたような地名・神名の改変だけに留まらず、中国禅宗の行法を包摂して行法の改編を行っていたことを示している。

では最後に『正法清規』に記載された「亡者回向」「懺法亡者之回向・小白」という亡者薦亡の回向文に焦点を当てたい。

亡者回向

浄極光通達。寂照含二虚空一。却来観二世間一。猶如二夢中事一。上来現前清衆。諷二誦大仏頂万行首楞厳神呪一。所レ集奉レ為某甲。資二覚霊一。荘二厳報地一。伏願。処生死——於碧天。十方三世—蜜

（『続曹洞宗全書　第二巻　清規・講式』八六頁上段）

この亡者回向は『瑩山清規』を継承したもので、禅林寺本に明記されていなかった読誦経典名が「大仏頂万行首楞厳神呪」と記されている。[41]『瑩山清規』にあった崇重人回向や在家等人回向を本清規に確認できないことから、回向文の取捨選択も行われていたことがわかる。もう一つの薦亡の回向文である「懺法亡者之回向・小白」は、懺法が曹洞宗

の追善仏事に組み込まれる過程を示す重要な記載であると考えられるので、長文ではあるが全文引用する。

懺法亡者之回向

妙性円明　離諸名相　霊光独輝　迥脱根塵

切以。戒香。定香。慧香。解脱香。解脱智見香。光明雲台。周遍法界。是故燃レ香。一心奉レ請二大慈大悲広大霊感観世音菩薩摩訶薩埵一。又将二此香一一心恭請二清浄法身毘盧遮那仏・円満報身盧舎那仏。千百億化身釈迦牟尼仏。当来下生弥勒尊仏。金色光明吼声自在王如来。善住摩尼宝積勝如来。十方三世一切如来。大聖文殊師利菩薩。大行普賢菩薩。聖友大勢至菩薩。虚空蔵菩薩。徳蔵菩薩。十方一切諸大菩薩摩訶薩埵。消伏毒害陀羅尼。破悪業障陀羅尼。六字章句陀羅尼。八万四千修多羅蔵。及十方一切尊法。舎利弗等声聞縁覚賢聖僧衆一。証明功徳茲者。大日本国陸奥州伊沢郡黒石郷拈華山正法禅寺於二他処一則其処之名山門家門今月今日伏値二亡者名一就二于山家門一。拝二請現前清衆一。熏二修円通妙懺一。特伸薦援。所レ集功徳。回二向真如真際一荘二厳無上仏果菩提一。祝二献護法十八諸天仙衆。三界万霊。十方賢聖。今年歳分主執聡明。南方火徳星君。火部聖衆。今日檀那本命元辰吉凶星斗。日本国内諸大権現。諸大明神。各宮侍衛神祇護伽藍神。合堂真宰一。憑二茲善利一。普用二回厳一。先願皇風永扇。帝道遐唱。仏日増レ輝。法輪常転。専祈亡者之名。親逢下四聖乗二華台一而来迎上。不昧一霊託二霊光一。以二超脱一懺二条業障一。熏二修梵行一。生生蓮託生。世世仏国游戯。覆二蔭後昆一。家門永昌。法界含生。同円二種智一者。　蜜。

（懺法亡者之回向）小白

上来熏二修円通観音妙懺一。所レ集功徳。奉レ為二入名一。尽虚空遍法界一切群生。平等懺二悔無始劫来諸業障海一。当念二清浄見性成仏一。専願。回二此良因一。特為二入二亡名一。覚霊一。荘二厳報地一。伏願。乗二此観音菩薩本願之力一。懺二滌根塵一。消二除災障一。仗二無辺之了義一。教二本有之霊明一。円悟二□（上カ）乗一。頓空二諸相一。塵塵刹刹。現二堅密之法身一。世世生生。作二菩提之善友㆒。速登㆓金剛宝地㆒。超昂㆓毘盧覚大㆒。法界含生。同円㆓種智㆒者。

（『続曹洞宗全書　第二巻　清規・講式』九五頁下段―九六頁下段）

この回向文でまず注目されるのが、懺法という法会が亡者回向のために用いられていたことである。懺法とは、もともと僧自身が戒律上の罪を他の僧たちに告白する儀礼であり、中国では仏前で六根懺悔や身口意の三業懺悔が行われ、礼讃儀・懺願儀といわれる礼讃、発願の形式が前後に付加されることで、祈禱・供養の仏事へと転化してきたとされる。[42]

日本禅宗に受容された懺法は主に観音懺法であり、その行法は天台大師智顗の『請観世音懺法』[43]に基づいて、大宋咸平年中（九九八～一〇〇三）に遵式が治定した『請観世音菩薩消伏毒害陀羅尼三昧儀』[44]に依るものである。[45]この天台の観音懺法の式次第を簡略に述べると、（一）荘厳道場（二）作礼法（三）焼香散華（四）繫念数息（五）召請（六）具楊枝浄水（七）誦三呪（八）披陳懺悔（九）礼拝（一〇）誦経の十段から構成されている。そして（七）誦三呪では、観世音菩薩の大悲の薫心仏力を承けて、悪業障を説破する「消伏毒害陀羅尼」、業障・不善・濁悪を破る「破悪業障陀羅尼」、毒害を消伏し、現当二世の不吉祥事が尽きる「六字章句陀羅尼」の三種の陀羅尼を唱えるものである。

我が国において観音懺法が取り入れられたのは、一三九二年に創建された相国寺において、「月次懺法」や年中行事として三門円通閣上を会場とした「閣懺法」が修法されるようになってからと言われている。[46]曹洞宗では、『広沢山普済寺日用清規』の大永七年（一五二七）八月一日条が初出とされている。[47]『広沢山普済寺日用清規』より『正法清規』の成立は早く、永正六年（一五〇九）頃とされているため、曹洞宗の清規上での初出は、この『正法清規』「懺法亡者之回向・小白」と位置づけることができるだろう。しかし、表3―1で示したように、明応七年（一四九八）の曇英慧応の香語には「妙懺」、永正八年（一五〇八）の菊隠瑞潭の香語には「円通懺摩」の語が見えることから、一五世紀末期にはすでに観音懺法は追善仏事として営まれていた。加えてより重要なのは、『瑩山清規』を継承する正法寺のような峨山派の門流だけでなく、後述するように『広沢山普済寺日用清規』を編んだ寒巌派でも懺法は取り入れられ、一六世紀に門流を問わず観音懺法が広く営まれていたことである。

曹洞宗の現行の行法書である『昭和改訂　観音懺法』とその典拠となっている遵式の『請観世音菩薩消伏毒害陀羅尼三昧儀』を比較した池田魯参は、式次第の（一）荘厳道場（四）繫念数息（一〇）誦経からの引用がないことに触れ、「繫念数息で説く坐禅法は、宗門としては四時の坐禅で日常化されているのでこれを除き懺法としての独自性を全面に押し出そうとしたのであろう」と論じており、観音懺法が禅宗へ受容された際に、若干ではあるものの独自の改変がなされたという[48]。禅宗では観音懺法の回向文を変更し、多様化することで用途を拡張していったが、その一例がこの『正法清規』に収められた「懺法祈禱回向」「懺法亡者之回向」「懺法尊宿之回向」なのである。一八世紀に刊行された『観音懺法』の流布本にも、「祈禱陳白」「祈禱小回向」「祈禱回向」「亡者陳白」「亡者小回向」「亡者回向」という六種の陳白文・回向文が記載されており、懺法は祈禱・薦亡のいずれにも用いられた[49]。

以上のように観音懺法は『正法清規』において、現世安穏を願う祈禱とともに追善仏事としての行法が定められていた。供養に関する回向文全体の構成に目を向ければ、『瑩山清規』におおむね依拠することを序で明言している『正法清規』であるが、若干の文言の違いはあれ、共通しているのは亡者回向のみである。『瑩山清規』で有力檀那の追善仏事に用いられたと考えられる崇重人回向は『正法清規』には記載されておらず、その回向文の掲載状況から鑑みれば、『瑩山清規』の崇重人回向の代替物として観音懺法を取り入れたと考えられる。これは有力檀那であった地方領主の武士たちを供養する追善仏事として、観音懺法が取り入れられたことを示唆している。正法寺の年譜を記した『正法年譜住山記』によれば[50]、一四世紀から一六世紀にかけて正法寺に寄進しているのは、桓武平氏の流れを組む葛井氏を始め、その氏族である千葉氏、江刺氏、岩淵氏、柏山氏であり、武士との強い結びつきをうかがうことができる。中でも葛井壱岐守清泰は、永徳元年（一三八一）、同二年（一三八二）、康応元年（一三八九）、明徳三年（一三九二）に千から三千苅の米や畑一町の寄進を行っており、その兄である葛井伊豆守清貞も明徳元年（一三九〇）に「千五百苅」を寄進している。(51) 有力檀那である葛井氏は天正一九年（一五九一）に伊達政宗によって滅ぼされ、以後葛井氏に代わり伊達家が正法寺の有力外護者となっていく。このような正法寺の外護者の状況から観音懺法が追善仏事として規定されたことを判断すれば、強い罪業感をもつ武士とその死を弔う遺族や周囲の人々たちにとって、観音懺法による悔過・滅罪が特別重要なものとして認識されていたと考えられるのではないだろうか。『正法清規』の懺法亡者之回向から見れば、観音懺法は「観音菩薩本願之力」に乗じて、死者の根塵を懺滌することで「災障」を消滅し、「家門永昌」を願うというまさに武士に適合した法会であったのである。

以上のように、『正法清規』が示すのは、地方展開を果たし瑞世・転衣を許された出世道場として機能していた正法寺が、有力な外護者である武士たちに配慮して観音懺法を追善仏事として清規に導入する一方、嘆霊句が示すように中国禅林の清規に依拠して行法の改変を行っていたことである。『正法清規』が正法寺開創から約一二〇年後の一五〇九年に制定されたことは、戦国期の社会情勢に適応していくために、『瑩山清規』に依拠しつつも行法の再編をはかる必要があったためと言えるだろう。

第四節　駿河静居寺『年中行事清規』に見る追善仏事の多様化

『正法清規』が追善仏事としての観音懺法の回向文を載録していたのに対し、静居寺の『年中行事清規』は観音懺法だけでなく、追善仏事化した施餓鬼会の回向文も収めている。『年中行事清規』はその奥書から分かるように駿河の静居寺二世大樹宗光《だいじゅそうこう》（一四七〇～一五五〇）が大永三年（一五二三）に撰述したものである。(52)大樹宗光は恕仲天誾《じょちゅうてんぎん》の法系に属し、静居寺の本寺は石雲院を本寺とする林叟院である。尾崎正善によれば、本清規は「僧堂行事中心の清規ではなく特殊法要に限定された年中行事と、一般在俗者を対象とした儀礼中心のもの」であり、葬送・追善儀礼に関する記述が多く、その多様性が確認できるという。(53)尾崎の指摘にもあるように、本清規の後半部には、「逆修回向」「亡者回向」「施餓鬼回向」といった逆修・追善の回向文や、「尊宿入牌」「本寺入牌」「位牌上下」などの祠堂に関する回向や規則、「中陰、亮闇之次第」「葬送之次第」「忌日仏次第」「尊宿引導之次第」などの葬送に関する記述が多数確認できる。加えて「亡者回向」は二回、「逆修回向」は三回も記されており、尾崎はこれらの回向文への需要の大きさを示すものではないかと論じている。(54)本清規は曹洞宗の葬祭による教団展開の実状を示し、観音懺法・施餓鬼会が導入されるという追善仏事の多様化が確認できる。以下では檀越の追善仏事としての施餓鬼会に関する回向文を中心に、静居寺『年中行事清規』から一六世紀前半の曹洞宗の追善仏事の展開を見ていきたい。

静居寺『年中行事清規』の後半部には葬祭や追善仏事に関する行法が示されていることは先述した通りであるが、二三丁表から二七丁裏にかけての項目を記すと、

中陰・亮闇之次第・仏事之次第（龕前念誦・挙龕念誦・山頭念誦を含む亡僧葬儀法）
土用中死人地取様（荼毘の収骨儀礼を含む）
送骨入塔（納骨儀礼）
骨上書文
金剛経上書文

幡文
忌日仏次第
兜率天四十九院
五輪之種字

となり、葬儀から荼毘後の収骨と五輪塔への納骨、中陰仏事という行法の流れが確認できる。葬儀を構成する「龕前念誦」「山頭念誦」の念誦・回向文の割注には、亡僧と在家物故者を分けるような記述が見られる。また本清規の二九丁表から三〇丁裏には尊宿の入龕・龕前・起龕・挙龕念誦が記されていることから、二三丁表から二四丁表までの「中陰・亮闍之次第・仏事之次第」の念誦・回向文は亡僧を対象としているものと考えてよいだろう。続いて『年中行事清規』の山頭念誦を見てみると、

切以、是日即新円寂（其名）既随縁而（寂滅／順寂）、乃依法以荼毘、（焚／埋）百年（弘道／虚幻）之身、入一路涅槃之程。仰憑尊衆、資助覚霊。十仏名一音一仏。

（尾崎正善「翻刻・永久文庫蔵『年中行事清規』」『曹洞宗宗学研究所紀要』第一〇号、四〇頁上・下段）

と記載されているので、『年中行事清規』の山頭念誦には「寂滅・順寂」、「焚・埋」、「弘道・虚幻」の三箇所の使い分けが確認できる。「焚・埋」の語は前者が火葬、後者が土葬という葬儀法を基準としていることは論を俟たないだろう。「弘道・虚幻」に関しては、『瑩山清規』（禅林寺本）の山頭念誦が、

切以是日即有新円寂（某甲）。既随縁而順寂。乃依法以荼毘。焚百年（弘道／虚幻）之身入一路涅槃之径。仰憑尊衆資助覚霊。十仏（名如前）回向

（尾崎正善「翻刻・禅林寺本『瑩山清規』」『曹洞宗宗学研究所紀要』第七号、八二—八三頁）

とあり、割注の「弘道」は亡僧に、「虚幻」は在家物故者に用いられたと考えられているので、(55) これを継承したものといえる。「寂滅・順寂」は『瑩山清規』では「順寂」しかなかった部分に「寂滅」を補い、使い分けができるように変更したものであるため、亡僧と亡者によって読み分けられたものと考えられる。

『年中行事清規』には、「土用中死人地取様」という土用に亡くなった物故者の埋葬地を決める行法が、以下のように記載されている（〔 〕内の字句と傍線は筆者が便宜的に付したものである）。

〔偈文〕夫浮大海袈裟者、金翅鳥無害竜、敷大地袈裟、則堅牢地神勿レ崇レ人、故披解脱福田衣鋪、不生寂滅三摩地。伏願諸天地神、諸部類眷属、必普合諸聖、摩訶般若波羅蜜。**〔次第1〕**次心経三巻、大悲呪。**〔回向1〕**回向云、上来諷誦般若心経、大悲神呪、所集功徳、回向、普天率土神祇冥道、上報四恩、下資三有、法界群生、同円種智者。

〔頌〕頌云、因縁所生法、我説即是空、亦名仮名、亦是中道儀。

〔次第2〕右此又向吉方唱へ、次心経三巻誦シ、以七条可敷、地上崇地神故也。

（尾崎正善「翻刻・永久文庫蔵『年中行事清規』」『曹洞宗宗学研究所紀要』第一〇号、四〇頁下段—四一頁上段）

本規定は、その題に「死人」とあるように、亡僧ではなく在俗の物故者を主な対象とした行法と解される。冒頭の〔偈文〕には、袈裟は大海では金翅鳥となって害竜を無くし、大地に敷けば堅牢地神となるので、この福田衣たる袈裟を身に付けることで輪廻せずに三昧に寂滅するとあり、〔次第2〕では、「以って七条を敷くべし、地上にて地神を崇める故なり」と、葬儀に際して七条袈裟を敷く旨が記載されている。この「土用中死人地取様」に見られる袈裟は、没後墓所で害をなすとされた竜や地神から死者を守る防具であり、涅槃へと導くものとされている。大地に袈裟を敷いて崇めるというこの儀礼は、土用という地神が最も活発な働きを示す時期に配慮したものであるが、禅宗寺院の縁起、説話などによく見られる在所の神々に授戒や説法などを通じて仏弟子とする「神人化度」を具現化した象徴的所作とも思われる。端的に言えば、袈裟を大地に敷くのは、地神を化度する意味を有していたと思われる。

この「土用中死人地取様」という項目には、荼毘後の収骨の儀礼も以下のように記載されている。

灰《ヨセ》、荼毘場《ニテ》、鈸鼓《ヲツキ》焼香茶湯。上来諷経功徳、奉為名入、取骨之次、荘厳報地者。

（尾崎正善「翻刻・永久文庫蔵『年中行事清規』」『曹洞宗宗学研究所紀要』第一〇号、四一頁上段）

おそらくこの式次第や回向文は「土用中死人」に限らず、物故者共通の行法であったであろう。前半部は行法を、「上来」以下は回向文となっている。「取骨」という法要は荼毘後に遺灰を集めて鼓鈸を鳴らし、焼香、茶湯を献じて経文を読誦する簡略な仏事であったことが分かる。

こうして回収された遺灰は五輪塔などの仏塔へと納められる。この納骨儀礼は「送骨入塔」と呼ばれ、その回向文は「上来諷経功徳、奉為名入、即念入塔之次、荘厳報地者」とあり、荼毘の儀礼と同様、簡略なものとなっている。

本清規には「亡僧中陰次第」と題する出家者の中陰仏事の次第が二例、記載されている（〔〕内の字句は筆者が付したものであり、便宜的に改行も施した）。

亡僧中陰次第。

〔次第1〕寅時、陀—尼并坐禅。早辰、観経、消災呪。粥諷経、楞厳神呪。半斎、同午時、法華経。放参。楞厳呪。昏鐘鳴。坐禅并陀羅尼。右具在前。

〔次第2〕同次第、後夜陀羅尼并坐禅。常粥観音経、大悲呪、消災呪、早晨楞厳神呪。斎時、同斎前、金剛経、大悲呪。日南、法華経、大悲呪。放参、楞厳神呪。施餓鬼。初夜、陀羅尼并坐禅。

（尾崎正善「翻刻・永久文庫蔵『年中行事清規』」『曹洞宗宗学研究所紀要』第一〇号、四六頁上・下段）

〔次第1〕では、朝の「粥諷経」、斎時の法華経読誦、放参後に楞厳呪という差定である。〔次第2〕は「常（浄）粥観音経」による献粥諷経、斎時には金剛経・大悲呪を誦し、放参後は楞厳呪・施餓鬼という差定となっている。筆者がここで注目したいのは亡僧追善の仏事として施餓鬼会が営まれている点であり、静居寺では年中行事の施餓鬼会に加えて、亡僧追善のために施餓鬼が修されていたのである。

次に年分行事としての施餓鬼会に目を向けてみたい。『年中行事清規』には『瑩山清規』を踏襲して盂蘭盆と歳末の年に二度の施餓鬼会の行法が記載されている。ただし七月一三日条に「菩提園施餓鬼」という法要が盂蘭盆施餓鬼に先だって確認される。本清規には、回向文のみ次のように載る。

七月十三日。衆寮諷経、如結夏。次卯塔諷経。

同菩提園施餓鬼。回向云、

仰冀三宝、俯垂昭鑑、山門伏値解制之辰、盂蘭盆之日、就于菩提園裏勤修一会法施処備香華茶湯之義。以伸供養、謹命現前比丘衆、同音諷誦大仏頂万行首楞厳神呪。所鳩、善利仰賛、十方常住、三宝果海聖賢、祝献護法諸天守道神祇。伏願、菩提園裡、各々衆霊有縁無縁含類、財法飢饉、依草附木、飢類餓鬼、飽満法味、開発正智、頓出四生之汨没、早棄万却之受纒、同乗般若之舟航、共到涅槃之彼岸。上報四恩下資三有、法界群生、同円種智。

（尾崎正善「翻刻・永久文庫蔵『年中行事清規』」『曹洞宗宗学研究所紀要』第一〇号、三二頁上・下段）

菩提園とはおそらく静居寺の墓苑を意味し、この菩提園施餓鬼は夏安居解制の後に、楞厳呪を読誦し「飢類餓鬼」だけでなく墓苑に祀られた「各々衆霊有縁無縁含類」を供養するものであったと考えられる。

本清規に記載された追善や逆修の回向文には「逆修回向」「亡者回向」「施餓鬼回向」「尊宿入牌」「本寺入牌」があげられる。『年中行事清規』の「亡者回向」は、『瑩山清規』のものと題名が共通しているものの、多くの文言が追加されている。(56) その最も大きな違いは冒頭の歎霊の部分と後半の「伏願」以降に「又」という語句（割注）が付され、都合三種の回向文となっている点である。表3—3は『年中行事清規』の「亡者回向」を便宜的にＡＢＣの三種に分けて表に示したものである。

本表に見られるように、亡者回向Ａは歎霊と伏願句が『瑩山清規』と同一のもので、回向文の読込・作善の部分が追加された形となっているが『瑩山清規』に依拠した回向文である。亡者回向Ｂの歎霊句は『正法清規』の「亡僧歎霊句」の一部と共通するもので（第三章第三節）、伏願句は弥勒仏への祈念となっている。Ｃは歎霊冒頭にあるように阿弥陀仏を中心にした回向文で、嘆霊句は『瑩山清規』の「在家等人回向」と共通するものである。

読込・作善の部分では、浮図（仏塔・卒塔婆）や五輪塔の造立に加え、看経・誦経・漸写・頓写などの仏事があげられており、これらが追善仏事に併せた積徳として営まれていたことが知られる。また「前夜円通妙懺一座、及午広大

表3—3　『年中行事清規』の「亡者回向」

＊割注は〈〉で示す。

<table>
<tr><th></th><th>亡者回向Ａ</th><th>亡者回向Ｂ</th><th>亡者回向Ｃ</th></tr>
<tr><td>歎霊</td><td>浄極光通達、寂照含虚空、却来観世間、猶如夢中事。</td><td>一切仏世界、猶如虚空花、三世悉平等、畢竟無去来。</td><td>阿弥陀仏真金身、渡生死海到彼岸、周遍法界及含識、寂滅定中脱苦輪</td></tr>
<tr><td>読込・作善部分</td><td colspan="3">仰冀三宝、俯垂昭鑒
山門今月〈其日〉、伏値〈其名其年忌〉之辰　夜前〈預於此晩、——此日〉、営備香花灯燭茶湯菓子珍饈之儀、以伸供養。奉造立浮図一基、五輪一尊、四十九塔婆、看誦其経、漸写大—、頓—、回向経等。前夜円通妙懺一座、及午広大甘露法食一莚、〈又ハ〉、堂頭和尚、拈香賛揚仏事。謹集現前比丘衆、同音諷誦大仏頂—呪。所集功徳、奉為〈覚霊霊位〉、荘厳報地。伏願、</td></tr>
<tr><td>「伏願」以下</td><td>処生死流、驪珠独耀於滄海、踞涅槃岸、桂輪孤朗於碧天、普導世間、同登覚路者。</td><td>一念光中都釈迦、無生国裏逢弥勒、普導世間、同登—者。</td><td>神超浄————開上品之花、仏授一生記者。</td></tr>
</table>

甘露法食一莚、〈又ハ〉、堂頭和尚、拈香賛揚仏事」との文言から静居寺の追善仏事は逮夜に観音懺法を、命日の午時に「広大甘露法食」や住持による拈香賛揚仏事を執行し、楞厳呪を読誦するものであったことがわかる。広大甘露法食は、七月一四日の条にある施餓鬼供の「当開甘露門普施法食」を略記したもので、施餓鬼会を意味する。この亡者回向の直後には、次の「施餓鬼回向」が記載されている（傍線部は筆者による）。

施餓鬼回向

仏身充満於法界、普現一切群生前、随縁赴感靡、不周而常処、此菩提座。仰惟三宝、伏垂証明、大日本国午、等、今月其日、伏値　本修〔　　　　　〕至教、報親抜苦法門修多羅、十方自恣得道聖賢菩薩衆、報親入道起教利生目連尊者、十方自恣得賢聖声聞僧衆、家門相信、由是看誦経々呪、今当満散同音午　呪、灼花信財経馬等、所集功徳、奉為、十方旦那、常住三宝、亡没霊果海無量、当境前后戦陣闘傷亡霊、無主孤魂前後死之霊、河沙餓鬼一切幽霊、冥府地獄幽霊等。衆伏願捨凡身而帰、自己於於離陰界而遊、即心楽土、出四生之泪、没棄万却之受纒倶、垂〔乗カ〕般若之正因、咸悟金剛之種智者。

（尾崎正善「翻刻・永久文庫蔵『年中行事清規』」『曹洞宗宗学研究所紀要』第一〇号、三九下段）

この施餓鬼回向は「今月其日、伏値　本修〇〇」と供養対象を読み込む部分が見られるので、追善仏事の施餓鬼会に用いられた回向文である。『南禅諸回向』や『諸回向清規』といった臨済宗の同様の回向文と比べると、冒頭の歎霊偈や居住地の読み込みまでは共通しているが、伏値句が異なっている。後半部に「当境前后戦陣闘傷亡霊、無主孤魂前後死之霊、河沙餓鬼一切幽霊、冥府地獄幽霊等」と餓鬼や戦没者などの浮かばれない死者たちを供養対象とする文言が確認できる。「当境前后」は境内周辺を意味し、「無主孤魂」は無縁の霊を指すと解され、この施餓鬼回向は寺院周囲の合戦で戦死した亡霊、中でも祀り手のいない無縁の霊に向けられている。先述した七月一三日条に見える菩提園施餓鬼の回向文には、このような戦没者の菩提円満を願う文言は挿入されていない。つまり特定の物故者を供養する施餓鬼にのみ、戦没者供養が組み込まれた形になっている。

圭室諦成が取り上げた一四五五年頃の『普済寺疏草紙』に載る三界万霊牌にも（傍線は筆者による）、

冥府地獄幽霊等衆
当寺行力亡没幽霊
本寺僧衆多生父母逝霊
十方檀那前亡後化霊儀
当所前後戦陣傷亡無主孤魂
河沙餓鬼幽魂鬼神
傍生品類一切霊鬼

とあり[57]、位牌に戦没者を表象する語句として「無主孤魂」という言葉が用いられている。このような戦没者を「孤魂」とする死者観は、『瑜伽集要焔口施食儀』「十類孤魂文」にも見られる。この儀軌では「孤魂」と呼ばれる浮かばれない死者を一〇種あげており、河川での溺死者や郷土を離れて客死した者、三宝を軽んじて父母の孝養を怠る者に加えて、「国の為に身を亡す官員将士兵卒孤魂衆」という戦没者をあげている[58]。特定の物故者の追善仏事として施餓鬼が営まれた背景には、戦死という非業の死を悼む民衆の心理があったことは論を俟たないであろうが、近隣で戦死した者たちの怨念や障りへの対処法となった面もあるだろう。

また回向文では「一切幽霊」という総体的な呼称が見られるのに対し、戦没者に関しては「当境前后」とあり、場所を限定する表現が用いられている。大乗仏教の利他行に代表される他者への作善を重視する姿勢は、供養を「一切精霊」「三界万霊」という総体的死者へと拡張する理念を内包している。とはいえ、そのような表現だけでは特定の死者を供養する場合には不都合であるため、僧侶は個別に戒名などを読み込むことで供養対象を明示してきた。ここでは回向文の文面を、戦没者に関しては境内周囲に限定することで明確化し、供養の効験を示そうとしたと思われる。

以上のように本清規には、荼毘・収骨・納骨・追善仏事という今日と共通する葬儀後の営みが看取される一方、追善仏事としての施餓鬼会や観音懺法が確認された。檀越の薦亡で用いられた施餓鬼回向の対象には、「河沙餓鬼一切幽霊、冥府地獄幽霊等」という六道の衆生だけでなく、「当境前后戦陣闘傷亡霊、無主孤魂前後死之霊」という人界の浮かばれない死者も含まれていた。そしてこれらの死者を供養した功徳を特定の物故者へと振り向ける行法が施餓鬼会であったのである。

第五節　遠江『広沢山普済寺日用清規』に見られる盂蘭盆施餓鬼の托鉢と結縁施餓鬼

では続いて、『広沢山普済寺日用清規』（以下、『普済寺清規』と略記す）から中世戦国期における曹洞宗寺院の追善供養について見てみたい。応永の末に浜松引間城主であった吉良《きら》義尚《よしまさ》の招きを受けた肥後大慈寺の華蔵義曇《けぞうぎどん》（一二七五～一四五五）が一四二八年に開創したのが、広沢山普済寺である。義曇は派祖である寒巌義尹《かんがんぎいん》を開山とし、本師の梅巌義東《ばいがんぎとう》までの四代を勧請して自ら五世となった[59]。『普済寺清規』に「吹螺」が頻出することが示すように、寒巌派は密教的要素を強くもった門流であると言われている。末寺には日本三大稲荷の一つである「豊川稲荷」と称される豊橋市の妙厳寺があり、西部遠江に一三派五百余寺を数える門流となり[60]、恕仲天誾が応永一八年（一四一一）に開創した大洞院と並んで、曹洞宗の東海地方への展開の中心となった[61]。

『普済寺清規』は大永七年（一五二七）に秀茂（生没年不詳）によって編纂されたもので、足利末期における寒巌派の規矩を示すものとされている。[62] 尾崎正善はその特徴として「大永七年（一五二七）成立という時期」と「『瑩山清規』とは異なる、普済寺独自の法要・儀礼の諸形式が確認されること」を挙げている。[63] 本清規に記載された檀那・民衆との接点や追善仏事に関わる記述を大別すると三つある。一つは巻尾の「檀那年忌之事」と年中行事次第にある檀越の供養法、二つ目は月分・年中行事として営まれた施餓鬼とその勧進、三つ目は観音懺法に関する記述である。以下ではこれらの三種の記述を順に見ていきたい。

檀越の追善供養法に関しては、本清規の巻末にある「檀那年忌之事」にその行法が示されている。『普済寺清規』には『正法清規』のような回向文の記載が見られないが、この檀那年忌之事から檀越の年忌仏事がどのような法要の形態かがおおよそ把握できる。

檀那年忌之事。牌前供具十二合。有㆓香花灯燭茶湯㆒。同霊供二合。可㆑備㆓当代之先考㆒。先弾并衆会。宿忌。半斎。楞厳呪。行道。回向。龍門寺。正法院殿年忌月忌。茶湯。大悲呪迄。霊口者無。今者備㆓拈花院殿㆒。末代如㆑斯。

（『曹洞宗全書　清規』六六三頁上・下段）

割注に示されるように、正当の前日の逮夜に位牌を立て、香花灯燭茶湯を供えて、先弾・衆会・宿忌が営まれ、当日は半斎諷経として楞厳呪行道が執行されている。「正法院殿」は普済寺開基である吉良義尚の戒名であり、「龍門寺」はその父である吉良《きら》俊氏《としうじ》のものである。この正法院殿、龍門寺殿に対する追善仏事の記述は「年中行事次第」にも見られる。正月二二日条には、

日中了。客殿主。鳴鐘。東洲忌。茶湯者侍真供而置㆓前机㆒。有㆓香花灯燭㆒。住持焼香。楞厳呪。行道回向者小回向。了正法院殿有㆓茶湯㆒。大悲呪。東洲之仏餉一合。半斎者大悲呪。侍真役。毎月如㆑此。

（『曹洞宗全書　清規』六四六頁上段）

とあり、普済寺三世東洲至遼の月忌の後に大悲呪を読誦する追善仏事が確認できる。九月二二日条にも「東洲忌。……了。正法院殿茶湯。大悲呪。回向。東洲之献斎一合。半斎者。大悲呪。侍真役。」とあるので、(64) 吉良義尚の月忌は毎月二二日に営まれていた。その父吉良俊氏に関しては、正月一五日条に「檀那龍門寺殿。有二茶湯一。大悲呪。了説禅」とある。吉良義尚の没後に家督を継いだ「拈花院殿」の戒名をもつ弟の吉良《きら》義真《よしざね》に対する仏事は、九月二一日条に「拈花院殿茶湯侍真供。大悲呪回向。霊供一合。毎月如レ斯。半斎者大悲呪。侍真役」とあり、(65)「毎月如レ斯」とあるので月忌供養と考えてよいだろう。このように西条吉良氏の歴代当主の月忌供養を普済寺は大悲呪をもって営んでいたことが分かる。

一方、こうした領主階級の武士に対する供養だけでなく、檀越の物故者全体を対象とした供養も見られる。九月一日条では、

了開山之一品経。大悲呪回向。頭首三拝回向。不レ入二茶湯一也。二代之茶湯。大悲呪無。了過去帳之諷経畢。

（『曹洞宗全書　清規』六五四頁上段）

とあり、開山に対する一品経の後、「過去帳之諷経」という仏事が営まれており、おそらくこの諷経は過去帳に記載された物故者に対する総回向的な儀礼であると思われる。

檀越物故者に対する年忌・月忌供養や過去帳諷経が営まれる一方、普済寺では施餓鬼会を頻繁に営んでいる。毎日の晩課で施餓鬼会が営まれるほか、盂蘭盆・歳末の二度の大施餓鬼会があり、盂蘭盆に際して近隣の村へ勧進を行っている。加えて檀越の追善仏事と思われる「結縁施餓鬼」という法要が月分行事として営まれている。以下では戦国期の曹洞宗における追善供養を普済寺の施餓鬼会を通して考えてみたい。

普済寺の日々の晩課では、沙喝の役として施餓鬼会が営まれていた。沙喝とは小沙弥の別称、または沙弥喝食を指

す。[66]本清規の年分行事の規定の中に「喝食」の役としてさまざまな事柄が定められているので、[67]「沙喝」は一つの役職を指すのではなく、沙弥・喝食の総称であると思われる。沙喝役の施餓鬼会に関する記載は、一月一日から五日・一三日・一七日・晦日、三月一日・晦日、四月一三日・一五日、六月晦日、七月一三日、八月晦日、九月一日・一七日・晦日、一〇月一日・四日・一三日・一五日、一一月一日、一二月一日条に見られる。とりわけ、九月一日条にある「毎晩宿忌之次第」は、沙喝役の施餓鬼会の行法をよく示している。

毎晩宿忌之次第。侍真寮前之打板一会。侍真役。開山之大悲呪。茶湯三拝。回向。了。二代之楞厳呪。茶湯三拝。回向。了於㆓于山門前㆒。施餓鬼。沙喝役。

（『曹洞宗全書　清規』六五四頁上段）

この記述に見られるように、普済寺では開山と二世を弔う献湯諷経を営んだ後、山門前で沙弥喝食たちによる施餓鬼が日分行事となっていた。

沙喝役の日分行事の施餓鬼会とは別に、年中行事としても施餓鬼会が営まれていたことは今日と同様である。ただし普済寺では、先述（第二章第四節）した『瑩山清規』（禅林寺本）と同様に、七月一日から一〇日まで山門施餓鬼が営まれ、盂蘭盆には「大施餓鬼」が、歳末には「中施餓鬼」と呼ばれる法会が営まれていた。盂蘭盆の大施餓鬼に先立って七月一日から一〇日まで営まれる山門での施餓鬼会に関しては、七月一日条に詳しい。

未尅鐘十八声。客殿主。箴規。古則如㆑前。了鳴鐘。板一会。住持焼香。看経之一巻経了。大悲呪。回向者。願以此功徳云云。一巻経者。七夕懈怠。八日迄如㆑此。出寮。於㆓于山門前㆒殿主打鈴三会。大衆集。維那始㆓施餓鬼㆒。了昏時鳴如㆑毎。到㆓十日夜㆒如㆑斯。此間沙喝之施餓鬼無也。亦従㆓十一日㆒可㆑有。

（『曹洞宗全書　清規』六五一頁上段）

出寮の割注に「山門前に於いて殿主打鈴三会し、大衆を集め、維那施餓鬼を始むる」とあるように、看経の法会を営んだ後、各寮舎から出寮して、「殿主」の打つ鈴を合図に大衆が集まり、維那が挙経して施餓鬼を始める式次第となっている。並びに、「十日夜に到るまで、斯くの如し。この間沙喝の施餓鬼無きなり」とあるように、七月上旬の一〇日間営まれる山門施餓鬼は、維那が主導する大衆諷経であり、日分行事である沙喝たちの施餓鬼に比べ、より品格を重視した儀礼となっている。

また七月七日条に見られるように、大衆による山門施餓鬼が営まれる中、一四日の盂蘭盆大施餓鬼会のために、近隣村落への勧進が普済寺の僧衆によってなされている（傍線は筆者による）。

一品経了。板三声有レ茶。大衆之三拝無也。了維那寺家之若衆五人清而相添。仏殿主施餓鬼之勧進巡二地下一也。勧進之衆於二于維那寮一。有二茶子茶一。従二勧進一還而有レ斎。殿主七夕已前。従二維那一請二取紙一。染二青黄赤黒一也。斎了。風呂三通。了客殿主。鳴鐘十八下。観音前之飾如レ毎。衆之立花者。住持之随意也。懺法已前。掛二諸画一。為二払虫一也。懺法。儀式如レ毎。

（『曹洞宗全書　清規』六五一頁上・下段）

「維那寺家の若衆五人、清めて相添う。仏殿主施餓鬼の勧進に地下を巡るなり」とあるように、「仏殿主」と呼ばれる役職の僧が維那寮と寺家の若衆五名とともに寺院の所在する村落を巡り、施餓鬼会の供養を勧進している。「寺家」はおそらく寺僧を指し、入浴などによって身を清めた勧進の衆たちは、行茶（茶子茶）や勧進後の設斎などの応待を受けており、寺院の行事として重要視されている様子がうかがえる。

この勧進が営まれる七夕以前に、「殿主」は維那から紙を受け取り、施餓鬼幡を作製するために青黄赤黒の四色に染めるよう規定されており、大施餓鬼会の準備の段取りが確認できる。七月一〇日条には、

十日。一品経了。掛二普請之牌一。斎了。客殿主受二維那之命一。鳴鐘。於二于客殿一。幡。普請。取立畳也。糊米二合。従二常住一出。大幡一流。厚紙八十片。小幡三百。不足一紙切二三本一。幣三本。重二五色紙一也。七如来七流。五色紙五片宛続。散飯之幡本。五色如レ上。銀銭。数片。馬経。一紙宛印鵞。廿四片。幡串竹。仏殿主用意。

（『曹洞宗全書　清規』六五一頁下段）

と普請牌が掛けられ、鳴鐘を合図に大衆が客殿に集まり、一山をあげて必要な幡や銀銭などが作製される。大幡は二流、小幡は三百、五色の幣は三本、七如来の幡は七流を作り、生飯に立てる幡や銀銭、馬経二四片を作製する。そして、幡に用いる竹串は勧進の役を務める仏殿主が用意するとある。七月一二日条では、「晩景殿主触二寺家一。鳴鐘。施餓鬼棚普請。」とあり、施餓鬼棚の普請と大施餓鬼会の準備が法会の一日前に行われた(68)。

大施餓鬼会当日の準備に関しては、七月一四日の「大施餓鬼之次第」に以下のように詳しく記載されている。

施餓鬼之次第

卯尅。殿主。颺二大幡一。立二左右之山一也。棚之盛物者。従二庫院一出。維那従勧進中二十疋出。典座請取。用二意餅饅頭索麺供具之盛物等一。大棚之分。飯。二斗。但可レ依二十方檀那之志一。飯頭立二小幡一。汁。盛二汁龍頭一。菜。盛二菜龍頭一。餅饅頭索麺。塩極盛二六箇一。四方釣二七如来一。左右釣二馬経一。中央安二位牌一。水向棚之分。散飯之飯。五升。盛大再進鉢。飯頭竪二散飯之幡一。水向之米。五升。水。付二鼠尾草一。供具。廿四合。仏殿之大花瓶立レ華。置二左右一。丁亭一対掛二左右一。前棹之分。香炉。同疏。紙数七片。台者亀鶴。花瓶一対。燭台一対。

（『曹洞宗全書　清規』六五二頁上段）

法要に際して施餓鬼棚には小幡を立てた二斗の飯、龍頭に盛った汁と野菜、餅・饅頭・索麺を供え、四方に七如来幡、左右に「馬経」を掛け、中央には位牌を置く。施餓鬼棚とは別に水向けの棚も設置され、幡を立てた五升の生飯と米、鼠尾草《ヨビソウ》（溝萩の別称）(69)が入れられた水が置かれ、仏殿にある一対の大花瓶に花を立て、提灯（丁亭）一対を掛けて飾る。施餓鬼棚の前の棹子には、香炉、疏、花瓶一対と燭台が置かれる。法要の差定に関しては、

未尅。殿主受二維那之命一。吹螺。并先弾。次衆会。於二于山門一。立班合二問訊一。住持両班同時合二問訊一了。住持焼香。打磬。維那始二大悲呪一。施餓鬼住持焼香水向。有二水向一。了。監寺出供二茶湯一。

住持焼香。打磬。楞厳呪。行道大衆有二水向一。散鐘打。住持焼香問訊低頭。後啓請之時。喝食執二持疏一而維那之右辺。疏畢。従二勧進中一維那弁破分。勧進衆茶子斎。大幡厚紙二帖。此内引二疏紙一啓建之疏五片。施餓鬼之疏七片。同可レ漏二二片一。念誦一片。合十五片也。故大幡者可二四十枚続一二流也。疏之朱者。用二勧進之中一。小幡井紙一束。此内五帖者。染二青黄赤黒一也。同用二画馬心経等一也。二百文出二庫院一。蠟燭五丁。

（『曹洞宗全書　清規』六五二頁上・下段）

とあり、未の刻に山門において、吹螺、先弾、衆会、両班問訊、住持焼香、大悲呪、施餓鬼、献茶湯、楞厳呪行道・水向、宣疏という流れになっている。水向という進退には、棚に生飯・米・鼠尾草が入った水が準備されていることから、洒水だけでなく生米を施す「施食」の所作も含まれていたと思われる。

大施餓鬼の翌日酉の刻には、末寺の新豊院の施餓鬼が同じく山門で営まれた。

午尅。殿主触。鳴鐘。新豊院之施餓鬼。同解夏之出仕也。酉尅。於二于山門前一。飯一升。汁菜。飯頭竪二白幣一本一也。水向之米一升。同水。付二宿魂草一。香花灯燭茶湯。是等者。皆居二飯台一也。先弾。并衆会。監寺供二茶湯一。住持焼香。打鈴。大悲呪施餓鬼。中施餓鬼也。送畢。

（『曹洞宗全書　清規』六五二頁下段）

この施餓鬼の水向には、溝萩ではなく「宿魂草」が用いられている。差定は先弾・衆会・監寺による献茶湯、住持焼香、大悲呪、施餓鬼というもので、割注に「中施餓鬼」との儀礼名も確認できる。おそらく「中施餓鬼」とは「大施餓鬼」が宣疏を含むのに対して、宣疏を省略した施餓鬼を指しているのであろう。

普済寺では月分行事としても施餓鬼会が営まれていた。一月一六日条に「放参了。客殿主。鳴鐘。施餓鬼。如二毎月一。沙喝無二施餓鬼一。」とあり、[70]「毎月の如し」との記述から施餓鬼が月分行事として営まれ、その日は沙喝の施餓鬼を略することが決められていた。この施餓鬼は七月一六日条に「晩。就二于客殿一。結縁施餓鬼如二毎月一。」とあるため、[71]客殿で営まれる「結縁施餓鬼」という仏事であった。「結縁」という語句と施餓鬼の主旨から考え、この「結縁施餓鬼」は施主の依頼に応じた薦亡の仏事であると思われる。九月一六日条に、この結縁施餓鬼に関してより詳細な規定を見ることができる。

放参了。客殿主。鳴鐘。縁置レ机。机上飯一升盛レ鉢。同汁菜。同水向之米五合。同水宿魂草。同有二常住幡二流一。同安二位牌一。置二前棹一。有二香花灯燭茶湯一。住持焼香。打磬。大悲呪。施餓鬼。住持焼香。有二水向一。了楞厳呪。行道。大衆水向。回向。為二祠堂万霊一也。畢。沙喝役之施餓鬼無。

（『曹洞宗全書　清規』六五五頁下段―六五六頁上段）

盂蘭盆の大施餓鬼のような専用の棚ではなく、山内の什物と思われる机の上に飯を一升盛った鉢、汁と野菜、水向けのための五合の米と宿魂草を入れた水を供え、二流の幡を掛けて位牌を置く。その前に置かれた棹子には、香花灯燭茶湯が供えられる。法要の差定は住持焼香、大悲呪、施餓鬼とあり、先の新豊院の中施餓鬼よりも簡略なものであるが、施餓鬼の後に「祠堂万霊の為」の楞厳呪が読誦され、行道中に大衆が水向けをする行法が示されている。

『普済寺清規』には施餓鬼会と同様に観音懺法の行法も多く記述されている。『正法清規』の「懺法亡者之回向」のような追善仏事の観音懺法に関する回向文や行法を『普済寺清規』には確認できないが、正月三箇日や観音菩薩の縁日である毎月一八日などに、山門や客殿を会場として観音懺法が営まれていた。本清規の記載を一瞥すると、観音懺法は正月三箇日・一六日・一八日、三月二六日・二八日、五月一六日、六月一八日、七月一八日、九月一六日・一八日の年間一二回が営まれていたことが確認できる。観音菩薩の縁日である一八日に懺法を修する規定が明記されているのは、一月、六月、七月、九月の四箇所のみだが、「毎月の如し」との記載が見られるので、月分行事として定着していたことが分かる。一月一八日条では「午尅懺法。飾二客殿一如レ毎。鳴鐘十八下。大衆集定。玄関板一会。并勧請懺法。如二毎月一。」とあるから、(72)懺法は午の刻に客殿で営む儀礼と言える。月分行事としての観音懺法に関して最も詳細な規定が示されているのは、九月一八日条である。ここには、次のように準備と式次第が記されている。

午尅。客殿之中央勧二請白衣観音一。同前棹有二香花灯燭茶湯洒水一。鳴鐘十八下。大衆集定。了打二玄関板一一会。了前勧請。了懺法。了後観請。畢。

（『曹洞宗全書　清規』六五六頁上段）

懺法に際して客殿中央に「白衣観音」を勧請し、前の棹子には香花灯燭、茶湯、洒水が置かれる。鳴鐘一八下で大衆が集まり、儀礼は「前勧請」「懺法」「後勧請」の三部構成となっている。前勧請・後勧請は妙鈸を鳴らす部分であり、今日とほぼ同様の行法であったことが看取される。

普済寺において、懺法は月分行事としてだけでなく、修正会や七夕、彼岸の年中行事としても営まれていたようである。正月三箇日に営まれた懺法は、年末の項目にある年始準備の記述から、祈禱懺法であったことが知られる。一二月二五日条では「斎了。修正懺法之差定打二函丈一。厚紙三枚半也。」とあり(73)、差定を函丈に打ち付けるよう指示されており、「改旦に用いる次第」という項目では（傍線は筆者による）、

馬経四流。二掛者。歳末之念誦餓鬼。二掛者。修正同満散。紙者従二常住一出。
修正中十六善神之洗米。満散之洗米。同三日祈禱懺法之洗米。二合宛。
盛二新土器二箇一也。十六善神。同。鎮守之、献斎。一合宛。
修正三箇日懺法之花平。今者禁止。
一日。二代和尚御二親。同檀那之献斎。一合宛。

（『曹洞宗全書　清規』六六二頁下段―六六三頁上段）

と「祈禱懺法」の語が見える。元旦の記述を見ると、

僧堂之次第。……僧堂与二食堂一応二同時一也。了玄関之板三声。有二茶礼一。了懺法。客殿主報二維那一。鳴二堂前鐘一十八下。前机開山之茶湯香花灯燭。花者五葉松也。献茶湯入。真前侍真備也。大衆集定。而打二玄関板一一会。了勧請懺法。如レ毎。後勧請了。板三声。有二茶子茶一。

（『曹洞宗全書　清規』六四二頁上・下段）

とあり、僧堂での中食の後に茶礼があり、客殿主の報告によって懺法が始められる形式となっている。割注に「前机開山之茶湯香花灯燭……真前侍真備也」との記述から会場はおそらく開山堂であった。正月三日条にも、

修正。巳尅。如レ前。了半斎。日中。僧堂。食堂茶礼。如レ前。懺法。如レ前。掛二本尊観音一。同洗米一対。有二香花灯燭茶湯一。花者五葉松也。用二祈禱一。

（『曹洞宗全書　清規』六四三頁下段）

とあり、茶礼の後に懺法が営まれ、洗米や五葉の松を供えることが指南されている。この三箇日に営まれた懺法が祈禱を目的としたものであり、かつ客殿主の報告によって法会が開始されることから考え、山内の大衆だけでなく、檀越もまた参加するものであったと思われる。

このような祈禱懺法とは別に、梵音閣や山門でも懺法は営まれていた。正月一六日条に「十六日午尅於二于梵音閣一。懺法衆廿人。前日押二差定一。」とあり、[74]大衆二〇名による懺法が梵音閣という建物で修されており、五月一六日条では「十六日。於二于山門一閣二午尅懺法一。」と山門でも懺法が営まれている。[75]これらの法会もまた正月三箇日と同様に檀越の祈禱、あるいは物故者の追善仏事として営まれたものであろう。

以上、檀越の月忌・年忌の追善供養法を記した「檀那年忌之事」や各檀越の追善供養の次第、大施餓鬼会の勧進や月分行事として営まれていた結縁施餓鬼、祈禱懺法といった儀礼から、中世戦国期における曹洞宗寺院の追善供養を考察した。本清規が示すように、中世の曹洞宗寺院においてすでに結縁施餓鬼や大施餓鬼会の勧進といった民衆層への布教活動が積極的になされており、その主たる役割の一つは亡者薦亡にあったと思われる。そして、普済寺が施餓鬼会による勧化を進める上で、沙喝の役として毎日の晩課で施餓鬼会が営まれていたことは特に注目されよう。日々、

沙喝によって三界万霊に供養する普済寺であるからこそ、沙喝より格が高い大衆によって営まれる毎月の結縁施餓鬼や盂蘭盆の大施餓鬼会が、さらに霊験あらたかな追善の仏事としての性格を持ち得たのである。

また追善仏事として明記されてはいないものの、観音懺法に関する記述も多く確認された。普済寺の観音懺法は、正月三箇日の修正懺法などの年中行事として、また観音菩薩の縁日である一八日に営む月分行事としての性格をもっていた。普済寺は大慈寺を本寺とする寒巌派の寺院であることは先述したとおりであるが、寒巌義尹と懺法との関連と言えば、緑川に架けられた大渡橋の落慶法要で三時に法華懺法が営まれたことが想起される。曹洞宗における土木事業の勧進の先駆的な業績として位置づけられている義尹の架橋事業は、一度目の蒙古襲来の二年後である建治二年（一二七六）にその勧進疏を撰したことに始まり、弘安元年（一二七八）七月晦日に落慶供養がなされた[76]。

鎮西肥後州大渡橋供養草記　来九月中

一奉懸渡大橋梁一条、長百尋余、広一丈六尺也、

一兼三箇日不断読経并三時法華懺法

　経者所謂

　華厳経　八十巻　　大集経　三十巻　　(追記カ)「日蔵月蔵八　二十巻」

　大品般若経　三十巻　　大般若経　六百巻

　法華経　八巻　　涅槃経等　四十二巻

一当日奉崛請一千口僧侶、敬奉仰聖応故也、毎手擎五部大乗妙典各一巻、開題之、転読之、

(追記)「一御布施物者、毎僧布袈裟一条、可奉施之、」

一奉為護橋、善神法楽舞楽一会可在之、

右設此大会之旨者、偏奉為国家御太平也、仍粗注進草記如件、

弘安元年戌寅七月晦日

勧進比丘義尹謹状

（『曹洞宗古文書』下巻、三八八頁）

義尹は一五歳で出家し叡山で天台教学を学び、その後日本達磨宗の波著寺懐鑒に参じ、仁治二年（一二四一）に懐鑒とともに興聖寺の道元下に参じた。また寛元元年（一二四三）・文永元年（一二六四）に二度宋に渡っている。[77]筆者はこの大渡橋の落慶供養において、不断読経に華厳経・大集経・大品般若経・涅槃経など禅門であまり用いられない経典が含まれていること、なにより法華懺法を三時に営んでいることに着目すべきであると考えている。それは義尹の求道の遍歴によるところが大きいものの、初期曹洞教団における懺法が観音懺法のみではなかったことを示しているためである。つまり『普済寺清規』には法華懺法の行法は記されていないので、寒巌派において懺法は観音懺法のみに行法を統一していったのであろう。

また、施餓鬼に関しては、やや時代は下るが永禄一〇年（一五六七）の今川家の寺領安堵状には、「一施餓鬼田富塚之内二貫文地事」との記述があり、普済寺領に「施餓鬼田」があったことが知られる。そして「右条々吉良殿御位牌所に依る為、先規よりの御寄進云々」という理由で継続的に寄進地とされていることから、[78]施餓鬼会を重視した普済寺の死者供養の展開を見て取ることができよう。

第六節　『諸回向清規』に見る追善供養法

中世禅宗の追善供養を主に曹洞宗の清規から見てきたが、最後に臨済宗の『諸回向清規』を取り上げたい。『諸回向

清規』は天倫楓隠《てんりんふういん》によって永禄九年（一五六六）に撰述され、明暦三年（一六五七）に刊行された回向集である。本清規の特徴は「諸回向清規」という題に示されているように、回向・偈文・幡・疏・牓といった禅林の儀礼で用いられる文句、文面、図が網羅的に蒐集・載録されている点である。追善仏事に関する回向文だけ見ても、亡者回向が七種、施餓鬼会が一〇種、懺法亡者陳白が記載されており、中世禅宗における追善供養の回向文を集成したものとなっている。

撰者の天倫楓隠は本清規の巻末に「永源遠孫現住天倫比丘楓隠」とあるが、寂室元光開山の瑞石山永源寺の世代には確認できず、生没年、法系など委細は不明である。(79)先述してきたように、諸寺院で編纂された清規所収の回向文は時代を経るにつれて増加する傾向にあり、その一つの到達点を示すのがこの『諸回向清規』である。『諸回向清規』は五巻からなり、一巻・二巻は「諸回向之部」として日分・月分・年分行事の回向のほか、諸仏・諸菩薩・諸天への諷経、逆修、祈禱、施餓鬼会の回向を収めている。三巻では「諸疏之部」「雑疏之部」「諸牓之部」を設けて、年中行事に用いられる疏や牓を記載している。第四巻では「諸葬礼法式之部」として僧俗の葬儀に用いられる偈文・願文や行法、喪場の配置図を所収し、第五巻は「懺法陳白小回向之部」「懺摩法式之部」「諸念誦之部」「受戒作法之部」「日用諸文諸偈呪之部」から構成され、観音懺法の行法や陳白・小回向、葬儀の念誦・回向文や土地堂念誦、授戒作法、日常的に用いられる偈文等を載録している。(80)現在の臨済宗の儀礼は、無著道忠の『小叢林略清規』とともに、この『諸回向清規』に依拠するところが多いと言われている。表3―4は『大正新脩大蔵経』第八一巻に載録されている『諸回向清規』をもとに記述内容を回向・偈文（願文・真言）・疏・陳白・念誦・法語・幡文（牌文）・牓・図・次第（行法）に分類して集計したものである。記述内容が多岐に及ぶ項目もあるため、おおまかな傾向を把握するための便宜的な統計と考えていただきたい。対して、表3―5は回向文の項目名を列記したものである。

表3―4が示すように『諸回向清規』には回向文一五六種、偈文・願文類一二一種、疏二九種、念誦文一五種、幡

文・牌文二六種、牓八種、図三八種、次第・行法四四種が記載されており、[81]『諸回向清規』という名に相応しい内容となっている。[82]回向文・疏・偈文の題の割注には「相国」「天龍」「臨川寺」「律家」「華厳」との記載が見られ、京都五山十刹に加え、華厳宗や律宗の偈文なども広く載録していることが分かる。祈禱に関する回向文には、当時の祈願内容が明瞭に表れており、雨や晴れといった天候（祈雨諷経・祈晴諷経）、災難消除（禳災祈禱看経・禳疾病災難祈禱）、病・疫病の平癒（諸病祈禱・疫癘災難祈禱・疫病祈禱百座楞厳呪）、出産や多産（婦人臨産祈禱・栄子祈禱）、渡航安全（唐船祈禱・船中祈禱）などが見られ、多岐に渡っている。これは中世禅僧が祈禱という面でも、さまざまな要求に応えていた一つの証左と言えるものであろう。では『諸回向清規』に載録された回向文から中世臨済宗の追善供養を辿ってみたい。表3―6は在家物故者に対する回向文九種の文言・割注・供養対象・法要・忌日の記述を一覧にしたものである。①毎日三時亡者通回向の割注にある「亡僧同レ之霊位作覚霊下粥斎等皆効レ之」との記述は、読み込みの「霊位」を「覚霊」に変更して、①毎日三時亡者通回向、②亡者献粥供膳通回向、③亡者宿忌半斎の三種の回向文を亡僧にも適応できる

表3―4『諸回向清規』所収の回向・偈文等の個数一覧

	回向	偈文・願文・真言	疏	陳白	念誦	法語	幡文牌文	牓	図	次第・行法（その他）
第一、二巻	116	8	0	0	0	0	1	0	2	1
第三	3	0	29	0	0	0	0	8	17	0
第四	23	6	0	0	0	0	23	0	15	35
第五	14	108	0	7	15	4	2	0	4	8
合計	156	122	29	7	15	4	26	8	38	44

表3―5　『諸回向清規』の構成一覧

＊『大正新脩大蔵経』八一巻所収の『諸回向清規』（六二四頁中段―六八七頁下段）より作成。回向や疏、牓、行法などを項目別に分類したため、『諸回向清規』の記載の順序とは異なっている。

《第一巻・第二巻》

〈回向（一一六種）〉

●日分行事（七種）
逐日三時　日中　放参　逐日看経　毎日三時祖師通回向　〈展鉢〉挙心経畢回向　本尊通回向

●月分行事（一一種）
祝聖　就于輪蔵祝聖　祖塔諷経　土地堂諷経①②　祖師堂諷経　火徳諷経　韋駄天諷経　普菴諷経　鎮守諷経①②

●年分行事（一七種）
修正看経逐日①②　修正満散諷経　修懺祈禱満散諷経　善月祈禱諷経　三仏忌通回向　仏涅槃忌半斎　仏誕生忌半斎　結制満散諷経　楞厳会回向〈結・解〉制衆寮諷経　解制満散諷経　達磨忌宿忌半斎　達磨忌粥罷諷経　仏成道忌半斎　除夜開

《第三巻》

〈回向（三種）〉
三仏忌疏後通回　楞厳会畢回向　初祖忌半斎疏後回向

〈疏（一九種）〉
修正看経満散①②　善月祈禱　仏涅槃忌①②　仏誕生忌①②　結夏楞厳会啓建疏　解夏満散疏①②　盂蘭盆山門施餓鬼　奥州太守古鑑居士太施餓鬼疏　達磨忌　初祖忌　仏成道忌①②　歳絶　帝王御誕王　仏殿立柱法堂上棟　僧堂開堂　大塔立柱　山門立柱　慶讃塔婆陞座　奉勧請八幡大菩薩　弥勒安座　釈迦如来安座　竈鳴祈禱　庄船祈禱満散　亡僧結縁看経満散

〈牓（八種）〉
修正看経牓　斎前　斎後　円

《第四巻》

〈回向（一二三種）〉
亡者授戒回向　沐浴畢入龕諷経回向　入壺諷経回向　七仏事諷経通回向〈火・土〉葬諷経　取骨諷経　安骨諷経　帰骨諷経　中陰勤行回向〈暁更亡者・本尊・亡者・三界万霊十方至聖・日午〉中陰畢就于廟所〈収・送〉骨入塔諷経　石塔諷経①②　諸霊通回向　畜生通回向　畜生掩土荼毘回向　祖師荼毘諷経回向　亡僧中陰諷経　五輪塔造立　五輪塔〈彫刻・建立〉

〈偈頌・願文・真言（六種）〉
亡者剃髪偈　袈裟偈　亡者授戒願文　亡者授戒法　拾骨頌　十三仏真言

〈幡文・牌文（一二三種）〉

《第五巻》

〈回向（一四種）〉
懺法小回向〈修正・祈禱・請雨祈禱・説法祈禱・尊宿・亡者・逆修〉龕前回向　挙龕回向　山頭念誦回向　尊宿龕前念誦回向　尊宿山頭念誦回向　結夏念誦回向　女人伏願句

〈偈文（一〇八種）〉
十仏名　一切処一切時常発願文　普礼偈　三宝礼拝偈　日礼文　月礼文　明星礼文　神明礼文　達磨礼文　太子礼文　天下兵干起時祈文　出家入道剃髪偈　聞晨鐘偈　聞昏鐘偈　睡起偈　早晨下床念偈　登床偈　登圂偈呪　楊枝偈　洗浄呪　清手偈呪　洗面偈　薫手呪　去穢呪　摘草浄手偈　剃髪偈　澡浴偈　入浴浄身呪　著衣偈　披袈裟偈呪

山始祖諷経　四節開山祖師諷経

●仏菩薩・諸天の法要（一〇種）

十三仏安座諷経　地蔵菩薩諷経　薬師如来諷経　観音菩薩諷経　観音大士諷経　弁才天諷経　羅漢諷経　大黒諷経　天神諷経　聖徳太子諷経

●祖師・尊宿・僧衆（一二種）

祖師献粥供膳通回向　祖師宿忌半斎　祖師忌半斎　国師諡号諷経　入牌祖堂①②③④　祖師安座諷経　報恩看経　入院当晩開山諷経　入寺当日開山諷経

●施餓鬼（一〇種）

施餓鬼　水陸会　盂蘭盆結縁施食　盂蘭盆亡者追薦施食　施食　時正施食　臨時施食略回向　施食略回向　施食略通回向　施食或式

●法皇・将軍家（五種）

諸法皇御忌宿忌半斎　諸法皇御忌諷経　開眼供養諷経　将軍

通妙懺　盂蘭盆結縁看経榜　盂蘭盆看経牓　亡僧結縁看経牓　鹿苑院殿看経牓

〈図（一七種）〉

可漏図（修正看経満散①②・善月祈禱・仏涅槃忌・結夏楞厳会啓建疏・盂蘭盆山門施餓鬼・奥州太守古鑑居士太施餓鬼疏・達磨忌・歳絶・仏殿立柱法堂上棟・僧堂開堂・大塔立柱・山門立柱・竈鳴祈禱・庄船祈禱満散・亡僧結縁看経満散）　疏印銘之図形

柄杓文　桶并杖文　入棺頌　入棺文　八方龕之文　四方龕之文　六方龕之文　棺文①②　大幡四本之文　黄幡頌　四方門額　骨桶文　僧俗男女位牌之上頭文字　僧俗男女位牌之中文字　僧俗男女位牌之下文字　座頭之位牌　三牌　施餓鬼之位牌　逆修寿牌　五輪種子　流灌頂之神呪　兜率天四十九院

〈図（一五種）〉

龕堂火屋之図　火屋　天蓋之様　喪場図①　棺文図①　喪場図②　棺文図②　四門之額并幡立方　骨桶図　祭文封皮式　涅槃台之図　棺之蓋　塔婆之図　率都婆之図形　流灌頂之図

〈次第・行法（三五種）〉

七仏事之品次　龕前山頭七仏事之品次　諸道具并諸役者行列之次第　六地蔵之名号　荼毘諸

展坐具偈　衣鉢偈　五条衣偈　七条衣偈　九条衣偈　説法偈　聴法偈　讃仏偈　献花偈　点灯偈　焼香偈　礼拝偈　開経偈　還経偈　入堂偈　登仏殿偈　下鉢偈　聞槌偈　展鉢偈①②　受食偈　生飯偈　棒飯偈　蒲鉢偈　十仏名偈　五観偈　六念偈　後唄　三匙偈　折水偈①②　戴鉢偈　食畢偈①②　施粥偈　施斎偈　菓子偈　茶偈　布施偈　坐禅偈　坐禅除睡呪　定坐偈　帰位端坐偈　就睡偈　量食偈　讃飯偈　乞食偈　瞻塔偈　破地獄偈　見畜生偈　見病偈　預修歎仏偈　牛頭天王真言　愛染大呪　閻魔王呪　大黒天神真言　毘沙門真言　諸経補闕時用此呪　一切衆生成仏呪　父母成仏呪　報父母恩真言　渡水呪　乗船偈　止火偈　滅破戒罪呪　賊難消除呪　除諸災難呪　除雷災呪　八句陀羅尼　随求陀羅尼　光明真

家誕生諷経　御所看経
●在家物故者（七種）
毎日三時亡者通回向　亡者献粥供膳通回向　亡者宿忌半斎　亡者略回向　檀那忌　斎粥　接待満散
●逆修（一〇種）
逆修入牌　逆修入牌毎日小諷経　逆修入牌　逆修略通回向　逆修善根諷経　逆修追善諷経　逆修功徳諷経　逆修半斎　比丘逆修　尊宿逆修入牌
●祈禱関係（二七種）
秉払祈禱①②　問禅祈禱　請雨祈禱　請雨祈禱満散　祈雨諷経①②　祈晴諷経①②　祈晴満散諷経　悪星祈禱　御悩祈禱　禳災祈禱看経　禳疾病災難祈禱　諸病祈禱　疫癘災難祈禱　疫病祈禱百座楞厳呪　百座祈禱　竈鳴祈禱　婦人臨産祈禱　栄子祈禱①②　唐船祈禱　船中祈禱　大般若経回向　造作祈禱諷経

仏事之次第　闍維諸役者之次第并員数　喪次第　或寺仏殿龕前之規式　火屋　諸東堂立班　立班異義　亡者茶毘略作法　四句文略註　掩土入塔吉日　天竺四葬礼　金神七殺方大凶　吉時　四魔所在大凶方　死人可出通用時　出亡者時刻　弘法大師無縁葬次第　三鏡図　中陰勤行之次第　中陰勤行之品目①②　追忌名数之次第　忌景之次第十王本地真言要文諱日異名　日分須知　龕前　赴山頭次第　山頭　請仏事帖子式①②　僧家茶毘略作法　僧家茶毘役者行列

言　光明真言功徳　迦葉尊者毎朝奉唱礼十三仏号　舎利礼　薬師経　十二神　十六善神　十八天
〈**懺法陳白**（**七種**）〉
修正陳白　祈禱陳白　請雨祈禱陳白　説法祈禱陳白　尊宿陳白　亡者陳白　逆修陳白
〈**念誦**（**一五種**）〉
龕前念誦　挙龕念誦　山頭念誦　尊宿龕前念誦　尊宿起龕念誦　尊宿山頭念誦　尊宿全身入塔念誦　尊宿大夜念誦　尊宿唱衣念誦　結夏念誦　解夏念誦　冬至念誦　除夜念誦　三八念誦　下八無常念誦
〈**法語**（**四種**）〉
円悟禅師亡僧下火　百丈禅師通下火　大恵禅師通下火　大応国師通下火

立柱祈禱諷経 〈**偈文・願文・真言**（**八種**）〉 浴仏偈　仏母　解夏文　鉢斎 維那下槌偈　十仏名　粥之呪願 斎之呪願　請雨陀羅尼 〈**幡文・牌文**（**一種**）〉 施食幢幡異文 〈**図**（**二種**）〉 施食幢幡図　七如来幢幡図并 尊号 〈**次第・作法**（**一種**）〉 逆修忌日之次第			〈**幡文・牌文**（**二種**）〉 棟札文　柱札文 〈**図**（**四種**）〉 懺法差定之板　懺法衆木座牌 之図　懺法座牌之図　前後鈸之 図 〈**次第・行法**（**八種**）〉 修懺之作法　懺法楽奏之事 戒法之品次　禅戒軌并序　戒法 六斎日　法宝大師上厠軌則　十 三仏機縁

ことを示している。①は「毎日三時」という題から分かるように、日々の朝課・日中・晩課の三時諷経の際に営む追善の法要と考えられる。読経される経典・法要の形態を見ると、①②⑥は大悲呪を読誦する簡略なものであるが、年忌供養の③亡者宿忌半斎の回向文には、円通妙懺（観音懺法）・開甘露門（施餓鬼会）・大乗妙典疾書（頓写仏事）が、⑤檀那忌の回向文には、書写五部大乗の写経・看経・円通妙懺・説戒・水陸会・拈香讃揚仏事・陞座説法が確認でき、複数の法会によって正忌仏事を執り行う形態が看取できる。このように大掛かりに仏事を営むのは、③の割注に「諸将

表3―6　『諸回向清規』所収の在家物故者への追善仏事の回向文

＊割注は〈　〉で示す。

回向文名	回向文（歎霊などで略記された部分を筆者が補足した）	割注	供養対象	仏事の委細	忌日の表記
①毎日三時亡者通回向	仰冀三宝　俯垂昭鑑。上来諷誦大悲円満無礙神呪所集功徳奉為。某名霊位荘厳報地。十方三世一切諸仏諸尊菩薩摩訶薩云云	亡僧同レ之霊位作二覚霊一下粥斎等皆効レ之	某名霊位	大悲呪	記載無し
②亡者献粥供膳通回向	仰冀三宝　俯垂昭鑑。上来〈献粥・虔備肴膳〉茶湯諷誦　大悲円満無礙神呪所集功徳奉為。某亡者名霊位荘厳報地。十方三世一切諸仏云云		亡者名霊位	大悲呪	記載無し
③亡者宿忌半斎	浄極光通達寂照含虚空　却来観世間猶如夢中事 仰冀三宝　俯垂昭鑑　某門今月某日伏値。某名〈月・幾年〉忌之辰。円通妙懺一座。開甘露門一会。大乗妙典疾書一部。造立木浮〈屠・図〉一基〈経名多少随レ意可レ載〉虔備香華灯茶〈湯之儀・菓珍饈〉以伸供養。謹〈命合山・集現前〉清衆〈同・音〉諷誦。大仏頂万行首楞厳神呪所集功徳奉為。霊位荘厳報地伏願。処生死流驪珠独耀於滄海踞涅槃岸桂輪孤朗於碧天。普導世間同登覚路。十方三世云云	諸将軍半斎亦大抵同レ之若不レ弁レ覰則可レ除二謹命二字一諸亡追薦時如レ此也	某名	観音懺法・開甘露・頓写・楞厳呪	〈月・幾年〉忌之辰
④亡者略回向	浄極光通達寂照含虚空　却来観世間猶如夢中事 仰冀三宝　俯垂昭鑑。上来現前清衆諷誦。大仏頂万行首楞厳神呪所集〈殊勲・功徳〉奉為。某名霊位荘厳報地伏願。処生死流驪珠独耀於滄海踞涅槃岸桂輪		某名霊位	楞厳呪	記載無し

	孤朗於碧天。普導世間同登覚路。十方三世一切諸仏諸尊菩薩云云				
⑤檀那忌	浄極光通達寂照含虚空　却来観世間猶如夢中事大日本国州山寺某門今月某日伏値。本願檀那某人幾忌之辰。茲者氏諸族某州居住孝孫某等預於今月斯日。就于本〈寺・院〉供仏施僧又於隣封禅教律諸寺大小幾有余所悉施浄財同施法会。仍命僧侶昇勤修〈或書写〉五部大乗経。看読某部某経某呪円通妙懺一座説戒一座水陸妙供一会今当満散。虔備香華灯燭茶菓珍饈以伸供養。敦請某〈堂頭・西堂〉和尚拈香讃揚仏事。拝請某堂頭和尚陞座説法之次。謹命現前清衆同音諷誦。大仏頂万行首楞厳神呪所集功勲奉為。霊位荘厳報地伏願。処生死流驪珠独耀於滄海踞涅槃岸桂輪孤朗於碧天。普導世間同登覚路。十方三世云云		某人幾忌ノ辰	写経・看読経・観音懺法・説戒・水陸供・堂頭(西堂)による拈香仏事・陞座説法・楞厳呪	幾忌之辰
⑥斎粥	上来諷経大悲円満無礙神呪所集功徳奉為。某人霊位荘厳報地念。清浄法身毘盧遮那仏〈以下見二于次文一若不レ知二亡者一則如レ此可レ誦〉今日所薦亡者荘厳報地念。清浄法身毘盧遮那仏〈以下見二于次文一〉		某人霊位	大悲呪・十仏名	記載無し
⑦接待満散	大日本国某州某郡某山某寺住持比丘某名某門今月某日宓値。某名某幾忌之辰。棄捨浄財啓建無遮勝会逐日接待千衆尊像。営備香華灯燭茶菓珍饈以伸供養。現前一会清衆同音諷誦。大仏頂万行首楞厳神呪所集		某名	楞厳呪	某幾忌之辰

	功徳奉為。霊位荘厳報地伏願。処生死流驪珠独耀於滄海踞涅槃岸桂輪孤朗於碧天。普導世間同登覚路。十方云云				
⑧諸法皇御忌宿忌半斎	妙性円明離諸名相　霊光独耀迥脱根塵 仰冀尊儀　俯垂昭鑑　某門今月某日伏値。某名太上法皇御忌之辰。〈預於斯晩〉虔備香華灯燭茶〈湯之儀・菓珍饈〉以伸供養。謹命合山清衆諷誦。大仏頂万行首楞厳神呪所集功徳恭為。神廟尊霊増崇覚位〈恭伏〉願。曠劫無明当下消尽真空妙智即得現前生生紹隆仏種処処建立法幢。普導含識同生浄邦。十方三世云云		某名太上法皇	楞厳呪	御忌之辰
⑨諸法皇御忌諷経	妙性円明離諸名相　霊光独耀迥脱根塵 仰冀尊霊　俯垂昭鑑　大日本国山城州某山某寺比丘某謹集合山僧衆諷誦。大仏頂万行首楞厳神呪所萃殊利奉為。大行皇帝資厳　聖駕伏願。神遊八極想雲車風馬来臨位証中天受玉殿瓊楼快楽。十方三云云	歎仏偈見二于前一	大行皇帝	楞厳呪	

軍半斎……」とあるように、足利家をはじめとした武家などの上層階級を対象としているためであろう。加えて、⑧諸法皇御忌宿忌半斎、⑨諸法皇御忌諷経といった法皇の年忌仏事の回向文も記載されている。

次に中陰仏事を見てみたい。『諸回向清規』には、中陰仏事に関する式次第が表3―7に示すように記載されている。「中陰勤行之次第」には回向文が併記されており、細かく行法が示されている。二種類ある「中陰勤行之品目」は割注に「小異を挙ぐ」とあることから、「中陰勤行之次第」を補足する仏事構成の用例として挙げたものであろう。

表3—7の上部にある「中陰勤行之次第」では、一日に一二種の法会が営まれ、そのうち亡者を対象とした法会は、暁更亡者・亡者①・献粥諷経・半斎・日午・亡者②の六つである。暁更亡者では「八句陀羅尼二十一返　光明真言十一返或二十一返　随求陀羅尼十一返或二十一返　大悲呪一返」が唱えられ、光明真言などの陀羅尼の読誦によって供養がなされている。本尊への法要後の亡者①では、楞厳呪が読誦され、続いて三界万霊の供養、献粥諷経では、大悲呪を唱えて朝食の粥を供え、半

表3—7　『諸回向清規』所収の中陰仏事の式次第

＊『大正新脩大蔵経』八一巻六六四頁より作成。便宜のため下の二種の式次第にはABを、便宜的に○で囲んだ数字を付した。

○中陰勤行之次第

暁更亡者	八句陀羅尼・光明真言・随求陀羅尼・大悲呪
本尊	普門品・大悲呪・消災呪
亡者①	楞厳呪
三界万霊十万至聖	大悲呪または楞厳呪
献粥諷経	大悲無礙神呪・献粥通回向
半斎	楞厳呪・半斎通回向
日午	金剛経・仏頂尊勝陀羅尼または大悲呪・消災呪
晩景	施餓鬼
放参	大悲呪・消災呪・三時回向
亡者②	首楞厳白傘蓋無上神呪・回向暁更と同じ
三界万霊十方至聖	大悲呪
夕陀羅尼	

○中陰勤行之品目A

五更	坐禅・八句陀羅尼
早晨	普門品・大悲神呪・消災神呪
献粥	普楞厳神呪或大悲神呪
半斎	白傘蓋神呪
日午	大乗妙典
放参	大悲神呪・消災神呪
宿忌	楞厳呪
初更	八句陀羅尼・坐禅

○中陰勤行之品目B

平旦	寅	坐禅光明真言随求陀羅尼大悲無礙神呪
食時	辰	献粥楞厳神呪　或　大悲神呪
禺中	巳	坐禅　法華経大悲呪
日南	午	半斎楞厳呪
日入	酉	放参小施食
黄昏	戌	光明真言大悲呪　坐禅
長時漸写経		某年月日時逝去

斎諷経では、楞厳呪が読誦され昼食の飯を供える。金剛経・仏頂尊勝陀羅尼か、あるいは大悲呪・消災呪を日午に唱え、晩景には施餓鬼会を営み、放参の後、楞厳呪（首楞厳白傘蓋無上神呪）が誦される。中陰勤行之品目Aでは八種、Bでは六種の法要が記されており、これらはいずれも亡者回向の法会と考えられる。『諸回向清規』には祖堂へ入牌する儀礼の回向文の中に、「祖亡共通之を用う」との割注が見られる回向文があり、(83)「祖」は祖師、「亡」は亡者を指すと解されるので、祖堂への入牌儀礼が在家者にも適応されていたと考えられる。

『諸回向清規』には施餓鬼会の回向文が一〇種載録されている。表3―8は各回向文の割注、月日、供養対象の読み込みに関する表記と、筆者が判断した仏事の用途を一覧にしたものである。回向文の名称、月日の記述から見て、①時正施食の「時正」は昼夜の時間が等しいという意味で春秋の彼岸を意味するため、彼岸中の施餓鬼会に用いられたものとなる。②施餓鬼、③盂蘭盆結縁施食が用いられる法要はその日付から七月一五日の盂蘭盆施餓鬼会に営まれたものである。これら三種の回向文には、特定の戒名を入れる読み込みの部分が存在しないため、総回向の性格をもつ法会であろう。

対して、④盂蘭盆亡者追薦施食は日時が七月一五日と明記されているけれども、読込部分が「亡者名　霊位」「伏願某名」とあるので、特定の物故者を供養する法会であることが看取される。④は七月一五日の②③の盂蘭盆施餓鬼会とともに併修された檀越供養の施餓鬼会であり、おそらく『瑩山清規』の「結縁諷経」と同種の法会であると考えられる。⑤水陸会、⑥施食、⑦臨時施食略回向、⑧施食略回向、⑨施食略通回向、⑩施食或式は、先の④のように日時が特定されていないものの、読込部分に「某名」「某霊」「某亡者」と物故者の霊位を述べる箇所が見られ、「某忌之辰」「年忌之辰」と忌辰が記されていることから、特定の物故者のための年忌仏事として執り行われた法会であることが分かる。⑤水陸会は割注に「亡者仏事追善年忌等用レ之」とあり、それを明確に示している。⑧施食略回向は割注に

「半斎回向接㆓施食㆒時用㆑之」とあるから、年忌当日に中食を供える半斎諷経に際して営まれたものであろう。以上のように『諸回向清規』の回向文から、中世臨済宗において檀越の追善仏事としてさまざまな施餓鬼会が実施されていたことを知ることができるのである。

中世曹洞宗の清規に見られる追善仏事の施餓鬼会は、先述したように大安寺蔵『回向并式法』の弔施餓鬼、静居寺

表3—8　『諸回向清規』の施餓鬼回向一覧

回向文名	割注	月日を示す語句	供養対象	用途
①時正施食				春秋彼岸会
②施餓鬼	七月十五日	今月十五日乃衲子自恣之辰		盂蘭盆施餓鬼会
③盂蘭盆結縁施食	七月十五日	七月十五日乃衲子自恣之辰		檀越の追善仏事
④盂蘭盆亡者追薦施食		七月十五日乃衲子自恣之辰	亡者名　霊位 伏願　某名	盂蘭盆の檀越追善仏事
⑤水陸会	亡者仏事追善年忌等用㆑之	今月某日	某名　霊位	檀越の追善仏事
⑥施食		今月某日 某霊某忌之辰	某霊某忌之辰 伏願某亡霊	檀越の追善仏事
⑦臨時施食略回向			某亡者年忌之辰	檀越の追善仏事
⑧施食略回向	半斎回向接㆓施食㆒時用㆑之		某名霊位	檀越の追善仏事
⑨施食略通回向			某名三界万霊	檀越の追善仏事
⑩施食或式			某名霊位	檀越の追善仏事

の『年中行事清規』の亡者回向に確認され、遠江普済寺でも回向文は記載されていないものの、行法として結縁施餓鬼が見られた。永禄九年（一五六六）に成立した『諸回向清規』には追善仏事の施餓鬼回向が九種も記載されていることは、戦国期において曹洞・臨済を問わず禅宗寺院において餓鬼会が追善仏事として主要な地位にあったことを示すものであろう。

『諸回向清規』の懺法の回向文や陳白は第五巻に「懺法陳白小回向之部」として他の回向文とは別にまとめられており、修正陳白・祈禱陳白・請雨祈禱陳白・説法祈禱陳白・尊宿陳白・亡者陳白・逆修陳白の七種の陳白が載録されている。陳白とは「開陳告白」の意で、仏祖の真前において祈願などを述べる文である(84)。これらの陳白は請雨などの祈禱、尊宿・亡者の供養、逆修に懺法が用いられていたことを示している。いずれの陳白文・回向文にも「観音妙懺」「円通妙懺」という文言が見られ、「円通」は耳根円通が二十五菩薩中で最も勝れた観音菩薩を指すので懺法は観音懺法であったことが知られる。尊宿陳白の読み込み部分には、「前住当本山某和尚大禅師示寂之辰預於斯晩。宿忌等用」とあり、年忌の逮夜に営む旨が割注に示されており、おそらくこれは尊宿に限らず、亡者懺法にも共通するものであろう。つまり観音懺法は尊宿・在家物故者を問わず命日の逮夜に営まれる追善仏事となっていたと思われる。

以上、亡者回向や施餓鬼会、観音懺法の回向文・陳白から『諸回向清規』に見られる追善供養について見てきた。最後に『諸回向清規』所収の追善供養に関する回向文の対象について考察を加えたい。とりわけ、臨済宗の供養儀礼の中に「先祖」といった系譜的な死者観を見ることができるかを確認してみたい。

表3—9は『諸回向清規』所収の追善仏事の回向文に見られる供養対象を一覧にしたものである。一見して分かるように、亡者回向の法会や檀那忌、懺法亡者陳白の回向文では、「某名霊位」と読み上げられる場合が多く、「先祖」を対象とした追善供養の観念はあまり確認できない。つまり亡者回向とは、ある特定の物故者へ功徳を追善する仏事

表3—9『諸回向清規』所収の亡者回向・施食回向・懺法回向の供養対象

回向文名	供養対象	原文
毎日三時亡者通回向	某名霊位	奉為。某名霊位荘厳報地。
亡者献粥供膳通回向	某亡者名霊位	奉為。某亡者名霊位荘厳報地。
亡者宿忌半斎	某名・霊位	伏値。某名〈月・幾年〉忌之辰。……奉為。霊位荘厳報地。
亡者略回向	某名・霊位	奉為。某名霊位荘厳報地。
檀那忌	本願檀那某人・霊位	伏値。本願檀那某人幾忌之辰。……奉為。霊位荘厳報地。
斎粥	某人霊位	奉為。某人霊位荘厳報地念。
（中陰勤行）暁更亡者	某名霊位	奉為。某名霊位荘厳報地。
（中陰勤行）亡者	某名霊位	奉為。某名霊位荘厳報地。
（中陰勤行）日午	某名新帰真霊位	奉為。某名新帰真霊位報地荘厳。
諸法皇御忌宿忌半斎	某名太上法皇・神廟尊霊	某名太上法皇御忌之辰。……恭為。神廟尊霊増崇覚位。
諸法皇御忌諷経	大行皇帝	奉為。大行皇帝資厳
懺法・亡者陳白 小回向	亡者・真如実際・亡者名	伏値。亡者某年忌之辰。……所集功徳回向。真如実際荘厳無上仏果菩提。十方常住三宝果海無量聖賢　伏願。亡者名曠劫無明当下消滅……専願某亡者処生死流。驪珠独耀。
時正施食	仏眷禅者霊位・現世生身父母・過去七世父母・六親眷属・歴劫冤親・見存者・亡没者・前後亡没逝霊・戦亡無数孤魂・恒沙餓鬼・一切幽霊	奉為。仏眷禅者霊位荘厳報地。資助冥福各伸報薦現世生身父母過去七世父母六親眷属歴劫冤親見存者福楽百年亡没者神栖安養。……所冀。前後亡没逝霊戦亡無数孤魂恒沙餓鬼一切幽霊平等資熏普皆饒益法界衆生同円種智。

施餓鬼	祠堂内各各霊位・各人多生父母・歴劫冤親・一切幽霊・河沙餓鬼	次冀。尽祠堂内各各霊位。……専祈。資薦各人多生父母歴劫冤親一切幽霊河沙餓鬼咸出迷衢同登覚路。
盂蘭盆結縁施食	各人多生父母・歴劫怨親・一切幽霊・河沙餓鬼	伏願。資薦各人多生父母歴劫怨親……一切幽霊河沙餓鬼。咸出迷衢同登覚路。
盂蘭盆亡者追薦施食	亡者名霊位・某名・各人多生父母・歴劫冤親・一切幽霊・河沙餓鬼	今月今日 亡者名霊位荘厳報地。……伏願。某名 同受法味以護仏祖之化門各増威光而除国家之災障専祈。資薦各人多生父母歴劫冤親一切幽霊河沙餓鬼咸出迷衢同登覚場。
水陸会	某名霊位・各人多生父母・歴劫冤親・一切幽霊・河沙餓鬼	専祈。某名霊位荘厳報地伏願。資薦各人多生父母歴劫冤親一切幽霊河沙餓鬼咸出迷衢同登覚路。
施食	某霊・某亡霊河沙餓鬼・一切幽霊	伏値。某霊某忌之辰。……伏願。某亡霊……河沙餓鬼一切幽霊咸出迷衢同登覚路。
臨時施食略回向	某亡者・霊位・法界群生・河沙餓鬼	伏値。某亡者年忌之辰。……奉為。霊位荘厳報地……法界群生同受法味河沙餓鬼咸出迷衢同登覚路。
施食略回向	某名霊位・無辺幽霊・河沙餓鬼・三界万霊・十方至聖	奉為。某名霊位荘厳報地伏冀。無辺幽霊河沙餓鬼三界万霊十方至聖同受法味倶登覚路。
施食略通回向	某名・三界万霊・十方至聖・各人多生父母・歴劫冤親・一切幽霊・河沙餓鬼	奉為。某名三界万霊十方至聖伏願。資薦各人多生父母歴劫冤親一切幽霊河沙餓鬼咸出迷衢同登覚路。
施食或式	某名霊位・三界万霊・十方至聖・無辺幽霊河沙餓鬼	奉為。某名霊位荘厳報地。三界万霊十方至聖無辺幽霊河沙餓鬼同受法味倶登覚場。

であり、それ以外は供養対象には入っていないのである。

一方、施餓鬼会・水陸会において供養対象となっているのは特定の死者だけでなく、多生父母・歴劫冤親・一切幽霊・河沙餓鬼などさまざまである。とりわけ時正施食は一一種の対象を読み込んでおり、「戦亡無数孤魂」とあるように戦没して孤魂となった諸霊をも対象としている。しかし、集合的な対象を表象するのは「六親眷属」「七世父母」であり、どちらかといえば、「七世父母」よりも「多生父母」の方が多く用いられている。

「七世」の「世」には、①世代、②生涯（過去世）の二つの意味があり、「七世父母」とは、七世代前までの出自原理に基づく父母たちという意味と、七度の生涯の父母という二つの意味がある。①の意味では「先祖」を表象する語となるが、②の意味では系譜に基づくのは両親のみとなる。『諸回向清規』の「時正施食」に見られる「現世生身父母」という表現は後者の点を端的に示している。この「時正施食」を除いた施餓鬼会回向には、「多生父母」とあり、「多生」は幾度も生まれ変わることを指すので、回向文に見られる「七世父母」は①世代の意味ではなく、②七生涯の父母を表象する語と言えるだろう。パーリ三蔵の小部経典で餓鬼救済譚を集成した『餓鬼事経』においても、例えば舎利弗が餓鬼となった四つ前の生の母を救う物語が載録されており[85]、施餓鬼回向においても禅僧が意識しているのは、系譜的な関係にある先祖というよりも、両親とその子という親子の関係性である。その点で施餓鬼会は三界万霊とともに幾多の輪廻の中で父母となった人物たちを供養する「孝」の儀礼という性格をもち、先祖供養の儀礼とは言い難いものとなっている。この背景には、施餓鬼会と習合した盂蘭盆会が目連救母説話をその典拠とし、「孝」の倫理を基盤としていることが大きいであろう[86]。本清規所収の偈文を見ても、一切衆生成仏呪・父母成仏呪・報父母恩真言といった真言があるが、「先祖報恩」といったものはなく（表3―5）、父母の成仏、父母への報恩といった「孝」を重視する姿勢がうかがえる。

以上、『諸回向清規』から中世後期の臨済宗の追善仏事に関して見てきた。『諸回向清規』は相国寺・天龍寺・臨川寺といった京都五山・十刹などからも回向文・偈文等を蒐集し、将軍家や法皇の仏事なども載録した回向集であった。このような上層階級を対象とした仏事の回向文を載録しているため、亡者宿忌半斎・檀那忌といった年忌仏事では、観音懺法・施餓鬼会・頓写仏事・看読経・説戒・水陸会・拈香讃揚仏事・陞座説法などのさまざまな法要が回向文の中に見られた。毎回これらの仏事すべてを営んだかどうかは判然としないが、少なくともこれらの法会は追善仏事の選択肢とされていたであろう。中陰仏事では、物故者へは献粥諷経・半斎諷経・夕刻の諷経だけでなく、一日に六度から八度も諷経を営む次第が提示されていた。

回向文の供養対象に目を向けると、仏事は特定の故人を対象とし、それ以外の対象へと供養が向けられているのは施餓鬼会であり、そこには忌辰を迎えた物故者とともに「父母」を供養する「孝」への配慮が見られ、今日の「先祖供養」と呼ばれるような系譜的・集合的な死者への供養儀礼の観念はあまり確認できなかった。

まとめ

以上、本章では禅僧によって撰述された清規・禅語録をもとに、中世後期の禅宗における追善供養の展開を見てきた。本章で指摘した点を列挙すれば次のようになる。

清規の空白時代となっている一五世紀の状況を伝える曹洞禅僧の香語を見ると、一五世紀前期の追善供養は拈香法語、楞厳呪読誦、法華経の写経仏事を中心としていた。一五世紀中期から後期にかけては器之為瑶の香語に「無遮大会」「水陸供」という施餓鬼会を示す語句が見られ、曇英慧応には「円通妙懺」という観音懺法を示す語句が、菊隠瑞潭には施餓鬼会・観音懺法の両方が確認できた。これらは施餓鬼会・観音懺法の追善仏事化を示すものであり、香語から見て、施餓鬼会は文安三年（一四四六）に、観音懺法は明応七年（一四九八）には特定の物故者を供養する仏事となっていた。つまり曹洞宗の追善仏事が施餓鬼会・観音懺法を加えるという変容が認められるのは、一五世紀中期頃から末期にかけてである。

このような追善仏事の変容は、一五世紀後期から一六世紀前期に編纂される清規にも確認された。一四六二年頃に成立した大安寺蔵『回向并式法』には「弔施餓鬼」、一五二三年に編纂された静居寺『年中行事清規』には亡者回向に逮夜仏事として「広大甘露法食」が挙げられており、施餓鬼会が追善仏事として規定されていた。『広沢山普済寺日用清規』（一五二七年撰述）が示すように、普済寺では日々の晩課で施餓鬼会が沙喝によって営まれる一方、月分行事として「結縁施餓鬼」が規定され、盂蘭盆大施餓鬼に際して僧衆が勧進のため村落を巡っていた。一五〇九年撰述の『正法清規』には「懺法亡者之回向・小白」が載録され、『年中行事清規』には「円通妙懺」の語が亡者回向に見られた。

京都五山の回向などを蒐集して編纂された『諸回向清規』には、亡者回向に加えて、施餓鬼会が一〇種、修正・祈禱・請雨祈禱・説法祈禱・尊宿・亡者・逆修の七種の懺法陳白が収められており、臨済・曹洞を問わず、中世後期に施餓鬼会や観音懺法が祈禱や追善供養のために営まれていたことを指摘した。そして『諸回向清規』は中世禅宗の回向文の集成とも言うべきものであるが、追善仏事の供養対象には、「先祖」などの系譜的・集合的な死者を対象とするような追善仏事は確認できず、そのほとんどは物故者個人に向けられた行法であった。

中世に撰述された清規を通読した時、『瑩山清規』に示された四種からはじまった曹洞宗の追善供養は、清規の撰述された各寺院により変更が加えられ、多様化の一途を辿った。『瑩山清規』においてすでに檀那は「崇重人」かどうかで二者に分別されており、これは追善供養の階層化・多様化の萌芽を示すものであった。また追善供養の変遷から、清規撰述の意図を論じるならば、先に挙げた種々の清規には『瑩山清規』に載録されていない回向文が必ず含まれているため、清規撰述は新たな仏事の整備を意味していた。

懺法に関して言えば、日々合戦に挑む武士たちにとって、殺生、戦禍による都市や村の破壊という罪障を重ねることは避けられなかったであろうし、不遇の死を迎える者も多かった。このような武士やその家族にとって観世音菩薩の大悲の仏力を承けて、「悪業障」を消滅させる「消伏毒害陀羅尼」「破悪業障陀羅尼」「六字章句陀羅尼」を読誦する観音懺法は、没後の滅罪を約束する相応しい法会として選択されていったと考えられる。換言すれば、我が国における観音懺法の定着は、殺生を生業としていた武士たちの活躍と表裏をなしているのである。

対して応仁の乱前後に頻発する飢饉・戦乱により多くの人々が餓死・戦死する社会情勢において、有縁無縁三界万霊を救済する施餓鬼は、餓鬼道に住する餓鬼という抽象的な存在だけでなく、近隣の路傍で横死した者たちを供養する意味合いを強く内包しており、こうした浮かばれない無縁の死者と有縁の親族とを同時に供養する儀礼として、とりわけ重要視されたと考えられる。

本論で示した清規を撰述するような寺院は宗門でも権勢を誇示しうる名刹であったため、地方領主との接触が色濃く見られ、開基や大檀那である武士に配慮する形で追善仏事が整備されていったと考えられる。禅語録においても守護職にある武士の追善仏事を担う曹洞禅僧の姿が看取された。正法寺では観音懺法が有力檀那の仏事として取り入れられており、武士たちの目線に立って没後の滅罪を祈念する観音懺法が整備されたと言える。

対して大安寺蔵の『回向并式法』や静居寺『年中行事清規』では施餓鬼会を追善仏事として規定しており、自身が殺生とは無縁でも、合戦のあった地域の人々の目線に立って、非業の死を遂げて浮かばれずに漂う無縁の死者たちを救済する功徳を特定の故人に振り向ける施餓鬼会によって追善供養がなされたのである。つまり、観音懺法は自己救済の目線に立ち、施餓鬼は他者救済の観点からの供養法なのである。

注

（1）吉岡義豊「第一　Ⅱ中国における密教信仰　第一章施餓鬼思想の中国的受容」『道教と仏教』（国書刊行会、一九七〇年）。

（2）原田正俊「五山禅林の仏事法会と中世社会――鎮魂・施餓鬼・祈禱を中心に」『禅学研究』第七七号（一九九九年）六七―六九頁。

（3）原田正俊、前掲注（2）論文、六八―七一頁。

（4）以下に『興禅護国論』巻下「第八禅宗支目門」の一廻行事（年中行事）の原文を記す。便宜のため各項目ごとに改行を加えた。

一聖節道場。謂今上皇帝降誕日。以前三十日。毎日不断奉読大般若仁王法華最勝等経。奉祈聖寿無疆。

二念誦。謂毎月初三。十三。廿三。初八。十八。廿八。六箇日。有儀式。念十仏名。奉祝皇風遠扇。帝道久潤。仏法永弘。利生広大。兼報一草一葉施主恩矣。

三土地神事。謂毎月初二。十六。両日。諸神法施。随処不同。

四報恩。謂毎月朔日奉為今上皇帝。講般若経。十五日奉為先皇。講大涅槃経。有祈請句。

五年中月次行事。謂正月羅漢会。二月舎利会。三月大会。四月仏生会。並結夏。五月六月最勝会。七月八月九月般若会。十月受戒。十一月冬節。十二月仏名大会。皆可有儀式。

六安居中行事。謂毎日楞厳会等。

七読経。謂毎日奉読一切経一巻。若一寺有百僧。則一年内。終一切経六蔵。或施主入寺為功徳。或為祈禱看読之。

八真言院行事。謂常修水陸供、冥道供也施主為祈福。為功徳。為亡者修之。

九止観院行事。謂修法華三昧。弥陀三昧。観音三昧等也。

十入室。謂遇和尚間暇之日建立之。此宗一大事也。作法可問。

十一布薩。謂半月半月。説戒如常。

十二巡寮。謂毎月五日一度。昇座教誡。巡寮問訊。昔如来以五事故。五日一次巡僧坊。云云。五事如律文。

十三開浴。謂或公事。或施主開浴令浴衆僧。五日一次。熱月毎日。云云。

十四忌辰斎。謂或奉為先皇。或為先師考妣設斎。有法則矣。

十五官家倣斎。謂大臣公卿作僧斎。其官人入寺時有儀式。

十六転蔵。謂衆僧集会奏伎楽。転八輻輪蔵。

（古田紹欽編「興禅護国論」『禅入門1　栄西』講談社、原文三九四―三九五頁、訳二七六頁）

(5) 藤木久志『飢饉と戦争の戦国を行く』（朝日新聞出版、二〇〇一年）三―一六頁。
(6) 藤木久志、前掲注（5）書、四七頁。
(7) 峰岸純夫『中世災害・戦乱の社会史』（吉川弘文館、二〇〇一年）二五―四一頁。
(8) 西山美香「五山禅林の施餓鬼について――水陸会からの影響」『駒澤大学禅研究所年報』第一七号（二〇〇六年）。
(9) 西尾和美「室町中期における飢饉と民衆――応永二十八年及び寛正二年の飢饉を中心として」『日本史研究』第二七五号（一九八五年）。
(10) 広瀬良弘『禅宗地方展開史の研究』（吉川弘文館、一九八八年）一三二頁。
(11) 原田正俊、前掲注（2）論文、七三―七五頁、西山美香、前掲注（8）論文、四〇―四三頁。
(12) 松岡心平「足利義持と観音懺法、そして『朝長』」『東京大学教養学部　人文科学科紀要　国文学・漢文学』第九四輯（一九九一年）。

（13）法政大学能楽研究所編「観世新九郎家文庫目録（上）」『能楽研究』第二号（一九七六年）一三五頁。

（14）山中玲子「二〈朝長〉「懺法」」『中世文学研究叢書6　能の演出──その形成と変容』（若草書房、一九九八年）二四四頁。

（15）禅語録を用いた禅宗による葬儀の展開史、葬儀・追善供養・逆修の展開を論じたものに以下の文献があげられる。主室諦成『葬式仏教』（大法輪閣、一九七七年）一二八─一三〇頁、広瀬良弘、前掲注（10）書、三八四─三九五頁、伊藤良久「中世曹洞宗禅語録に見る葬祭儀礼──葬儀・追善供養・逆修の法語から」『宗学研究』第五〇号（曹洞宗総合研究センター、二〇〇八年）、同「中世曹洞宗における逆修とその思想背景」『宗学研究紀要』第二一号（二〇〇八年）、同「中世禅宗における逆修──臨済宗と曹洞宗の異同」『曹洞宗研究員研究紀要』第三九号（二〇〇九年）。

（16）『通幻寂霊語録』以後の一二点の曹洞宗の語録に載録された葬儀・追善・逆修の法語の内訳に関しては伊藤良久の報告がある。伊藤良久「中世禅宗における逆修──臨済宗と曹洞宗の異同」『曹洞宗研究員研究紀要』第三九号（二〇〇九年）一一二頁。

（17）「永沢通幻禅師語録」『曹洞宗全書　語録一』七六─八〇頁。

（18）「実峰良秀禅師語録」『曹洞宗全書　語録一』一一二頁下段。

（19）「瑞巌禅師語録」『曹洞宗全書　語録一』一八八頁上段。

（20）伊藤良久、前掲注（16）論文、一一三頁。

（21）『曹洞宗全書　語録一』一八八頁上段。

（22）『曹洞宗全書　語録一』一九一頁下段。

（23）尾崎正善「大安寺蔵『回向并式法』について」『宗学研究』第三八号（一九九六年）二一六─二一九頁。

（24）村井弘典『奥の正法寺　成立と展開──宗門発展期におけるその位置づけ』（大梅拈華山圓通正法寺、二〇〇七年）四三─四六頁。

(25) 村井弘典、前掲注(24)書、三一頁。
(26) 村井弘典、前掲注(24)書、六―七頁。
(27) 高橋哲秋『大梅拈華山圓通正法寺誌　奥の正法寺』(大梅拈華山圓通正法寺、一九九四年)一三六頁。
(28) 村井弘典、前掲注(24)書、一六七―一六八頁。
(29) 「典籍23　正法年譜住山記」『曹洞宗宗宝調査目録解題集2　東北管区・北海道管区編』(曹洞宗宗務庁、一九九四年)一六九頁上段に詳しい。
(30) 「典籍3　正法眼蔵雑文」『曹洞宗宗宝調査目録解題集2　東北管区・北海道管区編』(曹洞宗宗務庁、一九九四年)一六三頁上段に詳しい。
(31) 『続曹洞宗全書　第二巻　清規・講式』四五―九八頁に所収。
(32) 『曹洞宗全書　解題・索引』四五四―四五五頁。
(33) 山端昭道「『瑩山清規』と『正法清規』」『印度学仏教学研究』第二七巻第二号(一九七九年)。
(34) 『正法清規』に載る回向文で、読み込み部分に「家」があるのはこの「定光尊者止火偈」のみであるが、先祖の帰属を示す「家」という表現は見られない。
(35) 桜井秀雄「瑩山禅師門流の教団形成――教化学的視点から奥の正法寺を中心に」『瑩山禅師研究』(瑩山禅師奉讃刊行会、一九七四年)。
(36) 小坂機融「室町期清規考――『正法寺清規』と『竜泰寺行事次序』を介して」『駒澤大学仏教学部研究紀要』四六号(一九八八年)三五頁。
(37) 曹洞宗本山である永平寺では現在も入牌儀礼が営まれており、『正法清規』と同様に尊宿と在家者の儀礼は峻別され、前者は「入祖堂諷経」と呼ばれ、位牌を祀る建物も異なっている。
(38) 『大正新脩大蔵経』九巻、三九三頁中段。三句目が回向文では「是故抽丹懇」であるのに対し、観普賢菩薩行法経では、「是故応至心」とあり、「抽丹懇」と「応至心」が相違している。

(39)『禅学大辞典』八四一頁、「嘆霊」の項。

(40)『大正新脩大蔵経』四八巻、一一四七頁中段。

(41)それ以外の相違として挙げられるのは、禅林寺本では「所集功徳。奉為没故某甲」とあったところが、「所レ集奉レ為某甲」とあり、「功徳」「没故」の文言が脱落している点である。

(42)『禅学大辞典』七〇二頁「懺法」の項、参照。

(43)『大正新脩大蔵経』四六巻、七九五頁中段―七九六頁上段。

(44)『大正新脩大蔵経』四六巻、九六八頁上段―九七二頁下段。

(45)池田魯参「『観音懺法』の成立背景と曹洞宗旨」『宗学研究』第四三号（二〇〇一年）二〇八頁。

(46)有馬頼底「臨済宗の声明――相国寺を中心として」『声明大系6　禅解説』（法蔵館、一九八四年）、池田魯参、前掲注(45)論文、二〇八頁。横井覚道は『観音懺法註』という末疏から栄西の時代に懺法が日本禅宗に取り入れられたと論じている。横井覚道「日本曹洞宗伝承声明講式について」『宗学研究』第九号（一九六七年）六六頁上段。

(47)横井覚道、前掲注(46)論文、六五頁。

(48)池田魯参、前掲注(45)論文、二〇四頁。

(49)『続曹洞宗全書　第二巻　清規・講式』七七二―七八四頁。

(50)高橋哲秋、前掲注(27)書、一三一―一四三頁。

(51)高橋哲秋、前掲注(27)書、一三二―一四〇頁。

(52)尾崎正善「永久文庫蔵『年中行事清規』について」『宗学研究』三九号（一九九七年）、同「翻刻・永久文庫蔵『年中行事清規』」『曹洞宗宗学研究紀要』一〇号（一九九六年）二五頁。同「曹洞宗葬祭儀礼と陰陽道――大安寺蔵『回向并式法』・永久文庫蔵『年中行事清規』に関して」『印度学仏教学研究』第四五巻第一号（一九九六年）。

（53）尾崎正善「永久文庫蔵『年中行事清規』について」『宗学研究』三九号（一九九七年）一八四下段―一八五頁下段。

（54）同右。

（55）尾崎正善「宗門葬祭儀礼の一側面――宗門清規・回向文の変遷を通して」『曹洞宗研究員研究紀要』第二四号（一九九三年）。

（56）『年中行事清規』所収の「亡者回向」の原文は以下の通りである。

亡者回向

浄極光通達、寂照含虚空、却来観世間、猶如夢中事。

又一切仏世界、猶如虚空花、三世悉平等、畢竟無去来。

又阿弥陀仏真金身、渡生死海到彼岸、周遍法界及含識、寂滅定中脱苦輪

仰冀三宝、俯垂昭鑒

山門今月其日、伏値其名其年忌之辰　夜前預於此晩、―此日、営備香花灯燭茶湯菓子珍饈之儀、以伸供養。奉造立浮図一基、五輪一尊、四十九塔婆、看誦其経、漸写大―、頓―、回向経等。前夜円通妙懺一座、及午広大甘露法食一筵、又ハ、堂頭和尚、拈香賛揚仏事。謹集現前比丘衆、同音諷誦大仏頂―呪。所集功徳、奉為覚霊霊位、荘厳報地。伏願、処生死流、驪珠独耀於滄海、踞涅槃岸、桂輪孤朗於碧天、普導世間、同登覚路者。又、一念光中都釈迦、無生国裏逢弥勒、普導世間、同登―者。又、神超浄――開上品之花、仏授一生記者。

（尾崎正善「翻刻・永久文庫蔵『年中行事清規』」『曹洞宗宗学研究紀要』第一〇号、三九頁上・下段）

（57）圭室諦成、前掲注（15）書、一九七頁。

（58）『大正新脩大蔵経』二一巻、四八三頁中段。

（59）神谷昌志「序章　廣澤山普済寺の黎明」『廣澤山普済寺六百年史』（曹洞宗廣澤山普済寺、二〇〇八年）二七―三八頁、『曹洞宗宗宝調査目録解題集1　東海管区編』（曹洞宗宗務庁、一九九一年）六一頁。

（60）『浜松市史』第一巻（浜松市役所、一九六八年）五六六―五七七頁。

(61) 大洞院は、恕仲天誾が遠江飯田領主の山内氏の招きで応永一八年に開創した寺院であり、その末寺は三千を数え、とりわけ大路一遵の可睡斎は徳川家康の外護を受けて繁栄していく。恕仲天誾の大洞院とその門流の地方展開に関しては広瀬良弘によって詳細に論じられている。広瀬良弘「遠江大洞院の成立とその檀越」、同「曹洞宗禅僧の地方活動――遠江国における松堂高盛の活動を中心として」前掲注(10)書、二四五―二六一頁、三六八―四一五頁。
(62)『曹洞宗全書　解題・索引』一五七頁下段―一五八頁上段。
(63) 尾崎正善「普済寺関係清規について」『宗学研究』第四三号(二〇〇一年)一六一頁。
(64)『曹洞宗全書　清規』六五六頁上段。
(65) 同右。
(66) 無著道忠「七、職位門」『禅林象器箋』(誠信書房、一九六三年)二九四―二九五頁。
(67)「喝食」とは「喝食行者」の略称であり、僧堂での飯台の際に、食事の種別やその進め方を告げる行者である。『禅学大辞典』一六四頁「喝食」の項参照。
(68)『曹洞宗全書　清規』六五一頁下段。
(69)「棹子」とは、香炉などを置く脚の高い卓のことを指す。『禅学大辞典』八二一―八二二頁「卓(棹)子」の項参照。
(70)『曹洞宗全書　清規』六四五頁下段
(71)『曹洞宗全書　清規』六五二頁下段。
(72)『曹洞宗全書　清規』六四六頁上段。
(73)『曹洞宗全書　清規』六六一頁下段。
(74)『曹洞宗全書　清規』六四五頁下段。
(75)『曹洞宗全書　清規』六五〇頁下段。
(76) 上田純一「寒巌義尹、肥後進出の背景――北条氏得宗勢力と木原・河尻氏」『熊本史学』五七・五八合併号(一九八二年)

一四頁。

（77）上田純一、前掲注（76）論文、一―二頁。

（78）今川家の寺領安堵状の原文は以下のとおりである。

今川氏真寺領安堵判物写

普済寺　上総介

遠江国浜松庄之内当寺領之事。

一清太寺寄進拾貫之事。

一庄内廿四郷拾銭棟別之事。

一施餓鬼田富塚之内弐貫文地事。

一随縁寺屋敷事。

一新豊院五貫文地并夏秋両毛壱升勧進事。

右条々依レ為二吉良殿位牌所一。従二先規一寄進云々。然者如二年来一可レ有二寺務一。并竹木見伐四分一諸役等。自二前々一就レ無レ之者。不レ可レ有二相違一。如二近年一地頭代官無二其耨一可レ為二永寺務（ママ）一重此旨弥修造勤行等不レ可レ有二怠慢一之　状如レ件。

永禄拾丁卯年九月十二日

上総介（今川氏真）（花押）

普済寺

（『静岡県史料』第五輯　遠州古文書（角川書店、一九六六年）、七五三―七五四頁）

（79）『諸回向清規式抄――江湖叢書』（禅文化研究所、一九九五年）ii頁。

（80）伊藤良久「諸回向清規」『大蔵経全解説大事典』（雄山閣出版、一九九八年）七六五頁。

(81) 統計を算出するにあたり、「回向偈」は偈文ではなく、回向として換算し、第三巻の疏後回向は「上来文疏已具在前」という文言ではない「三仏忌疏後通回」「楞厳会畢回向」「初祖忌半斎疎後回向」のみを回向として数えた。懺法陳白の小回向、念誦の回向は、陳白・念誦と一連のものであるが、それぞれ個別的な回向とみなして換算した。

(82) 『諸回向清規式抄――江湖叢書』に指摘されているように、「明暦三年仲秋良辰／為[redacted]祠堂梓行」の刊記のある版本には、『大正新脩大蔵経』のものに比べ、巻末に「保寧勇師示看経」「義浄三蔵誡看経」「中峯和尚座右銘」「大恵禅師発願文」の四つが追記されている。禅文化研究所編集部訓註『諸回向清規式抄――江湖叢書』（禅文化研究所、一九九五年）ii頁。

(83) 『大正新脩大蔵経』八一巻、六三七頁上段。

(84) 『禅学大辞典』八七一頁、「陳白文」の項参照。

(85) 藤本晃『死者たちの物語――『餓鬼事経』和訳と解説』（国書刊行会、二〇〇七年）一〇一―一〇七頁。

(86) ただし現在の曹洞宗では、「七世」の語を七世代を指す文言として用いており、桜井秀雄『修訂　曹洞宗回向文講義』には、「七世父母」とは「父母・祖父母・曽祖父母・高祖父母・高祖父母父母等同じ、七代さかのぼっての直系先祖」を意味するとある。桜井秀雄『修訂　曹洞宗回向文講義』（曹洞宗宗務庁、一九九七年）三八頁。おそらく「七世父母」の文言は二種の意味を内包しているため、先祖を重視するか、あるいは親子の関係性を重視するかという状況に応じて、使い分けられてきた可能性も考えられる。

第二部　近世禅宗における追善供養の展開

第四章　近世檀家制度の成立と供養の物語

第二部では、近世における追善供養の展開を扱う。まず第四章では、檀家制度を中心とした宗教政策の展開と死者供養との関係を整理し、鈴木正三の『因果物語』から供養の物語を捉えつつ、禅宗の儀礼がどのような文脈で営まれたのかを考察する。その後『東都歳事記』などの地誌に記載された年中行事から、霊験あらたかさを主張する縁起などの物語や一坐読経を営むような寺院を取り上げ、年中行事として執行され、江戸の歳事となっていた供養儀礼について検討する。

第五章では、近世の出版文化が供養儀礼に与えた影響について考察する。まず施餓鬼や観音懺法をはじめとする禅宗の行法書の出版状況とその供養儀礼に関する記述内容を詳細に検討する。次いで無著道忠の『小叢林略清規』や面山瑞方の『洞上僧堂清規行法鈔』を考察対象として、檀家制度の展開によって禅院が菩提寺としての宗教的役割を果たすため、臨済・曹洞を問わず死者供養に関わる行法を載録した清規が公刊された点を明らかにする。

第六章では、加賀藩大乗寺、藩主家の菩提寺であった彦根藩清凉寺と松本藩全久院、そして本山永平寺を事例として、多くの大衆を擁する禅林での追善供養の具体相を清規や日鑑から浮き彫りにする。

この第二部では、第一部で中世の清規を扱ったのと同様に、近世において編纂された清規や日鑑を史料として活用する。それに加えて、近世において影響力を強めた出版文化の影響を行法書や仮名草子を含めて検討することで、より多角的に近世供養の世界を描くものである。

第一節　檀家制度の成立と追善供養

近世における既成仏教寺院での追善供養を見ていく上で、最も大きな影響を与えた社会変化は寺請証文・宗門人別改帳を通して檀家制度が成立したことである。圭室文雄によれば、寺請証文の作成が義務化されたのは、島原の乱直後の寛永一五年（一六三八）である。[1]そしてこの寺請証文が一村・一町ごとにまとめられて村単位・町単位の台帳となったものが「宗門人別改帳」であり、早いものは寛永一五年から一七年（一六三八～一六四〇）に成立しており、いずれもキリスト教の勢力が強かった京都・九州などのものであるという。[2]

しかし、宗門人別改帳の作成が全国で行われるようになるのは、寛文四年（一六六四）に幕府が諸大名に宗門改役（宗門奉行・寺社奉行）の設置を命じてからであり、「寛文十一年（一六七一）からは毎年この「宗門人別改帳」の作成が義務づけられ、明治三年（一八七〇）までこの形式が踏襲された」という。以上のように「仏教徒」であることを仏教寺院の住職が承認する文書が作成されることを通して、寺院と民衆とが結びつき、檀家制度が成立していく。圭室の指摘によれば、過去帳作成の開始時期は一般的に元禄一三年（一七〇〇）から享保五年（一七二〇）頃であるという。[3]

檀家制度によって仏教が体制内宗教となり、戸籍管理を通じて民衆が寺院に帰属するようになる近世前期では、妻方が婚出しても生家の菩提寺の檀那となり、娘も母方の菩提寺の檀那となる半檀家の例も見られたが、一九世紀前半には一家一寺に貫徹されていくという。[4]近代に入って壬申戸籍が編纂されると戸籍には戸主の菩提寺が記載される形式となり、一家一寺が制度的に確定する。父方・母方で菩提寺を異にする半檀家の家での先祖供養は、森本一彦が指摘するように、一家の構成員のすべてが同一の菩提寺をもつ家とは異質な先祖供養であった(5)。そして、近世末期における半檀家から一家一寺への移行は、父系原理に基づく家への一元化を進め、家と先祖供養との結びつきを画一化していったと考えられる。

檀家制度が成立し、寺院は檀家の信仰が禁教ではないことを保証する宗判権を得ていった。このような背景のもと、年中行事や葬儀・追善仏事を媒介として寺院と民衆との結びつきは強まりを見せるようになり、それを端的に示しているのが、以下に示す「宗門檀那請合之掟」という偽書である（各条目の冒頭に数字を付し、書き下した）。

邪宗門吟味之事

御条目宗門檀那請合之掟

①一切支丹の法、死を顧みず、火に入ても焼けず、水に入ても溺れず、身より血を出して死をなすを成仏と建る故、天下の法度厳密也。実に邪宗なり、之に依って死を軽する者吟味を遂ぐ可き事、

②一切支丹に元附くものは、闥単国より毎月金七厘与え切支丹になし、神国を妨くる事邪法也、此の宗旨に元附くものは、釈迦の法を用いざる故に、檀那寺へ檀役を妨げ、仏法の建立を嫌ふ、依って吟味を遂ぐ可き事、

③一頭檀那成り共、祖師忌仏忌盆彼岸先祖命日に、絶て参詣仕らざる者は、判形を引き、宗旨役所へ断り、急度吟味を遂ぐ可き事、

④一切支丹不受不施のもの、先祖の年忌僧の弔いを請せず、当日は宗門寺へ一ト通りの志を述べ、内証にて俗人打ち寄り、弔僧の来る時は、無興にて用いず、依って吟味を遂ぐ可き事、

⑤一檀那役を勤めず、然れ共我意にまかせ宗門請合の住持人を用いず、宗門寺の用事、身上相応に勤めず、内心邪法を抱たる不受不施を建る、相心得可き事、

⑥一不受不施の法、何にても宗門寺より申す事を受けず、其宗門の祖師、本尊の寺用に施さず、将に亦他宗の者を受けず施さず、是は邪宗門なり、人間は天の恩を受て地に施し、仏の恩を受て僧に施し、是れ正法也。依って吟味を遂ぐ可き事、

⑦一切支丹、悲田宗、不受不施、三宗共に一派なり、彼の尊む所の本尊は牛頭切支广頭祭利仏といふ、故に十頭大うすと言ひ、天帝は切支丹本尊之名也、我人此の仏を願い奉り、鏡見れば仏面と見ゆ、宗旨を転ずれば犬と見ゆ、是邪法の鏡なり、一度此の鏡を見るものは、深く牛頭切支丹广頭を信じ、日本を魔国と成す、然りと雖とも、宗門吟味の神国故に、一ト通り宗門寺へ元附き、今日人交に内心不受不施にて、宗門寺へ出入せず、依って吟味を遂ぐ可き事、

⑧一親代々の宗門に元附き、八宗九宗の内、何の宗旨紛れ之無く共、其子如何様なる勧めにより、心底邪宗に組合やも知らず、宗門寺より吟味を遂ぐ可き事、

⑨一仏法勧談、講経をなして、檀那役を以て夫々の寺仏用修理建立を勤さすべし、邪宗邪法事一切せず、世間交り一ト通にて、内心仏法を破り勤を用いず、吟味を遂ぐ可き事、

⑩一死後死骸に頭剃刀を与へ戒名を授る事、是は宗門寺の住持死相を見届て、邪宗にて之無き段、慥に受け合いの上にて引導致す可く也、能々吟味を遂ぐ可き事、

⑪一天下一統正法に紛れ之無きものには、頭剃刀を加へ、宗門受け合い申す可く候、武士は其寺の受状に証印を加へ差し上げ、其外血判成り難きには、証人受け合いを証文に差し出す可き事、

⑫一先祖の仏事他寺へ持参致し、法事勧め申す事、堅く禁制、然りと雖も他国にて死去候う時は格別の事、能々吟味を遂ぐ可き事、

⑬一先祖の仏事歩行達者成者に参詣仕らず、不沙汰に修行申もの吟味を遂ぐ可き事、其者持仏堂備へ物、能々吟味を遂ぐ可き事、

⑭一相果て候ふ時は、一切宗門寺の差図を蒙り修行事、天下の敵万民の怨は、切支丹、不受不施、悲田宗、馬転連の類を以て、相果て候節は、寺社役者へ相断り、検者を受て宗門寺の住僧弔い申す可き事、役所へ相断らず弔い申す時は、其僧の越度、能々吟味を遂ぐ可き事、

右十五ヶ条目、天下の諸寺院宗門受け合いの面々、此の内一箇条も相欠け候ふては、越度仰せ付け被れ、能々相守る可きもの也、

慶長十八年癸丑年五月　　奉行

日本諸寺院

（石井良助編『徳川禁令考』前集第五〈創文社、一九五九年〉七八頁下段―八〇頁上段）

本掟は寺社奉行から日本諸寺院へ慶長一八年（一六一三）五月に発布され、キリスト教・悲田宗・バテレン・日蓮宗不受不施派の四宗が「邪法」とされる体裁となっている。しかし、キリスト教の全面禁止は寛永一五年（一六三八）であり、不受不施派の禁止は寛文九年（一六六九）、悲田宗は元禄四年（一六九一）に禁教となっているため、偽作された文書とされている。また条文に享保一四年（一七二九）の離檀禁止令も含まれているため、圭室は一七三〇年から一七四〇年頃に作成されたものと位置づけている。(6) 森本一彦は、この掟が宗門改帳の奥書などに記され、全国各地に残存しており、「檀那寺と檀徒との理想の姿」として流布したとしている。(7)

一見して分かるように、本史料では一四条からなる掟によって「正しい」檀家・仏教徒の営みを示す一方、キリシタン・バテレン・不受不施派・悲田宗といった「邪宗門」の信仰やその批判点を挙げた文書となっている。圭室によ

れば、この文書は現在多くの寺に残っており、徹底・活用された史料であるという。「毎年の宗門改めの時、寺請証文や宗門人別帳作成に先立って、まず寺院の住職が読み、この条文通りであるか否かを一人ずつ檀家に確認[8]」していたとし、これを「経済外的強制」と痛烈に批判している。本掟はこのように寺院側に有利な檀那への義務を規定した偽書であるが、宗門人別改帳の冒頭に付載されるなどして、多くの寺院に所蔵されている。つまり、本史料は偽書であるものの寺院と檀那との掟として実際に機能し、近世の「正しい檀家」の基準を示しているのである。

本史料を死者供養という観点から見たとき、とりわけ興味深いのは仏教徒・檀那を判別する基準が、葬儀や追善供養を営み、祖師忌・仏忌・盆・春秋彼岸に寺院へ参詣し、あるいは寺院護持の費用を負担し、普請の際には尽力する点に置かれていることである。例えば、第三条では、檀家総代（頭檀那）は、祖師忌や涅槃会、盂蘭盆法要と春秋彼岸会、先祖命日に必ず参加することが規定されているが、一般檀信徒においても年中行事への参詣と追善供養の実施はある程度義務化されていたであろう。第四条は先祖の年忌仏事を寺院と自宅の両方で営むことが通例となっていたことを示している。第五条では、寺院護持の費用（檀那役）を納めること、第九条では、寺院の修理・建立の際にも経済的に支えることが檀家の義務とされている。

以上のように、仏教徒か否かの判断基準は仏菩薩や経典、宗旨に対する個人の「内面の信仰」ではなく、法会の参加と先祖供養の執行という実践にあった。もし葬儀や年忌供養を営まなければ、死者への弔いの念がない感情的に問題のある遺族というだけでなく、当時禁止されていたキリスト教や不受不施派の信者として、寺請証文が発行されず、宗門人別改帳から除外され、身分保証がなくなってしまう。そのため、葬儀や年忌仏事は身分保証を持続するためにも営まねばならなかった。つまり年中行事への参加や葬儀・追善仏事は檀家としての「信仰告白」の側面をもち、それを怠れば宗門人別改帳から除外され、邪宗門とされたのである[9]。

このように本史料は檀家の義務としての追善供養を規定する掟となっているが、その他に興味深いのは、⑫に見られるように、檀那として属している菩提寺以外での追善仏事を禁止する条項が認められる点である。他国での客死は例外として、中陰仏事などではなく「先祖之仏事」と追善供養の法事全般を禁止している。この条文はおそらく高野山や善光寺に代表されるような聖によって供養の勧化を行っていた本山・霊場寺院への菩提寺の抵抗であると考えられる。高野山塔頭の日牌月牌帳や善光寺の供養勧化帳に示されているように、本山・霊場寺院では多様な追善仏事・永代供養を展開しており、国外の施主にも遊行の聖を媒介に積極的な勧化活動を行っていた。このような活動は、菩提寺における追善仏事の職掌と競合する部分であり、菩提寺と霊場との死者供養を巡るコンフリクトが起こっていたと推察される。宗門檀那請合之掟の他寺での法事禁止の条文はそのような状況のもとで、他寺での追善仏事を禁止し、檀那の追善仏事を菩提寺が占有的に管轄しようとする姿勢が反映されていると言えるだろう。

第二節　仮名草子『因果物語』から見た死者供養の物語

近世初期において徳川幕府の宗教政策を決定づける大きな要因となったものに島原の乱があげられる。この一揆を契機としてキリスト教の禁教を進める幕府は人びとを菩提寺に帰属させ、寺請証文を発行することを義務とする檀家制度を確立していく[10]。それは今日の供養のあり方の大枠を決めるものとなった。

島原の乱の最後の拠点となった原城に立て籠もったのは約二万八千人といわれるが、その中で生き残ったのは絵師の山田右衛門作ただ一人である。この多くの人びとの血が流された天草という地に、寛永一九年（一六四二）に民心慰撫と仏教弘通を目的として赴いたのが曹洞禅僧の鈴木正三であった。彼は弟の重成が肥後天草の代官として赴いたのに伴って天草に地に入り、三二の寺院を建立している[11]。

本節で取り上げる片仮名本『因果物語』は、この鈴木正三の法話をもとに編纂した因果応報を説く仏教説話の集成であり、さまざまな人物の見聞談話を筆録した仮名草子である[12]。『驢安橋』の説明によれば、『因果物語』は「人ノ霊化物語」であり、その教化の対象として「無道心」や「末世ノ者」を想定する一方、『元亨釈書』や『沙石集』よりも「証拠正シ」き物語だと説く[13]。

近世仏教説話や怪異小説などを唱導と文芸という観点から考察した堤邦彦は、片仮名本『因果物語』の基本姿勢として「禅僧の亡魂済度を法儀の場にそくして語ろうとする」点を指摘しており、本書の眼目が「亡魂済度のてだて（血脈・塔婆・経呪等）を宣布し、あわせて死霊慰撫にひいでた禅僧の道誉を一般社会に知らしめる」ことにあったと論じている[14]。

本節はこのような片仮名本『因果物語』に説かれた亡魂済度の行法を、中・近世の清規から描き出される行法史に位置づけることで、近世における曹洞禅僧たちによる供養儀礼の意味づけを明らかにするものである。このような関心のもとに正三一門の唱導活動と深い関わりを有し、「近世唱導界のバイブル的存在」とも称される『因果物語』の世界を通して[15]、民衆とともに唱導を生きた禅僧たちの目線から近世における死者供養の世界を捉えてみたい。

『因果物語』という書名にあるように、本書は因果応報譚を基調としている[16]。果報が死を契機として現れる話の場合、浮かばれない死者を巡って仏僧たちの供養儀礼が話材とされる場合も多い。こうした亡魂得脱の物語で、とくに注目されるのは、能楽のように「読経」といった通仏教的な儀礼ではなく、施餓鬼や観音懺法、血脈授与というように具体的な行法が示されていることである。まずはじめに観音懺法を話材とする話をみてみたい。

片仮名本『因果物語』の第一話は妙厳寺の十二世月岑牛雪による憑霊得脱の物語である。落ち武者の霊が憑依して子どもが三人取り殺されてしまう。四人目の子どもに憑依した際、怨霊は自身がこの屋敷のかつての主であり、「修羅の苦患」が耐え難いために祟っていると理由を述べる。どのような弔いを望むかとの問いに「禅宗ノ知識ヲ頼。棺幡天蓋ヲ作。鈸鼓ニテ野送シ。下火念誦ニテ結縁シテ。懺法興行シ給ヘ」と答える。この願いに応じて牛雪和尚がこれらの儀礼を営み、古塚の石を直すと憑依は収まったという。

本話では「修羅の苦患」を受ける武士の霊が禅僧による葬儀と観音懺法を願う内容となっている。殺生を生業とする武士にとって罪業を背負うことは不可避であり、武勲を上げて現世での名声を得れば得るほどに後生は暗いものとなってしまう。葬儀とともに数ある追善仏事のなかで観音懺法を落ち武者の霊が望んでいることは、観音懺法の効験が罪業を滅するためであり、武士の追善仏事に相応しいとの認識があったことを物語っている。[17] 片仮名本『因果物語』の第一話に本話が位置していることは、徳川家の家臣として戦国時代を乗り越え禅僧となった正三にとって、武士が禅僧の観音懺法によって救われる物語がきわめて重要であるとの認識を表しているといえるだろう。

下巻一五の第二話もまた観音懺法を話材とするものである。尾州熱田白鳥の住持慶呑《けいどん》和尚がかつて浜松の普済寺の住持をつとめていた頃、犬を連れ帰って飼っていた。退院の時に宿へ返そうとすると夢に犬が現れ、「我ハ其方ノ親也。連テ行飼ヘシ」と告げた。これを住持が軽んずるとまた犬が夢に現れ、「若連テ行メサレズンバ。命ヲ取べシ」と脅すので和尚はこの犬を連れ帰る。犬が死去した時にまたも夢に現れ「龕幡天蓋ヲ拵ヘ。念比ニ送リ三日ノ中。懺法ヲ誦吊給也」との願いを告げる、というものである。本話は畜生転生譚の一つであるが、浮かばれない死者のために数ある供養儀礼の中で観音懺法が選択されている点は、死者の罪業を払拭する仏事として観音懺法がとりわけ霊験あらたかであったことを示唆している。

観音懺法を話材とする物語は上巻一の第三話「夢中ニ吊ヲ頼事」にもみられる。七太夫という能楽師が禅宗の信仰もつ契機となった亡父の弔いをめぐって物語が展開される本話は、鎮魂の舞台芸能たる能楽と供養との関係について考える上で格好の材料である。[18] 能楽師の家柄らしく、父の三十三回忌を能を演ずることで弔うと、夢に亡父が現れ「願ハ禅宗ヲ頼ミ。懺法ヲ読吊給バ。速ニ仏果ヲ成ズベシト」と禅宗による観音懺法を願う。この夢告に従い、子は懺法を営むと、父の霊がまた夢に現れ「懺法ノ功徳ニテ。成仏ヲ遂タリ」と告げ、これを契機として七太夫が禅宗を信ずるようになったとの結末を記す。『因果物語』では、憑依した霊が生者に何かしらの悪影響を及ぼす怨霊として登場する場合が多いが、本話に登場する能楽師の霊は弔い上げを目前とした中で、子孫に供養を願う敵意なき存在である。

禅僧に頼んで懺法を営んで欲しいとの願望の背景には、先にみた罪業を滅するという霊験よりも、観音懺法が「朝長」という演目に取り入れられていたため、能楽師にとって親しみのある儀礼であったことが大きいであろう。世阿弥の確立した複式夢幻能では、後シテとして浮かばれない死者が登場し、亡者の願いに応えるワキ僧が回向することで亡者が成仏する、という展開が多い。廻国の僧であるワキ僧が回向のために修する儀礼のほとんどは「読経」という極めて通仏教的な儀礼となっている。

しかし、「朝長」という演目においてのみ、観音懺法による追善が後半部分の重要なモチーフとなっている。[19] 能楽において特定の追善仏事を営むのは管見の限りこの演目のみである。山中玲子が紹介している観世新九郎家文庫蔵『新九郎流小鼓習事伝書』という史料によれば、[20] 朝長について「せんぼうのおこりハぜんけのとむらひニせんぽうをしとむらひ候事有、それをまなびて能ニつくりたる也」と記されている。本書は宮増親賢が撰述したものを書写・伝承したもので「慶長以前の古文書」とされている。[21] このように観音懺法は能楽師が「ぜんけのとむらひ」と認識する儀礼であり、能楽師と禅宗とを結ぶ特別な追善仏事であったのである。

以上、禅宗の観音懺法を話材とする片仮名本『因果物語』の各話を取り上げ、武士や能楽師との繋がりについてみてきた。次に観音懺法と同様に近世禅宗で重視された施餓鬼を話材とするものに焦点をあててみたい(22)。

上巻一の第二話「亡者人ニ便テ吊ヲ頼事　付夢中ニ吊ヲ頼事」は施餓鬼による怨霊調伏の供養を描いた話である。本話の粗筋は次のようなものである。西三河の阿弥陀堂村にある貧女が住んでいたが亡くなってしまい、その娘もすぐに死んでしまう。娘が死んで二七日目に、この親子が住んでいた門屋の持ち主であった家の嫁に憑依して「我死骸ニ土ヲ掛コト疎也。死シテ二七日ニナレドモ。火ヲ燃シ香華ヲ手向ル者無」と供養を嘆願する。そして僧を呼び施餓鬼を営み、灯明を灯し、水を手向けると「早速ニ婦本復シ。重テ祟コト無」となったという(23)。身内をすべて亡くした娘の霊がわずかな縁をたどって中陰供養を願うというものである。本話で着目したいのは、片仮名本『因果物語』に載録された亡魂得脱の物語が本秀和尚のような禅僧たちの霊験譚として語られる場合が多いのに対し、本話は「所ニ無智ノ僧」という行きずりの僧が施餓鬼の執行者として描かれていることである。それは霊験の源泉を禅宗の高僧ではなく、儀礼それ自体に認める語りであり、施餓鬼がとりわけ浮かばれない死者を救う霊験あらたかな儀礼としてのイメージが投影されているのである。

このような施餓鬼に加えて、葬儀におけるさまざまな行法や念仏を怨霊得脱の儀礼として説く話もまた上巻三の第三話「幽霊夢中ニ人ニ告テ僧ヲ請スル事　付血脈ヲ乞事」に説かれている(24)。女房の病因を探るために巫女を呼んで「ヨリヲ立」てると、一五〇年前に住居の屋敷を建てた人物の霊が「我ヲ吊フテクレヨ」という願いから女房に憑いたと告げる。そして家族からの「何ニテ吊フヘキカ」との問いに対し、「足助ニ香積寺ト云寺アリ。彼寺ノ住持。本秀和尚ノ血脈ヲ申請。施餓鬼ヲ頼ミクレヨ」という望みを答える。使いのものが経緯を説明すると、本秀和尚は下火をなし血脈を授けて次のように指示する。「其方ニテ火ヲキヨメ。食ヲ炊キ。新シキ天目三ツニ盛。一盃ハ血脈。一盃ハ万霊。一盃ハ病人ニ備へ。一門共尽ヨリ。念仏申ベシ。……若病者食ヲ好ム事有バ。其病者ニ備ヘタル。食ヲクワスベシト」。その夜に「施餓鬼ヲヨミ。真実ニ弔ヒ」を営むと、病者は食事を欲して供えられた一盃だけでなく、血脈の食も半分食べて眠りに入る。すると明日に本復したので、巫女の口寄せをすると「口走テ我百五十年流転セシニ。御弔故ニ苦患ヲ離タリ」と成仏したことを告げるという。

本話は血脈と三界万霊、病者に憑依した霊に食を施し、禅僧が施餓鬼を営む一方、病者の家族による念仏によって生者と死者の両方を救う物語である。『因果物語』の中でも本話は怨霊得脱の儀礼を最も個別具体的に説明した話であり、①施餓鬼、②血脈授与、③下火、④施食、⑤念仏の五つの行法が登場している。そしてこれらの本秀和尚の儀礼が「真実の弔い」と位置づけられていることは、まさに禅家の行法の正統性を主張する唱導的性格を物語るものである。加えて施餓鬼だけでなく在家者による念仏を勧化している様子は、まさに禅と念仏を併修する近世禅僧の葬儀法の現れであろう[25]。片仮名本『因果物語』では「一向坊主」との呼称を用いて真宗への批判がしばしば繰り広げられている。しかし、『念仏草紙』上巻において、

後世をねがふもしなおほし。誦経をする人もあり。戒律。戒行を。用る人もあり。堂塔を。こんりうするも有。さんぜんさんがくをする人もあるに。浄土門にハ。念仏ばかり。御あたへ候事。いかゝ候ハんや。

（神谷満雄・寺沢光世編『鈴木正三全集〔上巻〕』〈鈴木正三研究会、二〇〇六年〉一一三頁）

との問いに、

像法末法に至てハ。人の機根もをとろへて。教の道。もたゝしからず。しかる故に。浄土門にハ。念仏往生のをしへ也。心の至らざる人ハ。念仏往生を。浅き事に思ひ。余の法をふかく思ふも有べし。是則。正理をしらざるゆへなり。

（神谷満雄・寺沢光世編『鈴木正三全集〔上巻〕』〈鈴木正三研究会、二〇〇六年〉一一三頁）

と僧に答えさせている。自らの後生のためのさまざまな作善をあげる文脈の中で、念仏往生を浅いことと考える者を批判しつつも念仏自体については肯定している。こうした正三の念仏観が現れているのがまさに本話であり、禅僧の霊験譚に留まらず、一門家族が念仏を通して供養の一翼を担う展開は、本話の特色といってよい。憑依した浮かばれない死者だけでなく、三界万霊を供養しながら、禅僧と病者の家族という僧俗の働きかけが交差するところに怨霊得脱がもたらされるという帰結は、正三のいう「真実の弔い」を反映したものとみてそれほど的外れではあるまい(26)。

また本話にある香積寺は、三河の曹洞宗寺院の飯盛山香積寺を指し、本秀和尚は正三の門人で当山一一世の三栄本秀である。本話からは巫女が憑依した霊の願いを把握し、その供養を仏僧が担うという巫者と仏僧との分業制関係が読み取れる。そして憑依や巫俗を否定する姿勢が本話においても、また片仮名本『因果物語』の各話においてもみて取れないことは、民衆布教を担う禅僧たちが日々の教化において、霊の憑依によって苦しむ生者と、憑依によって苦しさを語る死者との両者と向かい合うのは珍しいことではなかったことを示すものであろう。

以上、片仮名本『因果物語』の観音懺法と施餓鬼を話材とする各話を取り上げ、これらが怨霊得脱に験ある行法として語られる様相についてみてきた。この点について清規からみた日本禅宗における追善仏事の行法の歴史と照らして考えてみたい。片仮名本『因果物語』において怨霊たちを鎮魂する行法として描かれていたのは、観音懺法や施餓鬼であったが、これらが特定の故人を供養する儀礼として、伝来当初より禅宗で営まれてきたわけではない。禅宗伝来以前の密教において施餓鬼は餓鬼が修行の邪魔をしないように追い払うための儀礼として営まれていたが(27)、中世になると禅宗の影響を受けて盆供養と結びついていったという(28)。

禅宗についてみた場合、年中行事としての施餓鬼は一四世紀の清規にみられるものの、特定の故人を供養するための追善仏事となったのは戦国期においてである。日本において各僧堂での行法を体系的に記した清規は東福寺で編纂された『慧日山東福禅寺行令規法』（一三一七〜一三一九年成立）に始まるとされる。[29] 本清規に載録された追善仏事は「忌諷経」「遠忌」と呼ばれるもので、楞厳呪や大悲呪を読誦する仏事のみが規定されている。

日本曹洞宗において行法を体系的に定めた清規とされる『瑩山清規』（一三二四年成立）の禅林寺本という古写本をみても、盆の年中行事としての盂蘭盆施餓鬼はあるものの、特定の故人を供養する儀礼は「亡者回向」のみである。[30] 有縁無縁の三界万霊を供養する施餓鬼会が戦没者や飢饉難民ではなく、特定の故人の追善仏事として営まれるようになったのは、曹洞宗の清規からみれば一五世紀半ば以降である。その早い例は一四六二年頃に制定された信州大安寺『回向并式法』に載録されており、盂蘭盆施餓鬼回向に付随して「弔施餓鬼」と呼ばれる檀越仏事としての施餓鬼が記されている。

一方、懺悔滅罪を円通大士に祈る観音懺法は陸奥正法寺『正法清規』（一五〇九年）の「懺法亡者之回向」が管見の限り初出である。施餓鬼と観音懺法の両方が追善仏事として規定されているのは一五一三年に成立した駿河静居寺の『年中行事清規』である。臨済宗の天倫楓隠によって編纂された『諸回向清規』（一五六六年制定）には施餓鬼の回向が一〇種、観音懺法の陳白が七種載録されており、一六世紀半ばには曹洞・臨済を問わず、これらの仏事が定着していた。

このような清規から紡ぎ出される行法史からみて、禅宗において施餓鬼と観音懺法が追善仏事化したのは一五世紀後半から一六世紀前半にかけての戦国期なのである。この時期はまさに京都五山の禅僧が戦乱後の国家的な鎮魂儀礼として施餓鬼を修している時期と重なるものである。[31] 原田正俊の「鎌倉時代以降、禅僧達に期待された鎮魂の力を室町時代には施餓鬼というものをより整備していくことにより顕密諸宗とは別系の法会とし、顕密諸宗以上の宗教的力をこの分野で発揮した」との指摘を踏まえれば、戦国期の数多くの戦没者を供養し続けてきた禅宗の儀礼としての意味を施餓鬼はもっているのである。

そして施餓鬼と観音懺法は戦国期のみにみられる一過性のものではなく、近世の禅宗において編纂・刊行された清規に載録され、禅宗の主要な供養儀礼として継承されていく。(32) 中でも無著道忠が檀越の葬儀・追善仏事を担う菩提寺の規矩を定めた『小叢林略清規』（一六八四年刊）にこれらの行法が載録されたことは、菩提寺として必要欠くべからざる行法であったことを示している。このような行法が普及する中で、真言僧と禅僧との間で施餓鬼の行法を巡る論争がたびたび繰り広げられたことは、近世においていかに施餓鬼が重要であったかを物語っている。(33) 戦国期から継承される施餓鬼と観音懺法が近世清規に載録されたこと、施餓鬼の行法を巡る宗派間での論争、片仮名本『因果物語』に怨霊得脱の技法としてこれらの行法を駆使する禅僧の姿が数多く描かれていること、これらの三点は、檀家制度が形成される一七世紀という時代に施餓鬼と観音懺法は死者供養の儀礼として禅僧に不可欠な行法であったことを示している。

観音懺法と施餓鬼を話材とする六話を取り上げ、これらの行法の歴史を念頭におきつつ、その意味について検討を行った。片仮名本『因果物語』に説かれる儀礼で最も多いのは施餓鬼であるが、それ以外の行法も散見される。以下では亡魂得脱の行法とされている禅家の行法についてより深く検討するため、流灌頂や写経仏事、血脈授与を題材とする話に目を向けてみたい。

上巻一七の第二話「幽霊来テ礼云事」では流灌頂が登場する。吉三郎という草履取が小姓に取り立てられた恩に報い、主人の死去に際して追腹してしまう。介錯をつとめた侍のもとに吉三郎は御礼として五度、六度と訪れるが、侍はこれを不憫に思って流灌頂をして「能吊ケレバ」霊が現れなくなったという話である。(34) 流灌頂は産褥死者の供養法とされるものであるが、自害をした横死者に対しても「懇ろな供養」として位置づけられていたことを示唆している。

一方、下巻一三「第二念ヲ起ス僧病者ニ苦ヲ授事」では、坐禅の霊験譚を説く(35)。濃州関の龍泰寺の全石《ぜんせき》という僧が全久院を訪問した際、大病を患って末期に及んでいる者がいた。末期の勧化を受けたいと頼まれたので、全石は病人に向かって「経ヲ誦。坐禅シケレバ。……遣方《やるかた》ナキ苦痛。唯今俄ニ胸涼ク為テ。煩少モ無トテ悦《よろこび》ケリ」となった。二三日して「全石思ハ全久院ノ。頓写ニ逢ト仰有シガ」行くべきかどうかという思案がでてきた。すると病人はまた苦しみ出した。全石は「扨ハ我胸ノ思究メ難キ念ノ故カ」と考え、「強ク坐禅シ。心ヲ如何ニモ清メテ。経呪ヲ誦」すると、病人は快気した。全石は「これは大事なことだ」と思い坐禅すると、二日間は心よく、悦びの中で往生を遂げたという。本話は読経の功徳が病者という生者に回向されているため、死者供養の物語ではない。とはいえ、行力の源泉が坐禅に求められていることは、生者への利益に限らず、死者供養においても同様である。現当二世の功徳をもたらす儀礼を営むためには、その前提として日々の禅定が欠くべからざるものであった(36)。

また『因果物語』には、戒名や血脈の授与による怨霊得脱の物語も多くみられる。例えば中巻二六の第一話「幽霊ト問答スル僧ノ事」では、会津の松沢寺住持の秀可《しゅうか》和尚が幽霊と問答し戒名を授けることで成仏に導いている。問答の内容は次の通りである。

或夜幽霊来テ。秀可和尚ニ対面シ。問テ云。我獄中ニ入テ種々ノ苦ヲ受。和尚済給へ。答云。円通ヨリ出テ円通ニ入。何ノ処ニカ獄中有。霊云獄中ヲ論ズルコトナカレ此体ヲ見ヨ。和尚云其体即仏性ニ隔無　霊云名ヲ付テ給へ。和尚云本空禅定尼。霊即消失ヌ。

（神谷満雄・寺沢光世編『鈴木正三全集〔上巻〕』〈鈴木正三研究会、二〇〇六年〉一七二頁）

ある夜、幽霊が現れ秀可和尚に問答をいどむ。まず幽霊が「地獄で種々の苦を受けており、助けてほしい」と問うと、「悟りの世界から出て、悟りの世界に入る。どこに地獄があるというのか」と答える。「この体をみろ」との問いに

「その体は仏性以外のものではない」と応答し、最後に「本空禅定尼」という戒名を授けている。

本話が戒名を授与する話であったのに対し、本秀和尚の霊験譚を説く上巻一〇の第一話「罪無シテ殺サルル者怨霊ト成事」では、血脈授与と塔婆建立による怨霊調伏を描いている。江州蒲生郡市子村の安部清左衛門の祖父がある人物を罪なく成敗した。その人は大蛇となって安部家に代々祟りをもたらし、取り殺していく。これに対し安部家ではまず「京ヱ上。内裏様ヱ種々祈詔仕リ。神ニ祝。其霊ノ屋敷ニ宮ヲ立。時々ニ祭ヲナシ。灯明ヲ立敬」うという神に祀る手法で弔う。(37) しかし「彼ノ霊弥腹ヲ立。我ニ鈴ノ音ヲ聞スル故ニ。弥苦ミ増也」と大蛇は告げて子どもを取り殺す。弔いを頼まれた本秀和尚が「先宮ヲ打崩。木ヲ切塔婆ヲ立。血脈ヲ収七日弔ヒ給ヱバヒシト収リ其後終出ズ」となった。本話は祟る死者を「神に祝う」ことで対処するもおさまらず、禅僧による塔婆建立と血脈授与によって怨霊が成仏した話といえる。神への血脈授与による調伏というテーマは、中世の寺院縁起を彩る神人化度のモチーフを踏襲したものといえる。(38) 屋敷神として祀るという対処法の代替物として塔婆建立と血脈授与が挙げられていることは、神式の行法に対する禅僧の行法の優位性を暗に物語るものである。

同じく本秀和尚の血脈による怨霊調伏を説いたのが下巻九の第一話「怨霊ト成僧ノ事」である。江州土山《つちやま》に近い一ノ瀬という地で百姓の境論争を調停するも、酒に酔って死んだ徳林庵の受泉の呪いを説く物語である。土山に上った家のものが受泉に憑依されて取り殺されるが、本秀和尚がしたためた血脈を託された使僧が塔婆を立て、経呪を唱えると呪いが解ける、という筋書きとなっている。

このように、片仮名本『因果物語』では、戒名や血脈授与によって浮かばれない死者が済度される物語も多い。禅宗の在家者の葬儀では、剃髪・授戒・引導法語を行い、仏弟子とすることでその菩提を弔う。十六条戒を授ける授戒によって死者は導師の戒弟となり、その証として与えられるのが釈尊から続く系譜を記した血脈なのである。先に論じた各話において亡魂得脱の儀礼として血脈授与が示されているのは、禅宗葬儀にとって血脈授与が不可欠の儀礼であり、それは浮かばれない死者に再度引導を渡す行法として相応しいものであったとみてよいだろう。

七本塔婆の効験を語る中巻二八話の第一話「卒塔婆化シテ人ニ食物ヲ与事」は供養の功徳が現世の生者にもたらされる話である。上州鹿久保村《かくぼむら》で碓氷峠《うすい》での合戦で手傷を負った内匠《たくみ》は山中で臥床していた。子は父の内匠が討ち死にしたと思い捨て置いて「忌日々々」の弔いをし、一周忌の仏事を営んだところ、子息のもとへ出身も分からない若き僧が来て、内匠は山中で生きていると告げる。委細を訊ねようとすると僧は走って姿を消してしまった。僧の言葉に従って内匠を山中に行くと再会が叶う。火を焚いて暖をとると内匠は「今迄坊主七人ニテ。一日替ニ食物湯水ヲ与ケルガ。其中一僧鼻欠有シ」と語った。子が虚茶毘《からだび》の跡を見ると、七本塔婆の内一本に欠けた部分があり、七僧は七本塔婆にほかなるまいと確信した。そして「追善ノ儀疑ナキ事ト信ゼシ也……能拵《こしらえ》テ立ベキ事也。殊ニ霊供ハ能々念《ねん》比《ごろ》ニ備ベキ也」という教訓を述べて結ばれている。(39) 本話は後生におとずれるはずの追善仏事の果報が生者にもたらされることで、その功徳を証明し、霊供などの追善供養を懇ろに行うべきことを説く物語である。

以上、『因果物語』には、人びとの憑依した浮かばれぬ亡魂に対し、禅僧たちがさまざまな儀礼を動員して営むことで成仏する姿が描かれていた。懺法、施餓鬼、血脈授与といった禅林の儀礼は憑依によって自らの苦患を訴える浮かばれない死者たちを成仏させる代表的な儀礼であった。こうした語りは中世から戦没者や飢饉難民などさまざまな死者たちを弔ってきた禅宗の行法としての施餓鬼や観音懺法の霊験あらたかさを主張するものであった。片仮名本『因果物語』には、こうした善因楽果の物語だけでなく、供養の功徳が現れず、死者が成仏しない物語も載録されている。以下ではそれらの物語について取り上げてみよう。

先の怨霊得脱の物語は概して追善仏事の功徳を説く善因楽果をモチーフとしていた。以下では、曹洞禅僧や他宗派の僧の儀礼が効験を示さない物語を取り上げてみたい。

例えば、下巻二の第一話「亡者引導師ニヨリ輪廻スル事」は、施餓鬼という供養儀礼がすべての浮かばれない死者を救う万能の行法といったものではなく、効験が現れない場合もあったことを説くものである。東三河の行明村の檀那が亡くなったので妙厳寺の源高が引導を渡した。火葬すると頭だけ飛んでいったので、胴体だけを焼いた。三日の灰よせで頭を見つけたのでまた火葬した。この檀那が亡くなって三年すると、娘に亡者が憑依し、村舛岡の全鏡という僧に「施餓鬼ヲ頼吊ケレトモ。少モ印ナシ」と語る。居合わせた庄屋はこの亡者に「あなたは源高という善知識の引導を受けながら、なぜこのように迷うのだ」と問う。すると亡者は、「よい善知識と。その源高は牛鬼に成って、大きな火車を引いて苦しんでおられる。その縁によって私も苦を受けているのだ。けれども私はまだ軽いので、茶も飲める」と答える。娘の憑依はおさまらなかったが、牛雪和尚のもとを訪れると憑依はおさまったという(40)。

本話は本秀和尚の霊験を示しつつも、娘に憑依した亡者が自らと源高の没後の状況を語ることで、源高に行力がないとの批判が主題となっている。全鏡の施餓鬼が「少モ印ナシ」とされているように、施餓鬼が亡魂を得脱させる万能の行法とはされていない。

またその一方で、亡者の語りが事実かどうかは別として、憑依という手段によって檀越が菩提寺の住持を批判している点は興味深い。つまり、宗判権という大きな権威をもつ菩提寺の住持に対し(41)、檀越は憑依の語りの中で、住持の後生が悪いことを主張し、批判している物語としても捉えることができる。

こうした檀家制度への批判的見解は、浅井了意の平仮名本においてより一層明確にあらわれている。了意は本話を「悪僧に弔ハれて、迷ひける事」（平仮名本巻三の一六話）と改題して、以下の教訓で結んでいる。

まことに、亡者を弔ハん事、その出家の心さし、よこしまならば、いかでか、うかふ道あらん、よく師をえらふへき事なるに、放逸無慙《むざん》の僧ともいはず、無智無徳の法師をも、きらハず、わが旦那坊主とだにいへば、あつらへて、亡者をとふらハする心もとなさよ、用心あるへし。

（朝倉治彦編『仮名草子集成　第４巻』〈東京堂出版、一九八三年〉二五一頁）

片仮名本では源高の行状について何も語られていないのに対し、平仮名本では本話の主旨を出家の志が邪で、戒を守らず、無智無徳の者が菩提寺として葬儀や供養を依頼せざるを得ない寺檀制度の問題を批判するテーマに読み替えられている。ともあれ、先述した下巻一三の話で禅定によって読経の功徳がもたらされるという展開とは対称的なものであり、出家者の志や行状という点に亡魂を得脱させる霊験の根拠を求める視点があったことは確認しておきたい。

僧の行状に対する批判は下巻八の第一話「無道心ノ僧亡者ニ責ラルル事」にもみられる。江戸の牛込の妙行院という日蓮宗の「坊主」がいた。「無道心第一」で「亡者ヲ弔事疎」だったが、慶安四年春より病を受け、八月一二日に一度死んだが息を吹き返して「亡者数多来リ責ケル間。此苦除玉ヘト。叫悲ム事限ナシ」という状況となり、苦痛を受ける。九月九日に「怖有様ニテ死スル也」という。十大弟子の呼称を批判的な呼称にもじり、死者の供養を怠ったために、その怨念を受けてしまうという主旨となっている。本話の批判の論点は供養を怠ったことにあるのだが、僧が日蓮宗寺院であるという語りから、間接的に他宗派批判ともなっている点は確認しておきたい。

先述の二話は批判の対象が仏僧に向けられたものであったが、その対象を在俗者に求める話がある。それは、中巻二〇の第二話「（幽霊来テ）布施配事」である。上総東金下門屋村の佐吉が母親の年忌仏事を営むと、法華経第八巻を読誦した二〇歳の高野村妙福寺（日蓮宗）の僧が「自分は亡者の取立子であり、母親のようなものである」といって布施を返した(42)。すると母親の霊がある女性に憑依し、叫んだ。座頭は「扨《さて》ハ女ハ。後生悪シ。如何様ナル苦患ソ」と問えば、「仏事ノ内一人ノ僧布施ヲ取ズ。五升ノ米二百ノ代物。カマスノ内ヱ入　寺へ遣《やら》ズ。其儘置故ニ。是我苦ト成」

と答える。米代物をこの「斎坊主」へ送ると憑依がとけて良く眠り、何も覚えていなかったという。本話は僧侶の配慮から布施をしなかったことが死者の「苦患」となってしまったという話であるが、日蓮宗の僧侶をめぐって展開する構成は他宗派への批判的姿勢を示している。

上述の話は在俗者の布施が主題となっているが、追善仏事を怠ったことに批判を向ける話が上巻一五の第一話「先祖弔ワザルニ因子ニ生来責事」である。尾張名古屋に次郎八という者がおり、その子どもが六歳まで腰が立たなかった。本秀和尚がその理由を笑い顔やなりふりから祖父の生まれ変わりであると告げる。[43]次郎八は皆にもそういわれるので、考えてみれば思い当たることがあり、今は禅宗を菩提寺とするものの、以前は一向宗であったために父は追善仏事を営んでなかったという。「先祖の弔い」が古今の言い習わしであったとの記述もみられ、檀家制度によって仏式の供養儀礼が一般化し、家族間で伝承される様子を物語っている。本話は追善仏事を怠ったことへの批判を通じて、[44]弥陀一仏による往生を説き追善という思想を制度的に位置づけない一向宗のあり方をも批判しているのである。[45]

このように在俗者や僧侶の行状を戒める物語についてみてきたが、曹洞禅僧の例もみられるものの、浄土真宗、真言宗、日蓮宗の僧侶を題材としたものが含まれており、追善仏事や布施を巡る批判は、「他宗」への批判と連なっている。こうした批判はまさに供養儀礼における禅宗の優位性を示す唱導的性格にほかならないであろう。上巻四の第二話「人ヲ詛《のろい》僧忽チ報ヲ受ル事　付火炙リノ報ノ事」では、「真言坊主ヲ頼。大法秘法ヲ行。様々加持」を営むものの、「水呑事不能。只水々ト云斗ニテ。七日ニ焼死ケリ。」と行法の効験なきことを端的に説いている。[46]行法の功徳を僧侶の行状に還元しつつ批判的に語るこの手法は、禅僧の霊験譚と対をなす関係にあり、おおむね禅家の行法の優位性を説く基調を形成している。

以上、片仮名本『因果物語』の供養に関わる各話について清規の記述と比較しつつ考察した。鈴木正三が集めた数多くの説話には、本秀和尚らを中心とした禅僧の霊験譚が語られる文脈の中で、施餓鬼、観音懺法、血脈授与、下火といった行法が怨霊得脱をもたらす霊験あらたかな行法として描かれていた。観音懺法が能楽師に禅宗の弔いとして認識されていたことが示すように、これらの行法は禅僧の主要な行法とされていた。近世禅宗寺院で編纂された清規においてもこれの行法が記載されていたことはその重要性を示すものである。

本書第六章第二節で取り上げる一八世紀中期の加賀大乗寺の財務部の日誌である『副寺寮日鑑』という史料には、檀那が年忌仏事としてどのような儀礼を実際に営んでいたかを記した「日供月供施入記簿」が載録されている(47)。この帳簿において年忌仏事として最も多く営まれている儀礼は大施餓鬼であり、全体の約三二%を占めているほどである。これはまさに仏教説話の世界だけでなく、実社会においていかに施餓鬼が死者供養の行法としての信仰を集めていたかを示しているといえるだろう。

禅僧の供養儀礼によって亡魂が得脱する物語が説教という口頭文芸だけでなく、版本として流布していったことを鑑みれば、物語における儀礼の霊験あらたかさに関する主張はその唱導的性格を物語るものであり、実社会における追善供養の意味を保証するものであっただろう。こうした功徳ある行法が禅宗の行法書の編纂・出版を通じて全国に遍在する末派寺院に伝承・普及していったことは、檀家制度によって人びとの葬儀・追善仏事を担っていく菩提寺での活動の基盤となったことは想像に難くない。仏教説話から仮名草子への転換点を示す『因果物語』は、後に出版される霊異譚・怪異譚・怪談に多くの話材を提供していった。これらの商品化された怨霊得脱の物語を通して、仏僧やその行法の功徳が説かれたことは、実社会における行法の意味を担保する役割を果たしていったであろう。

第三節　近世の地誌から見た年中行事と追善供養

本節では寺社参詣の対象となり、檀那に限らず参詣者の依頼に応じた供養を幅広く営む寺院の年中行事から、近世における日本仏教の死者供養の展開を見ていきたい。寺社参詣の対象となるような古刹・名刹での亡者薦亡を主眼とした年中行事の実態を語る史料に、京・山城・大阪・江戸を中心としつつ諸国の年中行事を書き留めた『諸国年中行事』や、江戸の寺社での仏事祭礼を載録した『東都歳事記』があげられる。本節では、この二つの近世寺社の参詣手引書を手がかりに、近世において檀家制度に限らない供養を展開していた霊場寺院の儀礼を検討したい。

『諸国年中行事』は享保二年（一七一七）に刊行された京洛の操巵子《そうしし》の著作で、都鄙の寺社での祭礼・行事を四季に合わせて四巻に記したものである[48]。表4―1は本書記載の供養に関する仏事を一覧にしたものである。本書には京都の嵯峨・千本の閻魔堂や壬生寺での閻魔堂参り、六斎念仏に加え、黄檗宗の万福寺・瑞聖寺などの施餓鬼会・水灯会、臨済宗高台寺・浄土宗知恩院などの施餓鬼会も取り上げられている。

万福寺の施餓鬼水灯会は「宇治川にてこれを修す」とあるので、宇治川を舞台とした「放水灯」と考えられる。放水灯とは、中国の盂蘭盆の行事の一つであり、「水中の孤魂を引請」して救うための行事である[49]。この放水灯の行法は『黄檗清規』に示されており、

放水灯

将レ放二水灯一備二斎筵几案法器於舟中一。及レ夜儭主率衆登レ舟念二蒙山施食科一。念畢放レ灯不レ得二喧譁戯笑一。蓋欲レ賑二潜水府冥霊沈淪之苦一。非二游戯一也。凡作二仏事或礼懺念経等一。必須下清二浄三業厳粛威儀一。次第随レ衆如法礼念上。志

表4―1　『諸国年中行事』の追善供養の行事一覧

＊『続日本随筆大成　別巻　民間風俗年中行事（上）』五―八六頁より作成。割注は〈 〉で示す。

月日	地域・寺院名（宗派）	行事名	記述内容
一月一六日	京都・千本閻魔堂	閻魔堂まいり	〔京〕千本焔魔堂まいり、さんけいの男女抹香をうすづく。
一月一六日	山城・嵯峨閻魔堂	六歳念仏	〔山〕嵯峨焔魔堂六斎念仏。
一月一六日	江戸	焔魔まいり	〔江〕焔魔まいり。
二月九日	京都・大報恩寺（真言宗智山派）	遺教経会（釈迦念仏）	〔京〕千本大報恩寺の遺教経会、十五日まで、……東山智積院の衆徒これをつとむ、貴賤群集す、殊更の法事也。
三月中午	京都・千本焔魔堂	焔魔堂念仏	〔京〕千本焔魔堂念仏。
四月一五日	山城・万福寺	せがき	〔山〕黄檗山万福寺せがき。〈亨保二年より始る。〉
四月二〇日～二九日	京都・泉涌寺雲林院	如法経法会	〔京〕泉涌寺雲林院にて如法経法会、廿九日まで。
七月六日	京都・高台寺（臨済宗建仁寺派）	施餓鬼	〔京〕高台寺施餓鬼。
七月九日	京都・珍皇寺（臨済宗建仁寺派）	六道まいり	〔京〕珍皇寺の六道まいり、九日・十日両日也、六波羅の東、世に六道という、聖霊をむかへんため、此所へ諸人群集し、槇を買かへるなり。
七月一三日	山城・万福寺（黄檗宗）	施餓鬼水灯会	〔山〕黄檗山の施餓鬼水灯会、宇治川にてこれを修す。
七月一五日	京都・知恩院（浄土宗）	大施餓鬼	〔京〕知恩院大施餓鬼、三門にて修す。
七月一五日	山城・万福寺（黄檗宗）	大施餓鬼	〔山〕黄檗の大施餓鬼。
七月一五日	江戸・瑞聖寺（黄檗宗）	施餓鬼	〔江〕瑞聖寺施餓鬼……
七月一六日	京都・千本閻魔堂	閻魔堂まいり	〔京〕千本閻魔堂まいり。
七月一六日	京都	聖霊の送火	〔京〕聖霊の送火、〈西のこく。〉……
七月一六日	江戸	えんままいり	〔江〕ゑんままいり。
七月一七日	京都・壬生寺	六斎念仏	〔京〕壬生寺六斎念仏、哥念仏の林清という者、日中に壬生の仏前にてこれを修す。

存二利益一毋レ得二放逸一

（『大正新脩大蔵経』第八二巻、七七二頁下段）

とあるように、斎筵を営んだ後に船上で衆僧が『蒙山施食科』を読誦し、水灯を放つ儀式である。鎌田茂雄が論じているように、[50]『蒙山施食科』とは「若人欲了知」から始まる破地獄文・普召請真言・開咽喉真言・三昧耶戒真言・甘露水真言などから成る施餓鬼法の一種である。

『黄檗清規』は一六七二年に編纂・刊行されているので、宇治川における万福寺の水灯会もおよそ先述した行法で供養がなされたと思われる。万福寺の水灯会は速水春暁著『大日本年中行事大全』（天保三年刊）にも記述が見られ、七月一五日条に「黄檗山施餓鬼亥刻水灯会」とあるので、[51]七月一三日・一五日の両日の施餓鬼会に付随して営まれた。亥刻の暗闇に包まれた宇治川にて、放水灯により引請された水難者の孤魂は、蓮華を象った灯明に導かれて水面へと浮かび、施餓鬼会によって供養されるのである。黄檗の供養儀礼である水灯会は『諸国年中行事』や『大日本年中行事大全』という諸国の祭事・仏事を載録したガイドブックに取り上げられるほど、人目を惹くものであったことが推察される。

『諸国年中行事』には盂蘭盆に際した施餓鬼会がいくつか記載されている。時系列的に並べると、七月六日の京都高台寺での施餓鬼に始まり、七月一三日に万福寺での施餓鬼水灯会、一五日は知恩院の山門大施餓鬼、万福寺の大施餓鬼、江戸の瑞聖寺の施餓鬼会となる。施餓鬼会を営む寺院の宗派は知恩院のように浄土宗も見られるが、そのほとんどは禅宗であった。京都建仁寺派の高台寺での施餓鬼会では、十六羅漢の像を掛けて営まれるなど、寺宝を掲げて参拝者を広く集めるような努力が垣間見られる。

以上のように『諸国年中行事』という寺社の祭礼・仏事を紹介した書籍に、禅宗寺院で営まれる施餓鬼会や水灯会という死者供養の年中行事が記載されており、一八世紀前半において、亡者薦亡の年中行事が諸人の群集する仏事であったと思われる。

先に京洛の年中行事を載録した『諸国年中行事』から一八世紀前半における死者供養の年中行事を見てきたが、次に近世末期の江戸の歳事から追善供養を考察してみたい。近世末期の江戸における祭礼・法会を四季に分けて、多くの挿絵とともに解説しているのは『東都歳事記』である。天保九年（一八三八）に斎藤月岑が著述し、作画を長谷川雪《せっ》旦《たん》・雪堤《せってい》が担当したもので、寺社仏閣でのさまざまな状景が描かれている。本節末の表4―2は本書に記載されていた仏教的な年中行事の中で仏事の形態が記された行事を一覧にしたものである[52]。彼岸・盂蘭盆の時節に営まれる仏事、施餓鬼会などの仏教的な年中行事が数多く載録されている。これは神社の祭礼とともに、死者供養の仏事が巷間の関心を集める行事であったことを物語っている。

本書でとりわけ、追善仏事の状景が詳細に描かれているのは、黄檗宗本所羅漢寺での「大施餓鬼」である[53]。七月朔日条に、

本所羅漢禅寺、施餓鬼。今日より晦日まで修行（毎日羅漢供養、盂蘭盆経読誦）。十六日・二十五日・晦日、大せがき修行。川せがきは今なし。修行中、四方の道俗群参す。

（市古夏生・鈴木健一編『新訂　東都歳事記（下）』〈筑摩書房、二〇〇一年〉一一頁）

とあり、本所羅漢寺では、七月中は毎日、羅漢供養と盂蘭盆経を読誦し、一六日・二五日・晦日の三日間は大施餓鬼会を開催していた。これらの仏事には四方より僧俗問わず多くの参拝者が施餓鬼会を訪れるというのである。

図4―1は『東都歳事記』に記載された本所羅漢寺の大施餓鬼会の図である。導師・侍者侍香に両班一列で、立誦の形式で法要が執行されている。鳴らし物は木魚、引磬、鈸に須弥壇脇の大磬が確認できる。色袈裟をしている僧侶

図４－１　『東都歳事記』の本所羅漢寺（黄檗宗）の大施餓鬼〔筆者蔵〕

の一人は中央で須弥壇に合掌しており、導師と考えられる。対して、西班で合掌している僧はおそらく維那であろう。本図はまさに読経中の様子を描いたものであり、人びとがどのように供養を営んでいたかが詳細に描写されている。塔婆を筆書している人物の周りには、手を合わせている女性や塔婆が書き終わるのを待つ人びとが描かれている。これは供養の依頼者が、まず塔婆係に戒名や先祖名を告げて筆書してもらうためである。塔婆を受け取った後、内陣の周囲に進んで袢を着た在俗者に渡す。塔婆が置かれる台などが見られないので、おそらく法要の回向文を読み上げる際に、集めた塔婆を維那や僧衆に渡して、一座ごとに戒名や先祖名を読み込み、供養する形態と考えられる。参拝者の中には、法要途中にもかかわらず帰ろうとする者や談笑する者もいる。彼らはおそらく一座の供養を営みに訪れた人びとであり、本所羅漢寺での大施餓鬼会からは、近世江戸の禅宗寺院において檀家制度に限らない供養が展開されていたことを看取することができる。このような状景は今日、「関東三大施餓鬼」と称されている秩父観音霊場一番札所の四万部寺や、埼玉県杉戸町の永福寺で営まれる現代の大施餓鬼会とほとんど変わらないものである。

明暦の大火の犠牲者を供養するために明暦三年（一六五七）に建立された浄土宗回向院においても施餓鬼会が営まれている。回向院の施餓鬼会は七月四日・七日の両日に営まれており、四日は、

本所回向院より千住小柄原の別院において大施餓鬼修行（刑死の族、迷魂得脱のために行ふところなり）。

（市古夏生・鈴木健一編『新訂　東都歳事記（下）』〈筑摩書房、二〇〇一年〉一二頁）

とあり、千住小柄原の別院において刑罰で亡くなった人物の供養を目的としている。七日は以下のように、明暦の大火の犠牲者の「亡魂追薦」を祈るために営まれている。

本所回向院大施餓鬼（明暦三年丁酉正月十八日・十九日、江戸大火の砌、焼死・溺死の亡魂追薦のために行ふところなり）。

（市古夏生・鈴木健一編『新訂　東都歳事記（下）』〈筑摩書房、二〇〇一年〉一三―一六頁）

筆者がとりわけ注目したいのは、先述の七月七日条に続く以下の記述であり、

同寺にて仏餉・施入の檀主、現当両益のために法事修行あり。

（市古夏生・鈴木健一編『新訂　東都歳事記（下）』〈筑摩書房、二〇〇一年〉一六頁）

と八日は回向院にて「現当両益のため」の法事が執行されている点である。法要の委細は不明であるが、仏餉や布施を納めた檀主に対する現世安穏・後生善処の仏事が営まれていたのである。おそらくは羅漢寺と同様に参拝者の求めに応じて念仏・供養が営まれ、その中には特定の物故者や先祖への追善仏事も含まれていたと考えられる。つまり回向院では、七月四日・七日は横死者への施餓鬼会を営む一方、八日は個別的な依頼に応じた供養を営んでいたと推察される。『東都歳事記』で取り上げられている施餓鬼会はさまざまな宗派の寺院に及んでいる。天台宗では浅草寺（七月一四日）が挙げられる。先の回向院は浄土宗であったが、一月二五日に宗祖円光大師（法然）の御忌法会を営む浅草

源空寺では、同日に阿弥陀仏の開帳とともに施餓鬼会を行っている。青山善光寺では七月二六日に開催されている。七月二八日条には「高田亮朝院、七面宮施餓鬼修行。百味供養あり」との記載が見られ、将軍家祈禱所で七面大明神を祀った日蓮宗の高田亮朝院でも盂蘭盆会を過ぎた期日に施餓鬼会が修されており、二月二二日条には、牛込原町の日蓮宗幸国寺による一〇日間にも及ぶ千部会の翌日に施餓鬼会が営まれている。

以上、天台宗・浄土宗・日蓮宗の施餓鬼会について見たが、本書に記載された施餓鬼会を開催する寺院の中で最も多い宗派は禅宗である。黄檗宗では先述した羅漢寺のほか、品川南番場の大竜寺（七月八日・一五日・一六日・二四日）、白金瑞聖寺・青山海蔵寺・牛島弘福寺（七月一五日）、深川寺町海福寺（七月一六日）が挙げられる。臨済宗では大徳寺派は品川東海寺（七月一五日・一六日）、曹洞宗では音羽町洞雲寺（七月一五日・一六日）、本郷六丁目喜福寺（七月一七日）、亀戸常光寺（七月二五日）が施餓鬼会を営んでいる。

このような禅宗による活発な施餓鬼会の開催は七月八日条に、「禅家の諸寺院、大施餓鬼修行。」と記されており、その隆盛が推察される。近世において施餓鬼が特定の物故者や先祖の供養になるというだけでなく、病気やその原因とされる悪霊への対象法として機能していたことは、浄土宗の例では長谷川匡俊が[54]、曹洞宗の例では広瀬良文が[55]指摘している。推量の域を出るものではないが、『東都歳事記』に見る施餓鬼にはおそらくこのような目的のもとに供養を申し込むこともあったであろうから、施餓鬼会は参詣者たちの現当二世・冥陽両利をかなえる仏事として広く信仰を集めていたと考えられる。

施餓鬼会以外の追善供養の年中行事に目を向けてみると、浅草寺では四月一四日条に「十万人講宝塔供養」という法会が見られ、六月二九日には盂蘭盆会が営まれている。「十万人講宝塔供養」は享保年間に行った本堂等の伽藍普請への寄進者を供養する仏事であり、一山惣出仕し、本堂で追善の読経・焼香がなされている。春秋彼岸の際には、田畑大竜寺で土砂加持法が中日より三日間営まれ、上野清水観音堂では放生会が行われている。

施餓鬼会とともに『東都歳事記』に多く見られる追善仏事は日蓮宗の千部会である。望月真澄によれば、千部会は日蓮宗寺院による「法華経読誦会が、法華千部会として近世に入って定着したもの」であり、近世中期から年中行事化したもので、儀礼の目的は施主の祈願・追善供養にあったという[56]。

千部会を営んでいる寺院を列挙すると、本所押上・春慶寺（一月一日・五月一日・九月一日、千巻普賢品）、牛込原町・幸国寺（二月一二日～二一日、千部）、下総国・中山法華経寺（三月九日～一八日、千部）、深川寺町・浄心寺（三月九日～一八日、法華経千部）、下谷・宗延寺（三月一三日～二二日、法華経千部）、池上・本門寺（三月一九日～二八日、法華経千部）、浅草田圃・幸竜寺（四月八日～一七日、法華経千部）、本塚・本伝寺（四月八日～一四日、法華経千部）、本所・法恩寺（六月三日～一二日、法華経千部）、堀の内・妙法寺（七月一八日～二七日、法花経千部）、下総真間・弘法寺（九月九日～一八日、法花経千部）となり、年間を通して法華経・普賢品を千部読誦する仏事が営まれていた。

このような千部会に対応する浄土宗の仏事には弥陀経千部会・万部会があり[57]、三崎・法住寺（三月一八日～二八日、万部弥陀経）、深川・霊巌寺（四月一日～一〇日、弥陀経千部）、奥沢・浄真寺（四月三日～一二日、弥陀経千部）、本所・霊山寺（四月一二日～二一日、阿弥陀経千部）、目黒・祐天寺（七月一六日～二五日、弥陀経千部）、麴町・心法寺（一〇月六日～一四日、弥陀経千部）が確認できる。

以上のように、浄土・日蓮寺院では、御忌大会に際して施餓鬼会を併修する例が見られるほか、法華経読誦の千部会、阿弥陀経千部が営まれていた。対して禅宗では盂蘭盆を中心に、施餓鬼会を積極的に執行していた。年間を通して各宗派が、施主の求めに応じて追善供養を営む近世江戸の状況は、まさに信仰の争奪戦を繰り広げている様相を示しているのである。

表4―2『東都歳事記』の年中行事一覧

＊『新訂　東都歳事記』上・下巻（筑摩書房）より作成。仏事の形態が記されている行事のみを挙げた。各条で複数の日時の異なる仏事が記載されている場合は別項目とした。

日時	地域名・寺院名	行事名	法要の形態	原文
大晦日～六日	浅草寺	修正会	儺、読経・唄懺悔、（一日巳刻）大般若転読	浅草寺修正会、除夜より正月六日に至るまで七日の間、毎夕儺あり（衆徒六人・弟子二人出仕、これを勤む。夕七つ時頃、宝前において読経・唄散悔あり。のち衆徒一人、袈裟衣のまま鬼面を持ち面へかざして出づる。また一人竹杖をもちてこれを追ひ、龕を廻ること三度なり。この間かね・太鼓、乱調に打ちならす。今日巳刻、宝前において大般若転読、導師、別当寺中十二人出仕、これを勤む）。
一月一日～七日	東叡山中堂	おにやらひ	一山薬師の十二願	東叡山中堂のおにやらひは、元日より七日まで、毎夕八つ半時修行あり。一山薬師の十二願をよみ、のち銅羅・太鼓・螺貝等の鳴りものにて、鬼面をかけたる僧を追ふとぞ。中門を閉ざしてより修行あり、ゆゑに庶人は見ることなし。
一月一日	受地村・秋葉社	大護摩供	法華経読誦	大護摩供、法華経読誦（正・五・九月の朔日・十五日・二十八日に修行）
一月一日	本所押上・春慶寺	普賢菩薩開帳	千巻普賢品	本所押上春慶寺、普賢菩薩開帳（千巻普賢品執行、講中祈禱あり）
一月一二日	浅草寺	温座陀羅尼開白	一百六十八温座の秘法	浅草寺、温座陀羅尼開白（天下泰平・国家安全の御祈禱なり。今日より十八日まで、七昼夜の間、本堂の中左のかた不動尊の前に、壇を構へ幔をめぐらして一百六十八温座の秘法修業あり）。
一月一二日	上野中堂	大般若転読	大般若転読	上野中堂、大般若読誦。今日辰の刻、一山惣出仕にて修行、御供所にて大般若の札を与ふ。
一月一三日	深川森下町・神明宮祭礼（猿江泉養寺）	神明宮祭礼	大般若、放生会	深川森下町神明宮祭礼（歩射の式は近年行はず。今日大般若を誦し、放生会を行ふ。十二日より参詣多し。猿江泉養寺持ちなり）。
一月一五日	山谷・正法寺	毘沙門祭り	千巻陀羅尼	山谷正法寺、毘沙門祭り。千巻陀羅尼、開帳。
一月一五日	牛込原町・長明寺太神宮	千巻陀羅尼	千巻陀羅尼	牛込原町長明寺太神宮、千巻陀羅尼（五月・九月十五日、三月二十八日）。
				浅草報恩寺にて開山の木像に鯉魚を供す（この鯉魚を調理なし詣人に与ふ。また斎非時を出だす。当寺開山性信坊〔一一八七―一二七五〕、下総国飯沼

一月一六日	浅草・報恩寺	鯉魚供	開山木像に鯉魚を供える	にありし頃、かの地の天満宮示現のことあり。その例によって、毎年飯沼より池の鯉二喉づつ送る。この返礼として鏡餅を送らる。この鏡餅を天満宮へ献じ、二十五日初連歌の時これをひらくを旧例とす）。
一月一六日	雑司が谷・鬼子母神	鬼子母神祭礼	法華経読誦	雑司が谷鬼子母神祭礼。中古までは今日奉射祭りとて厳重の式ありしが、近年このこと絶えてなし。今は法花経を読誦するばかりなり。
一月一七日	湯島・天満宮	放生会	放生会	湯島天満宮放生会（五月、九月もあり）。
一月一八日	浅草寺	法華三昧法会	法華三昧、温坐陀羅尼	浅草寺、法華三昧法会（卯刻、本堂において修行あり。大衆惣出仕。今日温坐陀羅尼結願なり。今夜松明を灯し、供物等を奥山にて焚き捨つることあり）。
一月一八日	受地村・満願寺	秋葉権現参り	大般若転読	受地村満願寺（正・五・九月十八日には大般若転読。毎月十八日には護摩供修行、法花経を読誦す）。
一月一八日	駒込片町・大円寺	秋葉権現参り	大般若転読	駒込片町大円寺（正・五・九月大般若転読。参詣多し）。
一月一八日・一九日	駒込追分・光明寺	題目講	題目講、説法	駒込追分光明寺、十八日・十九日、題目講説法。
一月一九日	浅草たんぼ・幸竜寺鎮守	柏原明神開帳	千巻陀羅尼	浅草たんぼ幸竜寺鎮守、柏原明神開帳。千巻陀羅尼（五月、九月もあり）
一月一九日	本所押上・最教寺	七面参り	千巻陀羅尼	本所押上最教寺（正・五・九月は祭りにて、千巻だらに修行）。
一月一九日	浅草新寺町・正覚寺	七面参り	千巻陀羅尼	浅草新寺町正覚寺（二十三日まで説法。正・五・九日十九日には千巻陀羅尼修行）。
一月一九日	高田・亮朝院	七面参り	千巻陀羅尼、説法	高田亮朝院（毎月十九日題目講。正・五・九月は千巻だらに、開帳、説法あり）。
一月二〇日・二一日	浅草山谷町・本性寺	秋山自雲霊神開帳	千巻陀羅尼	浅草山谷町本性寺、秋山自雲霊神開帳（痔疾を憂ふるもの、当社へ祈願をなすに果たして応験ありと言ふ。正・五・九月の二十日・二十一日には千巻陀羅尼修行あり）。
一月二二日	浅草七軒寺町・法養寺	熊谷稲荷開帳	千巻陀羅尼	七軒寺町法養寺、熊谷稲荷開帳。千巻だらに。
一月二二日	谷中・大円寺	瘡守いなり開帳	千巻陀羅尼	谷中大円寺、瘡守いなり開帳。千巻陀羅尼、説法等あり。
一月二二日	深川猿江・妙寿寺	稲荷開帳	千巻陀羅尼	深川猿江妙寿寺、稲荷開帳、千巻陀羅尼。
一月二二日	赤坂御門外大岡侯御下屋	豊川稲荷参り	大般若転読	赤坂御門外大岡侯御下屋敷、豊川稲荷参り。正・五・九月は大般若転読あり。

	敷・豊川稲荷			
一月二三日	山崎町・仙竜寺	瑜伽権現大般若	大般若	山崎町仙竜寺、瑜伽権現大般若（五月、九月もあり）。
一月二三日	御船蔵前・西光寺	御忌	念仏、説法	御船蔵前西光寺御忌。念仏、説法。
一月二四日	浅草大川橋手前花川戸町角・古物六地蔵	石灯籠念仏	念仏	浅草大川橋手前花川戸町角、古物六地蔵の石灯籠念仏修行。
一月二四日	雑司が谷・宝城寺	千巻陀羅尼	千巻陀羅尼、説法	雑司が谷宝城寺、千巻陀羅尼修行、説法。
一月二四日	本所押上・春慶寺	普賢菩薩参詣	十部経執事祭礼	本所押上春慶寺、普賢菩薩参詣（正・五・九月二十四日は十部経執事祭礼にて、開ちやうあり）。
一月二四日	白金樹木谷・覚林寺	清正公参詣	千巻陀羅尼	白金樹木谷覚林寺、清正公参詣。正・五・九月は千巻陀羅尼修行あり。
一月二五日	白金樹木谷・松久寺花城天満宮	天満宮参詣	大般若	白金樹木谷松久寺花城天満宮、正・五・九月二十五日大般若。
一月二五日	浅草・源空寺	御忌法会	施餓鬼	浅草源空寺（十九日より修行あり。二十五日、施餓鬼を行ふ。円光大師真筆六字名号、同開眼の弥陀を拝せしむ。毎月二十五日、大師開帳あり）。
一月二八日	入谷・鬼子母神	鬼子母神参り	千巻陀羅尼	入谷鬼子母神は正・五・九月二十八日、千巻陀羅尼修行あり。
一月二八日	深川・八幡宮	放生会	放生会	深川八幡宮放生会（五月、九月もあり）。
一月寅の日	下谷新寺町・玉泉寺	毘沙門参り	千巻陀羅尼	同所新寺町玉泉寺（正・五・九月、千巻陀羅尼開帳）。
一月寅の日	麻布広尾・天現寺	毘沙門参り	放生会、百万遍大般若	麻布広尾天現寺（正・五・九月の初とらには、開帳・放生会・百万遍大般若修行あり）。
一月己巳待ち	橋場・福寿院	弁天参り	大般若	橋場福寿院（大般若）。
一月初申の日	永田馬場・山王宮	法華三昧	法華三昧	永田馬場山王宮、法華三昧。
一月庚申の日	東葛西柴又村・題経寺帝釈天	帝釈天参詣	千巻陀羅尼	東葛西柴又村帝釈天参詣（題経寺にあり。今日千巻陀羅尼修行、板本尊開扉あり。そのほか毎月初申の日、百巻陀羅尼修行、開扉あり。庚申を縁日とすること、本尊出現なるによれり）。
一月初亥	上野町・徳大寺	摩利支天参り	千巻陀羅尼	上野町徳大寺（毎月開帳、正月初亥には千巻陀羅尼修行あり。そのほか開帳講中あり）。

一月亥の日	雑司が谷・玄浄院	摩利支天参り	千巻陀羅尼	雑司が谷玄浄院摩利支天開帳。正・五・九月には千巻陀羅尼修行。
二月四日	高輪・泉岳寺	浅野家四十七士墳墓参詣	墳墓参詣	浅野家義士四十七人の忌日なり、高輪泉岳寺の墳墓へ参詣あり。
二月九日	牛込原町・幸国寺	説法	説法	牛込原町幸国寺、千部二十一日まで修行（九日説法、十六日誕生会。この日、本尊祖師御更衣。放生会、音楽、児供養、そのほか執事あり。二十二日には施餓鬼あり）。
二月一二日～二一日	牛込原町・幸国寺	千部	千部、放生会	牛込原町幸国寺、千部二十一日まで修行（九日説法、十六日誕生会。この日、本尊祖師御更衣。放生会、音楽、児供養、そのほか執事あり。二十二日には施餓鬼あり）。
二月一五日	浅草寺	法華三昧	法華三昧	浅草寺（巳の刻、一山の衆徒宝前において法華三昧修行あり）。
二月二二日	牛込原町・幸国寺	施餓鬼	施餓鬼	牛込原町幸国寺、千部二十一日まで修行（九日説法、十六日誕生会。この日、本尊祖師御更衣。放生会、音楽、児供養、そのほか執事あり。二十二日には施餓鬼あり）。
二月二五日～二七日	駒込・海蔵寺疱瘡神社	大般若	大般若	駒込海蔵寺疱瘡神社大般若。
二月初午	熊谷・稲荷	稲荷祭り	千巻陀羅尼	熊谷稲荷（同八軒寺町本法寺。千巻陀羅尼）。
二月彼岸	諸寺院	彼岸	仏事、説法	（春分の初日より三日に当たる日を初日とす）。七日の間諸寺院仏事を修し、説法等をなす（この間参詣多し。俗家にても仏に供養し僧に嚫す）。
二月彼岸中日	田畑・大竜寺	土砂加持	土砂加持	中日より三日の間、田畑大竜寺、土砂加持。
二月彼岸中日	上野・清水観音堂	放生会	放生会	上野清水観音堂、放生会。
三月九日～一八日	下総国・中山法華経寺	千部	千部	下総国中山法華経寺千部、十八日まで修行（この間、音楽等あり。江戸より参詣多し。行程日本橋より四里余あり）。
三月九日～一八日	深川寺町・浄心寺	法華経千部	法華経千部	深川寺町浄心寺、法華経千部、十八日まで修行。
三月一三日～二二日	下谷・宗延寺	法華経千部	法華経千部	下谷宗延寺、法華経千部、二十二日まで修行（この間開帳。二十三日、音楽、児供養、放生会あり）。
三月一五日	隅田川・木母寺	梅若塚大念仏	大念仏	隅田川木母寺、梅若塚大念仏（今日は梅若丸忌日によりて修行すといへり……）。

三月一八日〜二八日	三崎・法住寺	万部弥陀経	万部弥陀経	三崎法住寺、万部弥陀経。二十八日まで修行（俗に新幡随意院といふ）。
三月一九日〜二八日	池上・本門寺	法華経千部	法華経千部	池上本門寺、法華経千部。二十八日まで修行（この間、開帳・音楽あり。遠近の緇素群集す）。
三月二二日・二三日	中野・宝泉院光明殿	土砂加持	土砂加持	今明日、中野宝仙院光明殿、土砂加持修行。
三月二三日	青山・玉窓寺観音	大般若転読	大般若転読、百味供養	青山玉窓寺観音、大般若転読、百味供養。
三月二三日	下谷・宗延寺	法華経千部	音楽、児子供養、放生会	下谷宗延寺、法華経千部、二十二日まで修行（この間開帳。二十三日、音楽、児供養、放生会あり）。
三月二七日・二八日	南品川・別当海雲寺	千体荒神祭礼	護摩供	南品川千体荒神祭礼（別当、海雲寺。二十七日より修行、護摩供を修す。十一月も祭礼あり）。
三月二八日	牛込原町・長明寺太神宮	千巻陀羅尼	千巻陀羅尼	牛込原町長明寺太神宮、千巻陀羅尼（五月・九月十五日、三月二十八日）。
四月一日〜一〇日	深川・霊巌寺	弥陀経千部	弥陀経千部	深川霊巌寺、弥陀経千部。十日まで修行す（この間、道俗参詣多し）。
四月三日〜一二日	奥沢・浄真寺	弥陀経千部	弥陀経千部	奥沢浄真寺（九品仏）、弥陀経千部。十二日まで修行す……。
四月六日	東葛西柴又・帝釈天（別当、題経寺）	帝釈天祭礼	千巻陀羅尼、音楽、児供養	東葛西柴又帝釈天祭礼（別当、題経寺。今日、板本尊開帳。千巻陀羅尼修行、音楽・児供養あり。江戸より参詣多し）。
四月八日	浅草寺	灌仏会	唄散華、経段、行道	浅草寺（巳刻、別当・大衆惣出仕。唄散華・経段・行道の作法あり）。
四月八日	青山・鳳閣寺	順峯の神事	柴灯大護摩、遷供養	柴灯大護摩修行、遷供養あり。
四月八日〜一五日	神田上水の源井の頭・弁才天（別当、大盛寺）	水加持	水加持	神田上水の源、井の頭弁才天水加持。今日より十五日に至る。別当、大盛寺。
四月八日〜一七日	浅草田圃・幸竜寺	法華経千部	法華経千部	浅草田圃幸竜寺、法華経千部。十七日まで修行。
四月八日〜一二日	湯島・霊雲寺	土砂加持	土砂加持	湯島霊雲寺、土砂加持。十二日まで修行。
四月八日	川田ケ窪・月桂寺	宝珠の拝見	宝珠の拝見	川田ケ窪月桂寺にて安産守護の宝珠を拝せしむ。この宝珠は足利尊氏公の御台所所持ありしといふ。つねにも前日より約し置けば拝せしむるといへり。
四月八日〜一四日	本塚・本伝寺	法華経千部	法華経千部	本塚本伝寺、法華経千部。十四日まで修行。

四月八日～一七日	高田・本松寺	願満祖師百部経	百部経	高田本松寺、願満祖師百部経。十七日まで修行。
四月八日～一八日	青山・仙寿院	万巻陀羅尼	万巻陀羅尼	青山仙寿院、万巻陀羅尼。十八日まで修行（十八日には祖師開帳あり）。
四月八日～一八日	本所出村・本仏寺鬼子母神	万巻陀羅尼	万巻陀羅尼	本所出村本仏寺鬼子母神、八日より十八日まで万巻陀羅尼。八日・十二日・十八日、内拝あり。
四月九日・十日	日暮里・修性院	三十番神祭り	千巻陀羅尼、児供養	今明日、日暮里修性院、三十番神祭り。千巻だらに、児供養あり。
四月一二日～二一日	本所・霊山寺	阿弥陀経千部	阿弥陀経千部	本所霊山寺、阿弥陀経千部。二十一日まで修行。
四月一四日	浅草寺	十万人講宝塔供養	本堂での読経、三層塔前での焼香	浅草寺、十万人講宝塔供養（本坊において御斎あり。一山惣出仕にて勤む。この法会は享保年中、本堂普請の時寄進の輩供養のためにして、同六年、本堂の後ろに石の三層塔を立て置かれたり。今日本堂にて読経の後、この塔の前にて焼香あり）。
五月一日	押上・春慶寺	開帳	千巻普賢品	押上普賢菩薩開帳。千巻普賢品執行、正月のごとし。
五月一日～二二日	浅草・本法寺	万巻陀羅尼	万巻陀羅尼	浅草本法寺万巻陀羅尼。二十二日まで修行。
五月一五日	山谷・正法寺	毘沙門祭り、開ちやう	千巻陀羅尼	山谷正法寺、毘沙門祭り。開ちやう、千巻陀羅尼。
五月一五日	新鳥越・安盛寺	妙見宮内拝	千巻陀羅尼	新鳥越安盛寺、妙見宮内拝、千巻陀羅尼。
五月一五日	牛込原町・長明寺太神宮	千巻陀羅尼	千巻陀羅尼	牛込原町長明寺太神宮、千巻陀羅尼（五月・九月十五日、三月二十八日）。
五月一七日	湯島・天満宮	放生会	放生会	湯島天満宮放生会（五月、九月もあり）。
五月一八日	受地村・満願寺	秋葉権現参り	大般若転読	受地村満願寺（正・五・九月十八日には大般若転読。毎月十八日には護摩供修行、法花経を読誦す）。
五月一八日	駒込片町・大円寺	秋葉権現参り	大般若転読	駒込片町大円寺（正・五・九月大般若転読。参詣多し）。
五月一八日～二八日	雑司が谷・鬼子母神堂	千部	万巻陀羅尼	雑司が谷鬼子母神堂、千部。二十八日まで修行（今日、万巻陀羅尼修行あり）。
五月一九日	本所押上・最教寺	七面祭り	千巻陀羅尼	本所押上最教寺（正・五・九月は祭りにて、千巻だらに修行）。
五月一九日	浅草新寺町・正覚寺	七面参り	千巻陀羅尼	浅草新寺町正覚寺（二十三日まで説法。正・五・九日十九日には千巻陀羅尼修行）。

五月一九日	高田・亮朝院	七面参り	千巻陀羅尼、説法	高田亮朝院（毎月十九日題目講。正・五・九月は千巻だらに、開帳、説法あり）。
五月一九日	浅草たんぼ・幸竜寺鎮守	柏原明神開帳	千巻陀羅尼	浅草たんぼ幸竜寺鎮守、柏原明神開帳。千巻陀羅尼（五月、九月もあり）。
五月一九日	高田・亮朝院	七面宮開帳	千巻陀羅尼	高田亮朝院、七面宮開帳。千巻だらに。
五月一九日	浅草・幸竜寺	柏原明神開帳	千巻陀羅尼	浅草幸竜寺、柏原明神開帳。千巻陀羅尼。
五月二〇日	平井・聖天宮（別当、灯明寺）	聖天宮祭礼	大般若	平井聖天宮祭礼（別当、灯明寺。大般若修行）。
五月二〇日・二一日	浅草山谷町・本性寺	秋山自雲霊神開帳	千巻陀羅尼	浅草山谷町本性寺、秋山自雲霊神開帳（痔疾を憂ふもの、当社へ祈願をなすに果たして応験ありと言ふ。正・五・九月の二十日・二十一日には千巻陀羅尼修行あり）。
五月二二日	赤坂御門外大岡侯御下屋敷・豊川稲荷	豊川稲荷参り	大般若転読	赤坂御門外大岡侯御下屋敷、豊川稲荷参り。正・五・九月は大般若転読あり。
五月二二日	谷中・大円寺瘡守稲荷社	千巻陀羅尼	千巻陀羅尼、説法、内拝	谷中大円寺瘡守稲荷社、千巻陀羅尼、ならびに説法内拝あり。
五月二二日	猿江・妙寿寺	稲荷開帳	千巻陀羅尼	猿江妙寿寺、稲荷開帳。千巻だらに。
五月二二日	深川砂村・深川寺	志演稲荷祭り	柴灯護摩	深川砂村深川寺、志演稲荷祭り（柴灯護摩あり。砂村の惣鎮守なり。享保の頃、御鷹野の節、台命の旨ありて、近村、五穀祭りのため柴灯を興行す。しかしより今に絶えず。近村商人、市をなせり）。
五月二三日	山崎町・仙竜寺	瑜伽権現大般若	大般若	山崎町仙竜寺、瑜伽権現大般若（五月、九月もあり）。
五月二四日	本所押上・春慶寺	普賢菩薩開帳	十部経修行祭礼	本所押上普賢菩薩開帳。十部経修行祭礼。
五月二四日	白金樹木谷・覚林寺	清正公参詣	千巻陀羅尼	白金樹木谷覚林寺、清正公参詣。正・五・九月は千巻陀羅尼修行あり。
五月二四日	雑司が谷・宝城寺	千巻陀羅尼	千巻陀羅尼、説法	雑司が谷宝城寺、千巻陀羅尼、説法。
五月二四日	浅草大川橋手前花川戸町角・六地蔵	石灯籠念仏	石灯籠念仏	浅草大川橋手前花川戸町角、六地蔵の石灯籠念仏修行。
五月二五日	白金樹木谷・松久寺花城天満宮	天満宮参詣	大般若	白金樹木谷松久寺花城天満宮、正・五・九月二十五日大般若。

五月二八日	深川・八幡宮	放生会	放生会	深川八幡宮放生会（五月、九月もあり）。
五月二八日	入谷・喜宝院	鬼子母神参り	千巻陀羅尼	入谷喜宝院鬼子母神、千巻陀羅尼。
五月寅の日	下谷新寺町・玉泉寺	毘沙門参り	千巻陀羅尼	同所新寺町玉泉寺（正・五・九月、千巻陀羅尼開帳）。
五月寅の日	麻布広尾・天現寺	毘沙門参り	放生会、百万遍大般若	麻布広尾天現寺（正・五・九月の初とらには、開帳・放生会・百万遍大般若修行あり）。
五月亥の日	雑司が谷・玄浄院	摩利支天参り	千巻陀羅尼	雑司が谷玄浄院摩利支天開帳。正・五・九月には千巻陀羅尼修行。
六月三日～一二日	本所・報恩寺	法華経千部	法華経千部	本所法恩寺、法華経千部。十二日まで修行（開山日住上人在職の頃より、引き続きて修行すといふ。開山は暦応中の人なり）。
六月二三日	深川猿江・摩利支天	疫神除け祭り	名越祓	深川猿江摩利支天、疫神除け祭り、名越祓修行。
六月二九日	浅草寺	盂蘭盆会	盂蘭盆会	浅草寺盂蘭盆会（一山の衆徒、観世音宝前において修行あり。雷神門の前に施餓鬼棚を設く）。
六月晦日	浅草寺	花講	唄散花・経段・行道・供花・焼香	浅草寺花講（巳の刻、本堂へ別当大衆惣出仕にて、唄散花・経段・行道・供花・焼香のことあり）。
六月土用中丑の日	高田・本松寺願満祖師	はうろく加持	点灸をほどこす	高田本松寺願満祖師、はうろく加持。逆上・頭痛等の祈禱なり。はうろくをいただかしめて点灸をほどこすに、必ずしるしありといへり。
七月一日～晦日	本所・羅漢寺	施餓鬼	施餓鬼、羅漢供養、盂蘭盆経	本所羅漢寺、施餓鬼。今日より晦日まで修行（毎日羅漢供養、盂蘭盆経読誦）。十六日・二十五日・晦日、大せがき修行。川せがきは今なし。修行中、四方の道俗群参す。
七月一日～晦日	諸寺院	水陸会	施餓鬼	当月は諸寺院、水陸会《せがき》修行ありてことごとく記し得ず。ゆゑにその一、二を挙ぐ。
七月四日	本所・回向院・別院	大施餓鬼	施餓鬼	本所回向院より千住小柄原の別院において大施餓鬼修行（刑死の族、迷魂得脱のために行ふところなり）。
七月七日	本所・回向院	大施餓鬼	施餓鬼	本所回向院大施餓鬼（明暦三年丁酉正月十八日・十九日、江戸大火の砌、焼死・溺死の亡魂追薦のために行ふところなり）。
七月八日	本所・回向院	現当両益の法事	檀越法事	同寺にて仏餉・施入の檀主、現当両益のために法事修行あり。
				禅家の諸寺院、大施餓鬼修行。牛島弘福寺（夜中に行ふ）。白金瑞聖寺。下渋

七月八日	品川南番場・大竜寺	大施餓鬼	施餓鬼	谷長国寺。青山海蔵寺。品川東海寺（今日ならびに十六日、山門にて修行）。同南番場大竜寺（八日・十五日・十六日・二十四日に修行す）。
七月一三日～一六日	諸人	精霊祭り	精霊祭り、棚経、墓参	精霊祭り（今日より十六日にいたるまで、人家聖霊棚を儲け、件々の供物をささげ、先祖をまつる。この間僧を請じて誦経するを棚経といふ。十三日の夜、迎火とて麻柯を燎く。十六日朝、送火とてまた麻がらをたく。このうちを俗、盆中といふ。諸人先祖の墳墓に詣づ。盆の中、托鉢の僧多く来る）。
七月一四日	浅草寺本坊	施餓鬼	施餓鬼	浅草寺施餓鬼（巳の刻本坊において修行あり）。
七月一五日・一六日	諸人	生身魂の祝い	生身魂の祝い	良賤生身魂の祝ひ（七月の盆に、亡者の霊魂来るよしを言ひてまつるより移りて、現在の父母兄弟などの生御たまをいはふ意なりとぞ）。
七月一五日	禅家の諸寺院	大施餓鬼	大施餓鬼	禅家の諸寺院、大施餓鬼修行。牛島弘福寺（夜中に行ふ）。白金瑞聖寺。下渋谷長国寺。青山海蔵寺。品川東海寺（今日ならびに十六日、山門にて修行）。同南番場大竜寺（八日・十五日・十六日・二十四日に修行す）。
七月一五日・一六日	品川・東海寺山門	山門大施餓鬼	山門大施餓鬼	禅家の諸寺院、大施餓鬼修行。牛島弘福寺（夜中に行ふ）。白金瑞聖寺。下渋谷長国寺。青山海蔵寺。品川東海寺（今日ならびに十六日、山門にて修行）。同南番場大竜寺（八日・十五日・十六日・二十四日に修行す）。
七月一五日・一六日	音羽町・洞雲寺	施餓鬼	施餓鬼	音羽町洞雲寺、施餓鬼。今明日夜中に修す。いづれも大かた夜中に修行あり。
七月一六日	深川寺町・海福寺	施餓鬼	施餓鬼	深川寺町海福寺、施餓鬼。
七月一六日～二五日	目黒・祐天寺	弥陀経千部	弥陀経千部、音楽	目黒祐天寺、弥陀経千部。二十五日まで修行（音楽等あり。道俗日ごとに群参す。この間霊宝を出して拝せしむ。……）
七月一七日	本郷六丁目・喜福寺	施餓鬼	施餓鬼	本郷六丁目喜福寺施餓鬼。
七月一八日	芝・増上寺	開山忌	音楽、読経、行道等、十念の授与	増上寺開山忌（開山酉誉上人聖聡大和尚の御忌によりて、法筵を設けらるるところなり。……方丈は轅に乗じ、衆僧・行者・童子・布衣・素袍・退紅・白張等の従者を具せられ参堂あり。音楽・読経・行道等のこと終はりて、午刻退散あり。この時参詣の諸人へ十念を授けらる。今日貴賤群集すること夥し。法会終はりてより山門をひらき、諸人楼上に登ることをゆるさる）。
七月一八日～二七日	堀の内・妙法寺	法花経千部	法花経千部	堀の内妙法寺、法花経千部。二十七日まで修行（この間遠近の老少、日ごとに歩を運ぶ）。

七月一九日	青山・鳳閣寺	逆峯の神事	柴灯護摩、ねり供養	青山鳳閣寺、逆峯の神事。柴灯大護摩修行（ねり供養、四月八日に順ず）。
七月二〇日	駒込・吉祥寺	施餓鬼	施餓鬼	駒込吉祥寺、施餓鬼修行。
七月二二日	湯島・円満寺	施餓鬼	施餓鬼	湯島円満寺、施餓鬼修行。
七月二三日～二九日	谷中三崎・法住寺	施餓鬼	施餓鬼	谷中三崎法住寺（世俗、新ばんずゐんといふ）施餓鬼。二十九日まで修行（参詣多し）。
七月二四日	品川南番場・大竜寺	大施餓鬼	施餓鬼	禅家の諸寺院、大施餓鬼修行。牛島弘福寺（夜中に行ふ）。白金瑞聖寺。下渋谷長国寺。青山海蔵寺。品川東海寺（今日ならびに十六日、山門にて修行）。同南番場大竜寺（八日・十五日・十六日・二十四日に修行す）。
七月二四日	下谷・光岸寺	施餓鬼	施餓鬼	下谷光岸寺、施餓鬼修行。
七月二五日	亀戸・常光寺	施餓鬼	施餓鬼	亀戸常光寺、施餓鬼修行（六あみだの六番目なり）。
七月二六日	青山・善光寺	大施餓鬼	施餓鬼	青山善光寺、大施餓鬼修行。
七月二八日	高田・亮朝院	七面宮施餓鬼	施餓鬼、百味供養	高田亮朝院、七面宮施餓鬼修行。百味供養あり。
八月二日	中野・宝仙寺光明殿	土砂加持	土砂加持	中野宝仙寺光明殿、土砂加持修行。
八月四日	大川中洲・相州鎌倉松葉が谷妙法寺	川施餓鬼	川施餓鬼	今日、大川中洲の辺において、相州鎌倉松葉が谷妙法寺、川施餓鬼を修行す。一宗の門徒、船にて多く出づる。
八月六日～一五日	中延・八幡宮	万巻陀羅尼、説法	万巻陀羅尼、説法	中延八幡宮、万巻陀羅尼ならびに説法。十五日まで修行。
八月一〇日	三田・八幡宮（別当、無量院）	放生会	放生会	三田八幡宮（別当、無量院……当月十日に放生会を行ふ。……）
八月一五日	西ノ久保・八幡宮（別当、普門院）	放生会	放生会	西ノ久保八幡宮（別当、普門院……今日放生会をなす。……）
八月一五日	市谷・八幡宮（別当、東円寺）	放生会	放生会	市谷八幡宮（別当、東円寺。今日放生会あり。……）
八月一五日	牛込・若宮八幡宮（別当、普門院）	放生会	放生会	若宮八幡宮（別当、普門院。牛込にあり。放生会を行ひ、境内にて踊りを催す）。

八月一五日	今戸・八幡宮（別当、松林院）	放生会	放生会	今戸八幡宮（別当、松林院。今日、放生会あり。宮戸川へ魚を放つ。産子の町々神輿を渡す）。
八月彼岸中日	上野・清水観音堂	放生会	放生会	上野清水観音堂、放生会。
八月彼岸中日	高輪・泉岳寺	浅野家四十七士墳墓参詣	墳墓参詣	高輪泉岳寺、二月のごとし。
八月彼岸中日より三日間	田畑・大竜寺	土砂加持	土砂加持	田畑大竜寺、土砂加持。今日より三日の間修行。
八月彼岸中日	下渋谷・長国寺	施餓鬼、放生会	施餓鬼、放生会	下渋谷長国寺、施餓鬼・放生会。
八月彼岸明けの日	豊島川端・専称院	川施餓鬼	施餓鬼	豊島川端専称院、川施餓鬼修行。
九月一日	本所押上・春慶寺	普賢菩薩開帳	千巻普賢品修行	同所押上普賢菩薩開帳。千巻普賢品修行。
九月九日～一八日	下総真間・弘法寺	法花経千部	法華経千部	真間（下総）弘法寺、法花経千部。十八日まで修行。
九月一三日	高田・本松寺願満祖師	千巻陀羅尼	千巻陀羅尼	高田本松寺、願満祖師。千巻陀羅尼修行。
九月一三日～一九日	大窪・法善寺	七面宮祭礼	本尊開扉、誦経、説法	大窪法善寺（本尊開扉。十三日より今日まで誦経・説法等あり。参詣多し）。
九月一五日	牛込原町・長明寺太神宮	千巻陀羅尼	千巻陀羅尼	牛込原町長明寺太神宮、千巻陀羅尼（五月・九月十五日、三月二十八日）。
九月一五日	新鳥越・安盛寺	妙見宮内拝	千巻陀羅尼	新鳥越安盛寺、妙見宮内拝。千巻陀羅尼修行。
九月一五日	山谷・正法寺	毘沙門祭り	千巻陀羅尼	山谷正法寺、毘沙門祭り。開帳、千巻陀羅尼修行。
九月一七日	湯島・天満宮	放生会	放生会	湯島天満宮放生会（五月、九月もあり）。
九月一八日	受地村・満願寺	秋葉権現参り	大般若転読	受地村満願寺（正・五・九月十八日には大般若転読。毎月十八日には護摩供修行、法花経を読誦す）。
九月一八日	駒込片町・大円寺	秋葉権現参り	大般若転読	駒込片町大円寺（正・五・九月大般若転読。参詣多し）。
九月一八日	雑司が谷・鬼子母神堂	鬼子母神参り	万巻陀羅尼	雑司谷鬼子母神堂、万巻陀羅尼修行。
九月一八日・一九日	大塚（護国寺の西）・本浄寺	七面宮祭礼	説法、陀羅尼	大塚（護国寺の西）本浄寺、七面宮祭礼（夜中説法。翌十九日、陀羅尼修行。児供養あり）。
九月一八日・一九日	日暮里・延命院	七面宮祭礼	千巻陀羅尼	日暮里延命院（十八日の夜、千巻陀羅尼、通夜説法あり）。

九月一九日	本所押上・最教寺	七面参り	千巻陀羅尼	本所押上最教寺（正・五・九月は祭りにて、千巻だらに修行）。
九月一九日	浅草新寺町・正覚寺	七面参り	千巻陀羅尼	浅草新寺町正覚寺（二十三日まで説法。正・五・九日十九日には千巻陀羅尼修行）。
九月一九日	高田・亮朝院	七面参り	千巻陀羅尼、説法	高田亮朝院（毎月十九日題目講。正・五・九月は千巻だらに、開帳、説法あり）。
九月一九日	浅草たんぼ・幸竜寺鎮守	柏原明神開帳	千巻陀羅尼	浅草たんぼ幸竜寺鎮守、柏原明神開帳。千巻陀羅尼（五月、九月もあり）。
九月一九日	浅草たんぼ・幸竜寺	柏原明神祭り	千巻陀羅尼	浅草たんぼ幸竜寺、柏原明神祭り。千巻陀羅尼修行。
九月一九日	高田・亮朝院	七面宮祭礼	千巻陀羅尼	高田亮朝院（千巻陀羅尼、開帳）。
九月一九日	芝金杉・円珠寺	七面宮祭礼	千巻陀羅尼	芝金杉円珠寺（千巻だらに修行）。
九月二〇日・二一日	浅草山谷町・本性寺	秋山自雲霊神開帳	千巻陀羅尼	浅草山谷町本性寺、秋山自雲霊神開帳（痔疾を憂ふもの、当社へ祈願をなすに果たして応験ありと言ふ。正・五・九月の二十日・二十一日には千巻陀羅尼修行あり）。
九月二二日	赤坂御門外大岡侯御下屋敷・豊川稲荷	豊川稲荷参り	大般若転読	赤坂御門外大岡侯御下屋敷、豊川稲荷参り。正・五・九月は大般若転読あり。
九月二二日	深川猿江・江寿寺	稲荷祭礼	千巻陀羅尼	深川猿江妙寿寺、稲荷祭礼（千巻陀羅尼修行。開帳あり。……）。
九月二二日	谷中・大円寺	瘡守稲荷内拝	千巻陀羅尼、説法	谷中大円寺、瘡守稲荷内拝。千巻陀羅尼修行ならびに説法あり。
九月二二日	浅草八軒寺町・本法寺熊谷いなり社	千巻陀羅尼	千巻陀羅尼	浅草八軒寺町本法寺熊谷いなり社……今日、千巻陀羅尼あり。
九月二三日	山崎町・仙竜寺	瑜伽権現大般若	大般若	山崎町仙竜寺、瑜伽権現大般若（五月、九月もあり）。
九月二四日	本所押上・春慶寺	普賢菩薩参詣	十部経執事祭礼	本所押上春慶寺、普賢菩薩参詣（正・五・九月二十四日は十部経執事祭礼にて、開ちやうあり）。
九月二四日	白金樹木谷・覚林寺	清正公参詣	千巻陀羅尼	白金樹木谷覚林寺、清正公参詣。正・五・九月は千巻陀羅尼修行あり。
九月二四日	押上・春慶寺	普賢菩薩開帳	十部経執事、祭礼	押上普賢菩薩開帳。十部経執事、祭礼。
九月二四日	雑司が谷・宝城寺	千巻陀羅尼	千巻陀羅尼、説法	雑司が谷宝城寺、千巻陀羅尼ならびに説法。
九月二四日	浅草大川橋手前・六地蔵	石灯籠念仏	念仏	浅草大川橋手前六地蔵の石灯籠、念仏修行。

九月二五日	白金樹木谷・松久寺花城天満宮	天満宮参詣	大般若	白金樹木谷松久寺花城天満宮、正・五・九月二十五日大般若。
九月二六日～二八日	目黒・長泉律院	仏名会	仏名会	今日より二十八日まで、目黒長泉律院仏名会。
九月二七日・二八日	目黒・正覚寺	鬼子母神祭り	千巻陀羅尼	今明日、目黒正覚寺、鬼子母神祭り。千巻陀羅尼修行。
九月二七日	南品川・妙国寺	仁王尊祭礼	千巻陀羅尼、音楽、児供養	南品川妙国寺、仁王尊祭礼。今明日執行（千巻陀羅尼、音楽、児供養あり）。
九月二八日	深川・八幡宮	放生会	放生会	深川八幡宮放生会（五月、九月もあり）。
九月二八日	入谷・鬼子母神	鬼子母神参り	千巻陀羅尼	入谷鬼子母神は正・五・九月二十八日、千巻陀羅尼修行あり。
九月二八日	入谷・喜宝院鬼子母神	千巻陀羅尼	千巻陀羅尼	入谷喜宝院鬼子母神、千巻陀羅尼あり。
九月寅の日	下谷新寺町・玉泉寺	毘沙門参り	千巻陀羅尼	同所新寺町玉泉寺（正・五・九月、千巻陀羅尼開帳）
九月寅の日	麻布広尾・天現寺	毘沙門参り	放生会・百万遍大般若	麻布広尾天現寺（正・五・九月の初とらには、開帳・放生会・百万遍大般若修行あり）
九月亥の日	雑司が谷・玄浄院	摩利支天参り	千巻陀羅尼	雑司が谷玄浄院摩利支天開帳。正・五・九月には千巻陀羅尼修行。
一〇月二日	上野・東叡山	開山忌	法華八講、行道、散花	東叡山開山忌（開山慈眼大師御忌によって修行あり。辰の刻、御本坊より御門主、御輿にて慈眼堂へわたらせらる。闔山の院主惣出仕ありて、法華八講修行、行道、散花等あり。伶人音楽を奏し、巳の半刻に法会終はる。これを俗におねりといふ。貴賤群集す）。
一〇月六日～一五日	浄土宗寺院	十日十夜法要	説法、別時念仏、俗家の法事	今日より十五日に至るまで浄土宗寺院、十日十夜法要執行（この間、説法・別時念仏等ありて、参詣多し。今日を十夜紐解といふ。十四日に籠り等あり。この間俗家にても法事をなす）。十夜法会の寺院（六日の件にあり）十五日満散にて、今夜より通夜あり。
一〇月六日～一四日	麹町・心法寺	弥陀経千部	弥陀経千部	麹町心法寺、弥陀経千部。十四日まで修行。
一〇月八日	法華宗寺院	御影供法会	祖師の供養	法華宗寺院、御影供法会（報恩会また会式といふ。当月十三日は宗祖日蓮上人の忌日たるによりて法会を儲くるところなり。今日より十三日まで修行あり。俗にお命講といふは御影供の転訛せるなり。……法会の間、一宗の寺院仏壇をかがやかし、造花を挿し、荘厳目を驚かしむ。参詣の輩は月末まで出づる。在家にも、宗門の徒は会式と称して、祖師に供養し客を迎ふ。祖師に

				供するところの五彩に色どりたる餅を、こまくら餅といふ。……）
一〇月八日	雑司が谷・法明寺	御影供法会	遶供養	雑司が谷法明寺（法会中開帳あり。音楽・遶供養等、法会厳重なり。……境内、見せもの・かるわざ等出でて、二十三日まで諸人群集し繁昌大かたならず。
一〇月八日	堀の内・妙法寺	会式	法華八講ほか	堀の内妙法寺（当月中、参詣稲麻のごとく、宝前供物等山のごとし。会式中開帳あり。法会の次第左のごとし）。八日寿量品（若干）。九日妙経（一より四まで）。十日読誦（五より八まで）。十一日貝葉転（一より四まで）。十二日挙全典（五より六まで）、日中三礼出楽（五常楽）、法味（如寿品）、呪讃、双鉢、伽陀、惣礼、音楽（羅陵王）、真読（久遠偈）、散花（開経偈）、法華八講、論儀、讃歎経、祈禱（陀羅尼品）、玄題、円頓章、還楽（酒胡子）。十三日妙典（七より八まで）、正午三宝礼出楽（武徳楽）、読経（本迹枢要）、梵唄、銅鈸、訓読（宝塔偈）、対揚、惣拝、音楽（賀殿）、献香花（児童）、訓読（神力品）、祈禱（惣持品若干）、普賢呪、玄題円頓章、還楽（太平楽）、以上。
一〇月一日〜一〇日	浅草・源空寺	十夜法会	十夜法会	浅草源空寺、十夜法会。一日に修行。
一〇月一四日	深川・霊巌寺	十夜法要	十夜法要	深川霊巌寺、十夜法要（未の刻）。
一〇月一四日	目黒・祐天寺	十夜	十夜	目黒祐天寺十夜。今夜より通夜あり。
一〇月一四日	本所・回向院	放生会	放生会	本所回向院、放生会。
一〇月一五日	亀戸・常光寺	十夜法会	十夜法会	亀戸常光寺、十夜法会（六あみだの六番目なり）。
一〇月一六日・一七日	雑司が谷・感応寺	会式	音楽、説法、児供養	今明日、雑司ケ谷感応寺会式。今日通夜。十七日、音楽・児供養・説法あり。
一〇月一七日	受地村・秋葉権現	八千枚大護摩供	護摩供	受地村秋葉権現、八千枚大護摩供修行。
一〇月二三日	高田・亮朝院七面宮	題目講	説法	高田亮朝院七面宮、題目講・開帳。二十三日説法。
一〇月二三日	雑司が谷・宝城寺	説法	説法	雑司が谷宝城寺説法。
一〇月二四日	麻布・善福寺	報恩講、引上法会	読経、説法、音楽	麻布善福寺、報恩講、引上法会。二十八日まで修行（親鸞上人報恩講のとりこしなり。この間、読経・説法・音楽あり。西派の門徒、日ごとに詣す。当寺什宝を拝せしむ。また蔵王堂開山像、開扉あり）。

一〇月不定	一向宗門徒	報恩講取越	法事	一向宗報恩講取越（十一月は両本願寺等に開山忌あれば、末寺あるいは在家の門徒、取り越して法事をなす。ゆゑに俗よんで、おとりこしといふ）。
一一月三日～六日	麻布・善福寺	開山忌	阿弥陀経読誦	麻布善福寺開山忌（開山了海上人は蔵王権現に祭りて境内別堂に安ず。麻布権現ともいふ。今日開山忌にて、すなはち右の堂にて開山自作の木像を浴す。俗におゆひき、また御身拭といふ。この間阿弥陀経を読誦す。五日の夜近辺の者、笹に団子・蜜柑を付けて納む。境内にまきて諸人に拾はしむ）。
一一月二二日	一向宗寺院	報恩講	読経、説法	一向宗寺院報恩講。二十八日まで修行（開祖親鸞上人の忌日によって法会を設くるところなり。世俗おかうといひ、またおしも月といふ。二十八日まで読経・説法あり。昨今快晴なるを世俗、おかう日和といふ）。
一一月二五日	湯島・霊雲寺	結縁両界灌頂	結縁両界灌頂	湯島霊雲寺、結縁両界灌頂修行。今明日（隔年に行ふ。金胎両部の大曼荼羅を掛け、紅と白との手巾をもって頭を抹し、両眼をおほひて投花せしむ。大日如来に当たるときは大日如来の宝冠をいただかしめ、装束を改めて真言を授く。その余、諸菩薩に当たるごとに、真言をさづけ守りを与ふ。江府の諸人ならびに近鄙より詣で来る人多し）。
一一月二七日	受地村・秋葉権現（別当満願寺）	秋葉権現祭礼	光明供十座、十万遍	受地村秋葉権現祭礼（別当、満願寺。二十七日夜、焼火の神事。光明供十座、十万遍修行。……）
一一月二七日・二八日	南品川・千体荒神（別当海雲寺）	千体荒神祭礼	護摩供	南品川千体荒神祭礼（別当、海雲寺。二十七日より修行、護摩供あり。三月のごとし）。
一一月二八日	南品川・千体荒神祭礼（別当海雲寺）	護摩供	護摩供	南品川千体荒神祭礼（別当、海雲寺。二十七日より修行、護摩供を修す。十一月も祭礼あり）。
一一月初子の日	青山・立法寺	大黒参り	説法	青山立法寺、大黒参り。説法あり。
一一月冬至	新鳥越・安盛寺妙見宮	星祭り	内拝千巻陀羅尼	新鳥越安盛寺妙見宮（内拝、千巻陀羅尼）。
一二月節分	雑司が谷・鬼子母神堂	追儺	陀羅尼品読誦	雑司が谷鬼子母神堂追儺（今夜、院主・衆僧内陣において陀羅尼品を誦す。十三巻に至りて、番頭、尊前の供豆を拝殿のさかひの障子の穴より打ち出だす。参詣の男女これを拾ひて守りとす。この豆を懐中なす時は、不時の怪我・過ちを除き、または疫病を避くるとて大いに尊信せり）。
				浅草寺観音節分会（宝前にて一山衆徒、般若心経を来年の日数ほど読誦す。終はりて豆を打ち、また外陣の左右の柱に高く架を構へ、これに登りて節分

一二月節分	浅草寺	観音節分会	般若心経読誦	祈禱の守り札をまきあたふ。諸人挑み拾ひて堂中混雑せり。ただし申の刻に行ふ。この札に「節分」と印したるところの「分」の一字をさきて妊婦に服せしむれば、はたして平産ありといふ。また立春の札をも出だす）。
一二月晦日	浅草寺	臨正会	儺の式法	浅草寺、臨正会。正月六日まで年越に修行（元旦よりは修正会といふ。衆徒等、毎夕儺の式法を勤む。正月元日の件にくはし）。

まとめ

以上、近世における追善供養の様態を檀家制度が成立する経緯や宗門檀那請合之掟、歳時記に描かれた年中行事から見てきた。

第一節では、寺請証文・宗門人別改帳などの檀家制度の基盤となった諸制度の経緯を見つつ、宗門檀那請合之掟に描かれた「正しい檀家像」を検討した。そして本掟において規定された檀家の判別基準が個人の内面の信仰ではなく、葬儀・追善供養を営み、祖師忌・仏忌・盂蘭盆や春秋彼岸といった年中行事に寺院へ参詣するという行動・実践に求められていたことを指摘した。

第二節では、中世に施餓鬼会や懺法といった儀礼を追善仏事として取り込んで多様化した供養儀礼が、近世の『因果物語』には、その物語を彩る話材の一部となるほどに、詳細に描き込まれていることを確認した。撰者が鈴木正三という曹洞禅僧であるとはいえ、いくつもの物語の中に、施餓鬼なり、懺法なりといった仏事が詳細に記載されていたことは、僧侶に限らず、在俗者であっても、こうした死者を供養する儀礼が近世の人々にとって関心のあるものであったことを指摘した。その一方で、制度として影響力を持ち始めていた檀家制度に対する檀徒の厳しい批判もまた説かれていた。

第三節では『諸国年中行事』『東都歳事記』などの歳時記から先祖や死者の追善供養に関する仏事を取り上げ、檀家以外の参詣者にも展開された追善供養の諸相を論じた。『諸国年中行事』によれば黄檗山万福寺・高台寺などの禅宗寺院において放水灯や施餓鬼会などの仏事が営まれる一方、浄土宗の本山知恩院でも施餓鬼会が営まれていた。年中行事化した追善仏事は、近世後期に刊行された『東都歳事記』にも数多く確認され、禅宗の施餓鬼会、日蓮宗の千部会、浄土宗の阿弥陀経千部など、各宗派それぞれの儀礼によって供養を展開していることを指摘した。

注

（1）圭室文雄『葬式と檀家』（吉川弘文館、一九九九年）三〇頁。
（2）圭室文雄、前掲注（1）書、一七八―一七九頁。
（3）圭室文雄、前掲注（1）書、一八八―一九〇頁。
（4）森本一彦『先祖祭祀と家の確立――「半檀家」から一家一寺』（ミネルヴァ書房、二〇〇六年）二一九―二四一頁。
（5）森本一彦、前掲注（4）書、二五八―二五九頁。
（6）圭室文雄『日本仏教史　近世』（吉川弘文館、一九八七年）一八三―一八四頁。
（7）森本一彦、前掲注（4）書、六五―六六頁。
（8）圭室文雄、前掲注（6）書、一八六―一八七頁。
（9）圭室文雄、前掲注（6）書、一八四頁。
（10）圭室文雄、前掲注（1）書。岩田重則「第6章　「葬式仏教」の形成」、末木文美士ほか編『新アジア仏教史13　日

本Ⅲ　民衆仏教の定着』（佼成出版社、二〇一〇年）。
（11）　加藤みち子『勇猛精進の聖――鈴木正三の仏教思想』（勉誠出版、二〇一〇年）。
（12）　『因果物語』には、万治元年頃に浅井了意によって手が加えられた平仮名本と、寛文元年に刊行された片仮名本の大きく二種がある。片仮名本の序文には、平仮名本を「窃《ひそか》ニ写取テ、乱ニ板行ス、……師ノ正本ヲ以テ梓ニ鏤《きざ》メ、邪本ノ惑ヲ破ラント欲ス」とあり、正三の『因果物語』が勝手に刊行された「邪本」と批判している。吉田幸一「因果物語解題」『古典文庫　第一八五冊　因果物語・片仮名本』（現代思想社、一九六二年）。
（13）　『驢安橋』の『因果物語』に関する位置づけは次の記述による。「因果物語ハ、人ノ霊化物語ヲ作毎ニ、加様ノ事ヲ聞捨ニスルハ無道心ノ事也、末世ノ者、加様ノ事ヲ証拠ト作シテ進ズシテ何ヲ以進ンヤト云テ集給、殊ニ曰、我集所ハ元亨釈書、砂石集ノ物語ヨリモ証拠正シト也」。神谷満雄・寺沢光世編『鈴木正三全集〔下巻〕』（鈴木正三研究会、二〇〇七年）二〇七頁。
（14）　堤邦彦『近世仏教説話の研究――唱導と文芸』（翰林書房、一九九六年）二九九―三三九頁。
（15）　堤邦彦、前掲注（14）書、六一―六二頁。
（16）　本節で史料とする片仮名本『因果物語』には、さまざまな因果応報譚が載録されており、その中には「悪しき業論」と関連する差別的事象も含まれていることに注意する必要がある。この点については曹洞宗人権擁護推進本部編『「悪しき業論」克服のために　宗教と差別7』（曹洞宗宗務庁、一九八七年）を参照されたい。
（17）　『沙石集』第八巻第二二話「歯取ラルル事」において、梶原景時が没した後に妻の尼君が「故梶原大なる物にて侍りしかば、罪も定めて大きなるらむ。如何なる善根をか営みて、彼の苦患をたすくべき」と僧正に相談する物語と共通するモチーフである。渡邊綱也校注『日本古典文学大系85　沙石集』（岩波書店、一九六六年）三六一―三六八頁。
（18）　神谷満雄・寺沢光世編『鈴木正三全集〔上巻〕』（鈴木正三研究会、二〇〇六年）一三八頁。
（19）　松岡心平「足利義持と観音懺法、そして『朝長』」『東京大学教養学部　人文科学科紀要　国文学・漢文学』第九四輯（一九九一年）。
(20) 山中玲子「二〈朝長〉「懺法」」『中世文学研究叢書6　能の演出——その形成と変容』（若草書房、一九九八年）二四四頁。
(21) 法政大学能楽研究所編「観世新九郎家文庫目録（上）」『能楽研究』第二号（一九七六年）一三五頁。
(22) 曹洞宗では現在、差別是正の観点から「施餓鬼」という呼称ではなく、「施食」を用いるが、本節では史料とした片仮名本『因果物語』に従って記述した。
(23) 神谷満雄・寺沢光世編、前掲注（18）書、一三八頁。
(24) 神谷満雄・寺沢光世編、前掲注（18）書、一四一頁。
(25) 曹洞宗における葬儀法の変遷を論じた佐藤昌史によれば、禅宗清規の嚆矢である中国撰述『禅苑清規』には、在家葬儀法として下火仏事後の塔前十念や山頭念誦で念仏が規定されており、『諸回向清規』や『吉祥山永平寺小清規』では、『禅苑清規』と同様に山頭念誦の際に念仏を行う一方、出喪の際に往生呪を唱えると定められている。（佐藤昌史「宗門葬祭儀礼の変遷（二）——在家葬法を中心として」『教化研修』第三四号、一九九一年）。
(26) 池上良正は死者供養を民衆層に普及した「救済システム」として捉える視点を提起し、身内の死者への孝養と苦しむ死者の救済の二面性が動態的に融合した典型的な行事が盂蘭盆と施餓鬼であると論じており、日本における施餓鬼について考える上で参照されたい。池上良正「宗教学の研究課題としての「施餓鬼」」『文化』第三二号（二〇一四年）。
(27) 坂本要「餓鬼と施餓鬼」『地獄の世界』（北辰堂、一九九〇年）七二〇頁。
(28) 原田正俊「五山禅林の仏事法会と中世社会——鎮魂・施餓鬼・祈禱を中心に」『禅学研究』第七七号（一九九九）。
(29) 尾崎正善「『慧日山東福禅寺行令規法』について」『鶴見大学紀要　第四部　人文・社会・自然科学編』第三六号（一九九九年）四五—四七頁、『慧日山東福禅寺行令規法』の一部は白石虎月編『東福寺誌』（思文閣出版、一九三〇年）に紹介されているが、全文の翻刻は尾崎正善「翻刻・『慧日山東福禅寺行令規法』」『鶴見大学仏教文化研究所紀要』第四号（一九九九年）によってなされている。

(30)　尾崎正善「翻刻・禅林寺本『瑩山清規』」『曹洞宗宗学研究所紀要』第七号（一九九四年）。

(31)　中世の五山禅僧による戦没者や飢饉餓死者の供養については、原田正俊や西山美香が報告している。（原田正俊、前掲注（28）論文、西山美香「五山禅林の施餓鬼会について――水陸会からの影響」『駒澤大学禅研究所年報』第一七号、二〇〇六年）。

(32)　近世に編纂された曹洞宗の清規の中で、施餓鬼・懺法を檀越仏事とする行法が記されているのは加賀大乗寺『椙樹林清規』（一七世紀後半成立）、面山瑞方が撰述した『洞上僧堂清規行法鈔』（一七五三年刊）、松本藩主家の仏事を担った『仙寿山全久禅院内清規』である。

(33)　尾崎正善「施餓鬼会に関する一考察（2）――真言宗との比較を通して」『印度学仏教学研究』第四三巻第一号（一九九四年）。

(34)　神谷満雄・寺沢光世編、前掲注（18）書、一五四頁。

(35)　神谷満雄・寺沢光世編、前掲注（18）書、一八九頁。

(36)　佐藤俊晃「祈禱と葬送と禅の霊力」『宗教学論集』第二四輯（二〇〇四年）、同「曹洞宗室内伝法式と下火儀礼――曹洞宗教団の葬送観をめぐって」『禅学研究』第八三号（二〇〇五年）。

(37)　神谷満雄・寺沢光世編、前掲注（18）書、一四七頁。

(38)　広瀬良弘「曹洞禅僧における神人化度・悪霊鎮圧」『禅宗地方展開史の研究』（吉川弘文館、一九八八）。

(39)　神谷満雄・寺沢光世編、前掲注（18）書、一七三―一七四頁。

(40)　神谷満雄・寺沢光世編、前掲注（18）書、一七九頁。

(41)　圭室文雄、前掲注（6）書、一八二頁。

(42)　神谷満雄・寺沢光世編、前掲注（18）書、一六八頁。

(43)　本話が人の生得的な障がいを、前世の行いの結果としているのは「悪しき業論」と捉えられる点を注意しておきたい。

(44) 加藤均「『因果物語』に見られる鈴木正三の仏教倫理――正三の一向宗批判に着目して」『タイ国日本研究国際シンポジウム二〇〇七　論文報告集』第一六号（二〇〇八年）。
(45) 上巻一五話の越後衆の子、九左衛門の話も同音異曲である。神谷満雄・寺沢光世編、前掲注（18）書、一五二頁。
(46) 七話の「主人ノ子取殺事」に真言僧の道切の功能を認める記述もある。寺沢光世編、前掲注（18）書、一四五頁。
(47)『続曹洞宗全書　第二巻　清規・講式』。
(48) 小出昌洋「解題」『続日本随筆大成　別巻　民間風俗年中行事（上）』（吉川弘文館、一九八三年）四頁。
(49) 鎌田茂雄『中国の仏教儀礼』（大蔵出版、一九八六年）二五〇頁。
(50) 鎌田茂雄、前掲注（49）書、二五二―二五三頁。
(51) 水谷類校訂・宮尾與男注解『生活の古典双書　大日本年中行事大全』（八坂書房、一九八一年）一五三頁。
(52)『東都歳事記』所収の仏教に関する年中行事に関しては、すでに中尾堯「江戸の仏教年中行事」において一覧表に整理して報告されている。本表では個々の仏事に関する『東都歳事記』の記述が省略されていたが、筆者は供養対象や供養の形態について見るため、新たに仏教に関する年中行事を選んで、説明の記述を加えて表を作成した。中尾堯「江戸の仏教年中行事」『風俗』第一六号第二号（一九八八年）。『東都歳事記』に記載された日蓮宗の年中行事に関しては、望月真澄「江戸における日蓮宗の年中行事――『東都歳事記』『武江年表』にみられる縁日・開帳・祈願」『近世日蓮宗の祖師信仰と守護神信仰』（平楽寺書店、二〇〇二年）に詳しい。
(53)『東都歳事記』に記載された施餓鬼会に関しては、長沢利明「江戸東京歳時記をあるく――第34回　盂蘭盆の施餓鬼法会」ウェブ連載論稿参照。
(54) 長谷川匡俊『近世浄土宗の信仰と教化』（北辰堂、一九八八年）四〇―四一頁。
(55) 広瀬良文「近世禅僧における鎮霊と施食供養――三河国八名郡慈広寺の事例を中心に」『曹洞宗総合研究センター学術大会紀要』第一一号（二〇一〇年）。

（56）望月真澄、前掲注（52）書、一九―二六頁。

（57）浄土宗大辞典編纂委員会編『浄土宗大辞典』によれば、「千部大法会式」は徳川秀忠や夫人の崇源院の追善仏事として万部会が営まれて以降、浄土宗寺院で万部会・千部会として営まれるようになったという。『浄土宗大辞典』第二巻（山喜房佛書林、一九七六年）四七一頁参照。

第五章　近世の出版文化と供養儀礼

本章では、近世の仏教書肆から刊行された禅宗の行法書を取り上げ、その影響について考察するものである。第一部では、『正法清規』などの清規を扱ったが、そのいずれもが個々の寺院の行法を定めたものであった。近世に入ると、各宗派の学林の整備が進み、宗風がさまざまな形で問い直される。曹洞宗では、「宗統復古」というスローガンが掲げられ、嗣法の問題がとりわけ重要視されていく。こうした「宗統」「宗風」を問い直す動向を、宗門全体に共有化したのは出版文化にほかならない。しかもそれは思想面だけでなく行法面での復興運動を生み出し、月舟・卍山による『瑩山清規』の刊行、面山による『洞上僧堂清規行法鈔』『洞上僧堂清規考訂別録』によって結実していく。

本章では、近世に刊行された清規や行法書を中世に編纂された諸清規からの儀礼の系譜に位置づけることで、出版文化と儀礼との関係性を明らかにする。そして、無著道忠が臨済宗林下の小叢林の行事を定めた『小叢林略清規』から、近世において施餓鬼会・観音懺法・頓写仏事が檀越の追善仏事として定着していたことを確認したい。そして宗統復古による古規復興運動の担い手であった面山瑞方の『洞上僧堂清規行法鈔』『洞上僧堂清規考訂別録』から、大小檀越の年忌仏事として規定された檀那施食や請上堂、施浴が追善供養として載録されたことを見ていく。次いで『吉祥山永平寺年中定規』『吉祥山永平寺小清規』に見られる近世永平寺の追善仏事の形態、近世末期の「鎮金取調」「日供月牌募縁之旨趣」といった史料から、永平寺の日牌・月牌・彼岸施食・流灌頂施食といった永代供養の勧募活動について取り上げる。

第一節　禅宗行法書の刊行と供養儀礼

二〇〇〇年以降、施餓鬼法に関する書籍の刊行が続いている。「真言行者必携の書」と紹介される新開真堂編著『施餓鬼法広述』（青山社、二〇〇四）は「講伝篇」「作法篇」の二篇からなり、東寺長者二五一世の松永昇道による『施餓鬼法口決』と、真常和上による施餓鬼儀軌二点の本文訓読・解説・註解を載録し、「日々の自行に最適」な真言宗の施餓鬼法を記す。禅宗においても臨済宗と曹洞宗のいずれにも出版物がみられる。野口善敬の『開甘露門の世界――お盆と彼岸の供養』（禅文化研究所、二〇〇八）は臨済宗の「開甘露門」という施餓鬼法の起源を『幻住庵清規』の「開甘露門」や、『大正蔵』所収の実叉難陀《じっしゃなんだ》と不空の訳出経典に求め、それらの経典・儀軌の訳注を丹念に行った書である。曹洞宗の施餓鬼法を論じているのは、竹林史博の『施餓鬼　仏教と生活２』（青山社、二〇一三）であり、盂蘭盆や施餓鬼に関わる民俗資料の報告を蒐集し、近世から近代における施餓鬼を巡る見解や論争をまとめ、諸宗派の施餓鬼法を紹介している。

これらの書籍の刊行は、真言・臨済・曹洞をといった宗派を問わず、施餓鬼法が現代においてもなお僧侶が関心を向ける重要な儀礼であることを示している。

このような施餓鬼への注目は、近年、宗教学という学問分野においてもみられる。その中で「施餓鬼」を巡って研究を精力的に進める代表的な論者は池上良正である。(1) 池上は東アジアにおける死者救済のシステムとして「身内の死者への孝養」と「苦しむ死者の救済」とが有機的・動態的に結びついて形成されたという視点を提示し、その「苦しむ死者の救済」を最も典型的に体現した行事として「施餓鬼」を捉えている。

本節は、こうした諸研究を念頭に置きつつ、近世に出版された仏教の行法書を通して、近世の施餓鬼法を考察するものである。近世に隆盛を極める木版印刷によって知識や物語などさまざまな情報が流布するようになったことは、周知のとおりである。近世に刊行された書籍の中には仏教書が数多く含まれ(2)、禅宗では祖録のほかに、禅林での行法を体系的に示した清規や単一の儀礼を詳説した行法書などが刊行された。本節ではまず、葬送儀礼の行法書とともに施餓鬼や観音懺法などの行法書が出版された状況を確認し(3)、次いで『施餓鬼鈔』や『懺法之起』『円通懺儀鈔』を手がかりとして、行法書の由来の語りや行法について考察する。その中で、中国撰述の如々居士の「施食文」に示された施餓鬼法について取り上げつつ、供養儀礼としての施餓鬼や観音懺法の分析を通して、近世曹洞宗における死者供養の世界を描いていきたい(4)。

まず近世に刊行された施餓鬼や懺法に関する典籍の状況を確認したい。表5―1は近世に刊行された葬送儀礼の手引書、施餓鬼や懺法に関する行法書をまとめたものである。葬送儀礼の典籍の早い例は寛永元年（一六二四）刊の『禅林引導集』にはじまり、表5―1にあげた『浄土無縁集』『無縁双紙』『無縁慈悲集』『増補分類　無縁双紙』『浄土諸廻向宝鑑』『浄土無縁引導集』の計七点確認できる。施餓鬼に関する典籍の早い例は寛文三年（一六六三）刊の『施餓鬼鈔』で、それ以降実に計二三点を数える。懺法に関する典籍は寛永一五年（一六三八）刊の『懺法因起』からと考えられ、計一一点ある。表5―1が示すように、葬送儀礼の手引書だけでなく(5)、施餓鬼会や観音懺法といった特定の法会の行法に特化した書籍が数多く刊行されている状況が見て取れる。

ではこうした施餓鬼や観音懺法が単独の行法書として編纂された背景について論じてみたい。中世、戦国期の追善仏事として営まれた両法会は、近世前期の檀家制度形成期において、主要な追善供養法となっており、葬送儀礼や追

表5―1　近世に刊行された仏教諸宗派の行法書一覧

※『国書総目録』『仏書解説大辞典』、駒澤大学図書館編『新編禅籍目録』、慶應義塾大学斯道文庫編『江戸時代書林出版書籍目録集成』第一巻～第三巻、『曹洞宗文化財調査目録解題集』を参照した。検索には「施餓鬼・施食・大施餓鬼・大施食・甘露・水陸・盆・無縁・円通・観音懺法・懺法・懺摩・慈悲・水懺」などの語を用いた。

刊行年 ＊は書林出版集成の目録のみの典籍	書名	撰者・編者 ＊〔　〕内は目録内の分類を示す	書肆
一六二四年（寛永元）	『禅林引導集』（別名・禅林諸祖弔霊語藪）一〇冊	湖隠鑑編	吉田三郎兵衛・栗山伊右衛門（京都）（後刷・柳枝軒）
一六三八年（寛永一五）	『懺法因起』一冊		
一六三八年（寛永一五）	『浄土無縁集』一冊	【浄土系系統】	
一六四八年（正保五）	『観音懺法註』一冊		戒光院
一六五六年（明暦二）	『慈悲甘露三昧水懺』三冊		
一六五九年（万治二）	『無縁双紙』一冊	【禅宗】	
一六六〇年（万治三）	『無縁慈悲集』二冊	報誉編【浄土宗系統】	山口市郎兵衛（京都）
一六六〇年（万治三）	『円通懺儀鈔』一冊		林伝左衛門（京都）
一六六三年（寛文三） 一七九二年（寛政四）再刊	『観音懺法註并起』一冊 （『円通懺儀鈔』の改刻）		小川多左衛門（京都）
一六六三年（寛文三）	『施餓鬼鈔』一冊	【曹洞宗カ】	村上平楽寺（京都）
一六六三年（寛文三）	『懺法之起』（『円通懺儀鈔』の改刻）一冊		村上平楽寺（京都）

＊一六六六年（寛文六）頃・目録	『施餓鬼経』一巻	〔経部〕	
＊一六六六年（寛文六）頃・目録	『施餓鬼注』一冊	生堂〔禅宗〕	
一六六七年（寛文七）	『増補分類　無縁双紙』四冊	【禅宗】	小川多左衛門（京都）
一六七〇年（寛文一〇）	『慈悲水懺法』三冊（別名・支那撰述慈悲水懺）	唐・知玄（悟達国師）	田原道住（京都）
一六七七年（延宝五）	『施餓鬼作法』一帖（別名・真言宗施餓鬼作法）	浄厳【真言】	
一六八〇年（延宝八）（一四五九年〈長禄三〉序）	『大施餓鬼集類分解』一冊	原古志稽撰【臨済宗】	田原仁左衛門（京都）
一六八一年（延宝九）	『請観音三昧儀註解』二冊	道雲石梯述	石田茂兵衛
一六八二年（天和二）	『小施餓鬼集』三冊		
一六八三年（天和三）	『施食要訣』一冊	独湛性瑩輯【黄檗宗】	林五郎兵衛
＊一六八三年（天和三）目録	『施餓鬼科註』四冊	亮汰〔仏書〕	
＊一六八三年（天和三）目録	『施餓鬼新鈔』二冊	〔仏書〕	
＊一六八五年（貞享二）目録	『施餓鬼修要』一冊	〔天台〕	
＊一六八五年（貞享二）目録	『施餓鬼科』一冊	〔禅宗〕	
一六九〇年（元禄三）	『盂蘭盆献供儀』一巻	戒山慧堅編【真言律宗】	梅村弥白（京都）

一六九一年（元禄四）	『施食通覧』二冊	宋・宗暁編、戒山慧堅開版【真言宗】	藤井佐兵衛（京都）
＊一六九二年（元禄五）目録	『施餓鬼纂解』二冊	西往寺〔禅宗〕	
一六九三年（元禄六）	『施餓鬼儀釈要』一冊	性亮	
一六九八年（元禄一一）	『浄土諸廻向宝鑑』五冊	必夢撰【浄土宗】	永田調兵衛（京都）
一六九九年（元禄一二）	『施餓鬼法訣並真偽弁』一巻	浄厳【真言】	
＊一七〇九年（宝永六）目録	『施餓鬼私考』一冊	元法〔仏書〕	
＊一七〇九年（宝永六）目録	『盆供私記』一冊	妙幢	
一七一三年（正徳三）	『浄土無縁引導集』六冊	松誉厳的【浄土宗系統】	
一七一五年（正徳五）	『慈悲水懺法備検』三冊	大拙元錬輯【黄檗宗】（博桑檗林後学沙門元錬大拙輯）	版鎮於武陵瑞聖禅寺
一七二七年（享保一二）	『施餓鬼作法』一冊	面山瑞方撰【曹洞宗】	竹清
一七五五年（宝暦五）	『重鍥　観音懺摩法』一冊	面山瑞方校【曹洞宗】	林伝左衛門（京都）
一七六五年（明和二）	『盆供施餓鬼問弁』一冊	尾州八事山興正寺の諦忍【真言宗】	山城屋佐兵衛（京都）
＊一七七二年（明和九）目録	『観音懺法　大乗寺章付小刻』一巻		
一八二六年（文政九）	『盆供養正説』一冊	一心山蔵板	
一八二七年（文政一〇）	『施食盆供弁誤』一冊（内題『施餓鬼儀軌并弁誤』）	縁山僧某志（増上寺）【浄土宗】	
一八四六年（弘化三）	『施餓鬼并念誦』（折本一帖）		

善仏事を担う菩提寺の僧侶には必須の内容であったようである。

例えば、近世において施餓鬼会が禅家の行法として確固たる地位を確立していたことは、真言宗の学匠として知られる浄厳《じょうげん》（一六三九～一七〇二）の『諸儀軌訣影』からうかがえる。本書は元禄六年（一六九三）五月八日から翌七年（一六九四）の五月一六日にかけて開催された一九三会座の講伝の義録であり、参会した僧は二〇〇人から三〇〇人に達していたという[6]。浄厳は『施諸餓鬼飲食及水法并手印』の講義の中で、五如来称号や幡、大宝楼閣の心陀羅尼をめぐって禅宗批判をしているものの[7]、「今ハ施餓鬼ノ法ハ大方禅家ニ移ル様ニナル。」[8]と記述している。多くの学僧の前でこのような発言がなされるということは、禅宗の施餓鬼が主流であるとの認識が真言僧にひろくみられたことを意味しているといえるだろう。

それに対し、懺法についていえば、宮増親賢の『新九郎流小鼓習事伝書』において[9]、「せんぼうのおこりハぜんけのとむらひニせんぽうをしてとむらひ候事有」という記述がみられ[10]、懺法もまた禅家の弔いとしての性格をもっていたことが知られる。

第四章第二節で取り上げたように、近世文芸、とくに怪談・奇談に多くの話材を提供した鈴木正三の片仮名本『因果物語』では、怨霊を得脱させる霊験あらたかな技法として禅僧のさまざまな行法が描かれているが、その中で特に多く登場するのは、施餓鬼と観音懺法である。

施餓鬼は上巻一の第二話、上巻三の第三話、下巻二の第一話に、観音懺法は上巻一の第一話、上巻一の第三話、下巻一五の第二話に登場しており、これら二つの儀礼が一七世紀の死者供養の重要な行法であったことが見て取れる。例えば上巻一の第三話「夢中ニ弔ヲ頼事」では、禅宗と懺法が不可分なものとして述べられている。こうした物語の世界だけでなく、施餓鬼や観音懺法が禅宗寺院の追善仏事として営まれていたことは、第六章第二節で後述する加賀大乗寺『副寺寮日鑑』の示すところである。このように施餓鬼や観音懺法が禅宗の弔いとして主要な供養儀礼となっており、これらの儀礼の式次第や由来といった内容を記した行法書の需要を育む基盤となったことは想像に難くない。施餓鬼や観音懺法の解説を求める需要と、出版文化による供給とが結びつき、儀礼のもつ意味付けが流布し、均一化していく時代が近世と考えられる。

まず施餓鬼に関する行法書について見ていく中で、等持寺や相国寺に住した臨済宗の原古志稽によって撰述された『大施餓鬼集類分解《ぶんげ》』（以下、『分解』と略称する）について触れたい。本書は禅僧によって編まれた日本初の本格的な施餓鬼に関する解説書といってよいもので、[11] 本書を翻刻・詳説した『江湖叢書　大施餓鬼集類分解』では「日本禅宗史上、もっとも古い施餓鬼の解説書」と評している。[12] 上梓されたのは延宝八年（一六八〇）であるが、成立は長禄三年（一四五九）となる。

この『分解』では中国で撰述された数多くの施餓鬼に関する文献が引用されている。とりわけ、隋代から南宋までの典籍を収めた石芝宗暁編『施食通覧』（一二〇四年序）を多く引用する傾向が認められる。この『施食通覧』に収められていない鄭思肖《ていししょう》（一二四一～一三一八）の『施食心法』（失伝）や、如々居士（?～一二一二）の「施食文」からの引用も認められる。[13] 近世に出版された施餓鬼の行法書の多くは、『分解』に限らず、『施食通覧』などの中国の施餓鬼法の典籍を参照しつつ、式次第や個々の陀羅尼の意味を記述している。そしてどの典籍を引用して記述するかによって、他の行法書との差異化を図り、その特色を出そうとする傾向が認められる。こうした傾向を把握するため、『分解』が引用している文献を中心に中国撰述の施餓鬼典籍をまとめたものが表5―2となる（以下で示す○囲い数字は、表5―2「『大施餓鬼集類分解』が引用する中国撰述の施餓鬼に関する典籍一覧」のものを示す）。

一方、『分解』に先立ち、寛文三年（一六六三）に『施餓鬼鈔』という行法書が村上平楽寺より開板されている。[14] 本

表5—2　『大施餓鬼集類分解』が引用する中国撰述の施餓鬼に関する典籍一覧

番号	書名	選者	出典	体系的な行法の有無
①	『受食呪願偈』	南嶽慧思（五一五～五七七）	『続蔵経』一〇一冊（『施食通覧』所収）	×
②	『観心食法』	天台智顗（五三八～五九七）	『続蔵経』一〇一冊（『施食通覧』所収）	×
③	『出生図記』	孤山沙門智円（九七六～一〇二二）	『続蔵経』一〇一冊（『施食通覧』所収）	×
④	『仏説救抜焔口陀羅尼経序』	遵式（九六〇～一〇三二）	『続蔵経』一〇一冊（『施食通覧』所収）	×
⑤	『施食正名』	遵式（九六〇～一〇三二）	『続蔵経』一〇一冊（『施食通覧』所収）	×
⑥	『施食法』	遵式（九六〇～一〇三二）	『続蔵経』一〇一冊（『施食通覧』所収）	×
⑦	『施食文』	遵式（九六〇～一〇三二）	『続蔵経』一〇一冊（『施食通覧』所収）	×
⑧	『施食法式』	遵式（九六〇～一〇三二）	『続蔵経』一〇一冊（『施食通覧』所収）	【差定】帰依三宝→南無大悲観世音菩薩→浄食加持偈→加持飲食陀羅尼→四如来→生飯偈→普回向
⑨	『施食観想』	遵式（九六〇～一〇三二）	『続蔵経』一〇一冊（『施食通覧』所収）	×

⑩	『改祭修斎決疑頌并序』	遵式（九六〇～一〇三二）	『続蔵経』一〇一冊（『施食通覧』所収）	×
⑪	『施食須知』	仁岳（九九二～一〇六四）	『続蔵経』一〇一冊（『施食通覧』所収）	×
⑫	『施餓鬼食文』	蘇軾（一〇三六～一一〇一）	『続蔵経』一〇一冊（『施食通覧』所収）	×
⑬	『水陸法像賛并序』	蘇軾（一〇三六～一一〇一）	『続蔵経』一〇一冊（『施食通覧』所収）	×（道場法として、上堂八位・外堂八位の一六の衆に対する賛〈四字八句〉を記載。外堂八位に「餓鬼道衆」が含まれる。）
⑭	『修水陸葬枯骨疏』	蘇軾（一〇三六～一一〇一）	『続蔵経』一〇一冊（『施食通覧』所収）	×
⑮	『施食放生文』	陳舜兪（北宋）	『続蔵経』一〇一冊（『施食通覧』所収）	×
⑯	『崔学士施食感験』（目録では「崔伯易施食感験」）	（洪邁〈一一二三～一二〇二〉『夷堅志』に出る）	『続蔵経』一〇一冊（『施食通覧』所収）	×
⑰	『士大夫施食文』	史浩（一一〇六～一一九四）	『続蔵経』一〇一冊（『施食通覧』所収）	×
⑱	『水陸大斎霊跡記』	楊鍔	『続蔵経』一〇一冊（『施食通覧』所収）	×
⑲	『初入堂叙建水陸意』	（楊鍔の『水陸儀』に出る）	『続蔵経』一〇一冊（『施食通覧』所収）	×

⑳	『宣白召請上堂八位聖衆』	（楊鍔の『水陸儀』に出る）	『続蔵経』一〇一冊（『施食通覧』所収）	×（「一心帰命礼請」に始まる唱文が上堂八位の仏陀耶衆・達摩耶衆・僧伽耶衆・大菩薩衆・大辟支仏衆・大阿羅漢衆・五通神仙衆・護法天龍衆、下道八位の官僚吏従衆・三界諸天衆・阿修羅道衆・人道衆・餓鬼道衆・畜生道衆・地獄道衆・六道外者衆の一六種掲載）
㉑	『水陸斎儀文後序』	楊鍔	『続蔵経』一〇一冊（『施食通覧』所収）	×
㉒	『水陸縁起』	長蘆宗賾（生没年不詳）	『続蔵経』一〇一冊（『施食通覧』所収）	×
㉓	『斛前召請啓白文』		『続蔵経』一〇一冊（『施食通覧』所収）	×
㉔	『欧陽文忠公宿採石聞鬼声』		『続蔵経』一〇一冊（『施食通覧』所収）	×
㉕	『仏印禅師加持水陸感験』	仏印禅師（?～一〇九八）	『続蔵経』一〇一冊（『施食通覧』所収）	×
㉖	『呪破地獄偈感験』		『続蔵経』一〇一冊（『施食通覧』所収）	×（「東坡大全云」として破地獄偈〈若人欲了知……〉を記載）
㉗	『呪破地獄呪感験』		『続蔵経』一〇一冊（『施食通覧』所収）	×
	『施食通覧』（一二〇四序）			

㉘	（宗暁の記述は『施食通覧序』のみ）	石芝宗暁	『続蔵経』一〇一冊	×
㉙	『施食心法』（『釈氏施食心法』とも）	鄭思肖（一二四一〜一三一八）		失伝のため不明
㉚	『施食文』	如々居士（?〜一二一二）	京都大学図書館蔵『如々居士語録』所収	
㉛	『法界聖凡水陸勝会集斎儀軌』	志磐（南宋）撰 雲棲袾宏（明）重訂	『続蔵経』一二九冊	（施餓鬼と異なる行法であり、長文のため略）
㉜	『幻住庵清規』附録「開甘露門」 一三一七（延祐四年）	中峰明本（一二六三〜一三二三）	『続蔵経』一一一冊	【差定】大悲呪→啓白文→奉請三宝→焔口陀羅尼→浄食加持偈→施甘露水陀羅尼→五如来→破地獄偈→六道→懺悔→帰依三宝→受戒→四弘誓願→発菩提心→心経・生飯偈→普回向

書の内容は次のとおりである。巻頭に『盂蘭盆経』全文を載録し、次いで⑱楊鍔『水陸大斎霊跡記』によって梁の武帝に始まる水陸会・施餓鬼の縁起を説く。そして㉙鄭思肖『施食心法』にて「水陸」二字の字義を説明し、㉒長蘆宗賾『水陸縁起』によって水陸会の由縁を説く。そして「或抄云」という書き出しで『分解』の序文を記し、⑥遵式『施食法』を引用し、施餓鬼の利益を説く。『夷堅志』や『施食大要』などの典籍を用いて施餓鬼に臨む心構えを述べる。その後、破地獄偈に始まり七如来名号・往生呪を含む行法を示し、巻末に曹洞禅僧の真歇清了（一〇八八〜一一五一）作の楞厳会回向偈を解説する。

先に述べた『分解』と『施餓鬼鈔』を比較してみると、『分解』は施餓鬼に関する典籍だけでなく、『阿含経』『涅槃経』などの経典、『大智度論』といった註釈書、『論語』『礼記』といった儒教典籍までを引用して詳説する形式であるのに対し、『施餓鬼鈔』は中国撰述の施餓鬼典籍のみに基づいて施餓鬼法を解説している。

構成や引用箇所は『分解』のそれとほぼ共通するものの、引用典籍を明記する本書にあって『分解』のみを「或抄」と表現しているのは、おそらく『分解』を強く意識してあえてぼやかしていると考えられる。また『分解』に引用されていない㉒長蘆宗賾の『水陸縁起』を引用している点は、『分解』にはない独自色を出そうとしている印象を受ける。

広く典籍全体の内容の違いに目をむければ、『施餓鬼鈔』の巻頭には『盂蘭盆経』全文が掲載され、巻末には楞厳会回向偈が付載されている。この偈は禅林における夏制中の楞厳会に用いるものである。本書ではわざわざ回向文の題に割注を付けて「此ノ偈者曹洞下真歇了禅師ノ製ナリ」と記してあり、不空や遵式には尊称を付けていない選者が真歇清了にだけ「禅師」という尊称を付けている点を鑑みると、曹洞宗寄りの行法書であったと考えられる。このように『施餓鬼鈔』は『分解』刊行以前に、『施食通覧』などの中国の施餓鬼に関わる典籍を渉猟し、近世の出版文化を通じていち早く禅家、とくに曹洞宗に施餓鬼法に関する知見を流布する役割を果たした行法書と位置づけることができるだろう。

次に施餓鬼法の式次第について目を向けてみたい。『分解』の施餓鬼法は、

大悲呪→破地獄偈→帰依三宝→縁起衆→焰口陀羅尼→施甘露水陀羅尼→施乳海陀羅尼→七如来名号→往生呪→浄食加持偈→生飯偈→八句回向→普回向→略三宝

という構成となっている。一方、『施餓鬼鈔』の式次第は、

破地獄偈→帰依三宝→縁起衆→一切徳光無量威焰陀羅尼→甘露水陀羅尼→乳海陀羅尼→七如来名号[15]→往生呪→浄食加持偈→生飯偈→八句回向→普回向→略三宝

となっており、両書に記す施餓鬼法は、破地獄偈・七如来称号・往生呪・生飯偈を含むほとんど共通した式次第であることが分かる。とすれば、七如来・往生呪を含む施餓鬼法が『分解』や『施餓鬼鈔』が出版された一七世紀後半において禅宗の基本的な行法であったと考えられる。

この行法は、尾崎正善が指摘するように、永和二年（一三七六）に書写された『瑩山清規』（禅林寺本）の施餓鬼法（加筆含む）とほぼ同様の形態であり、『正法清規』や『広沢山普済寺日用清規』『万松山清規』などの曹洞宗の諸清規に継承されている。[16] 施餓鬼の式次第はたびたび改変されて一定しないが、中世から近世前期において日本で主流となった七如来・往生呪を含む施餓鬼法の起源を考える上で、本章末に付した南宋の如々居士（?〜一二一二）の「施食文」は特に重要な典籍となる。如々居士の「施食文」の式次第を簡潔に記せば、次のようなものとなる。

帰依三宝→縁起衆→破地獄偈→破地獄開咽喉陀羅尼→変食陀羅尼→一字王心水輪灌施甘露乳海陀羅尼→発菩提心陀羅尼→阿弥陀浄土呪→七如来名号→三帰依→生飯偈→授菩薩三摩耶戒陀羅尼→四弘誓願→普回向

前述のように、如々居士「施食文」は、帰依三宝や縁起衆、破地獄偈と三陀羅尼、阿弥陀浄土呪（往生呪）、生飯偈という行法が含まれており、『分解』『施餓鬼鈔』のそれと共通している。そのため、七如来・往生呪を含む施餓鬼法は、如々居士の「施食文」などを主とした南宋の様式を採り入れたものと考えられる。『分解』の七如来の行法に関する記述の中で、「如々居士の『施食文』には七如来有り」とあるのは、[17] 南宋の行法を採用したことを端的に示すものであろう。

『施餓鬼鈔』に記載された七如来の施餓鬼法が近世禅宗において広く普及していったことは、月舟宗胡刊の『瑩山清規』や、無著道忠撰の『小叢林略清規』からうかがえる。月舟宗胡によって延宝五年（一六七七）に開板された『瑩山清規』において、七如来の施餓鬼法は五如来名号を含む行法とは別に、「開甘露門」という名称で巻末に付載されて

いる。また貞享元年（一六八四）に無著道忠が小規模な禅林の行法を定めて刊行した『小叢林略清規』の「檀家薦亡施食法」では、

大如二月分七月記一。但可下方丈内中几安二亡者牌一。陳二炉華燭一。施食満散誦中大悲呪上回向水陸会

（『大正新脩大蔵経』八一巻、七〇六頁上段）

とあり、七月の「晩間盂蘭盆会」には「挙二大悲呪一……次挙二施食呪偈若人十方。七如来……一」とあるので、[18] 一般的な菩提寺での施餓鬼が破地獄偈・七如来名号を含む行法であったことが知られる。

こうした七如来の行法に真言僧からの批判がよせられたことについては、尾崎正善が指摘するところである。浄厳の『諸儀軌訣影』（一六九四年成立）では、「禅家ニハ多宝如来即チ宝勝如来ナルコトヲ不知シテ、多宝ノ外ニ又宝勝ヲ加フ。是レ愚也」と如来名号における多宝如来と宝勝如来との重複が批判の対象となっている。[19]

こうした批判に呼応する形で、曹洞宗では面山瑞方が「甘露門」という新たな施餓鬼法を制定するに至る。面山は不空訳『施諸餓鬼飲食及水法并手印』を基調として『施餓鬼作法』という書名で「甘露門」を撰述し、享保一二年（一七二七）に刊行している。近代以降においても面山の甘露門は刊行されて、明治一六年（一八八三）に其中堂より『甘露門』として、明治二四年（一八九一）に森江書店より『施餓鬼作法甘露門在家葬儀法』として刊行されている。また明治二二年（一八八九）に発布された近代における曹洞宗の公的な行法書『洞上行持規範』において施餓鬼法は面山の甘露門に依拠したものとなった。

現在ではこの面山の甘露門が曹洞宗の標準的な行法となっているのに対し、『施餓鬼鈔』などにあった七如来・阿弥陀大呪系を含む施餓鬼法はというと、撰述した其中堂刊『甘露門』に「若人欲了知」という題で掲載される。戦後でいえば、永平寺刊行の『曹洞宗日課経大全』といった経本[20]に「大施餓鬼」という題で掲載されている。つまり、面

山の施餓鬼法が公的な行法として営まれる一方、曹洞・臨済共通の「若人欲了知」に始まる施餓鬼法は地域的な行法となり、二つの施餓鬼法が併存する。

続いて『懺法因起』という典籍に着目してみたい(21)。『懺法因起』は書名にあるように、「懺法」の「因縁（縁起）」を語るもので、寛永一五年（一六三八）に刊行された懺法の行法書である。内容は、唐の悟達国師知玄が懺法によって人面瘡を平癒したという霊験譚に始まり、日本への伝来を東福寺の聖一国師が入唐の際に金山寺にて拝見したことなどが述べられている。巻末には、「懺法之起」として梁の武帝による后妃救済譚を「或記ニ」という形で記載している。「蓋シ三昧ノ水ヲ取テ多生之愆《あやまち》ヲ洗フ、或ハ水懺ト曰、三点ノ水ヲ曰クナリ」とあるように、滅罪のために加持した水を用いて懺摩の儀礼を行うため、懺法は「水懺」という呼称もあり、現在でも台湾において水懺は盛んに営まれる仏教儀礼となっている(22)。ちなみに、この慈悲水懺は、煩悩障、業障、報障に従って十仏と六菩薩の聖号を唱礼して懺悔し、水を加持する儀礼である(23)。

この『懺法因起』には、懺法の由来に関する二つの物語が記載されている。その一つは悟達国師知玄の人面瘡平癒譚であり、その大要は次のようなものである。唐代懿《い》宗《そう》の時代に、悟達国師知玄（八〇九〜八八一）の膝に人面瘡ができた。人面瘡は知玄が前世で殺した晁錯であり、報復のために出現したと語る。この人面瘡を泉の水で洗うとあまりの痛みに気絶するが、気がつくと人面瘡は平癒した。知玄はこの地に堂を建てて、自身で癒やしたことに懺法は由来するという(24)。これは『慈悲水懺法』（『大正蔵』四五巻・一九一〇番）に依拠した縁起となっている。

一方、梁の武帝による后妃救済譚はというと、梁の武帝の后妃は嫉妬が多く死して巨大な蟒蛇となったものがおり、後宮へ入って、夢に出て帝に救いを求めた。梁の武帝は僧を請来して礼仏し、観音菩薩に懺摩の法を修すると、忽ちその后妃は天人となり、空中で帝の功徳に感謝したという。こうした由来の語りは、『慈悲道場懺法』（『大正蔵』四五巻・一九〇九番）に依拠したものであるが、観音懺法の典拠となっている遵式『請観世音菩薩消伏毒害陀羅尼三昧儀』（『大正蔵』四六巻・一九四九番）にはみえないものである。

この点を念頭に置きながら、万治三年（一六六〇）に刊行された『円通懺儀鈔』についてみていきたい[25]。本書の改刻本には、『懺法之起』（寛文三年刊・村上平楽寺）、『観音懺法註并起』（寛文三年刊・小川多左衛門、寛政四年再刊・小川多左衛門）があるため、懺法の行法書の中でも、本書は版を重ねてひろく流布した行法書と位置づけられる。本書の由来に関する記述は、「懺法之起」として梁の武帝による后妃救済譚をあげた後、唐の悟達国師の人面瘡平癒、天台宗の遵式が法式を定めたこと、建仁寺の栄西・筑前崇福寺の湛恵・東福寺の聖一国師（円爾弁円）によって宋国より伝来したことを語る。次に荘厳法や随喜する行者たちの行状への戒め、行法の説明の順に展開される構成になっている。

観音懺法の起源として唐の悟達国師の人面瘡平癒譚の縁起と聖一国師による請来を記述していることは、『懺法因起』と共通している。ただし『円通懺儀鈔』では、「原ルニ夫レ円通懺摩ト云ハ蕭梁武ノ帝甞《かつ》テ此ノ法ヲ修メ后宮巨蟒之身ヲ救フ蓋レ是権輿ナルカ」（一丁表）という書き出しから、『懺法因起』の末尾にあった武帝の后妃救済譚を巻頭に移し、最も古い由来として語っている点に相違がみられる。

このことは、達摩大師と交流のある梁の武帝に観音懺法の起源を求めることで、懺法を祖師より受け継がれてきた「伝統」をもつ禅宗の行法という性格を付与しているように思われる。しかもそれは、水陸会に端を発する施餓鬼会の起源譚に、懺法のそれを合わせる形となっている。

以上、施餓鬼や懺法に関する行法書の出版状況やその内容についてみてきた。『分解』『施餓鬼鈔』に記載されていた七如来・往生呪を含む行法が如々居士の「施食文」を主とした南宋の行法を採り入れたものであるとの見解を『如々居士語録』の資料紹介を通じて行った。如々居士の「施食文」の陀羅尼や偈文等を施餓鬼法全体の変遷に位置づけるといった検討が不充分であるが、その点については改めて論じたい。

本節では、近世において施餓鬼や観音懺法といった単独の法会の行法書が数多く出版される状況を確認した。行法書の記述に従えば、施餓鬼や観音懺法はいずれも梁の武帝に始まる禅宗古来からの儀礼と言える。このような共通性をもつ施餓鬼と観音懺法の二つをセットにして考えるのはなにも筆者だけではない。

本節で取り上げた『施餓鬼鈔』と『懺法之起』の二書は表5―1に示したように、村上平楽寺という同じ版元から寛文三年（一六六三）の三月に同時に刊行されている。一方、近世曹洞宗の学匠として知られる面山瑞方は『施餓鬼作法』に加えて宝暦五年（一七五五）に『観音懺摩法』一冊を校訂し、林伝左衛門より刊行している(26)。近世に刊行された行法書、あるいは清規を見渡したとき、観音懺法と施餓鬼とを車の両輪の如くセットにして扱う姿勢がみられる。

施餓鬼は食を無数の餓鬼に渡るように増やす加持飲食陀羅尼と、水を甘露にする甘露真言、そして餓鬼を救う如来の名を唱える如来称号からなる儀礼であり、こうした餓鬼という浮かばれない他者を救済した功徳を身近な故人へと回向する供養法である。それに対し、観音懺法は死者の罪業を観音菩薩に懺悔し滅することで救済する、死者個人のみを対象とする供養法である。施餓鬼会は「無遮大会」という別名にあるように「広い」死者たちを射程におさめているのに対し、観音懺法は死者個人の罪業という人生の「深さ」に焦点を合わせた供養法である。中世よりさまざまな供養儀礼が禅宗によって展開されていくが、施餓鬼と懺法の行法書が近世において数多く出版されている状況は、「供養の広さ」を武器とする施餓鬼法と、「供養の深さ」を武器とする懺法のいずれもが、「禅家の弔い」として重要視され、近世社会において必要とされた証といえるだろう。

第二節　無著道忠撰『小叢林略清規』に見る近世臨済宗の追善供養法

続いて近世における臨済宗寺院での追善供養について『小叢林略清規』をもとに見ていきたい。中世後期に総合的な回向集として編まれた『諸回向清規』が明暦三年（一六五七）に刊行されたことは前述の通りである（第三章第六節）。この二五年後の貞享元年（一六八四）に無著道忠（一六五三～一七四四）によって『小叢林略清規』が刊行される。無著道忠は幼少に出石の如来寺に入り、竜華院の竺印祖門のもとで養育され、宝永四年（一七〇七）に妙心寺に住した。『禅林象器箋』『葛藤語箋』『正法山誌』をはじめ、その著作は三七四種、九一一巻にも及び、近世臨済宗の代表的な学匠とされる。『小叢林略清規』は道忠三二歳の貞享元年（一六八四）に、周防国聚福寺に住することになった法兄から、地方小禅院に適した清規の制定を依頼されて撰述したものである[27]。本清規は、在俗の物故者の葬儀・追善供養法を体系的に示した文献であり、檀家制度を担う「小叢林」の行法を大きく規定した。

表5―3に示したように『小叢林略清規』は上・中・下の三巻からなり、上巻は住持や衆僧の進退や威儀、日分・月分・年分行事について述べたもので、中巻には得度や祖師忌、尊宿・亡僧・在家者の葬儀・追善仏事といった臨時行事が載録され、下巻は回向・図式を蒐集したものとなっている。

『小叢林略清規』の日分行事の中で毎朝営まれる法要は、「毎朝念経」と呼ばれている。この法要は常住の三宝に回向し、諸天・神祇を祝献する「三時回向」、開山国師や派祖などの祖師の品位を増崇する「祖師諷経」、次いで大檀越などの祠堂で祀られた物故者を供養する「祠堂諷経」の三種からなる。この中で、死者供養の性格をもつ法要は三番目の祠堂諷経であり、その行法は以下のように記述されている。

表5—3　『小叢林略清規』の構成

＊『大正新脩大蔵経』81巻、688頁下段-690上段より作成。

〈第一巻〉
自叙　例言
●通用清規
進退　起坐　住持　衆僧　侍香　供給　威儀　呼称　唄器

●日分清規
毎朝念経　参禅　献粥飯　毎日午課　毎日晩課　坐禅　問答　祝聖　開山諷経　土地堂諷経　祖師堂諷経　火徳諷経　韋将軍諷経　普庵諷経　鎮守諷経　開山宿忌　開山忌半斎　檀那忌

●月分清規
・正月
礼問　転読般若　出班焼香　善月般若　掛搭　入寮茶　起単　定僧簿　善月懺法
・二月　仏涅槃忌　九拝　大衆列拝
・四月　仏誕生会　四節前晩諷経　結制　四節茶礼
・七月　小施食法　解制　盂蘭盆会
・十月　達磨宿忌　達磨献粥半斎　十八拝
・十一月　冬夜衆寮展待　冬至住持展待
・十二月　仏成道会　開山忌　歳末般若　・某月　開山忌　嗣法師忌　歴代祖忌　檀那忌

〈中巻〉
●臨時清規
得度儀規　相看茶礼　書院題詠　像設安座点眼拈香　祈禱百座諷経　祖師忌坐諷経　祖師遠忌　前点　煎点通弁　展鉢式　展鉢通弁　檀家薦亡坐諷経　檀家焼香　頓写蓮経　檀家薦亡懺法　懺摩通弁　檀家薦亡施食法　垂示　入室　説禅　檀家薦亡拈香　尊宿遷化　亡僧津送　在家送亡　喪儀通弁

〈下巻〉
●回向
三時回向　念経祖師通回向　念経亡者通回向　献粥飯　祖師通回向　献粥飯　亡者通回向　伝法仏祖名号　祝聖回向　祖塔諷経回向　土地堂諷経回向　祖師堂諷経回向　火徳諷経回向　韋将軍諷経回向　普菴諷経回向　鎮守諷経回向　祖師忌回向　亡者忌回向　亡者忌日名　修正回向　修正満散回向　善月祈禱回向　仏涅槃忌回向　仏誕生会回向　結制諷経回向　施食略回向　解制諷経回向　盂蘭盆会回向　達磨忌回向　仏成道回向　寺院仏像点眼回向　在家仏像点眼回向　祈禱百座諷経回向　水陸会回向　尊宿入龕念誦并回向　尊宿遷化当夜念誦　尊宿龕前念誦并向回　尊宿起龕念誦　尊宿山頭念誦并向回　尊宿全身入塔念誦并向回　亡僧龕前念誦并向回〈在家通用〉　亡僧起龕念誦〈在家通用〉　亡僧山頭念誦并回向〈在家通用〉

●図式
供頭四人六人図　供頭八人図　供頭十人図　供頭十二人図　行道図　賀正扇紙裹図　礼問排位図　転読般若座位図　出班焼香双鈸図　出班焼香図　仏誕生机間行道図　楞厳会配立行道図　盆蘭盆施食図　盂蘭盆満散行道図　得度受戒図　得度安名牒書式　浄瓶図　戒尺図　相看茶礼図　題詠雅場図　執筆几位図　風雅短冊書式　詩草揩紙図　引附名暦書式　百座不断輪図　坐諷経図　煎点請状書式　煎点座位図　煎点座位四出図　小屏図　香案図　座氈図　煎点調菓飣器図　小角器図　湯盞図　点心排器図　麺前排器図　略点心排器図　糟雞并胡椒紙裹図　鳴槌順逆図　槌碪図　展鉢座位図　頓写座位図　懺法班位几間行道図　懺法勧請奏鈸図　懺法奉送奏鈸図　垂示列位図　廣鼓図　入室図　入室異規図　説禅図　遷化寝堂仏事班位図　請仏事人帖子式　遷化法堂仏事班位図　送喪霊堂請仏事薄　涅槃台請仏事薄　尊宿赴化壇列行図　真亭図　香亭図　尊宿送喪化壇班位図　化壇排挿四幡図　亡俗赴化壇列行図　亡俗骨函銘式　亡俗中陰薦福開具式

次祠堂諷経　大檀越等　尽祠堂内総挙各大悲呪。通回向。毎レ呪住持焼香問訊

（『大正新脩大蔵経』八一巻、六九二頁下段）

○念経亡者通回向亡僧通用

仰冀三宝　俯垂昭鑑

上来諷誦大悲円満無礙神呪所集功徳奉為某名霊位荘厳報地。十方云云

亡僧者改二霊位一為二覚霊一

（『大正新脩大蔵経』八一巻、七一二頁中段）

前半は祠堂諷経の次第、後半は回向文であり、「尽祠堂内総挙各大悲呪」とあるように、祠堂の物故者一人ひとりに対して大悲呪を唱えることで回向する形態が示されている。曹洞宗では面山瑞方が一七五二年に刊行する『洞上僧堂清規行法鈔』に祠堂諷経は取り入れられる。檀家制度を担う菩提寺の行法書として一六八四年に刊行された臨済宗の『小叢林略清規』と古規復古運動の一環として一七五二年に刊行された『洞上僧堂清規行法鈔』では六八年のひらきがあるとはいえ、臨済・曹洞を問わず祠堂諷経が日分行事化したことは、近世において死者供養がより重要性を帯びたことを示唆している。

『小叢林略清規』の「日分清規」末部には月忌の宿忌・半斎の行法を示した「某日檀那忌」が以下のように記載されている。

○某日檀那忌宿忌半斎殿司供二茶湯一。大衆坐住持当レ牌立去レ帽前焼香半斎出二生飯一備レ供復レ位問訊。大悲呪。住持聞二焼香鈴一。

前焼香。復レ位問訊被レ帽呪了回向亡者回向○可二諳誦一

この月忌仏事は大悲呪を読誦して亡者回向を唱える簡略な諷経となっている。対して「月分清規」末部には年忌仏事の行法が確認できる。

（『大正新脩大蔵経』八一巻、六九四頁中段）

○某月某日檀那忌

宿忌　半斎　住持当レ牌立去レ帽　前焼香。供二茶湯一半斎先供レ湯。次出二生飯一供レ食。次供二菓・茶一　又焼香帰レ位被レ帽　楞厳呪或宿忌大悲呪　行道若坐誦者如二臨

時中記一　第五会住持去レ帽　前焼香帰位問訊被レ帽中到レ了　呪了回向亡者回向

（『大正新脩大蔵経』八一巻、六九八頁中・下段）

ここでは年忌仏事の宿忌と半斎の諷経で楞厳呪行道する方法と、宿忌を大悲呪にする方法の二種が示されており、いずれも以下の亡者回向を唱える形態である。

○献粥飯　亡者通回向

上来献粥虔備香饍　茶湯諷誦経名所集功徳奉為某名霊位荘厳報地。十方云云

（『大正新脩大蔵経』八一巻、七一二頁中段）

以上のように檀那の宿忌や正当に営まれる檀那忌は楞厳呪読誦を基本とする法要であるが、この行道を坐誦に変えた「檀家薦亡坐諷経」が『小叢林略清規』では、以下のように記されている。

○檀家薦亡坐諷経

大衆維那皆坐。住持向レ仏中立去レ帽　前先焼香於仏前。次祖師若非二施主家薦亡一。則直当レ牌立。不レ用二仏祖焼香一。如二月分檀那忌一　次霊前焼香宿忌供二茶湯一。献粥半斎出二生飯一備供　却自二仏前一出。復レ位問訊。直支二合掌一就二座位一如レ図　不レ管二啓請畢一是与二祖師一異処　第五会離レ位向レ仏中立去レ帽　聞二焼香鈴一前自二仏前一入　先焼二香於霊前一。次祖師。次到二仏前一焼香。復レ位三拝拝了被レ帽　呪了回向不レ捧レ文而諳誦

（『大正新脩大蔵経』八一巻、七〇五頁上段）

これら楞厳呪行道や坐誦による檀那忌の半斎諷経に際して、檀家の焼香法も記載されている。

○檀家焼香
凡施斎諷経了衆未散時若立則経了坐　行者或司席報檀家焼香仏前亡前各一炷。尽礼而出。更向大衆深揖而退　若檀家臣族焼香人多則労衆坐立。須待檀主退。亡前置香几三隻各有爐　三三進前焼香退。免其仏前焼香。焼香了。行者出揖衆。衆即散

（『大正新脩大蔵経』八一巻、七〇五頁上・中段）

焼香は供養の対象となる亡者（亡前）だけでなく、仏前にもそれぞれ一炷ずつ行うとあり、先祖などは焼香の対象になっておらず、特定の物故者のみに供養する仏事となっている。

楞厳呪や大悲呪を読誦する檀那忌について見てきたが、それ以外の法要も『小叢林略清規』には追善仏事として載録されている。それを端的に示しているのは、「亡者七七日及年忌不用無義異名。如喪儀通弁中弁」である。この項目は没後の翌日からの百回忌までの中陰や年忌の呼称を列記した部分で、回向文を作成する際の参考資料とされたと思われる。その末部には、

若先修諸仏事。則列挙之忌之辰之下。其懺法円通妙懺一座　施食開甘露門一会　頓写大乗妙典疾書一部　建塔婆造立木浮図一基

（『大正新脩大蔵経』八一巻、七一四頁中段）

とあり、追善仏事として懺法・施食・頓写・建塔婆を挙げている。この規定は追善仏事が営まれた場合に、命日当日の半斎諷経等の回向で、どのように読み込むかを具体的に示したものである。とすれば、これら四種は主要な追善仏事として認識されていたことを意味する。では続いてここに挙げられた頓写・懺法・施食という追善仏事に関する

『小叢林略清規』の行法を見ていきたい。『小叢林略清規』の頓写仏事の行法は次のようなものである。

○頓写

献粥　大衆立二誦大悲呪一（住持焼香法。一如二薦亡坐諷経一）　通回向（諳誦）

●粥畢陳レ几行二筆硯一（或不三多貯二筆硯一者。預請二於衆一曰。各自持来。到レ此自捧就レ位耳）　排二座牌一（如レ図）　衆認二己位一了。次第就レ位坐。行者行二経及簡一　住持中立（脱レ帽）　焼香。維那（起立）　挙二大悲呪一（挙了坐）　住持帰位問訊。即就レ位坐。衆随レ誦開レ硯磨レ墨点レ筆（或有二檀主親行レ水者一。則衆須二両手捧レ硯而祇受レ之。否則有二慢易之譏一）　呪了写レ経。衆中筆力不レ健者。先畢者援レ之。功畢各襞二袈裟一。行者捧レ盆次第収二経簡一。行者鳴二散場之磬一二下。衆乃退憩　行者捲二経簡一束レ之。書レ銘環張。盛二素案一。備二霊前一

●半斎　鳴レ鐘（無レ鐘処鳴レ磬）　集レ衆。楞嚴呪。行道。回向（亡者回向）

（『大正新脩大蔵経』八一巻、七〇五頁中段）

大まかな式次第を言えば、献粥諷経・頓写仏事・頓写した経を供えて営む半斎諷経の三種から構成されている。頓写される経典は明記されていないが、見出しには「頓写蓮経」とあるので法華経を主としていたと考えられる。献粥・半斎は檀那忌に準ずる法要であるので、再説は避け、頓写仏事にのみに目を向けたい。

この頓写仏事で用いる机・硯・筆は什物として多くある場合は行者が準備し、少ない場合は予め大衆に伝えて持参するように、写経が終わった僧衆は、終わっていない者を援助する。書写した経簡は行者によって回収され、巻いて束ね、霊前に供えられるのである。

次に「檀家薦亡懺法」に関して目を向けると、無著道忠は懺法の進退・行法を詳説しているものの、陳白や回向文等は記載していないため、『諸回向清規』の「懺法亡者陳白・小回向」に依拠したものと考えられる。以下に行法の冒

頭と末尾のみ挙げる。

○檀家薦亡懺法

献粥　与二頓写献粥一同

●粥後壇正中安二観音菩薩像一。几炉華燭。敷設荘厳如レ図　鳴レ鐘　大衆具二威儀一。列二坐于外一

普門品畢聞二散場磬一声一出レ室　衆列二坐于外一　鼓鈸又入奏二奉送一。大如二勧請規一。奏了衆散

：（中略）：

○半斎　楞厳呪或大悲呪　行道或坐誦　回向亡者回向

（『大正新脩大蔵経』八一巻、七〇五頁中段―七〇六頁上段）

先の頓写仏事と同様に献粥の後に懺法が営まれ、続いて半斎諷経という形式を採っている。壇の正中に観音菩薩像を安置していることからも分かるように、この法会は観音懺法である。

中世禅宗において観音懺法と同様に追善仏事として普及していた施食会もまた『小叢林略清規』では、「檀家薦亡施食法」という項目で定められている。

○檀家薦亡施食法

大如二月分七月記一。但可下方丈内中几安二亡者牌一。陳二炉華燭一。施食満散中誦大悲呪上水陸会回向

○半斎　施食畢衆列二立西一。楞厳呪或大悲呪　回向亡者回向

（『大正新脩大蔵経』八一巻、七〇六頁上段）

行法に関しては「月分清規」の七月の部分を参照するよう記され、亡者牌・香炉・花燭を供え、施食の後には大悲呪を読誦して、水陸会回向を唱える差定が認められる。その後半斎諷経を営むのは先の頓写仏事や観音懺法と同様であ

る。回向文は、

〇水陸会回向

仏身充満於法界　普現一切群生前　随縁赴感靡不周　而常処此菩提座

仰冀洪慈　俯垂昭鑑

某門今月某日伏値某名某忌之辰。厳備六種妙供。謹集現前清衆称揚聖号課持秘呪今当満散同音諷誦。大悲円満無礙神呪所鳩善利仰讃。十方常住三宝果海無量聖賢　祝献。護法列位諸天仙衆地界水界大小明霊。総日本国内一切明霊一切権現三界万霊十方至聖。憑茲善縁普用回厳　次冀。同受法味以護仏祖之化門各増威光而除国家之災障　専祈某名霊位荘厳報地　伏願。資薦各人多生父母歴劫冤親一切幽霊河沙餓鬼咸出迷衢同登覚路。十方云云

（『大正新脩大蔵経』八一巻、七一七頁下段）

というもので、諷誦する経典を楞厳呪から大悲呪に変更している以外はほとんど『諸回向清規』の水陸会回向と同じで[28]、これに依拠したものと言ってよい。無著道忠が『諸回向清規』に一〇種挙げられた施食回向から水陸会を選出したのは、天倫楓隠の付した割注の「亡者仏事追善年忌等用レ之」に準じたものと思われる。

以上、頓写仏事・檀家薦亡懺法・檀家薦亡施食法の三種の追善仏事を見てきたが、いずれも楞厳呪を読誦する半斎諷経が併修されていることが確認できた。通常の檀那忌が楞厳呪行道や坐誦の諷経のみであるから、これら三種の仏事は檀那忌よりも構成する仏事が多い形態であった。つまり、檀那の施財に応じた仏事の組み合わせが可能となっており、大檀那と一般の檀那に対応する仏事形式としてこれらの供養法は機能したと思われる。

『小叢林略清規』の末部には「亡俗中陰薦福開具式」と呼ばれる中陰仏事を示した掲示物の図が掲載されている。この仏事の構成は、第三章で取り上げた『諸回向清規』「中陰勤行之品」と多くの点で類似している。表5―4は両清規

に記載された中陰仏事を比較したものであるが、相違点を挙げれば、晨朝の八句陀羅尼、初更で随求陀羅尼・八句陀羅尼が追加され、巳辰の諷経に金剛経と尊勝陀羅尼を読む形式が選択肢として加えられている。巳辰の法会は『諸回向清規』の「中陰勤行之次第」の日午の仏事を踏襲したものと思われるので、この「亡俗中陰薦福開具式」は『諸回向清規』に三種ある中陰仏事の式次第を取捨選択して作成したものと言える。

以上、『小叢林略清規』の追善仏事の行法を見てきた。本清規は周防国聚福寺の法兄のために撰述されたものであり、貞享元年（一六八四）に刊行され、檀家制度によって民衆との交流が強まった「小叢林」の実用的な行法書として広く

表5―4　『諸回向清規』『小叢林略清規』記載の中陰仏事

『諸回向清規』の中陰勤行之品目	『小叢林略清規』の亡俗中陰薦福開具式
中陰勤行之品目 平旦　寅　坐禅　光明真言　随求陀羅尼 　大悲無礙神呪 食時　辰　献粥楞厳神呪　或　大悲神呪 禺中　巳　坐禅　法華経　大悲呪 日南　午　半斎楞厳呪 日入　酉　放参小施食 黄昏　戌　光明真言大悲呪 　坐禅 長時　漸写経 右具在前	某名中陰勤修開具 晨朝　坐禅　光明真言　随求陀羅尼 　八句陀羅尼　大悲呪 献粥　大悲呪 巳辰　法華経　大悲呪 　或金剛経　尊勝陀羅尼 半斎　楞厳呪 酉辰　小施食 初更　光明真言　随求陀羅尼 　八句陀羅尼　大悲呪 　坐禅 長時　漸写妙典 右具在前

普及した。小規模な叢林の行法を定めた『小叢林略清規』の中に、観音懺法・施食会・頓写仏事が載録されていたことは、一七世紀後半にこれらの儀礼が禅宗の菩提寺に必要な追善仏事として認識されていたことを示している。

先述した清規の多くは、宗派を代表する古刹とされ、多くの雲水を擁する「大叢林」で編纂されたものであるが、本節で取り上げた『小叢林略清規』は書名にある「小叢林」の語に表れているように、地方の小規模な寺院を想定して編纂されたものである。本清規の紙幅の多くが葬儀法や檀那の追善仏事にあてられていることは、檀家制度が全国的に展開していく中で、寺院が修行道場としての役割だけでなく、菩提寺としての役割を求められていたこと、それに伴い葬儀法や追善仏事法の知識への需要が拡大していたことを物語っている。供養儀礼は寺院の歩んだ歴史の中で独特なものをもつ場合が多いが、この『小叢林略清規』は個別的な伝統に由来する山規山風ではない標準的な供養儀礼を示した指南書としての性格を有するといっても大過あるまい。

第三節　面山瑞方撰『洞上僧堂清規行法鈔』から見た追善供養法

本節では近世曹洞宗の学匠として知られる面山瑞方（一六八三〜一七六九）が制定した『洞上僧堂清規行法鈔』（以下『行法鈔』と略記す）を史料として、近世の追善供養の展開を捉えていきたい。近世において曹洞宗では宗統復古というリバイバル運動が起こり、伽藍法による嗣法が批判されていく。そうした過程の中で「曹洞宗」の儀礼を「宗統」に戻そうとする論調も生まれる。その先鞭をつけたのが、第六章第一節で取り上げる加賀大乗寺の『椙樹林清規』である。道元・瑩山という「両祖」の清規の復興を願って制定されたものであるが、巻頭の「雲堂常規」などに示されているように、『黄檗清規』や明様禅の受容という側面もあった。この経緯に関して鏡島元隆は以下のようにまとめている。

曹洞宗における初期の復古運動者はいずれも新来の黄檗禅に親しんだ人々であり、黄檗禅の影響を受けた人々である。それ故に、曹洞宗の復古運動が完成するのには、これらの初期復古運動者の中に含まれていた黄檗的なものが批判され、清算されなければならなかったのである。これが、古規復古運動であって、批判の対象となったのは月舟・卍山における容檗思想であり、これを批判したものは面山、玄透即中（一七二九―一八〇七）である。面山・玄透はいずれも月舟・卍山系統の人であるが、それにもかかわらず、月舟・卍山が批判されたところに古規復古運動の特異性がある。(29)

このような『椙樹林清規』などの容檗思想の脱却と永瑩二規に準じた清規の再編のために撰述されたのが以下に見ていく面山瑞方の『行法鈔』である。面山瑞方の行状に関しては鏡島元隆『日本の禅語録　第18巻　卍山・面山』に詳説されており、(30)『行法鈔』の考証は宝暦五年（一七五五）に刊行された『洞上僧堂清規考訂別録』（以下、『考訂別録』と略記す）の中で、面山自身が行っている。

『行法鈔』は永平寺四〇世大虚喝玄（～一七三六）から『永平清規』考訂の遺嘱を受けて面山が撰述した清規であり、黄檗宗などの行法を取り入れた『椙樹林清規』に対し、道元・瑩山の祖風を復興する清規として編纂されたものである。本清規の特徴の一つは、ある特定の叢林の行法をまとめたものではない、という点である。本清規は永瑩二規を中心に祖師の思想に依拠した行法を示した思想の書としての性格が強く、本清規に記載された行法が近世曹洞宗寺院でどの程度実施されたかどうかに関しては考慮する必要がある。とはいえ、本清規は面山が自身の輪住寺である三河龍渓院や遠江の諸大寺、若狭空印寺において行法の実地検証を重ねて作成されている。(31)このように先述した加賀大乗寺の『椙樹林清規』と面山の『行法鈔』が決定的に異なる点は二つあり、一つは『椙樹林清規』が大乗寺という特定の寺院の行法書であるのに対し、『行法鈔』は特定寺院の清規ではない点である。もう一つの点は『椙樹林清規』は多くの写本が存在するものの未刊行であるのに対し、『行法鈔』は開板されて宗門寺院に広く普及したことである。『行法鈔』刊行の取り組みは宗門全体が依拠すべき行法書を編纂しようとするものであり、近代に宗門全体が依拠すべき公的な清規として刊行される『洞上行持軌範』の先駆けと位置づけることができる。

以上のように近世における出版文化と供養儀礼について考察する上で面山の『行法鈔』はとりわけ重要な典籍であり、檀越施食の行法なども載録され、永瑩二規に見られない部分については他の清規から補足している。以下では『行法鈔』に記された追善供養を見ていく上で、日分・月分・年分・臨時行事という宗門の分類を用いて見ていきたい。

まず日々営まれる日分行事の中で追善供養に関わる祠堂諷経について見てみたい。『行法鈔』において朝課諷経は小食後の「粥了諷経」に改められ、『椙樹林清規』が取り入れた黄檗の影響を取り除いている。粥了諷経の内容は「日分課誦回向文」から①仏殿粥了、②伽藍神、③祖堂、④祖堂寿牌、⑤祠堂であったことが知られる。[32] ⑤の祠堂諷経の回向文は、

祠堂　上来看誦、大乗妙典、所集功徳回向、将軍歴代各各尊儀、本寺檀那、歴世先亡、結縁諸霊、逐位名号、当日亡簿、各位名号、六親眷属七世父母、法界含識同円菩提

（『曹洞宗全書　清規』六五頁下段）

というもので、読み込み部分では「将軍歴代各各尊儀、本寺檀那、歴世先亡、結縁諸霊」と唱えた後に、「逐位名号、当日亡簿、各位名号」とあり、命日を迎えた物故者の戒名を個々に読み込むようになっている。

曹洞宗の清規における祠堂諷経の初出はおそらく先述した『正法清規』の「祠堂」という回向文を用いた法要であ

るが（第三章第三節）、『正法清規』の祠堂諷経は楞厳呪を読誦し、入牌した生者と亡者を対象としたものであり、「六親眷属七世父母」の文言はない。[33] この文言をおそらく『諸回向清規』などに記載された施餓鬼の回向文から摘出して挿入したものと思われるが、『考訂別録』においても、この点に関して面山は明記していないため、判然としない。推論の域を出るものではないが、祠堂諷経が特定の物故者だけでなく、六親眷属や七世父母などをも供養対象としていることは、檀家制度が確立され、墓地や追善仏事が庶民層へ普及・定着する中で、一物故者だけでなく、より広い範囲に供養を拡張しようとする動きであろう。

禺中諷経には檀越仏事を営む時間帯が次のように定められている（傍線は筆者による）。

行者火鈴ヲ振テ巡廊シ、廚前ニ三鼓、次ニ斎鐘ノ後ニ諸尊ニ上供ス、次ニ殿鐘三会、禺中ノ諷経、短日ハ尊勝呪七返、長日ハ金剛経安楽行品等、モシ本尊并ニ、祖師及薦亡ニ餉供ノ諷経アレバ、コノ時ニ行ズ

（『曹洞宗全書　清規』四〇頁上・下段）

このように『行法鈔』では、薦亡の法会は、禺中の諷経後に行うよう規定している。この禺中諷経に併せて営まれた仏事は、後述するように本清規記載の回向文に見られる檀那施食であったと思われる。

続いて月分行事に目を向けてみたい。『行法鈔』では、『瑩山清規』の粥時歎仏に当たる「毎日粥時維那回向」が記載されており、両清規の粥時歎仏を比較したものが表5―5である。下段にはこの選定理由・典拠が示された『考訂別録』の部分を摘記した。本表が示すように『瑩山清規』では一日から三日、一五日から一七日と毎月六日間のみ営まれていた粥時歎仏が、『行法鈔』では日々異なる対象を回向する歎仏へと変えられている。これらの中で檀越に関するのは、朔日、三日と晦日の粥時歎仏の回向文である。

朔日　初槌一下稽首薄伽梵、円満修多羅、大乗菩薩僧、功徳難思議、今晨修設浄粥一堂、奉為今上皇帝聖寿万安、

表5―5　『瑩山清規』禅林寺本の粥時歎仏と『洞上僧堂清規行法鈔』の毎日粥時維那回向

日時	『瑩山清規』（禅林寺本・流布本）「月中行事」	『洞上僧堂清規行法鈔』「毎日粥時回向」	『洞上僧堂清規考訂別録』「粥時回向神示并造粥考訂」
一日	今上皇帝	今上皇帝	朔望両日ハ定ニ祝聖ナリ
二日	当山土地、当山竜王	当山土地龍天善神	二日三日マデハ瑩規ニヨル
三日	本寺旦那十方施主	本寺檀那、十方施主	
四日	（以下居常十仏名。無歎仏）	大聖文殊師利菩薩、大行普賢菩薩、諸大眷属	四日ハ、玉匣記ニ、文殊大士ノ生日トアルユヘニ、僧堂ノ聖僧ニ回向ス、文殊ト一対ユヘニ普賢モ加フ、
五日		双林善慧大士、当来下生弥勒尊仏、諸大眷属	五日ハ日本ノ例、弥勒ノ縁日ユヘニ、ソノ化身ナレバ、経蔵ノ伝大士ニ回向ス、
六日		韋駄尊天、監斎使者	六日ハ宿曜経ニ、童子天、下ル日ナルユヘニ、韋駄ハ童子天ナレバ、監斎使者ヲ加ヘテ回向ス、
七日		九執十二宮、二十八宿	七日ハ宿曜経ニ、北斗下ル日ナルユヘニ星宿ニ回向ス、
八日		南方火徳星君、火部聖衆	八日ニ火徳回向ハ古例ナリ、
九日		賢護大士、常随眷属	九日ニ善守回向ハ跋陀婆羅ヲココニ賢護トモ善守トモ翻ズ、四日ハ初浴日ナレドモ、文殊ニ回向ユヘ、九日開浴ニ回向ス、
一〇日		招宝七郎大権修理菩薩	十日ハ、宿曜経ニ、善法神下ル日ユヘニ、大権菩薩ニ回向ス、大権ハ、モト帝釈天ニテ善法神ナリ、
一一日		伊勢太神宮、八幡大菩薩、春日大明神	十一日ハ天照太神ニ回向ス古例ナリ、八幡春日ハ、三社ノ列ユヘニ加フ、

一二日		薬師瑠璃光如来、日光月光二大菩薩、十二神将、七千夜叉	十二日薬師ニ回向ス古例ナリ、
一三日		満願虚空蔵菩薩	十三日虚空蔵ニ回向スルモ同ジ、
一四日		稲荷大明神	十四日、稲荷ニ回向スルハ、十五日ガ稲荷ノ祭日ナレドモ、祝聖アルユヘニ、預メ前日ニ行ズ、
一五日	今上皇帝	今上皇帝	十五日ハ朔日ト同ジ、
一六日	当山土地、当山竜王	大梵尊天、帝釈尊天、四大天王、諸大眷属	十六日ハ宿曜経ニ、梵天下ル日ユヘニ、梵帝四王マデ列ネテ回向ス、
一七日	本寺旦那十方施主	日光東照大権現	十七日ノ東照宮ハ、天下一統百民安楽ノ神功ニ酬フ
一八日		白山妙理大権現	十八日白山ハ古例ノ祭日ナリ、
一九日		広大霊感観世音菩薩、諸大眷属	十九日ハ、玉匣記ニ観音菩薩ノ生日ト見ユ、幻規又ハ元明以来ノ書ニ多ク見ユ、ユヘニコノ日ニ回向ス、
二〇日		月光天子、諸大眷属	廿日ハ宿曜経ニ、月天子降ル日ナルユヘニ、月天子ニ回向ス、
二一日		弁財尊天、大黒尊天	廿一日コノ日モ宿曜経ニ、童子天ノ下降ノ日ユヘニ、韋天ニ並ブ、弁才大黒二天ニ回向ス、
二二日		扶桑仏法開闢、聖徳太子、大菩薩	廿二日聖徳太子ハ、日本大法ノ開闢ナレバ、洪恩忘ルベカラズ、
二三日		本寺竈公善神	廿三日ハ玉匣記ニ、南方火神聖誕トアリ、ユヘニ竈公ニ回向ス、竈公ハ毎日厨下ニテ行者諷経回向スルコト、永平祖師ノ家訓ナリ、

二四日		愛宕山大権現	廿四日愛宕ノ祭日、古例ユヘニ、コノ日ニ回向ス、
二五日		天満大自在天神	廿五日、コノ日天満宮ノ祭日ユヘニ回向ス、
二六日		火頭金剛、諸大眷属	廿六日、宿曜経ニ、慈猛日トテ、自在天、下ノ日ナリ、慈悲モ威猛モアル日ユヘニ、火頭金剛ニ回向ス、烏枢瑟摩ヲ楞厳経ニ、火頭金剛ト云フ、
二七日		日光天子	廿七日、宿曜経ニ、コノ日、日天子降ル日トアリ、ユヘニ、日天子ニ回向ス、
二八日		大聖不動明王、諸大眷属	廿八日ハ古例ニ、不動明王ノ縁日ユヘニ回向ス、
二九日		円寂僧衆、前亡檀那、三界万霊、	廿九日、宿曜経ニ、霊魂神下ル日トアリ、ユヘニ薦亡ノ回向ナリ、廿九日ハ小尽ノトキハ、晦日ニ代ルユヘニ両日ハ同回向ナリ、
晦日		有縁無縁	

不レ挙二仰憑一念仏如レ常、……

三日　本寺檀那十方施主、災障消除、福寿増長、仰憑以下如レ昨下皆同、……

廿九日晦日　円寂僧衆、前亡檀那、三界万霊、有縁無縁、皆得解脱、同円種智

（『曹洞宗全書　清規』七二頁上段—七三頁下段）

この回向文では、毎月三日は存命中の檀越の災障消除、福寿増長を祈念するもので、二九日・晦日は亡僧や先亡の檀越、三界万霊の「解脱」を願う供養の歎仏となっている。『瑩山清規』の粥時歎仏では、毎月三日と一七日が「奉為本寺旦那。十方施主。福寿荘厳。仰憑尊衆念」と存命中の檀那の福寿を祈る歎仏であったのと比較すれば、一七日のものが晦日へと移動し、回向文も亡者薦亡へと変更されたと言える。『行法鈔』において、粥時歎仏の典拠となってい

るのは『瑩山清規』『幻住庵清規』『宿曜経』『玉匣記』などである。

晦日の亡者への粥時歎仏に関しては『考訂別録』に「廿九日、宿曜経ニ霊魂神下ル日トアリ、ユヘニ薦亡ノ回向ナリ、廿九日ハ小尽ノトキハ、晦日ニ代ルユヘニ両日ハ同回向ナリ」とあり[34]、宿曜経の「凡十五日三十日為吉祥日。魂霊神下宜祭先亡作婆羅門大祭求福。布施供養師僧尊長。学戒善事求法大吉」との説を受けている[35]。

『行法鈔』には粥時歎仏とは別に臨時の粥時回向が記載されており、その中には「大檀那先亡追薦粥時」と題した念誦文がある。

大檀那先亡追薦粥時　稽首（乃至）奉為（戒名）霊位荘厳報地、仰憑尊衆念、（仏名如レ常）

（『曹洞宗全書　清規』七四頁上段）

晦日の歎仏が亡僧や先亡檀越、三界万霊という物故者全般を供養するものに対し、この大檀那先亡追薦粥時の歎仏は「戒名霊位」とあることから、特定の故人の供養を営む歎仏となっている。年中行事の行法を定めた「年分行法次第」の中には、七月の盆前施食、大施餓鬼、一二月の除夜施食の行法が簡略に示されている。

盆前施食　朔日ヨリ毎日晡時ニ施食、別規アリ、……

大施餓鬼　大施餓鬼ハ日時寺ノ旧例ニ随ウ、式ハ別規アリ、……

除夜施食　七月ト同ジ、除夜事繁キ寺ハ前日ニ行ズ

（『曹洞宗全書　清規』九七頁上段—九九頁下段）

「別規アリ」とあるのは面山が『行法鈔』以前に撰述した『施餓鬼作法』があるためである。また「年分諷経回向文」の中には、山門大施食の回向文も含まれていることから、年中行事における施餓鬼会は、七月一日から大施餓鬼までの晡時に営まれる晩課としての施餓鬼会、山門大施食、盂蘭盆大施餓鬼会、除夜施食の都合四種が定められている。

臨済宗の『諸回向清規』や大乗寺の『椙樹林清規』と同様に、面山瑞方が檀越仏事として施餓鬼会を定めていたことは『施餓鬼作法』や『行法鈔』の「年分諷経回向文」の施餓鬼回向より知られる。『施餓鬼作法』は曹洞宗における現行の施食会の典拠となっているものであり、法要の荘厳に関する部分に次のような記述が見られる。

五如来幡、併セテ十一流ノ幡ヲ挂ク、以上ハ一日ヨリ十四日迄ノ施架ナリ 尋常薦亡ノ施餓鬼ハ、万霊牌ノ処ヘ亡霊ノ牌ヲ安ジ、牌前ニ茶湯ト霊膳トヲ備フベシ、

（『続曹洞宗全書　第二巻　清規・講式』五〇九頁下段）

「尋常薦亡ノ施餓鬼ハ、万霊牌ノ処ヘ亡霊ノ牌ヲ安ジ」とあるように、施餓鬼を特定の物故者を供養する追善仏事として面山も定めている。『行法鈔』に載録された檀那施食に関する回向文は、七月条にある「大檀那施食」「大檀那施食半斎」と一二月・歳末条にある「臨時小檀施食」「小檀施食亡者献供」の計四種である。

表5—6はその供養対象・原文を一覧にしたものである。この四種の回向文において着目したいのは、「大檀那」と「小檀」という檀家を二種に分別して施食会の回向文を挙げている点である。とりわけ「大檀那施食半斎」の冒頭の歎霊に続いて、「大日本国某道某州某郡某城大功徳主某姓〈某甲〉」とあり、「某城」は居城、仕官の城を述べるもので武家を対象としており、「大功徳主」とその外護が多大であることを強調している。

追善仏事の回向文は中世において、その法要の形態によって差異化が図られ、身分階層に適応されてきたが、近世においては追善仏事として需要が大きかった施餓鬼会自体が「大檀那」「小檀」の二種に分化していたのである。回向文の典拠に目を向ければ、二つ目の「大檀那施食半斎」は『諸回向清規』の「盂蘭盆亡者追薦施食」に酷似しており、四つ目の「小檀施食亡者献供」も『諸回向清規』記載の「臨時施食略回向」と「施食」を合わせて構成していると思われる。檀越追善の施食会に関しては、

薦亡施食法ハ、小施架ノ上ニ位牌ヲ立テ、小供具先ノ如シ、尽出輪回生浄土ノ次ニ、直ニ普回向シテ、両序環転

表5―6　『洞上僧堂清規行法鈔』の檀那施食の回向文一覧

＊『曹洞宗全書　清規』一二三〜一二五頁より作成。割注は〈〉で示す。

回向名	供養対象	原文
大檀那施食	〈戒名〉霊位	上来修行開甘露門、一切如来、深秘密法、諷誦大悲円満無礙神呪、所鳩善利奉為〈戒名〉霊位、荘厳報地、十方至聖、三界万霊、無辺幽冥、河沙餓鬼、同飽法味、倶登覚場、
大檀那施食　半斎	大功徳主某姓〈某甲〉　〈戒名〉	仏身充満於法界、普現一切群生前、随縁赴感靡不周、而常処此菩提座、仰冀洪慈、俯垂昭鑒、大日本国某道某州某郡某城大功徳主某姓〈某甲〉、切以七月十五日、乃衆僧自恣之辰、是盂蘭盆救苦之日、冥修梵福、自利利他、因茲、今日就于山門、開甘露門、営備香華、灯燭茶菓、清浄法膳、以伸供養、謹集合山清衆、称揚聖号、誦持秘呪、旋遶諷誦、大仏頂万行首楞厳神呪、所集功勲、仰賛、十方常住三宝、果海無量聖賢、祝献天界列位一切聖衆、地界水界、大小明霊、日本国内一切明神、一切権現、三界万霊、十方至聖、憑慈善利、普用回厳、伏願、〈戒名〉同受法味、以護仏祖之化門、各増威光、而除国家之災障、更祈、資薦各人多生父母、歴劫冤親一切幽霊、河沙餓鬼、咸出迷衢、同登覚場、
臨時小檀施食	〈戒名〉霊位	上来修行、開甘露門、一切如来、深秘密法、諷誦大悲円満無礙神呪、所鳩善利回向、〈戒名〉霊位荘厳報地、十方至聖三界万霊、無辺幽冥、河沙餓鬼、同飽法味、倶登覚場、
小檀施食亡者　献供	〈戒名〉何忌之辰　〈戒名〉	仏身充満於法界、普現一切群生前、随縁赴感靡不周、而常処此菩提座、仰冀洪慈、俯垂昭鑒、山門今月〈来日・今日〉伏値、〈戒名〉何忌之辰、開甘露門、厳備〈茶湯・妙供〉合山清衆、称揚聖号、誦持秘呪、及〈観音普門品経、・楞厳無上神呪、〉所鳩善利祝献、十方常住三宝、果海無量聖賢、天界列位、一切聖衆、地界水界、大小明霊、日本国内一切明神、一切権現、三界万霊、十方至聖、憑慈善利、普用回厳、伏願、〈戒名〉多生罪雪、由仏日以消除、累劫冤塵、仗慈風而蕩散、河沙餓鬼、一切幽霊、咸出迷衢、同登覚路、

シテ、本尊上供、次ニ亡者ニ献供シテ遶行ナリ、

（『曹洞宗全書　清規』一二一頁下段―一二二頁上段）

とあり、普回向の後に本尊上供を行い、檀越の献供諷経を営む形態が確認できる。

以上、檀越仏事としての施餓鬼会の行法に関して見てきた。ここで着目されるのは、『行法鈔』が古規復古のために撰述されたにもかかわらず、檀越施食会の行法・回向文が永瑩二規の記述を承けたものではないという点である。面山が示した檀越施食の回向文は『諸回向清規』等を用いて再構成したものであり、その行法は武家への大檀那施食とその他の人々への小檀施食の大きく二種に細分化されていることは先述したとおりである。しかし『瑩山清規』には、盂蘭盆に際して結縁諷経という法要名のみが挙げられているだけで、檀越施食会の行法が示されていない。施餓鬼会の回向文も施餓鬼会疏があるのみで、施餓鬼回向は見られない。つまり、檀越施食会は『行法鈔』が撰述された一八世紀半ばにおいて、永瑩二規の復古を願った清規においても載録しなければならないほど広く定着・普及し、重要視されていたのである。それを示すように、『考訂別録』「施食法考訂」では、

施食ノ本式ハ、大広智不空三蔵ノ訳スル施諸餓鬼儀軌アリテ、招請発願ノ偈ヨリ、秘密ノ印、真言備足セリ、密家ハソレヲ根本トシテ行ズ、コレハ聖説ナリ、ソノ外ノ施餓鬼ノ作法ハ、ミナ後人ノアツメテ私製セシユヘニ、仏名、印契、陀羅尼ナドモ違卻アリ、考撿スルニ、ミナ不空所訳ノ儀軌ヲ見ヌ人ノ撰ナリ、余近年儀軌ニ依テ述シ、印版シテ自ラ行フ、有信ノ同志ニハ、コレヲ伝授ス、然レドモ、叢林ノ旧規改変シガタキユヘニ、導師一人ノ行法ニテ、大衆ハミナ旧規ニ順ゼシム、施食ハ出家ノ本業ナレバ、如法ナルベキナリ、

（『曹洞宗全書　清規』一七二頁上段）

とあり、「施食ハ出家ノ本業ナレバ、如法ナルベキナリ」との記述からも、施餓鬼が曹洞宗において重要視されていた

ことが看取できる。

本清規には、他の清規と同様に上堂法に関する記述が見られる。日時が予め決められた上堂法には、朔望・五日・一〇日・二〇日・二五日の「五参上堂法」、旦望の「旦望祝聖上堂法」、三仏忌に因んだ「仏誕生上堂法」「仏成道上堂法」「仏涅槃会上堂法」があり、臨時の上堂法には「尊宿臨訪引座上堂法」、諸堂の落成、造橋の「臨時上堂法」、檀越を対象とした「施主薦亡請上堂法」「祈禱上堂法」があり、最後の二種の上堂法は次のように示されている。

施主薦亡請上堂法

施主、寺ニ入テ知事ト商議ス、知事引テ方丈ニ登リ、炷香シ拝請ス、当日ニ法座前ニ、施主ノ位ヲ知事ノ上肩ノ後ニ設ク、鳴鼓集衆ノトキ、知客、施主ヲ引テ方丈ニ上テ、住持ヲ請ジテ深ク揖ス、住持登座シ趺坐ス、施主座前ニ拝了テ、知客揖シ引テ位ニ就テ聴法ス、最初薦亡ノ香語有テ、侍者請法ノ問訊ナシ、直ニ白槌問答了テ、下座帰方丈、施主、方丈ニ上テ拝謝、設斎アレバ、陞座罷ニ、祠堂献供諷経、モシ官位アル施主ハ、僧堂ニ住持ト分手ニ位ヲ設ク、行香嚫銭等ノ式ハ、粥飯法ニアリ、

祈禱上堂法

祈禱ハ品多シ、祈晴、祈雨、祈雪、遣蝗、日蝕、月蝕、余ノ除災、或ハ病人ノ本復、或ハ誕日祝寿、共ニ祝香ヲ三宝及ビ護国護法ノ龍天善神ニ供シ、事意ヲ陳白シ、法語ニ除災増福ノ意ヲ寓ス、問答モソノ意アルベシ、

（『曹洞宗全書　清規』一三三頁上段）

施主薦亡請上堂法では、住持が座に登って結跏趺坐し、住持に施主が拝をして、薦亡の香語から始まる説法（聴法）となり、次いで問答、住持が下座し、施主が謝意を示す拝をして、祠堂諷経という流れが記されている。つまり、「施主薦亡請上堂」は、住持による説法と物故者の追善仏事が併修される儀礼となっている。

次に中筵斎法という行法について見てみたい。「中筵斎法ハ、僧俗一同接待ノ大会斎ナリ、故ニ大施主ノ時設ク」とあるように、多大な施財による僧俗が一同に会する設斎を言う。(36) この中筵斎法の大要を記せば、まず監寺が施主に設斎の意図を聞いて、住持に報じ、典座と食事を決めて、斎料を弁ずる。香華帟幕は施主の豊倹に応じて決め、「書状侍者」という役の者が「吉凶ノ斎意ヲ施主ニ尋問シ、文疏ヲ修写」する。この吉凶の文疏は、

吉凶斎文疏略法

稽首薄伽梵　円満修多羅　大乗菩薩僧　功徳難思議

今晨修設有レ疏、恭対二方丈一、法堂一、代仲二宣表一、伏惟慈証、

南閻浮提大日本国、某州某郡、何所具位、某甲今値二某人隆生之吉辰一、某霊幾回之忌辰一、敬就二此寺一、修二設大斎会一、奉二献十方常住之三宝一、供二養四来応現之衆僧一、所レ集鴻福、回二向某人衆病悉除福寿延長一、霊荘厳報地円満種智一者也、謹疏、　伏請

三宝悉知、

賢聖炳鑒、

年月日　　施主具位某甲謹疏上来文疏已具披宣、　聖眼無私、　諒垂昭鑒、　仰憑尊衆念、

十仏名如レ常、

（『曹洞宗全書　清規』一一九上下段）

というもので、「吉凶」は割注に示された読み込み部分に対応し、吉事の場合は「某人隆生之吉辰に値い……某人の衆病悉除、福寿延長に回向す」となり、生者の福寿を祈念する設斎となる。凶事の場合は「某霊幾回之忌辰に値い……某霊の荘厳報地、円満種智に回向す」となって亡者薦亡の設斎となる。

当日の儀式の式次第は、まず法堂には筵が敷かれ、設斎の時に、筵は僧堂の境界を示すものとされる。魚鼓の時に

大衆は筵の外に集まって問訊し、住持首座が筵の内へ入り、続いて施主・俗客が入り、最後に大衆が入る。知客は施主を率いて行香し、この際維那は焼香偈を挙経し、大衆とともに三返唱える。行香の後、施主は仏前にて跪炉し、讃頭と呼ばれる役の僧が仏前に出て、四智讃を挙経して唱える。続いて維那が先の疏を宣読し、十仏名を念誦し、首座が呪願を唱える。施主が位に就いて、斎食の配膳を担当する浄人が入り、準備ができたら、五観の偈、出生の偈、または施財偈を唱えて食す。食べ終えると維那が筵の中に入って後唄を唱え、浄人が入って食事に用いられた器物を片付ける。最後に大衆で食訖偈を念じて散堂する、というものである。

中世より温室の施行などが追善に向けられていたが、近世でも施浴は亡者回向となった。住持、頭首、知事、僧衆の浴司利用の行法を記した「開浴法」には、「寒月ハ五日一浴シ、暑天ハ毎日淋汗ス」とあり、冬季は五日に一度、夏季は毎日入浴を許されている。浴司には、まず五条の衣を着けて賢護大士に焼香三拝し、華厳経の沐浴偈を三返念誦し、瑩山の誡浴文を観念して入るよう記されている。ここで注目されるのは、生者の福寿無量、亡者の薦亡に回向する「施浴」の行法が以下のように述べられている点である。

モシ施主アレバ、浴主預メ賢護大士ノ傍ニ、回向ノ旨趣ヲ標シ置ク、衆僧ミナ随意ニ念経回向ス、或ハ浴後ニ施主茶菓ヲ設バ、如法ニ喫茶シ、施主ヲ謝シ帰寮ス……施浴ハ、浴主預メ施主ニ志趣ヲ問テ、霊牌或ハ寿牌ヲ聖像ノ側ニ立テ、香華ヲ備フ、

回向文

上来経号 功徳回向、某霊覚位、荘厳報地、上来経号 功徳回向、某人、災障消除、福寿無量

（『曹洞宗全書　清規』八〇頁下段―八一頁上段）

浴主《よくす》とは浴司の管理者であり、霊牌は死者の、寿牌は生者の位牌を指す。「浴主預メ施主ニ志趣ヲ問テ、霊牌或ハ寿牌

ヲ聖像ノ側ニ立テ、香華ヲ備フ」との文言は注目される。浴主は施主と予め相談して「霊牌」か「寿牌」かを決めておき、薦亡の場合は「上来経号功徳回向、某霊覚位、荘厳報地」という回向文を、祈福の場合は「上来経号功徳回向、某人、災障消除、福寿無量」という回向文を用いる。つまり施主は施浴の作善を現世安穏と後生善処のどちらでも選択できるのである。

以上、『行法鈔』に載録された死者供養に関わる行法を見てきた。本清規が示すのは、亡者供養のためにさまざまな儀礼が動員されていることである。大小檀越の年忌仏事として営まれた檀那施食はもとより、晦日の粥時歎仏、請上堂、中筵斎法、施浴といった多様な儀礼が亡者薦亡と結びつけられ、供養の手法は多様化している。

『行法鈔』は古規復興運動の一環として撰述されたものであるが、多様な追善仏事の行法の多くは、永瑩二規を承けたものではない。粥時歎仏回向においても、『幻住庵清規』といった中国撰述の清規に加えて、『宿曜経』を用い、施餓鬼回向では『諸回向清規』等を活用していたと考えられる。尾崎正善の指摘にあるように、面山瑞方の『施餓鬼作法』は不空訳の『施諸餓鬼飲食及水法并手印』や真言宗の行法に基づいて、密教に準じたものに再構築された行法である[37]。極めて大まかに言えば、『椙樹林清規』において包摂された黄檗宗の行法からの脱却を図った『行法鈔』は、永瑩二規という古規では対応できない部分を真言宗や臨済宗の儀軌から補填したと考えられる。

本章で取り上げた無著道忠撰『小叢林略清規』（一六八四年刊）と面山瑞方『洞上僧堂清規行法鈔』（一七五三年刊）とでは刊行年に七〇年ほどのひらきはあるものの、小規模な禅院の行法書である点では共通している。これら二書において恒例の僧堂行持だけでなく、臨時の葬儀や追善仏事法にその紙幅の多くを割いていたことは、檀家制度によって葬儀や追善仏事法に関する情報への需要拡大が臨済・曹洞を問わずおこったことを示している。こうした需要へ応えたのが、学林で名を馳せた学匠たちであった。

山規山風ではない標準的な行法を定めた無著や面山の営みは、近代化以降に宗門全体が依拠すべき行法を定める動向の先駆的な試みである。学林での研鑽によって宗門意識が高揚する中で、一方では「宗統」という祖師たちの行法を意識しつつも、他方では寺檀制度の展開によって菩提寺としての宗教的役割が公刊された清規には求められた。面山の『行法鈔』はこうした宗祖の教えと菩提寺というあり方という二つの位相を行法に落とし込んでいった結実の書といえるだろう。

まとめ

本章では、近世に出版された清規や行法書から禅宗による追善供養の展開について論じた。施餓鬼関連の出版物を中国撰述の記載と比較しつつ、考察した。近世の禅僧たちは、絶えず中国禅林での行法を吸収しつつ、出版を通してそうした行法を共有化し、個々の寺院での儀礼面に生かしていこうとする姿勢があった。つまり、各寺院の行法として伝えられた『瑩山清規』に依拠する行法を曹洞宗の「宗統」として重要視する一方、同じく施餓鬼法を営む真言僧との論戦で渡り合えるような仏教思想と行法との整合性やその意味づけについて研鑽を深めようとする態度があったのである。

個々の典籍について検討した点を挙げると、無著道忠が撰述した臨済宗の小叢林の行法を定めた『小叢林略清規』にも「檀家薦亡懺法」「檀家薦亡施食法」が記されており、曹洞・臨済を問わず施餓鬼会や観音懺法が檀越の追善仏事として定着していたことを論じた。

一方、古規復興を願って編纂された面山瑞方『洞上僧堂清規行法鈔』『洞上僧堂清規考訂別録』に関しては、年中行事の施餓鬼回向とは別に、「大檀那施食」「大檀那施食半斎」「臨時小檀施食」「小檀施食亡者献供」という四種の檀那施食の回向文が記載され、檀那を大・小に分けて仏事を執行する規定が整備されていること、請上堂、施浴といった多様な儀礼が亡者追薦の仏事として載録されていることを指摘した。

注

（1）池上良正「無縁供養の動態性」『宗教研究』第八六巻第二号（二〇一二年）、同「宗教学の研究課題としての「施餓鬼」」『駒澤大学　文化』第三二号（二〇一四年）。

（2）引野亨輔「近世日本の書物知と仏教諸宗」『史学研究』第二四四号（二〇〇四年）。

（3）なお曹洞宗では現在、差別是正の観点から「施餓鬼」という呼称ではなく、食を施すと書いて「施食」という名称を用いているが、史料に「施餓鬼」の語が多いため、それに基づき「施餓鬼」という表現を用いた。

（4）近世における施餓鬼については、尾崎正善「施餓鬼会に関する一考察（1）――宗門施餓鬼会の変遷過程」『曹洞宗宗学研究所紀要』第八号（一九九四年）、同「施餓鬼会に関する一考察（2）――真言宗との比較を通して」『印度学仏教学研究』第四三巻第一号（一九九四年）、同「施餓鬼会に関する一考察（3）――諸仏光明真言灌頂陀羅尼と大宝楼閣善住秘蜜根本陀羅尼について」『曹洞宗研究員研究紀要』第二六号（一九九五年）を参照。

（5）「無縁」の語を含む葬送儀礼の手引き書については、浅野久枝「「無縁」の名をもつ書物たち――近世葬式手引書紹介」『仏教民俗研究』第七号（一九九一年）、清原泰裕「「無縁」の語を冠する「葬式手引書」をめぐって」平成二七年度駒沢宗教学研究会修士論文発表会発表資料（二〇一五年）。

（6）『続真言宗全書　第四二巻　解題』（続真言宗全書刊行会、一九八八年）一頁。

（7）浄厳による禅宗の施餓鬼法への批判については、尾崎正善「施餓鬼会に関する一考察（2）——真言宗との比較を通して」『印度学仏教学研究』第四三巻第一号（一九九四年）に詳しい。
（8）『続真言宗全書　第一巻』（続真言宗全書刊行会、一九七六年）一一一頁上段。
（9）山中玲子「二〈朝長〉「懺法」」『中世文学研究叢書6　能の演出——その形成と変容』（若草書房、一九九八年）二四四頁。
（10）法政大学能楽研究所編「観世新九郎家文庫目録（上）」『能楽研究』第二号（一九七六年）一三五頁。
（11）本書を註釈した写本二点が駒澤大学図書館にあり（請求記号H293／34、H293／48—1・2）、その影響がうかがえる。
（12）禅文化研究所編集部編『江湖叢書　大施餓鬼集類分解』（禅文化研究所、一九九五年）「はしがき」i頁。
（13）如々居士については椎名宏雄と永井政之によって研究がなされている。椎名宏雄の「宋元版禅籍研究——如々居士語録・三教大全語録」『印度学仏教学研究』第二九巻二号（一九八一年）は如々居士の語録である『如々居士語録』『如々居士三教大全語録』に関する書誌学的な研究であり、『如々居士語録』が京都大学所蔵の古写本であることが知られる。一方、永井政之「南宋における一居士の精神生活——如如居士顔丙の場合（一）」『駒澤大学佛教学部論集』第一五号（一九八四年）では、如々居士の行状とともに、『如々居士語録』の各巻目録が記されており、その大綱を知ることができる。また永井政之「南宋における一居士の精神生活——如如居士顔丙の場合（二）」『駒澤大学佛教学部論集』第一六号（一九八五年）では如々居士のもつ、職種に応じた方便修行のあり方が検討されている。
（14）『施餓鬼鈔』については駒澤大学所蔵本（請求記号　H293／21）を用いた。
（15）日本において、宝勝・離怖畏・広博身・甘露王・妙色身・多宝・阿弥陀の七如来名号の古い例は管見の限り、静然撰『行林抄』である。（「次当為称諸仏如来吉祥名号。……南無宝勝如来　南無離怖畏如来　南無広博身如来　南無甘露王如来　南無妙色身如来　南無多宝如来　南無阿弥陀如来」『大正新脩大蔵経』七六巻、四九六頁中段）。
（16）尾崎正善「翻刻・禅林寺本『瑩山清規』（禅林寺本）」『曹洞宗学研究紀要』第七号（一九九四年）四一—四三頁。

(17)　禅文化研究所編集部編、前掲注（12）書、六三頁。
(18)　『大正新脩大蔵経』八一巻、六九七頁下段。
(19)　『続真言宗全書　第一巻』（続真言宗全書刊行会、一九七六年）一一一頁。
(20)　大本山永平寺編『曹洞宗日課経大全』（大紀折本工藝社）。
(21)　『懺法因起』については駒澤大学所蔵本（請求記号　H292／16）を用いた。
(22)　黄美「台湾の水懺信仰について」『印度学仏教学研究』第三八巻第二号（一九九〇年）。
(23)　十仏は①毘盧遮那仏・②釈迦牟尼仏・③阿弥陀仏・④弥勒仏・⑤龍種上尊王仏・⑥龍自在王仏・⑦宝勝仏・⑧覚華定自在仏・⑨袈裟幢仏・⑩獅子吼仏で、六菩薩は①文殊師利菩薩・②普賢菩薩・③勢至菩薩・④地蔵菩薩・⑤大荘厳菩薩・⑥観自在菩薩である。
(24)　『慈悲水懺法』の構成と『仏名経』との関係については、坂本道生「『慈悲水懺法』と『仏名経』」『印度哲学仏教学』二二（二〇〇七年）、同「慈悲の儀礼――『慈悲水懺法』について（慈悲）」『日本仏教学会年報』七二（二〇〇六年）に詳しい。
(25)　『円通懺儀鈔』については駒澤大学所蔵本（請求記号　H293／44）を用いた。
(26)　近世に撰述された観音懺法の講本の系譜については、川口高風「『観音懺法』刊行史上における白鳥鼎三本の特徴」『禅研究所紀要』一〇（一九八一年）に詳しい。
(27)　飯田利行『学聖無著道忠』（禅文化研究所、一九八六年）、『小叢林略清規』（禅文化研究所、一九九五年）「はしがき」。
(28)　『大正新脩大蔵経』八一巻、六三二頁下段。
(29)　鏡島元隆「日本禅宗史　曹洞宗」『講座禅　第4巻　禅の歴史　日本』（筑摩書房、一九七四年）一一二頁。
(30)　鏡島元隆『日本の禅語録　第18巻　卍山・面山』（講談社、一九七八年）四三―七一頁、面山の著作に関しては本書、三四一―三四七頁に詳しい。
(31)　『曹洞宗全書　解題・索引』一四七頁。

(32)『曹洞宗全書　清規』六五頁上下段。
(33)『続曹洞宗全書　第二巻　清規・講式』九三頁上段。
(34)『曹洞宗全書　清規』二四〇頁上段。
(35)『文殊師利菩薩及諸仙所説吉凶時日善悪宿曜経』(『大正新脩大蔵経』第二一巻、三九三頁下段)。
(36)『曹洞宗全書　清規』一一八頁上段。
(37) 尾崎正善「施餓鬼会に関する一考察(2)――真言宗との比較を通して」『印度学仏教学研究』第四三号第一号(一九九四年)一三四頁。

〈付録史料〉『如々居士語録』乙巻所収の「施食文」

底本には、京都大学図書館所蔵の『如々居士語録』乙巻所収の「施食文」を使用した。

〇施食門

施食門文

南無常住十方　佛　法　僧

南無　釋迦牟尼佛　觀世音菩薩　阿難大尊者

仰啓阿難大教主、　破獄開喉變甘露、

願此浄食遍十方、　一切鬼神委降赴、

南無歩哩　迦哩多哩　怛侈孽多耶二遍

若人欲了知　三世一切佛　應觀法界性　一切唯心造

方子ム甲等、合道場人、稽首和尚、一心奉請、盡十方法界、遍満虚空、一切無邊、鬼神等衆、訶利帝母、焦面鬼王、婆羅門仙、河沙餓鬼、三途八難、受苦衆生、水府山林、人間陰界、非命悪死、無主孤魂、願

乘佛力、同降道場、是夜今時、領沽供養、
又慮、汝等人夫人身、常沉苦趣、乍聞召請、難便降臨、再爲汝等加二
持破地獄開嚥喉陀羅尼一曰
　唵　歩布帝哩　迦多哩　怛多孽多耶三遍
已衆咒力、悉降道場、我佛教藏中、有變食陀羅尼、能化少成多、變
無爲有、普使現前、悉皆充足、即説呪曰
　南無薩婆　怛多孽多　阿嚩路枳帝　唵　摩羅　摩羅三
　摩羅三　摩羅　吽吽　三遍
諸佛子、上来、爲汝加持變色《食》眞言已竟、又慮、汝等、従業道中来、遇
此飲食、纔入口腹、變成湯炭、變成膿血、今再為汝等、加持施香水
乳海陀羅尼、變此飲食、皆成法喜禅院之食、能今汝來咽喉寛大
所得法食、永劫無飢變熱悩作清涼、脱圂(幽カ)途成正覚、即説呪曰
南無孽嚕婆曳　怛哆孽多耶　怛姪他　唵　糢嚕糢嚕
　跋囉糢嚕　跋囉糢嚕　娑訶三遍
向下更有二一字王心水輪灌施甘露乳海陀羅尼、能今汝等所得
飲食如醍醐灌頂以甘露洒心、所有罪障業障、報障無不消除、善
因果因福、因悉皆増長、
　南無三満多　没駄(駄カ)喃　嚩吽　三遍

上来、咒食功德圓成、欲助往生、須憑秘咒、諷彌陀浄土咒三遍
昔有十千魚、得聞流水長者子、稱寶宝勝如來名號、并十二因縁法、
悉得生天化為十千天子、快楽無量、今爲汝稱七寶如來并十二
因縁各々和南志心諦聽、志志聴受
唱南無多寶如來　　南無寶勝如來、　南無妙色身如來、
　南無廣博身如來、　南無離怖畏如來、　南無甘露王如來、
　南無阿彌陀如來、已上各三遍
無明縁行、行縁識、々縁名色、々々縁六入、々々縁觸、々縁受、々
縁愛、々縁取、々縁有、々縁生、々縁老憂悲苦悩
昔有一餓鬼、遇善知識諸大菩薩、爲稱南無佛、乗佛恩力、尋即命
終、生四処天、發菩提心、今爲汝等、稱三寶名號、志心諦聽、志心聴受
唱　南無佛陀耶、南無達磨耶、南無僧伽耶、三遍
唱　歸依（佛）無上尊、歸依法離欲尊、歸依僧衆中尊、三遍
唱　歸依佛竟、歸依法竟、歸依僧竟、三遍
唱　南無毗盧那佛、南無盧舍那佛、南無釋迦牟尼佛三遍
唱　願汝従今夜、乃至無上菩提、誓願將此身心、与○

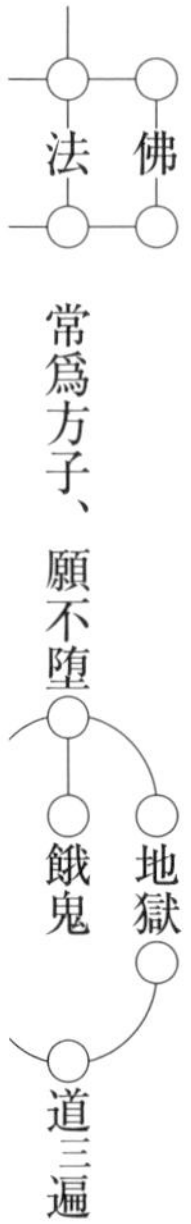

〇僧〇

〇畜生〇

汝等鬼神衆、戒(我)今施汝供、此食遍十方、一切鬼神共(供)、

[唱]帰依佛法僧三寶　三寶慈悲求懺悔　無量劫來罪障消滅

超生往生大菩薩　願生九品見彌陀　龍華會上願相逢

同證無上佛菩提　一超直入如來地　大方廣佛華厳経

十方諸佛諸菩薩　摩訶般若波羅蜜

某等、誓得道後、普度有情、憐愍汝等、久沉苦海、不逢佛法、難得出期、今憑㆓三寶加持㆒今汝悉得解脱、諸佛子、願汝従今已出改往修來、息貪瞋痴、行戒定慧離愛欲網、抜煩悩根倒人我山、出生死海修十善業證三摩提、辞後有身、了向上着、脱三途苦、出六道輪悟法王身、行菩薩道、誓相度脱、無復昏迷、今再為汝受三昧耶戒發四弘誓願、三世如來因此成就、堅汝進心、早起宥海　[呪曰]

唵　三昧耶　薩怛梵

[唱]　煩悩無邊誓願断、　衆生無邊誓願度、

法門無邊誓願學、　佛道无邊誓願成、

願以此功徳普及於一切、我等与衆生、皆共成佛道、

我佛有奉送陀羅尼、善保雲程、伏惟珍重

唵　摩惹羅　幕揚夜叉穆香花送、〇語録乙集二巻終

第六章　近世加賀大乗寺における追善供養

中世に全国展開した曹洞宗の寺院では、『永平清規』『瑩山清規』を源流としつつも、独自の清規を編纂することで、それぞれの地域的な状況に即した山規山風を確立していったことは第二章と第三章で先述したとおりである。本章では清規における追善供養法の展開を近世の清規をもとに浮き彫りにしていきたい。第三章では、ほぼ時系列的に清規を提示して論じてきたが、本章で取り上げる加賀大乗寺には、卍山道白が撰述した大乗寺『椙樹林清規』とともに、禅林の財務部である副寺寮の日鑑、つまり日誌が現存している。本章では、近世に「規矩大乗」と称され、曹洞宗における行法の主流を形成していった大乗寺の『椙樹林清規』とともに、その財務記録をあわせて検討することで、近世禅宗寺院における供養の具体相を描く。とくに『椙樹林清規』からは、大衆の宗学参究の機会であった上堂・説法が「対某霊」という追善仏事の名目で規定されていることを確認し、『副寺寮日鑑』からは、近世において施餓鬼会・観音懺法・頓写仏事が檀越の追善仏事として定着していたことを論じる。

第一節　大乗寺『椙樹林清規』における追善仏事

近世曹洞宗における追善供養を見ていく上でまず着目したいのが、東光山大乗寺の『椙樹林清規』である。大乗寺は弘安六年（一二八三）に富樫家尚が永平寺三世徹通義介を勧請して開山した加賀の古刹で、現在でも雲水の修行道場として知られている。加賀大乗寺の月舟宗胡・卍山道白は『瑩山清規』を延宝六年（一六七八）に刊行、修訂版を延宝九年（一六八一）に開板し、大乗寺の清規である『椙樹林清規』を延宝八年（一六八〇）から元禄四年（一六九一）にかけて制定した。(1) 大乗寺では、清規に則って綿密に行持が修行されていたことから、「規矩大乗」と称されている。並びに大乗寺は加賀藩の家老八家の一つで、慶長一九年（一六一四）六月より藩臣随一の知行高五万石となる本多家の菩提寺であった。

尾崎正善によれば『椙樹林清規』は『永平清規』『瑩山清規』をふまえながらも『黄檗清規』を取り入れ、未刊ではあるが二九点という写本の量と分布範囲の広さから大きな影響力を持っていたという。(2) 本清規は大乗寺二六世月舟宗胡（一六一八～一六九六）の遺嘱に応えた法嗣卍山道白（一六三六～一七一五）が制定したものである。(3)

近世初期に来朝した黄檗隠元らによってもたらされた明朝禅は、曹洞・臨済を問わず禅宗に大きな影響を与えた。大乗寺の月舟宗胡・卍山道白は彼らの思想を好意的に受け入れる一方、明朝禅という新たな禅思想の伝来に対して、曹洞宗独自の宗学を復興することで対抗する運動を展開した。鏡島元隆が「曹洞宗における初期の復古運動者はいずれも新来の黄檗禅に親しんだ人々であり、黄檗禅の影響を受けた人々である」と指摘するように、(4) 黄檗禅の伝来は新たな禅思想の流入と同時に曹洞宗独自の宗学を要請するものとなったのである。

山口晴通は『椙樹林清規』の記載内容の構成や諸清規間の位置づけを示し、(5) 尾崎正善は『椙樹林清規』と『瑩山清規』『黄檗清規』との比較考察を行っている。(6)「規矩大乗」と敬称される大乗寺の礎を築いたのがまさに本清規であるが、巻頭に記載された「雲堂常規」は「黄檗清規の摸倣」と称されるほど類似しており、(7) 黄檗宗などの明様禅風を受容した形跡が認められ、後に面山瑞方・玄透即中などによって厳しく批判されることとなる。『椙樹林清規』の巻頭

に付された卍山の法嗣三洲白龍（一六六九～一七六〇）の序文には、

延宝間、吾月舟老祖、勃然興起、以二至徳一振、当二此之時一、法門式微、経法絶滅、晦乱極矣、

（『曹洞宗全書　清規』四三九頁上段）

とあり、近世に入り教団組織が再編された曹洞宗において、すでに法門が式微し、経法もまた絶滅、晦乱の極みを見せる状況であったと吐露している。しかし、檀家制度が成立していく中で、仏教寺院は幕府の民衆管理の一翼を担う体制内宗教となり、葬儀や追善供養、祈禱などを執行することで経済的な基盤はより強固なものとなっていったと思われる。ここで「絶滅」「晦乱」とされているのは、曹洞宗教団という意味での「法門」ではなく、行法・作法であったのであろう。教団が関三刹と可睡斎を頂点とし、録所を通して管理体制が確立されたことは、「曹洞宗」という宗派意識の高まりをもたらし、これによって各寺院のもつ追善供養や祈禱、僧堂行持の行法の多様性や、寺院・門派の間に見られる相違が「絶滅」「晦乱」と捉えられたと考えられる。序文には続けて、

祖乃建二法幢於本山一、大張二乎永平瑩山之清規一矣、雖レ然、文物未レ備、礼楽欠然、暨三乎吾先師卍山続レ統董二住持一、親考二索聯芳五尊之古規一、并按二大宋五山十刹古図一、広撮二要于諸家古清規一、専従二風之所レ自、集以大成、叢林礼楽煥然可レ観矣、

（『曹洞宗全書　清規』四三九頁上段）

と述べられており、大乗寺の五尊の古規や五山十刹図、諸家の古清規を照覧することで、『永平清規』『瑩山清規』の復古を進める意向が示されている。卍山が永瑩二規の註釈書ではなく、新たな清規を編纂したことは、一方では祖規復興を唱えつつも、新たな禅風である明様の行法を黄檗宗から包摂することで、曹洞宗の規矩を再編しようとする姿勢を示すものであった。

近世の宗統復古胎動期にその運動の立役者となり、「復古道人」を自称した月舟宗胡の遺嘱を受け、卍山道白によって撰述された『椙樹林清規』には永瑩二規への復古を表明しつつも、祖師の行法には還元しえないさまざまな行法を記載している。その一つが追善仏事の儀礼であり、永瑩二規だけでは近世社会における供養への要請に対応することが難しく、他の清規・行法を包摂する必要があったのである。以下では、『椙樹林清規』に見られる追善仏事から近世曹洞宗の追善供養の諸相を垣間見たい。

檀越の月忌・年忌仏事から見ていきたい。『椙樹林清規』には、特定の物故者のために営まれた追善仏事は二つ確認できる。一つは開基富樫家尚（一三二九年没）、もう一つは回仙院の仏事である。開基の富樫家尚は加賀の守護職にあって大乗寺を寄進し、徹通義介を開山として招いた人物である。『椙樹林清規』が編纂された近世には、大乗寺の有力外護者は富樫氏から加賀藩の筆頭家老であった本多家に代わっていたが、開基は清規によって月分・年分行事に規定されることで継続的に供養対象とされていた。「月中行事」の一四日・一五日条に以下のように見られる（傍線は筆者による）。

十四日……晡時略布薩アリ、……布薩了テ、和尚大衆上㆓祖堂《ニ》㆒、於㆓二世瑩山禅師《ノ》前《ニ》㆒、宿忌諷経、上供如㆑常、次於㆓開基法印《ノ》前《ニ》㆒、宿忌諷経、大悲呪ナリ、和尚焼香シテ、茶菓湯一時ニ献ジテ九拝ス、回向了テ大衆三拝、次ニ大殿ニテ略施食アリ、

（『曹洞宗全書　清規』四五五頁上下段）

十五日　祝聖、鎮守諷経、応供諷経、行茶拝礼、如㆓朔旦㆒、午時本尊仏餉了テ、和尚大衆上《テ》㆓祖堂《ニ》㆒、二世ノ仏餉ヲ献、遶行如㆓太夜㆒、次開基法印ノ仏餉、

（『曹洞宗全書　清規』四五六頁上段）

毎月一四日は宿忌諷経として大悲呪が読誦され、導師は湯菓茶を献じて九拝し、翌一五日には午時に仏餉の献供を行っている。宿忌の九拝は開基が在俗者であることから言えば、最大限に敬意を示そうとする所作となっている。

表6―1は下巻「年中行事」に記載された開基に対する仏事を一覧にしたものである。正月元旦には、道元や「五大尊」と称される歴住への献餅諷経が営まれ、開基も前住職の後に献餅の対象となっている。一月一四日・四月一四日・七月一四日条には宿忌の献湯諷経が見られ、三月一五日・七月一五日には献供諷経の行法が記されている。そのほとんどは大悲呪による仏事であり、先述した月分行事の規定と共通する。大悲呪・回向という諷経の形態は、これまで見てきた追善仏事の中でも、かなり簡略な仏事の形態と言えるものである。推量の域をでるものではないが、加賀の守護職にあった開基家の富樫政親は一向一揆によって長享二年（一四八八）に殺害され、富樫氏の宗家はこれにより滅亡し、守護職をも追われている。近世には前田利家に仕え、「大乗第二の外護」と称された加藤宗兵衛重廉、「大乗第三の外護」の本多政重などが台頭して、大乗寺の有力外護者となっており(8)、後述するように大乗寺の追善供養もこれら二氏の物故者がより懇ろに営まれるようになっている。つまり、『椙樹林清規』の追善供養からは寺院の開基という寺院建創の立役者となった人物よりも、寺院の現況を踏まえて外護を約束する武家への配慮が多分に見られるのである。

次に近世大乗寺において施餓鬼会や観音懺法が追善仏事として営まれていたことを示す記述に着目したい。まず日分の行法に関する以下の規定が注目される。

今ハ晡時諷経アレバ、諷経前ニ放参ノ法アリ、次ニ殿（堂）鐘三会ス、大衆上殿（祖堂）シテ、（諷経ス）三陀羅尼、略施食、怡山ノ願文等、又ハ其ノ日懺摩法アル時ハ、（願文）陀羅尼ヲ略シ、施食アル時ハ略施食ナシ、楞厳呪ヲ誦シ、参後回向ス、諷経了テ、

表6―1　『椙樹林清規』の開基への追善仏事

日時	法要の種類	本文	典拠
一月一日	献餅諷経	上㆓祖堂㆒ニ、献餅諷経ス、主人自㆓道元和尚前㆒次第ニ五大尊ヲ焼香問訊シ、正面ニテ礼三拝ス、維那挙㆓大悲呪㆒ヲ、五大尊ヲ一同ニ回向ス、次ニ前住牌前ニ焼香、大悲呪ニテ総ジテ回向ス、次開基法印ニ一遍ス、次将軍牌前ニテ、総回向一遍ナリ、主人大衆普同三拝シテ退散、	『曹全　清規』四九七頁下段
一月一四日	宿忌献湯諷経	晡時土地堂念誦、祖堂諷経、二代ノ宿忌、楞厳呪、開基法印宿忌、将軍牌前等マデノ茶湯、四節同ジ、	『曹全　清規』五〇五頁下段
三月一五日	献供諷経	斎鐘ヲ鳴ス、主人大衆又上殿ス、先本尊ノ仏餉ヲ献ジ、次ニ上テ㆓祖堂㆒ニ、二世ノ行道アリ、次開基法印、大悲呪ナリ、	『曹全　清規』五〇九頁下段
四月一四日	宿忌献供諷経	晡時殿鐘三会シテ、土地堂ニ念誦アリ、其式別紙ニ悉記ス、念誦了テ、主人大衆上㆓祖堂㆒、献㆓茶湯菓㆒ヲ、自㆓永平和尚㆒始テ、如㆓朝課ノ時㆒、大悲呪一返ヅツニテ、上リ㆓茶湯㆒ヲ、四節皆ナ同ジ、但シ十五日ハ、二代ト開基トノ忌日ナレバ、諸回向了テ、別ニ誦㆑経ヲ、大悲呪ニテ回向アリ、次ニ大殿ニテ施餓鬼略法ナリ、願文略㆑之、	『曹全　清規』五二二頁上段
七月一四日	宿忌献供諷経	晡時土地堂念誦、祖堂諷経、庫司煎点行礼等、如㆓正月十四日㆒ノ、祖堂諷経ノ罷、二世ノ宿忌行道、次開基法印、大悲呪ニテ三拝シ、大衆散堂、	『曹全　清規』五三六頁上段
七月一五日	献供諷経	次斎鐘十八声、先ッ本尊ノ仏餉、次二世ノ仏餉、大悲呪、開基同事、	『曹全　清規』五三六頁下段

大衆帰堂、

（『曹洞宗全書　清規』四四七頁上段）

この記載は、晩課諷経を営む時間帯に待夜諷経が入った場合に晩課をいかに省略するかを示したものである。通常は三陀羅尼・略施食・怡山願文という三種の諷経を営むが、懺法が入った場合は陀羅尼を、施食会が入った場合は略施食を省略するという。つまりこの晩課簡略法は大乗寺において檀越の宿忌仏事として、懺法と施食会が営まれていたことを示している。本規定は月中行事二一日条にも見いだせる。

晡時、就二大檀那回仙院牌前ノ一ニ、(主人焼香ノミ)太夜諷経アリ、楞厳呪ナリ、次ニ恒規ノ三(晩課ヲ)陀羅尼ヲ誦ズ、(今ハ無此儀)祖師宿忌、又大檀那宿忌ノ時ハ、一反陀羅尼ニテ、不二再遍一ナリ、次ニ水施食、願文ナリ、檀中ヨリ修二法事ヲ一、行フ二懺法ヲ一時ハ、晡時不レ誦二三陀羅尼ヲ一、楞厳呪ニテ、放参回向ス、又行フ二大施食ヲ一時ハ、不レ誦二尋常ノ略施食ヲ一、一月中準シテレ茲ニ知、

（『曹洞宗全書　清規』四五〇頁下段）

「檀中ヨリ」と明記されているように、大乗寺において懺法や施食会が檀越の宿忌の追善仏事として営まれていたことが分かる。おそらく「大檀那宿忌時」という語句から、「檀中」とは大檀那を指すものであり、加藤家・本多家をはじめとする武士などの有力外護者の依頼に応ずるものであったと思われる。

中世の清規に基づいて施餓鬼・観音懺法が追善仏事として整備され、武士などの地方領主への供養に用いられたことは、第三章で論じたとおりである。これらの仏事が近世大乗寺で取り入れられ、清規に載録された点は注目に値する。というのは、宗統復古を提唱した月舟・卍山が永筌二規を重視する姿勢を打ち出して撰述した清規であるにもかかわらず、これらの追善供養法は永筌二規に見出せないためである。『黄檗清規』にもこの供養法は記されていないことを鑑みれば、施餓鬼会や観音懺法を檀越仏事の行法として取り入れた一五・一六世紀の『回向并式法』『正法清規』『年中行事清規』、臨済宗の『諸回向清規』などの行法、記載を承けていると考えられる。つまり『椙樹林清規』が依拠しているのは、永筌二規や『黄檗清規』だけでなく、それ以外の臨済・曹洞の清規に基づく行法をも包摂して

いるのである。

しかし、大乗寺が禅宗寺院で営まれてきた懺法を単純に採用したという訳ではない。というのは、他寺には見られない懺法が『椙樹林清規』には規定されており、大乗寺の年中行事にもなっているからである。その行事とは「碧巌懺法」である。観音懺法は祈禱に用いられる場合も多く、禅家では正月三箇日の祈禱を懺法で営む例も多く見られる。しかし、大乗寺では正月三箇日の祈禱は観音懺法ではなく大般若転読で行い、併せて歎仏会を営んでいた。年中行事としての観音懺法は『椙樹林清規』を見る限り、年に四度営まれており、うち三度は「一夜碧巌」で名高い道元と白山権現が書写したとされる碧巌録を供養する仏事として営まれていた。年中行事の一月七日条には次のようにある（傍線は筆者による）。

人日ノ佳節、朝課後ニ示衆等アリ、行茶菓ノ礼賀如レ恒、朝粥ニ必餅子ヲ入ルナリ、十五日ニモ不レ可レ忘《ル》、粥後碧巌供養ノ懺法アリ、兼日差定ヲ出シ、前夜ニナラシス、正五九ニ修レ之、

（『曹洞宗全書　清規』五〇二下段）

「正五九に之を修す」とあるように、右の一月七日条の他に五月七日・九月七日条に碧巌懺法を営む旨が指示されている。これら三箇所の中で、碧巌懺法に関して最も詳説されているのは一月七日条であるので、以下ではその記述を続けて見ていきたい。

仏前荘厳如法ニシテ、茶菓、洗米、灯燭、洒水ヲ設ルナリ、香華卓ニハ、手炉ヲ置テ、四方念仏ノ時、香華ノ人捧レ炉《ヲ》焼香スベシ、和尚ノ前ニモ卓ヲ設ケ、香華燭ヲ置クナリ、和尚ノ座ハ、礼《ノ》間ノ上位ナリ、時至レバ殿鐘三会、大衆上殿、主入出テ後、両鈸司、鼓司等、問訊シテ入殿シ、著座スレバ、香華ノ人入殿シテ、甲鼓ヨリ問訊シ、鈸司ノ下位ニテ了ル、次鳴鼓鳴鈸シテ、前勧請ヲナス、鈸子ノ図如レ後、

前勧請了テ、主人八尺間ノ右辺ニ立テ、香華ト問訊シテ入リ、本尊前ニ到ル、香華右辺ニ移リ、自帰ト問訊シテ、同時ニ入殿、如レ是次第ニ二人ヅツ入ナリ、最後ニ維那入殿ス、先入堂ノ拝ヲナス、次主人上香三拝シテ、挙二大悲呪一《ヲ》乃チ本位ニ帰ル、此《ノ》時、主懺ノ長老出デテ焼香、乃三拝シテ定立ス、自帰ノ時、他山ニテハ、三人シテ自帰ヲ挙ス、是レ錯ナリ、自帰ノ人一人ニテ、三帰依文ヲ挙スベシ、懺法了テ後、勧請ノ鈸子モ、如三前図一《(ママ)ノ》次ニ小開静、斎鐘ヲ聞テ、本尊ノ仏餉ヲ上グ、次日中諷経如レ恒、斎罷放禅、夜坐恒規、檀那供養ノ懺法アル時モ如レ此、

（『曹洞宗全書　清規』五〇二頁下段―五〇三頁下段）

『曹洞宗全書』所収の流布本『観音懺法』との相違点を挙げれば、流布本の配役は主懺・香華・三帰とあるが、(9)『椙樹林清規』では主懺・香華・自帰とあり、三帰と自帰が異なっている。また配置図では木魚の位置や大衆の位置に相違が認められる。懺法の準備物として、茶菓・洗米・灯燭・洒水・手炉が挙げられ、儀礼次第としては殿鐘三会・両鈸による前勧請、上香三拝、大悲呪、三帰依文が確認でき、行法の委細を論じる記述はないが、流布本の行法との大きな差異はないと見てよい。他寺の懺法と最も異なっているのは次の部分である（傍線は筆者による）。

本尊前ニ観音ノ像ヲ安ズベシ、諸事ノ鋪設如法ナルベシ、斎罷、維那報二侍者一《ニ》為二新到人一《ノ》一夜碧巌ヲ拝請センコトヲ告グルナリ、侍者方丈ノ命ヲ伺テ、碧巌十刹《ノ》図ヲ出シ、卓子上二安置シ、香炉燭台、前ニ備フ、時至テ殿鐘少打一会シテ、衆ニ報ズ、維那引二大衆一《ヲ》上二方丈一、先ヅ碧巌前ニテ三拝、具上ニ坐ス、心経三巻、消災呪七遍ニテ、普同向スルナリ、主人ハ此《ノ》間ニ炷香九拝シテ、開《テ》レ箱《ヲ》又三拝シ、書ヲ出シ玉フ、碧巌八十則マデハ、道元和尚ノ筆ナリ、八十一則メヨリ、白山権現ノ神筆ナリ、台ニ安ジ、上位ヨリ次第ニ人ニ拝セシムルナリ、十刹《ノ》図ヲモ、本書ヲバ、只巻頭ヲ少シ出シテ、見セシメヨ、写本ヲバ、全篇ヲ見セシムルナリ、飯台ヲ置キ、此《ノ》上ニヒログベシ、出ストキ、入ルトキ、皆主人自ラナシ玉フナリ、碧巌歴拝ノ後、即チ入レ箱収レ之、主人大衆三拝シテ収

ム、写本ノ十刹図ヲバ、ユルユルト拝ス、正月ハ秋中ヨリノ新到拝シ、五月ハ春中ヨリノ新到拝ス、サレドモ七月七日ニ出ス故ニ、五月不レ出モヨシ、九月七日ニハ、但供養バカリニテ収ム、碧巌ニ手ヲ触ル事ナカレ、汗ツケバ朽ヤスシ、此日、副寺、典座等、年礼進物帳ヲ検点シ、化主街坊ニ相対シ、三塔主ニモ相対シテ、年始ノ事ヲ用意ス、大抵八日ヲ以テ回礼ヲナサシム、三塔主街坊ト、同ク人僕ヲ攜ヘ回礼スベシ、典座日記、副寺ノ日記ニ悉知セリ、

（『曹洞宗全書　清規』五〇三頁下段―五〇四頁上段）

懺法後に大衆は維那に引率されて方丈の間に上り、卓子に安置された一夜碧巌と五山十刹図の前で、般若心経三返、消災呪七返による諷経を営むのである。「十刹図ヲモ、本書ヲバ、只巻頭ヲ少シ出シテ、見セシメヨ、写本ヲバ、全篇ヲ見セシムルナリ」とあるように、道元と白山権現が書写した碧巌録と徹通義介の五山十刹図は巻頭のみ見えるように設置し、写本を大きく広げて大衆に見せるよう指南されている。この二種の寺宝の出し入れは住持みずからが行い、大衆の閲覧後直ちに三拝して箱に収め、いずれも手を触れてはならないと細心の注意が求められている。「正月ハ秋中ヨリノ新到拝シ、五月ハ春中ヨリノ新到拝ス」とあり、春秋に新たに掛搭した「新到」が閲覧する行法が定められており、大乗寺の一つの通過儀礼となっていたことが分かる。

　このように碧巌録の供養に観音懺法を用いることで、碧巌録を書写した道元と白山妙理大権現、五山十刹図を作成した義介と懺法が結びつけられ、その霊験を担保するものとなっている。檀越の年忌仏事に施餓鬼会とともに懺法を営むのは、懺法という儀礼を「一夜碧巌」という祖師の聖遺物に結びつけることで、儀礼の聖性を高めようとする考えがあったと思われる。

　大乗寺において観音懺法は、年中行事として年間四回営まれ、うち三回は先の碧巌供養の懺法であり、残りの一つ

は、六月一八日に修行された祈禱懺法である。六月一八日には、この祈禱に際して「懺摩ノ札」を三千枚準備する旨が指示されている。

朝課罷ノ観音諷経ナシ、粥後例年、祈禱ノ懺法アリ、兼日ニ懺摩ノ札ヲ用意アルベシ、侍者知庫通会シテ、三千枚ホドモ打調スベシ、札上《ノ》三宝印ヲ押ス、懺法ノ次加持スベシ、殿司等札ヲ台ニ安ジ、仏前ニヲケリ、懺法後就二山門頭《ニ》一、与《フ》二求請《ノ》人《ニ》一、此日《ノ》大檀那ノ家臣ニ告ゲ、衛護《ノ》人四人、或《ハ》六人ヲ雇ベシ、此晩《ノ》薬石ニ供二養《ス》索麺《ヲ》一、

（『曹洞宗全書　清規』五三二頁上段）

この懺摩札は三宝印を押した札で、六月一八日の法要後、山門頭において求めに応じて配布された。とりわけ興味深いのは、「此日《ノ》大檀那ノ家臣ニ告ゲ、衛護《ノ》人四人、或《ハ》六人ヲ雇ベシ」とあるように、山門での札の配布に際して、武家の家臣から四名から六名の護衛を派遣してもらうよう指示されていることであり、札を求める群衆の激しさを物語っている。

以上、開基家の月忌供養や檀越への追善仏事、観音懺法に関して見てきた。次に盂蘭盆における看経および施餓鬼会に着目してみたい。七月一日条には次のようにある（傍線は筆者による）。

今日ヨリ十日ノ飯後マデ、看経ナリ、一衆前日《ノ》経簿ヲ照シテ、公界ノ看経、又自ノ看経アルベシ、粥後夜坐ハ恒規ニテ、飯後ノミ看経ス、粥後ニ看経牌ヲ掛クベシ、毎日日中ノ次ニ、法華一巻ヅツ読ミ、八日ヲ過テハ、普賢行願品、金剛経ヲ読ナリ、粥後坐禅、恒規ニテ、日中ニハ先ヅ大般若転読普回向、次ニ法華一《ノ》巻ニテ普回向、次ニ尊勝陀羅尼ナリ、斎後放禅、上二大殿一各自ニ看経ス、華厳経、涅槃経、大集経等ノ大経ヲバ、幾人ニテモ看スベシ、維那堂司検点シテ、一遍ニミタン事ヲ思フベシ、兼日ニ看経簿ヲ出ス、看経中《ノ》自《リ》二檀家一、水陸会ヲノゾム時ハ、日中ニ終レ之《ヲ》、施食経ハ普回向ニテ了テ、大悲呪ヲ誦シ、霊供ヲ献ズ、亡者回向如レ恒、次法華ヲ読テ、日中

諷経スベシ、
晡時寺例ノ水陸会アリ、次楞厳呪ニテ行道ス、縦使日中ニ檀那施食ヲ修スルトモ、晡時ノ施食不レ可レ略、……三
日四日五日七日八日、大半檀那施食アリ、又不レ可レ定《マル》、

（『曹洞宗全書　清規』五三二頁下段―五三三頁下段）

盂蘭盆に際し、一日より一〇日まで看経が営まれ、僧衆自身の看経だけでなく、「公界」の看経も行われている。興味深いのは、この看経の期間中に「檀家ヨリ水陸会ヲノゾム」場合、日中諷経の前に施食経・普回向・大悲呪・霊位への献供・亡者回向という式次第の施食会が営まれていたことである。三日・四日・五日・七日・八日にはこの檀那施食が大半有るとの記述から、『椙樹林清規』が成立した一七世紀後半には大乗寺において盂蘭盆に際した檀那施食が修行され、それは施主が日時を指定する柔軟性を有していた。また「水陸会」と「施食」の混同が見られ、この二つの法会は同義のものとされていたようである。七月一三日条に見られるように、檀越の追善供養は墓前での施餓鬼会によっても営まれていた（傍線は筆者による）。

晡時念誦《ノ》次、就二衆寮《ニ》一諷経ス、殿鐘三会ナリ、諷経了テ、次ニ卵塔諷経、主人大衆、先ヅ至二開山塔一諷経、自二道
元和尚一、如二朝課《ノ》時《ノ》一諷経ス、……次ニ回仙院、南昌院、自清院ノ各処ニ、施餓鬼ヲ誦シテ回向ス、惣卵塔諷経ハ、
施食楞厳呪ニテ普回向ス、此《ノ》処ニハ、高卓ヲ鋪設シ、水向米、団子、洒水、茶湯、香炉、燭台等ヲ安ズ、施与ノ
呪ノ時ヨリ、知殿等供具ヲ卵塔へ散洒ス、大衆ノ洒水焼香ハ、以《イス》此ノ段ヨリ始テ、首楞厳ノ中迄、皆皆不レ残、水
ヲ祭ベシ、次ニ就二大殿《ニ》一両班列立、為《ニ》二開被位一、普門品ニテ行道、放参回向ス、次ニ主人大衆、雷同三拝、次願
文拝仏如レ恒、主人出殿、大衆各自ニ羅拝シテ退ク、触礼ナルベシ、仏前卵塔ニ灯ヲ点ズ、

（『曹洞宗全書　清規』五三五頁上下段）

盂蘭盆大施食会の前日である七月一三日には、晡時の念誦・衆寮諷経の後に開山塔へ赴き、道元や祖師への諷経が営まれた後、回仙院・南昌院・自清院という三者の墓所でそれぞれ施餓鬼会が執行されている。最後に墓域に祀られた物故者全体を供養する「惣卵塔諷経」を施食会・楞厳呪読誦によって修行している。七月一四日の盂蘭盆大施餓鬼会の普請に関しては、七月一二日条に詳しい。

知殿評二議《シテ》庫司一《ニ》、十四日大施食ノ棚ヲ、中庭ニ舗設ス、……四方ニハ四天王ノ幡ヲ掛、中間ニ掛《ク》二焦面鬼王赤《ノ》幡《ヲ》一、赤紙バカリニテ、焦面鬼王ト書ス、殿前ノ高卓ニ、洒水溝萩等、荷葉盆ノ供具、ソナヘヲケリ、万霊ノ牌、前ニ出ス、

（『曹洞宗全書　清規』五三四頁下段―五三五頁上段）

施食会に用いられる中庭の施食棚や幡を準備することが記されているが、興味深いのは「中間ニ焦面鬼王《ノ》赤幡ヲ掛ク」との記述である。この「焦面鬼王」とは『仏説救面然餓鬼陀羅尼神呪経』に見られる餓鬼の王、「面然餓鬼」を指すもので、本経で「面然餓鬼」の容貌は「身形羸痩、枯燋極醜、面上火然」と説かれている。[10]『瑩山清規』禅林寺本と流布本、並びに『正法清規』ではいずれも大施餓鬼会で用いられる幡は大幡四流・小幡一五流のみが記述され、「焦面鬼王赤幡」の記載は見られない。

この焦面鬼王の幡が確認できるのは、一五六七年に成立する『諸回向清規』の「七如来幢幡図并尊号」であり、この図には、宝生如来などの七如来とともに「焦面鬼王」の幡が示され、その下部には「此幡或七如来中間に懸く」との注記がある。[11]ここから焦面鬼王は、臨済系の施餓鬼法における七如来に付随していることが確認できるが、中世曹洞宗の清規で七如来の行法が見られるのは、『正法清規』と『普済寺清規』である。しかし、『正法清規』では、七如来の行法は割注表記で付随的な位置づけがなされ、[12]幡を含めた荘厳に関しては明記されておらず、『普済寺清規』に

おいても「七如来七流」と明記されているため、焦面鬼王赤幡は使用されていない。[13] 後に焦面鬼王の幡は面山瑞方『施餓鬼作法』で「刹竿幡、焦面王幡、真幡、四十九院幡、餓鬼幡等ハ総テ廃セラル」と定められており[14]、焦面鬼王赤幡の行法が『椙樹林清規』に載録されたのは、臨済宗や黄檗宗の行法を取り入れた可能性が考えられる。

続いて上堂・小参・説法という学人の指導・教化の意味合いが強い儀礼に関して目を向けてみたい。禅宗寺院では中世より、法堂の須弥壇に登って説法を行う上堂や陞座によって亡者追薦を行う例があったが、近世大乗寺においてもこの儀礼が継承されていた。『椙樹林清規』に掲載された法式牌には「上堂」「小参」という牌だけでなく、「為某霊上堂」（図6―1）や「対霊小参」（図6―2）、「午時為某霊説法」（図6―3）という物故者の追薦を目的とした上堂などの牌が確認できる。[15] また対霊小参と対霊説法については、図6―4、6―5の照牌から儀礼における配役の立ち位置などの状況を知ることができる。[16] 対霊小参の場合は「亡者」となっていて遺体を本尊の西側に配置し、問答を営む儀礼であったのに対し、対霊説法は「亡者牌」となっているので、葬儀以降に位牌を置いて営む儀礼であったことが分かる。

『椙樹林清規』には、施主の拝請する上堂の行法について次のように記している（傍線は筆者による）。

施主所請上堂ノ式

施主前日請シ、又朝課罷ニ請スルナリ、主人ハ曲彔上ニテ、拝ヲウクルナリ、施主挿香シ、三拝或ハ六拝スルナリ、当日時至レバ、先ヅ施主方丈ニ上リ、拝請シ、次ニ両班衆法鼓ヲ聞テ、方丈ニ上ル、大鐘法雷鼓如ノ㆑前、鼓ノ第三通ニ、主人至ル㆓法堂ニ㆒、陞堂シテ交椅ニ立ツ、時キ知客人ノ施主ヲ引テ、焼香礼拝セシム、此時主人為㆓亡者㆒拈香シ、香語アリ、施主拝了テ、位ニ帰レバ、両班大衆、普同三拝、次ニ手磬三通、次ニ維那白槌シテ、法筵龍象ノ語ヲ唱フ、次ニ問答、次ニ演法ス、演法了レバ、維那白槌シ、大衆三拝ス、次ニ知客、又施主ヲ引テ、謝礼ス、

図６―１
上堂牌

図６―２
対霊小参の牌

図６―３
対霊説法の牌

図６―４　対霊小参の照牌

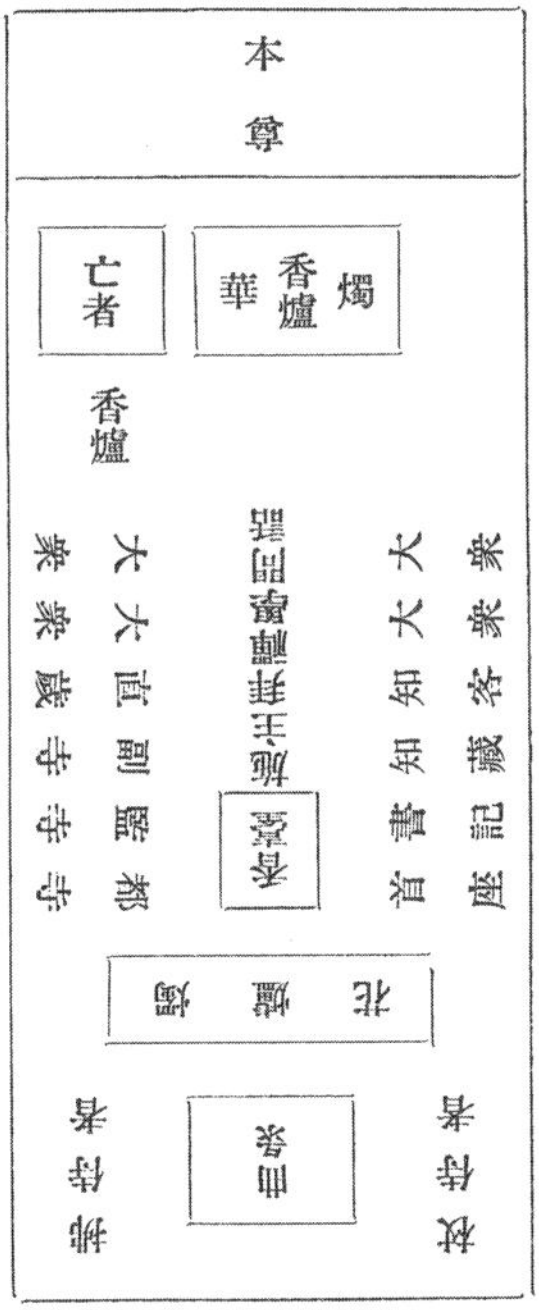

図６―５　対霊説法の照牌

主人交椅ニ立テ、拝ヲ受ク、施主退テ後、主人下座ス、両班送《テ》㆓方丈《ニ》㆒三拝、次ニ又施主ノ謝拝アリ、僧施主、俗施主、平僧等ノ行礼、差別ハ清規ニ具ナリ、

（『曹洞宗全書　清規』四七〇頁下段）

「主人亡者ノタメニ拈香シ、香語アリ」との記述に見られるように、住持は法堂に入殿して交椅の前に立つと、亡者への拈香法語を唱える。次いで維那が白槌し、「法筵龍象衆、当観第一義」という法筵龍象の語を唱え[17]、問答・演法と進んでいく。

大乗寺の財務部とも言える副寺寮の日々の取り決めを定めた史料に『副寺寮日鑑』があり、本書は一八世紀中頃に成立し、加筆されていったものである。本書には「檀中諸法事」という檀越の追善仏事に関する規定の中に「一、上堂施主ノ請アラバ、粥罷時至テ小開定、大鐘交打、以後三十六声、大雷鼓如常、鼓一通ノ中禅士法堂ニ上ル」とあり[18]、近世大乗寺において上堂が檀越の追善仏事として規定されていたことを示している。

一方、対霊小参は上堂のように法堂須弥壇に上って拈香法語を唱えるものではないが、雲水の教化・指導の側面をもつ儀礼であり、この儀礼もまた追善仏事として営まれている。

対霊小参ノ式

有㆓施主家㆒、為㆓亡者㆒、対霊小参アル時ハ、大殿ノ前門ニ、座ヲ設ベシ、時至テ法鼓一通、主人随《ヘ》㆓杖払《ノ》二侍者《ヲ》㆒、自㆓方丈㆒出ヅ、先ヅ知客引㆓施主《ヲ》㆒、上㆓方丈《ニ》㆒、請待ノ拝ヲナサシム、主人入殿、本尊ノ供ヲ献ジ、焼香三拝シ、次ニ為㆓亡者《ノ》㆒焼香シ、即チ拠《ル》㆑座《ニ》、此時知客引㆓施主《ヲ》㆒、礼請セシム、前ニ香盤ヲ置ベシ、施主拝ノトキ、侍者香ヲ炉中ニ投ズ、時ニ維那打㆓手磬《ヲ》㆒、大衆雷同三拝ス、次ニ禅学（客カ）起問ス、問答了テ、主人演法、演法了テ、大衆三拝ス、主人即チ進㆓牌前㆒焼香、次ニ維那挙㆓諷経《ヲ》㆒、侍者ハ随㆓主人《ニ》㆒、侍衣ハ杖払ヲ以テ、大殿ノ傍ニ置ク、主人帰㆓方丈㆒

時、又拄杖ヲ進ム、座設照牌如レ後、

（『曹洞宗全書　清規』四七一頁下段―四七二頁上段）

対霊小参は葬送儀礼の一部として『勅修百丈清規』や『瑩山清規』などに記載されているものである。しかし、『椙樹林清規』に載る行法はおそらく追善仏事としても営まれていたものであろう。それは照牌に見られる配置図に「龕」といった表記が見られず、「亡者」とのみあり、これは亡者牌と考えられること、「施主所請上堂ノ式」「対霊小参ノ式」「対霊説法」の行法は『椙樹林清規』に連続して記述され、一連の項目として構成されているからである。式次第の大略を記せば、法鼓一通・施主上方丈、請待の拝・本尊への献供、焼香・亡者前での焼香・施主礼請・大衆雷同三拝・禅学起問、問答・住持演法・大衆三拝・諷経・住持出堂となり、小参の後に諷経が営まれることで、小参一座を設けた功徳と諷経による功徳を亡者へと振り分ける内容となっている。

この対霊小参から禅客の問答を省いた「説法」もまた追善仏事として営まれていた。

対霊説法

儀式如レ前、禅学《（客カ）》ノ起問ナキノミナリ、又大衆前後ノ拝ナシ、時至テ雲鼓一通、主人入殿、上二本尊供《ノヲ》一、炷香三拝、次ニ於二亡者牌前《ノニ》一焼香シ、著椅、知客引《テ》二施主《ヲ》一拝セシム、侍香ノ挿香アリ、次ニ主人揮《テ》二払子《ヲ》一説法ス、説法了テ、主人又進二牌前一、焼香シ去レバ、維那挙《ス》二諷経《ヲ》一、主人帰二方丈《ニ》一時、杖払ノ二侍者後ニアリ、主人帰二方丈《ニ》一、即チ施主ノ謝拝アリ、照牌等如レ後、

（『曹洞宗全書　清規』四七二頁下段）

説法の前後に導師は亡者牌の前で焼香し、最後に亡者追薦の諷経を営む式次第となっている。対霊小参・対霊説法では、亡者牌が本尊前の灯燭台の左側に設置され、本尊ではなく住持に対面して置かれており、説法などを聴聞する配

置となっている。また対霊小参の照牌（図6—4）と対霊説法の照牌（図6—5）を比較して分かるように、説法に参加するのは両班ではなく大衆であり、小参と説法の差異化が参列する僧衆によってもはかられている。このように檀越の求めに応じて営む上堂や説法といった学人接化のための儀礼もまた死者の追善仏事ともなっており、仏法に対する垂示や法語を聴聞することで死者は「成仏」へと導かれるのである。

『椙樹林清規』には、大乗寺と檀越との関わりを示す托鉢・使僧の記述が見られる。「月中行事」の三日の項には「街坊」「外衆」と呼ばれる托鉢の僧衆が次のように記述されている。

今日七日十四日、就《テ》二大檀那家中《ノ》一、托鉢ヲ行ズ、結制ノ中ハ、六人ヲ以テ街坊トシ、余時ハ、執事ノ外衆、輪次ニ勤《ム》レ之《ヲ》、副寺令二副寮《オシテ》一告レ之、

（『曹洞宗全書　清規』四五一頁上段）

托鉢は毎月三日（今日）・七日・一四日の三日間に大檀那の家を廻るものであった。結制中は「街坊」という配役の者六名がこれを務め、解制中は「執事ノ外衆」が持ち回りで行い、副寺寮管轄となっていたことが分かる。年中行事の規定では、二月三日条に以下のようにある。

大檀那ノ家臣ヲ請シテ、管待ス、兼日ニ回状スベシ、旧年ノ回状ヲ照覧シ、又書改ムベシ、料理等、庫下ノ指南ニアリ、知庫濃茶ノ用意アルベシ、此《ノ》日ヨリ恒規ノ托鉢ヲ始ム、正月中ハ不二托鉢一、副寺兼日ニ三人ヲ一組トシテ、街坊ヲ定メ、時ニ臨テ、前夜ニ告レ之、副寮ノ所管ナリ、

（『曹洞宗全書　清規』五〇七頁下段—五〇八頁上段）

一月は托鉢を行わず、二月三日に大檀那の家臣を招いて歓待すべきことが記されている。おそらくこの応対の中で、托鉢の日取り等を打ち合わせていたのであろう。副寺は托鉢前夜に配役を告げて、二、三人を一組として赴かせてい

る。

このような托鉢とともに、檀那と寺院との交流の媒介となっていたのが使僧である。一月一六日条、九月一六日条、一二月一五日条に見えるので、以下に列挙する。

一月一六日条

送行ノ日ト称ス、朝課ハ維那堂司誦レ之《ヲ》、巡堂ヲモ維那勤ムベシ、和尚此日《ノ》、定光院、東光院、高安軒ニ到テ祝賀ス、首座先ヅ送行シテ、入《ル》二宿房《ニ》一ナリ、合山衆各自ニ到二諸山《ニ》一、拝賀ス、送行後《ノ》、以二使僧《ヲ》一大檀那及《ヒ》家臣等ニ、告二九旬無難護法《ノ》所《ヲ》レ致ナリ、

（『曹洞宗全書　清規』五〇六頁上下段）

九月一六日条

自恣日《ノ》、首座送行、粥後以二使僧一、大檀那ノ家臣等へ、九旬無難ヲ可《キ》レ申《ス》ナリ、

（『曹洞宗全書　清規』五三六頁下段）

一二月一五日条

十九日ノ後、遣《シテ》二使僧《ヲ》於大檀越等《ニ》一、伸二歳末《ノ》賀《ヲ》一、医師等へハ、以二状並《ニ》進物《ヲ》一、僕ヲツカワス、典座副寺子細スベシ、年中寺内ノ薬等悉知スベシ、

（『曹洞宗全書　清規』五四五頁下段）

一月一六日は大乗寺の清衆全体で拝賀が営まれ、和尚は塔頭に祝賀へ赴き、僧衆も他山に拝登して拝賀を行い、使僧は大檀那の家臣を訪問している。一月と九月条に見えるように、使僧は大檀那に九旬安居が難なく全うできた謝意を外護へ申し述べる。これは一月一五日、九月一五日に解制の行礼が営まれ、制中が無事満了したことを武家に告げる

ものでで、一二月一五日の歳末の祝賀を含めると年に三度、大檀那へ使僧が派遣され、その外護に謝意を述べる行事が営まれていた。

以上、『椙樹林清規』をもとに大乗寺の追善供養法や檀越との交流を見てきた。中世において追善仏事として取り入れられた観音懺法や施食会は、大乗寺においても逮夜仏事として営まれていた。とりわけ懺法は一夜碧巌の故事をもつ道元・白山権現筆の碧巌録を供養する法会として特別な意味を内包していた。大乗寺における懺法の意味づけは、新到が随喜する碧巌供養の懺法と上方丈により、実物を前に法会を営み、閲覧することで共有される仕組みをもっていたのである。これにより観音懺法は祖師や守護神である白山権現と結びつき、その功徳をとりわけ主張できる基盤をもちえていた。施餓鬼会もまた年忌の逮夜仏事だけでなく、盂蘭盆会までの七月上旬の間に、施主からの個別的な供養に柔軟に対応する形態で営まれていた。

一方、学人の教化・指導の役割をもつ上堂・説法もまた法式牌や行法名に「為某霊」「対霊」と明記され、追善仏事の性格が顕著になっていた。

最後に月舟・卍山両師が『椙樹林清規』編纂を思い立った動機に宗統復古、永瑩二規への回帰があった点を考えてみたい。本節で取り上げた大乗寺の追善仏事が整備された時期を特定することは難しいが、『椙樹林清規』に記載がある以上、月舟・卍山はこれらの行法を導入、あるいは踏襲したと言える。しかし、檀那施食や観音懺法、対霊の説法などは永瑩二規には確認できない行法である。つまり『椙樹林清規』はこれらの行法を補足していったのであり、このような動向は施食会や観音懺法による供養の要請の大きさを物語っている。観音懺法や施食会、歎仏といった法要が大乗寺の追善仏事を構成していたことは、第二節で取り上げる『副寺寮日鑑』に如実に示されている。

第二節　大乗寺『副寺寮日鑑』から見た追善供養の展開

『椙樹林清規』に続き、追善仏事に関する斎銀や次第がより具体的に記載された大乗寺『副寺寮日鑑』から、月忌・年忌仏事について考察していきたい。『副寺寮日鑑』は一八世紀中期の編纂とされており[19]、「日鑑」という題に示されるように、その大部分が一年を通した日々の実務に関する取り決めである。本史料には供養の対象となる物故者の命日や追善仏事の簡単な式次第、「斎銀」と呼ばれる供養料の額、施主への案内の有無などが細かく記載されており、追善供養の具体相を考察する上で、清規の中でもとりわけ貴重な史料となっている。ちなみに「副寺」とは字義的に言えば、住持を補佐する六知事の一つで、金銭・穀物などの一切の収支を司る役である[20]。

表6―2は『副寺寮日鑑』の構成の概略を示したもので、元旦から晦日まで時系列的にまとめられた一年間の行事予定や作法、行事に関する補則事項や必要となる証文、書状の雛形などが記載されている。さらに「参詣并来客来使」「諸進物并使僧或諸証文」があり、後者には「領票」と呼ばれる祠堂金の領収書が含まれている。次いで、「規条」「塔主制約」「知庫寮規約」「定」「灯明菴ヱ遣ス掟ノ覚」「授戒」「津送」「本多氏法事」「檀中諸法事」「日供月供施入記簿」という構成となっている。

『副寺寮日鑑』の巻末に付載された「日供月供施入記簿」から、大乗寺の追善供養について見ていきたい。「日供月供」とは、他の寺院で「日牌月牌」とも呼ばれる供養法で、日供は毎日、月供は毎月、読経・回向がなされるというものである。「日供月供施入記簿」は大乗寺の供養対象者の戒名や祥月命日、施主名と居住地、布施額などを記載した帳簿であるが、布施を施入された場合の対処や月忌、年忌仏事の形態、供具などに関しても明記されている。

表6―2　大乗寺『副寺寮日鑑』の構成の概略

＊構成に関しては『続曹洞宗全書　解題・索引』（四五八頁）を参照した。

	頁数	『続曹洞宗全書』の該当頁数
年中行事の部分	三二頁	二二五頁上段～二五六頁下段
参詣并来客来使	三頁	二五六頁下段～二五八頁下段
諸進物并使僧或諸証文	五頁	二五八頁下段～二六二頁上段
規条	二頁	二六二頁上段～二六三頁上段
塔主制約	二頁	二六三頁上段～二六四頁上段
知庫寮規約	一頁	二六四頁上段～二六四頁下段
定	二頁	二六四頁下段～二六五頁上段
灯明菴ヱ遣ス掟ノ覚	一頁	二六五頁上段～二六五頁下段
授戒	三頁	二六五頁下段～二六七頁上段
津送	一頁	二六七頁上段～二六七頁下段
本多氏法事	二頁	二六七頁下段～二六八頁上段
檀中諸法事	四頁	二六八頁上段～二七一頁下段
日供月供施入記簿	八頁	二七一頁下段～二七八頁上段
合計	五四頁	二二五頁上段～二七八頁上段

この「日供月供施入記簿」の内容について大まかに言えば、第一に布施の納入に際して行う手続きが掲載され、次いで日供・月供・年忌の一覧という構成となっている。日供に関しては、

一、日供

椙字四ツ宝三段一膳　樹字四ツ宝三段一膳

林字慶長一段一膳　新銀一段一膳

（『続曹洞宗全書　第二巻　清規・講式』二七二頁下段）

とのみあり、これは位牌前に毎日供えられる四種の霊膳を示すものである。大乗寺の山号である「椙樹林」の三字を用いて霊膳を区別しており、四ツ宝丁銀の施財の場合は「椙字」か「樹字」の三段一膳、慶長丁銀の施財の場合は長「林字」の一段一膳、新銀の場合は無字の一段一膳の霊膳となる。三段一膳という霊膳の形式については後で詳しく触れるが、年忌仏事の際に銀十五枚以上の高額な供養料を布施すると、位牌前の献膳が三汁七菜の本膳形式となるためである。つまり施財された銀の種類によって毎日供えられる霊膳が四種に設定され、大きく一汁三菜を載せた一段一膳か、三汁七菜を載せた三段一膳の

二種があったと思われる。

一方、霊膳を供える対象となる位牌については次のような規定がある（傍線は筆者による）。

一、檀中日供月供施入アル時ハ、当寮黄字ノ祠堂帳ニ印ス、次知庫寮祠堂帳、地蔵前日供、或ハ月供ノ位牌ニ印刻シ、同処回向本ニモ記ス、都テ四箇処、

一、檀外又ハ他国ヨリ祠堂施入ハ、当寮黄字祠堂帳、知庫寮祠堂帳、維那机三巻ノ折本ニ記ス、日供或ハ月供位牌ニ印刻シ、回向本ニ記ス、都テ五箇処、

（『続曹洞宗全書　第二巻　清規・講式』二七一頁下段―二七二頁上段）

毎日の供養対象となる「日供」と月命日のみに供養対象となる「月供」については、知庫寮の祠堂帳と知庫寮の祠堂帳に戒名を記し、地蔵前にあるそれぞれ専用の位牌に戒名が刻印され、回向本にも記載されるという流れになっている。「諸進物并使僧或諸証文」の項目に記載された祠堂金に対する領収書には、

領票

一、白銀幾枚

右乃某居士 某大姉 月 日 牌料致㆓領納㆒、永代於㆓祠堂㆒祭供香華

無㆓怠失㆒、可㆑令㆓回向㆒者也、仍受証如㆑件、

加州　大乗寺　副寺　印

年号　月　日

某名殿

（『続曹洞宗全書　第二巻　清規・講式』二五九頁下段）

とあるので、祠堂において位牌には日々香華が供えられ、回向の対象となった。『副寺寮日鑑』『椙樹林清規』には、現行の「祠堂諷経」のような日分行事に組み込まれた追善供養の法要は確認できない。しかし、一七一五年の祠堂帳によれば[21]、この時すでに日牌の対象に三五名の戒名があげられており、加えて祠堂諷経が朝課諷経に組み込まれたのが近世中期の『洞上僧堂清規行法鈔』『小叢林略清規』からとする尾崎正善の指摘もあるので[22]、『副寺寮日鑑』が成立した一八世紀半ばの大乗寺において「祠堂諷経」が大衆全体の法要であれ、祠堂管轄の僧衆のみであれ、営まれていたと推察される。

次に月供について見てみたい。「日供月供施入記簿」には月供の施主名、供養対象者の戒名、供養料、仏事の形態が明記されており、それらを一覧表にしたものが表6―3である。月忌供養料を合計すると銀一八貫二五目、金一〇両、米一〇石となる。まず月供の施主に関して見てみると、①のとおり、本多家より「鍾岳院殿」の月供が依頼され、その供養料として「金十両・米十石」が施入されている。次いで、②から⑦までの計六名の月供が玉井・紙屋の両家から依頼され、計一〇貫目の斎銀が施入されている。玉井氏は加賀藩の支藩、大聖寺藩主前田利治の老臣であり、実性院開基家の玉井市正の家系と思われ、『金沢侍帳』によれば、一六一五年の知行高は四千石となっている[23]。

一方、施主には「紙屋」「吉野屋」といった屋号をもつ人物も確認できる。野村照子の研究によれば[24]、「紙屋」（⑧〜⑭）の先祖中田武兵衛は尾張国愛知郡那吉野の出身で織田信長に仕えたが、本能寺の変を契機に、京都北野紙屋川に閑居した。武兵衛の子は前田利家より又の字を賜り又兵衛と名を改め、金沢に来て町人となって紙屋川の縁により紙屋と姓を改め、近世には高貴な干菓子屋を営んでいたという。又兵衛は尾山町宿老役と呼ばれ、町方工事出入・町役取捌方御用主任・堂形御蔵米御払下・御召米等支配を兼務していた。後に剃髪し、徳庵と改名した[25]。⑧の供養対象の「徳菴宗栄居士」はこの又兵衛の月供となり、施主の「紙屋徳与」はその孫に当たる三代目当主、紙屋武兵衛長次であ

表6―3　大乗寺『副寺寮日鑑』「日供月供施入記簿」の月忌供養一覧

番号	施主	一名当たりの布施額	供養対象者（戒名）	日時	諷経の形態
①	本多頼母	金十両・米十石	鍾岳院殿	午時 晡時	大悲呪 楞厳遶行
②	玉井氏・紙屋	新銀二貫五百目	寂照院真源道常居士	五日午時	日中金剛経→普門品坐誦
③	玉井氏・紙屋	新銀二貫五百目	慈仙院智文元哲大姉	七日午時	日中金剛経→普門品坐誦
④	玉井氏・紙屋	新銀一貫二百五十目	月照院古叟周洞居士	廿一日午時	日中金剛経→普門品坐誦
⑤	玉井氏・紙屋	新銀一貫二百五十目	祖関院壁翁宗鉄居士	廿一日午時	日中金剛経→普門品坐誦
⑥	玉井氏・紙屋	新銀一貫二百五十目	久昌院傑州宗英居士	廿二日午時	日中金剛経→普門品坐誦
⑦	玉井氏・紙屋	新銀一貫二百五十目	雄昌院慈心元修大姉	廿二日午時	日中金剛経→普門品坐誦
⑧	紙屋徳与	銀二十五枚	徳菴宗栄居士	十六日	献供金剛経大衆諷経
⑨	紙屋徳与	銀二十五枚	宝珠利鏡大姉	十六日	献供金剛経大衆諷経
⑩	紙屋徳与	銀二十五枚	源徹性本居士	十八日午時	献供金剛経大衆諷経
⑪	紙屋徳与	銀二十五枚	繁為貞性大姉	十八日午時	献供金剛経大衆諷経
⑫	紙屋三郎右衛門	五百三十七文目五分	不生斎政安静家菴主	四日	普門品坐誦→金剛経大衆諷経（一七三〇より金剛経に昇格）
⑬	紙屋武兵衛 紙屋九郎右衛門	五百三十七文目五分	宝蓮妙亀大姉	四日	普門品坐誦→金剛経大衆諷経（一七三〇より金剛経に昇格）
⑭	紙屋庄三郎	文銀五百目	不識斎瑞雲玄祥居士	十五日	不明
⑮	吉野屋吉太郎	銀二十五枚	正菴道受居士	八日午時	献供普門品坐誦大衆諷経
⑯	吉野屋吉太郎	銀二十五枚	妹園妙光大姉	八日午時	献供普門品坐誦大衆諷経

る。彼は紙屋家で初めて銀座役となり、町方工事出入・町役取捌方御用主任を勤めた人物である。[26]⑫の「不生斎政安静家菴主」は、「紙屋徳与」の息子である四代目庄三郎長主であり、[27]⑬の施主「紙屋武兵衛・九郎右衛門」はこの長主の長男と次男に当たり、前者は紙屋家の五代目を相続した人物である。この五代目紙屋武兵衛は⑭「不識斎瑞雲玄祥居士」に当たり、[28]その施主「紙屋庄三郎」は六代目当主の長富と思われる。つまり紙屋家では、当主などの親族を代々、月供によって供養してきたのである。

以上のように、大乗寺で月忌供養を申し込んでいた施主たちには、本多家、玉井氏といった武家階級がいる一方で、紙屋家などの有力商人層もおり、大乗寺の経済的基盤は武家・商人の両者によって担われていたと考えられる。大乗寺の月供の法要について見てみると、①の本多家が最も盛大で、具体的な日付の記載はないものの、午時に大悲心陀羅尼、晡時に楞厳呪遶行という二つの法要によって営まれていることが分かる。その他は日中に金剛経を読誦する形式（⑧〜⑬）と法華経普門品を坐誦する形式（②〜⑦、⑮⑯）の二通りあったようである。また②〜⑦の玉井氏・紙屋の供養は、「昔以二日中金剛経一、献供諷経、故玉井氏・紙屋両家于今準レ之、以後不レ可レ準レ之、雖二五十枚一普門品坐誦也」とあるように金剛経から普門品へと変更されており、法要の降格と考えられる。[29]

それとは対照的に⑫⑬の紙屋三郎右衛門や紙屋武兵衛・九郎右衛門が施主の月供は「両霊同日一処ニ献供普門品坐誦、然処享保十五戌秋、引キ足シ銀来ル、五十枚ノ格也、依レ之毎月四日金剛経大衆諷経」との記載があり、[30]追加の斎銀が施入されて普門品から金剛経へと昇格している。ここから大乗寺では斎銀の増減によって諷経の格を変更していることがわかる。

日供・月供に続いて年忌について見ていく上で、まず『副寺寮日鑑』の「檀中諸法事」を取り上げたい。この「檀中諸法事」とは、檀那の追善供養に関する詳細な取り決めである。表6―4の通り、斎銀一〇目から二〇枚までの法

表6―4　斎銀によって多様な年忌法要

＊「副寺寮日鑑」『続曹洞宗全書　第二巻　清規・講式』二六八頁上段―二七一頁上段より作成。

斎銀	霊膳	位牌前の供具	法要	接待用の屏風、腰高	本尊前の蝋燭
～一〇目	一汁三菜	残燭一丁	祠堂にて和尚、あるいは副寺のみ焼香	山居屏風、腰高一、又は二つ	記載なし
一〇～二〇目	一汁三菜	残燭一丁	大悲呪回向（仏殿にて日中あるいは晩課の次で）	山居屏風、腰高一、又は二つ	記載なし
薬石添飯二〇目	一汁三菜	残燭一丁	普門品坐誦	山居屏風、腰高一、又は二つ	記載なし
薬石添飯三〇目	一汁三菜	二合燭一丁	楞厳坐誦	四枚屏風	記載なし
一枚（四三目）	一汁三菜	四合燭二丁灯花	献粥諷経（知殿諷経） 楞厳遶行	四枚屏風二段	記載なし
二枚	二汁五菜	四合燭四丁灯花水	献粥諷経（知殿諷経） 施餓鬼、楞厳遶行	金屏二段	記載なし
三枚	二汁五菜	四合燭四丁 （待夜ヨリ灯ヲ点ズ）	献粥諷経（知殿諷経） 大施食楞厳遶行	金屏二段	二合一丁
五枚	二汁五菜	六合四丁灯花 （待夜ヨリ灯ヲ点ズ）	献粥諷経（大衆諷経） 禺中懺法 午時楞厳遶行	金屏三段	二合二丁
七枚	二汁五菜	八合六丁灯花 （待夜ヨリ灯ヲ点ズ）	献粥諷経（大衆諷経） 禺中懺法 午時楞厳遶行	金屏三段	三合二丁
一〇枚	二汁五菜	十合六丁灯花 （待夜ヨリ灯ヲ点ズ）	献粥諷経（大衆諷経） 禺中歎仏或ハ懺法 午時遶行	金屏三段	三合二丁
一五枚	三汁七菜	十二合八丁灯花 （待夜ヨリ灯ヲ点ズ）	前日懺法 午時楞厳遶行 当日頓写楞厳遶行	金屏三段雁木	三合二丁
二〇枚	三汁七菜	十四合十丁灯花 （待夜ヨリ灯ヲ点ズ）	前日懺法 午時普門品遶行 当日頓写楞厳遶行	荘厳見合セ	四合三丁
三〇枚以上	「三拾枚ヨリハ役者打寄リ相談ス、但シ留帳ノ前格ヲ見合、前後量リ宜ニ随フベシ、料理ノ事ハ典座ノ所管トイヱドモ、二十枚三十枚已上ハミナ副寺ト相談アルベシ」				

図6―6　『椙樹林清規』の懺法牌
（『曹洞宗全書　清規』四八九頁下段より転載）

本月某日爲某靈
修懺摩法役配如後
主懺　某甲都寺
三歸　某甲首座
香華　某甲侍者
磬子　某甲維那
鼓樂　某甲上座　某甲上座
鳴鈸　某甲上座　某甲上座
右具在前
堂司敬白

事が記され、布施額に応じて霊膳の構成、蠟燭、法要の内容、接待用の屏風、本尊前の蠟燭が一二段階に設定されている[31]。霊膳や接待用の屏風、蠟燭などの供具は、布施額が高額になるにつれて数を増し、豪華なものとなる。例えば霊膳は斎銀一枚までは一汁三菜であるが、二枚から一〇枚までは一汁二菜を載せた二の膳が付いて二汁五菜となり、さらに一五枚以上となると三の膳が追加され、三汁七菜となる。

蠟燭は薬石添飯二〇目までが「残燭」とあるように燭を使い回しており、薬石添飯三〇目からは新しい蠟燭となり、斎銀とともに大きさ、数が増す。

並びに法要の構成も斎銀によって内容・数ともに盛大となる。一〇目までは和尚あるいは副寺の焼香のみであるが、一〇目から二〇目となると、日中諷経か晩課諷経に合わせた法要となり、薬石添飯二〇目では普門品坐誦、三〇目では楞厳呪坐誦、一枚以上となると楞厳呪遶行となる。二枚、三枚は施食会となり、これは『副寺寮日鑑』に記載された年忌供養で最も多い。五枚以上となると楞厳呪遶行に「懺法」が追加される。図6―6は『椙樹林清規』に記載された懺法の配役表であるが、右側に「為某霊」とあり、死者供養の法会として営まれていることが看取される。

また、上位の一五枚、二〇枚という格では「当日頓写楞厳遶行」とあるように、僧侶による写経の儀礼が組み込まれている。「頓写」とは、数日かけて書写するのではなく、短時間に写し終える写経仏事を指す[32]。『副寺寮日鑑』に記載された頓写仏事は「頓写楞厳遶行」とあるので、写経の後に楞厳呪を読誦しながら遶行したと考えられる。

表6―5は、「日供月供施入記簿」に記載された年忌供養の五三例を一覧にしたもので、僧俗を問わずに受け入れていることがわかる。年忌供養料を合計すると銀四五貫五〇五目、金五〇両三歩となる。まず施主の分布状況について見てみよう。施主の住所が記載されているものから判断すると、その地域は加賀藩内では博良町《ばくろうまち》・森本町・新町・金沢、遠くは越前敦賀東町・奥州・上州・武州・野州というように、北陸、東北、関東にまで広く及んでいる。これら遠方の施主たちは（傍線は筆者による）、

一、檀外又ハ他国ヨリ祠堂施入ハ、当寮黄字祠堂帳、知庫寮祠堂帳、維那机三巻ノ折本ニ記ス、日供或ハ月供位牌ニ印刻シ、回向本ニ記ス、都テ五箇処、

（『続曹洞宗全書　第二巻　清規・講式』二七二頁上段）

という「日供月供施入記簿」の記載から檀家ではない施主と考えられ、大乗寺では檀家組織の範疇に入らない施主たちの供養にも、常時柔軟に対応していたことが看取される。

年忌の依頼者や供養対象には、在家信者だけでなく、僧侶の名も見られる。自らの供養を依頼しているのは、13番の岳林寺一四世である為雲龍瑞、16番の東光院の独雄、33番の奥州会津秀長寺の鉄外祖薗、51番の奥州常円寺の江岸月泉の四名である。他には6～11番の施主である高安軒の祖光、34番の供養対象である玉光良芳、52番の施主である光台寺の梁全とその供養対象の通山智徹である。

これらの禅僧、寺院に関して管見の限りではあるが、説明を加えたい。6～11番の施主祖光の住していた高安軒は明峰素哲開山で、明峰遷化の後に大乗寺の塔院となった寺院である。(33)一六世紀には大乗寺外護者の富樫家が奉斎してきた稲荷明神が移坐され、近世にはその開帳を度々行っている。「前住祖光」なる人物は、『加賀大乗寺史』によれば、享保一三年（一七二八）に大乗寺の山地のうち、三塔頭前通の地二六〇歩を各寺請地とすることを、定光院祖助、東光

表6―5　大乗寺『副寺寮日鑑』「日供月供施入記簿」の年忌供養一覧・布施額順

	一名当たりの布施額	施主（住所）	供養対象者（戒名）	日時	諷経の形態
1	銀六貫目	道願屋彦三郎	源誉木端居士	一一月二一日	大施食行
2	文銀一貫八〇〇目	久成院宗蓮日寿居士自施入	久成院宗蓮日寿居士	五月八日（午時）	大施食遶行
3	一貫五七五文目	佐藤吉右衛門（奥州）	満叟耀智居士	九月四日	大施食
4	一貫五七五文目	佐藤吉右衛門（奥州）	錬岩寿泉大姉	八月六日	転大般若
5	一貫五〇〇目	坂井市之進	心華院	八月十六日	大施食楞厳行遶
6	文銀一貫二〇〇目	高安軒前住祖光	法山善性菴主	一一月一六日	法花第六
7	文銀一貫二〇〇目	高安軒前住祖光	天巖祖光静主	六月二七日	法花第六
8	文銀一貫二〇〇目	高安軒前住祖光	一翁浄閑信士	二月二〇日（午時）	法華第六
9	文銀一貫二〇〇目	高安軒前住祖光	黙翁道抉信士	一〇月一二日（午時）	法華第六
10	文銀一貫二〇〇目	高安軒前住祖光	修善妙節信女	一〇月一三日（午時）	法華第六
11	文銀一貫二〇〇目	高安軒前住祖光	実源妙休信女	一一月九日（午時）	法華第六
12	銀一貫二〇〇目	金沢茶屋　久太郎	月空宗仙居士	九月一三日	大施食楞厳遶行
13	銀一貫二〇〇目	為雲龍瑞大和尚（上州岳林十四世）	自身	不明	楞厳遶行、在命中は転読大般若経
14	銀一貫二〇〇目	前田左膳殿家中南部有十治	一空軒大夢喚醒居士	九月三〇日	大施食楞厳遶行
15	銀一貫二〇〇目	前田左膳殿家中南部有十治	義海院中叟慈孝居士	八月一〇日	大施食楞厳遶行
16	銀一貫二〇〇目	前東光院独雄	自身	七月二七日（命日は八月二八日）	法華第也（ママ）
17	銀一貫一〇〇目	木端居士	自身	不明	毎歳征月法事料とのみ
18	文銀一貫一〇〇目	茶屋喜十郎・又太郎	玄宗妙俊大姉	三月二〇日	大施食遶行
19	文銀一貫一〇〇目	茶屋久太郎（新町）	長山玄昌居士	三月一三日	大施食遶行
20	文銀一貫一〇〇目	茶屋久太郎（新町）	鞠山妙養大姉	六月二六日	大施食遶行
21	文銀一貫一〇〇目	茶屋久太郎（新町）	円卓長輪居士	六月二八日	大施食遶行

22	文銀一貫一〇〇目	矢野仁左衛門	一箭玄通居士	三月一四日	大施餓鬼遶行
23	文銀一貫一〇〇目	遠藤辰左衛門	本事院妙隆日解信女	四月六日（午時）	大施食遶行
24	文銀一貫一〇〇目	塩屋久兵衛（博良町）	安室全山上座	三月五日（命日は二月五日）	大施食楞厳遶行大衆襯金有リ
25	文銀一貫一〇〇目	塩屋久兵衛（博良町）	順固信士	一一月七日	大施食楞厳遶行大衆襯金有リ
26	古銀一貫一〇〇目	塩屋久兵衛（博良町）	真岩妙司信女	九月一九日	大施食楞厳遶行大衆襯金有リ
27	銀二五枚（年忌供養料含む）	吉野屋吉太郎	正菴道受居士	某月八日か	楞厳遶行
28	銀二五枚（年忌供養料含む）	吉野屋吉太郎	妹園妙光大姉	某月八日か	楞厳遶行
29	文銀八六〇目	寺西清左衛門奥方（越前国敦賀東町）	登岳院妙秋日詠大姉	不明	水施食、楞厳遶行
30	銀八五〇目	寺井重兵衛（武州上手子林村）	虚心道廓居士	八月一五日	摂心中故、方丈日牌ニ而内献
31	文銀六八五目	塩屋長右衛門	自休軒観海了珠居士	正月二八日（午時）	楞厳遶行
32	文銀六八五目	塩屋長右衛門	蓮亭宝意大姉	三月七日（午時）	楞厳遶行
33	文銀六〇〇目	鉄外祖薗和尚（奥州会津秀長寺隠□）	自身	一〇月一八日	楞厳遶行
34	文銀六〇〇目	鉄外祖薗和尚（奥州会津秀長寺隠□）	玉光良芳和尚	一月一八日	楞厳遶行
35	四二五文目	錦屋九兵衛（森本町）	乗須信士	九月一七日	楞厳遶行
36	二五〇目	春田屋又兵衛	持園妙受信女	二月一八日	楞厳坐誦
37	二五〇目	春田屋又兵衛	空印妙心禅尼	四月七日	楞厳坐誦
38	二五〇目	春田屋又兵衛	鉄叟浄柱菴主	六月一三日	楞厳坐誦
39	二五〇目	春田屋又兵衛	月林入秋信士	七月五日	楞厳坐誦
40	二五〇目	覚山道保信士（野州佐野天明町）	覚山道保信士	六月二九日	楞厳坐誦
41	一三三目	平井吉左衛門	道顕遊円禅士	二月一七日（元禄一四年）	普門品坐誦
42	一三三目	平井吉左衛門	受法日了居士	十二月九日（正徳四年）	普門品坐誦
43	一三三目	平井吉左衛門	光誉清月大姉	一月六日（貞享三年）	普門品坐誦

44	銀五〇目	某甲	海宗了湛上座	二月二一日	添粥
45	五〇目	平野屋太郎兵衛母	本屋浄誓信士	一〇月九日	普門品坐誦（一時ニ回向ニ入ル）
46	五〇目	平野屋太郎兵衛母	自性妙達法尼	一〇月九日	普門品坐誦（一時ニ回向ニ入ル）
47	五〇目	平野屋太郎兵衛母	貞誉智松比丘尼	一〇月九日	普門品坐誦（一時ニ回向ニ入ル）
48	五〇目	平野屋太郎兵衛母	円実貞峯信士	一〇月九日	普門品坐誦（一時ニ回向ニ入ル）
49	五〇目	平野屋太郎兵衛母	実林道覚信士	一〇月九日	普門品坐誦（一時ニ回向ニ入ル）
50	五〇目	平野屋太郎兵衛母	西屋浄入信士	一〇月九日	普門品坐誦（一時ニ回向ニ入ル）
51	文金三〇両	江岸月泉大和尚（奥州常円寺隠居）	自身	五月一三日	楞厳逩行
52	金二〇両	光台寺梁全和尚	通山智徹大和尚	二月一三日（命日は二月一五）	法花第六
53	金三歩	青柳六兵衛・午場兵右衛門（越後）	碧翁北岩首座	三月二四日	点菜或ハ点粥

院海音とともに寺社奉行に出願した人物である。[34]「三塔」とは大乗寺の三つの塔頭寺院で、高安軒・定光院・東光院を指し、16番の東光院もまた、高安軒と同様の塔頭寺院の一つである。51番の江岸月泉は「奥州常円寺隠居」とあるように、福島県常円寺六世の人物で峨山派に属し、その法系は總持寺二二一世の月窓明潭の流れを汲む。[35]江岸月泉に関しては、天保一二年（一八四一）に著された福島県信夫・伊達二郡の地誌、志田正徳撰『信達一統志』に紹介されている。[36]本書によれば、[37]江岸月泉は「伊達郡の人なり、又相馬の産とも云へり」とあるように奥州の出身である。「他力往生を願い称名念仏せられ、偖寺の傍に草堂をかまえ弥陀の三尊を安置す常に念仏怠ることなし」、「学才世に勝れ且つ禅法を悟りし人なり」との記載から念仏と坐禅を併修する禅僧であったことが分かる。没年は「宝暦年中常円寺に示寂す」とあるように、一七五一年から一七六四年頃のようである。52番の施主の梁全は、明峰派・卍山道白の法統を汲む機山梁全と思われ、[38]その法系は卍山道白（大乗寺二七世）—智灯照玄（大乗寺三三世）—大暁高釣（大乗寺四〇世）—

機山梁全となっている。以上のことを簡潔にまとめれば、大乗寺の年忌供養を依頼する僧侶には、塔頭である高安軒や東光院の住職であった人物や大乗寺四〇世の法統を嗣いだ機山梁全のような大乗寺に近しい宗侶がいる一方で、奥州常円寺の江岸月泉のような遠方の宗侶もいたといえるだろう。

年忌仏事の形態に関して言えば、先述した「檀中諸法事」におおむね準ずる形で営まれている。しかし、施入された斎銀の額が「檀中諸法事」での規定の一〇倍程度となっている。例えば普門品坐誦は一人当たり五〇目から一三三目、楞厳坐誦は二五〇目、楞厳遶行は四二五目からとなっている。施食会遶行ともなると、一貫目の斎銀が必要であったようである。これは「祠堂一貫二百目、此ノ利一年ニ百二拾目三枚之格ニ九文目不足、布施□其心得有ベシ」との記述があることから、(39)永代供養の施主たちは祠堂金を大乗寺に預け納め、その年利を年忌供養料に充てていたと考えられる。

このような祠堂金の使用例は新潟県南魚沼に位置する雲洞庵所蔵『片法幢会首職用心記』にも見られる。本書は施主から宮沢伊兵衛から施入された金一〇〇両の年利一〇両の用途を記したもので、「五両を当山片法幢首職の仁に宛て、二両を六月十五日祈禱法事存亡のための供養布施に充て、残り三両を本尊前禅堂衆僚灯明油蠟燭に充てることが定められ」ている。(40)

また一貫二百目以上では、「檀中諸法事」に見られない「法華（法花）第六」という法要も見られる。法華第六という法要名のみが記載されているので、その詳細は分からないが、『椙樹林清規』の二月二八日条に「粥罷殿鐘三会、主人及ビ大衆、就二大殿一ニ法華第六ノ巻ヲ読ム」との記述があることを勘案すると、(41)八巻本の法華経の随喜功徳品・法師功徳品・常不軽菩薩品・如来神力品・嘱累品・薬王菩薩本事品の記載された第六巻を読誦する形態の法要ではないだろうか。この「法華第六」は「三枚十二文目ノ格」と表記されていることから、少なくとも「大施食」よりも格上の法

表6―6　「日供月供施入記簿」に記載された年忌法要合計

	斎銀	総数	%
普門品坐誦	20目	9	17.0%
楞厳坐誦	30目	5	9.4%
楞厳遶行	1枚	8	15.1%
大施食楞厳遶行	2～3枚	17	32.1%
法華第六	3枚12目	6	11.3%
法華第六・大施食	不明	2	3.8%
転読大般若	不明	2	3.8%
不明	不明	4	7.5%
合計		53	

要として営まれていた。

「日供月供施入記簿」に記載された年忌仏事の統計は表6―6のとおりである。斎銀が安価な「普門品坐誦」や「楞厳坐誦」よりも「大施食楞厳遶行」の方が多く、大乗寺において最も需要のあった年忌仏事は大施食会だったと考えられる。また、先に紹介した歎仏や懺法、頓写仏事を含むような盛大な法要の記載が見られなかった。先に月忌で法要の昇格・降格の事例を取り上げたが、年忌においても降格の事例が確認できる。八月二〇日条に、

午時空生院春岩道陽居士正忌、霊屋ニテ献供、二合一丁金剛経ナリ、鐘司ヱ申遣スベシ、且右年忌ニハ法事相勤ベキ証文アリ、正徳元年卯ノ記ヲ見ルベシ、年忌ニハ懺法、但シ一朝ナリ、八合六丁兼日ニ玉井氏案内アルベシ、毎歳恒規ニハ案内ニ不ㇾ及、右祠堂銀減少ニ付キ是ヲ改ム永代此ノ如スベシ、

（『続曹洞宗全書　第二巻　清規・講式』二四五頁上・下段）

この依頼では正徳元年（一七一一）の記録では「年忌ニハ懺法」となっているが、「祠堂銀減少ニ付キ」降格されて金剛経を読誦する仏事に改められ、燭の大きさと数量も減少している。このような盛大な法事の供養料は、加賀藩の財政にも影響を与えるほどであった。『政隣記』によれば、享保一一年（一七二六）八月一五日、加賀藩武家に対して（傍線は筆者による）、

一、衣服之事。

一、音信贈答之事。
一、鷹之事。
一、婚礼之節之事。
一、葬送・法事等之事。
一、饗応又は公私之儀に付参会之節料理等之事。
右品々者倹約之基に候条、随分省略可仕候。

（『加賀藩史　第六編』五六三頁）

と倹約の旨が言いわたされ、その対象に葬送・法事も含まれている。『副寺寮日鑑』に記された盛大な年忌仏事は、大名や武家階級の菩提寺となっていた寺院において広く営まれていたと推察され、その費用は加賀藩にとって看過しがたいものであったのであろう。

次に施主が生前より転読大般若会を申し込み、没後は施食会に変更するという依頼について取り上げたい。『副寺寮日鑑』には、次の二例が見られる（①②、傍線は筆者による）。

①　一、同壱貫弐百目　為雲龍瑞大和尚
上州　岳林十四世自施入
右毎歳征月、楞厳遶行、在命中祈禱般若料

（『続曹洞宗全書　二巻　清規・講式』二七六頁下段―二七七頁上段）

②　六日　午時、鉄岩寿仙大姉祈禱大般若、普門品、神前四合、二丁生花、洗米洒水、献飯寿牌、茶湯三ツ菓子

表6－7　大乗寺の八種の祠堂帳から見た日牌・月牌・布施額合計の推移

（『曹洞宗文化財調査目録解題集　第7巻　北信越管区編』474-478頁より作成）

	記録年代	日牌	月牌	正忌	布施額合計
文書3　大乗寺祠堂帳（一冊）	1715	35	51		
文書4　大乗寺祠堂牒（一冊）	1737	16	132		銀12貫607目余
文書6〔大乗寺祠堂帳〕（一冊）	1741	27	122		銀11貫300余目
『副寺寮日鑑』「日供月供施入記簿」	18世紀半ば		16	53	銀63貫530目、金60両3歩、米10石
文書12　大乗寺経蔵祠堂牒（二冊）	1771				
文書13　大乗寺祠堂帳（一冊）	1789	24	155	58	銀45貫241目 5 分7厘
文書14　愚禅和尚代祠堂（一冊）	1798				銀22貫余
文書16〔大乗寺宝蔵月牌祠堂帳〕（一冊）	1789～1801				
文書17〔大乗寺祠堂帳〕（一冊）	1816				

等用意、施主奥州福島大笹生村佐藤吉右衛門、没後ハ大施食也、
委曲別記ニ有、

（『続曹洞宗全書　第二巻　清規・講式』二四四頁上段）

祈禱・供養の対象者は前者が出家者、後者が在家者であるが、いずれも生前に転読大般若経を営む仏事である。②は没後に大施食会へ移行する形態となっており、現世安穏と後生善処が組み合わされた依頼となっている。

『曹洞宗文化財調査目録解題集　第7巻　北信越管区編』には大乗寺の八種の祠堂帳が紹介されており[42]、日牌・月牌の戒名数や施入額の合計が記載されている。本書の解題によれば、これらの祠堂帳には宗派・僧俗を問わず多くの法名が記されているという[43]。表6－7は祠堂帳の日牌・月牌・布施額合計の推移を一覧にしたものであり、大乗寺では少なくとも一七一五年以降、超宗派的な死者供養を展開し、一七一五年から一七八九年にかけて日牌・月牌供養が増加する傾向を看取できる。近世に作成された「永代祠堂」という大乗寺の書状では、永代日牌料を金三両、永代月牌料を雑一両とする古来の祠堂金定が記されており、金一〇〇疋以上の寄進者には掛軸を与え、春秋の彼岸、盆中の施食会を営み、また金二朱の者は祠堂帳

に記して総回向をするという手法を掲載している[44]。

最後に『副寺寮日鑑』の年中行事に関する記載の中から、追善供養に関わる部分を見てみたい。まず注目したいのは『椙樹林清規』にも規定が見られた六月一八日の「祈禱懺法」である。『副寺寮日鑑』の六月の項目に次のようにある。

十七日　明日ハ祈禱懺法、仏前荘厳叮嚀ニス可シ、菓子三合燭弐丁生花壱瓶、淋汗モ有テヨシ、

…（中略）…

十八日　朝課観音諷経ナシ、粥罷直ニ諸堂物仏餉、恒規各方丈内献、午時大茶堂ニテ有縁ノ参詣人ヲ飯台ニ付カシム、

六月十八日無位札員数

一、二千五百枚山門施札　一、六百五拾枚外ニ懺法札百枚副寺寮

一、六百枚外ニ懺法札五十枚　典座僚　一、二百枚　知庫僚

一、百五拾枚外ニ懺法札五十枚侍者僚　一、五十枚　守塔僚

一、三十六枚懺法札同段　知殿寮　一、六百枚懺法札六十枚　三

都合無位札四千七百八拾六枚懺法札二百□□□

（『続曹洞宗全書　第二巻　清規・講式』一二三八頁下段―一二三九頁上段）

祈禱懺法に際して「無位札」「懺法札」が準備され、山門などで配布された状況が右の記述から看取できる[45]。表6―8の示すように、準備される無位札は四七八六枚、懺法札は二六〇枚にも及ぶ。「山門施札」とあるように、山門で配布されるのは「無位札」というもので、二五〇〇枚が用意されている。『椙樹林清規』では「無位札」という名称は見ら

表6―8　懺摩札・無位札の準備枚数

＊「副寺寮日鑑」『続曹洞宗全書　第二巻　清規・講式』238–239頁上段より作成。

	無位札	懺法札
山門施札	2,500	
副寺寮	650	100
典座寮	600	50
知庫寮	200	
侍者寮	150	50
守塔寮	50	
知殿寮	36	（同段）
三	600	60
都合	4,786	260

れないが、おそらく無位札も懺法札の一種であり、供養対象者の霊位が筆書されていない札の呼称であったであろう。この懺法札は観音懺法が祈禱・供養の両方に用いられているので、生者と死者の両方の滅罪を目的とした札であったと想像される。先の『椙樹林清規』が延宝・元禄年間に制定されたものであり、一方『副寺寮日鑑』は一八世紀中期までに段階的に編纂された史料であることを鑑みれば、大乗寺では少なくとも一七世紀末から一八世紀半ばまで祈禱懺法と懺法札の配布を継続的に行っていたといえる。

次に盆行事について目を向けてみたい。七月一三日条には本多家の盆中の墓参に関する記述が見られる。

> 盆中房州公、先祖塔所ニ参詣ノ時、化主并堂衆及衆寮ノ衆、十五六員引テ塔前ニ至リ、大悲呪施食、南無三満哆ヲ幾遍モヨミ、焼香畢ランヲ見合ヨミ了リ、先祖ノ過去帳ヲヨミ回向ス、化主転衣ノ衆宜シ、黒衣ハ不可ナリ、
>
> （『続曹洞宗全書　第二巻　清規・講式』二四二頁下段）

「房州公」は本多家当主を指し、諷塔諷経に当たる法要である。「化主并堂衆及衆寮ノ衆、十五六員引テ塔前ニ至リ」とあり、一五、六名の宗侶によって墓前で大悲呪が読誦されたようである。ここで特に注目したいのは「化主転衣ノ衆宜シ、黒衣ハ不可ナリ」という記載である。化主はおそらくこの法要の導師をつとめる僧侶である。つまりこの指示は導師が転衣して色衣を着用する僧侶に限定するものであり、本多家への配慮がうかがえる。

また「日供月供施入記簿」には、

一、日供月供牌、維那折本ニ書キヤウ、譬バ霊照院殿月窓慧明大姉等ノ法名ナラバ、霊照院慧明大姉トノミ、又釈妙心等ハ釈ノ字ヲ除キ妙心信女ト書、

（『続曹洞宗全書　第二巻　清規・講式』二七二頁上・下段）

という戒名に関する訂正事項が記載されている。具体的に言えば、位牌と維那折本（回向本）の院殿号を院号に省略し、浄土宗系の寺院で多く用いられる釈号を除く旨が指示されている。前者に関して言えば、檀家組織に基づく供養のみを営む寺院であれば、戒名を授与する際に院殿号を授与しなければよいので、上述の指示をする必要はない。しかし、大乗寺は先述した通り、檀家以外の供養も受け入れているため、供養される物故者の戒名は、各菩提寺で授与され、院殿号などを含めて多様であった。並びに地縁制に基づいた菩提寺とは別に、遠隔地の古刹に供養を依頼できるのは、かなりの財力をもつ富裕層であり、院号や院殿号といった相対的に高い戒名をもつ物故者も多かったと考えられる。このような指示があるにもかかわらず、この「日供月供施入記簿」の中で院殿号が一名だけ記載されており、それは本多家のものである。『加賀大乗寺』の「大乗寺年表」に記載された戒名を見ても、少数の例外はあるものの、院殿号は主に本多家に用いられている[46]。つまり、この院殿号の省略指示は本多家に配慮したものであり、大乗寺檀越の筆頭であることを示す象徴と考えられる。他方、釈号の省略があるということは、曹洞宗以外の宗派の供養も大乗寺で広く受け入れていたことを示唆している。

以上、『副寺寮日鑑』から近世大乗寺における追善供養の具体相について見てきた。先述したように、本史料は寺院の財務部の日誌と言えるものであり、その紙幅の多くが檀越仏事の詳細な取り決めや法要の式次第に費やされていることから、近世においていかに追善供養による収入が寺院経済にとって重要であったかが推察される。

総じて言えば、大乗寺の外護者には月供の施主に見られるように、本多家や玉井家などの武家階級がおり、彼らは

多くの布施を施入し、それに見合う盛大な月忌供養や墓参を営んでいた。それに対し大乗寺側も他寺院の檀越、国外の施主たちの院殿号を院号に訂正したり、盆の墓参りの法要で転衣した者を化主にするなど、細心の注意を払っていた。とはいえ、藩の財政に影響を与え、倹約令の対象に「法事」があげられるほど、年忌法要の布施は多大であった。

一方、大乗寺を経済的に支えていたのは武家階級だけでなく、銀座役を務める紙屋家のような有力商人も多くの斎銀を施入し、月忌供養や施食会を主とした年忌法要を積極的に営んでいる。それに加え、法統を問わず遠方の宗侶からの供養依頼も見られた。

大乗寺は「檀中諸法事」にあるように、施食会や懺法、頓写仏事という儀礼を年忌法要に組み込み、布施額の多寡によって仏事の組み合わせを変更し、転読大般若会と施食会を併用した依頼を受け、檀越ではない国外の施主の供養に柔軟に応じることで、追善供養への需要を積極的に喚起していこうとする姿勢が確認された。山門での懺摩札の配布は、こうした年忌法要を営めないような中・下層階級の人々へ、その供養の手を差し伸べるものとも考えられる。

まとめ

以上、近世禅宗における追善供養の具体相を、加賀大乗寺を事例としてみてきた。宗統復古運動の拠点となった加賀大乗寺の清規として編まれ、「規矩大乗」と称される礎となった卍山道白撰の『椙樹林清規』からは、檀越の逮夜仏事として観音懺法や施餓鬼会が営まれていたことを確認した。一夜碧巌の故事をもつ道元と白山権現によって筆写された碧巌録を所蔵する大乗寺において、観音懺法はこの碧巌録を供養する法会としての性格を有し、道元や白山権現と結びつけられることで、とりわけ霊験あらたかな法会としての性格を持ち得る基盤を有していた。一方、物故者薦亡のための対某霊上堂や対霊説法という仏事も見られ、上堂・説法といった雲水の教学研鑽に関わる儀礼が「対霊」という名目が付されるほど追善仏事としての性格を顕著にしていた。

『椙樹林清規』の後に編纂された大乗寺の財務部のさまざまな規定を記載した『副寺寮日鑑』には、「本多氏法事」「檀中諸法事」「日供月供施入記簿」など追善供養に関して多くの紙幅が割かれ、大乗寺が追善供養に不備がないよう留意していたことを指摘した。近世の大乗寺では斎銀一〇目から二〇枚までの一二段階に細分化された年忌仏事の格式を定め、その仏事は布施額が多くなるほど霊膳の献立、蠟燭、法要の内容、接待用の屏風、本尊前の蠟燭が荘厳となる形式であった。その他にも生前は転読大般若経を、没後は大施餓鬼会を営む現世安穏と後生善処が組み合わされた仏事の形態も見られた。『副寺寮日鑑』には日供月供や年忌仏事の施主の住所・氏名が記されており、月供には一六霊、年忌には五三霊が対象となっていた。月忌・年忌仏事の施主には、加賀藩の筆頭家老である本田家、屋号をもつ商家、国外からの施主などが見られ、幅広くを供養を受け入れている状況が看取される一方、戒名に院殿号がある場合は「殿」を除く規定も見られ、「院殿号」を本田家などの武家が筆頭檀那であることの象徴として用いていたことを指摘した。

注

（1）『曹洞宗全書　解題・索引』一五二頁。
（2）尾崎正善「『椙樹林清規』について――瑩山清規との比較において」『宗学研究』第三四号（一九九二年）。
（3）『曹洞宗全書　解題・索引』一五二頁。

（4）鏡島元隆「日本禅宗史　曹洞宗」『講座禅　第4巻　禅の歴史　日本』（筑摩書房、一九七四年）一一二頁。
（5）山口晴通「椙樹林清規の性格と意義」『宗学研究』第六号（一九六四年）。
（6）尾崎正善「『椙樹林清規』について——瑩山清規との比較において」『宗学研究』第三四号（一九九二年）、同『椙樹林清規』に関する一考察——『瑩山清規』との比較において（二）」『曹洞宗宗学研究所紀要』第五号（一九九二年）、同「『椙樹林清規』の『黄檗清規』受容について——『洞上僧堂清規考訂別録』の批判を通して」『曹洞宗研究員研究紀要』第二三号（一九九二年）、同「『椙樹林清規』と『黄檗清規』——『黄檗山内清規』の紹介を中心として」『印度学仏教学研究』第四二巻第一号（一九九三年）、同「『椙樹林清規』と『黄檗山内清規』——「雲堂常規」との比較」『宗学研究』第三六号（一九九四年）。
（7）榑林皓堂「月舟の雲堂常規と黄檗清規」『印度学仏教学研究』第五巻第一号（一九五七年）一〇三頁。
（8）舘残翁『加賀大乗寺史』（北国出版社、一九七一年）、「第二篇　大乗寺年表」二〇八—二一〇頁。
（9）『続曹洞宗全書　第二巻　清規・講式』七六九—七七〇頁。
（10）『大正新脩大蔵経』二一巻、四六五頁上段—四六六頁上段。
（11）『大正新脩大蔵経』八一巻、六三四頁上段。
（12）『続曹洞宗全書　第二巻　清規・講式』六六頁上段。
（13）『曹洞宗全書　清規』六五一頁下段。
（14）『続曹洞宗全書　第二巻　清規・講式』五〇九頁上段。
（15）図6—1、6—2、6—3は『曹洞宗全書　清規』四七一頁上段—四七二頁下段より転載した。
（16）図6—4、6—5は『曹洞宗全書　清規』四七二頁上下段より転載した。
（17）法筵龍象の語に関しては、「四節上堂ノ式」『曹洞宗全書　清規』四六九頁下段に詳しく行法が記されている。
（18）『続曹洞宗全書　第二巻　清規・講式』二七一頁上段。
（19）光地英学「副寺寮日鑑」『曹洞宗全書　解題・索引』（一九八八年）四五八頁。

（20）『新版禅学大辞典』の「副寺」の項を参照、一〇五九頁。
（21）曹洞宗文化財調査委員会編『曹洞宗文化財調査目録解題集　第7巻　北信越管区編』（曹洞宗宗務庁、二〇〇六年）四七四―四七八頁。
（22）尾崎正善『私たちの行持　宗門儀礼を考える』（曹洞宗宗務庁、二〇一〇年）三四―三五頁。
（23）『加賀藩史料　第二編』（清文堂出版、一九三〇年）三六五頁。
（24）野村照子「大乗寺の崇信者家柄町人　本吉屋右衛門と紙屋庄三郎」『石川郷土史学会々誌』第二六号（石川郷土史学会、一九九三年）。
（25）野村照子、前掲注（24）論文、一〇二頁下段。
（26）長次の菩提寺は大乗寺であったが、「金沢文書」によれば、一六五七年に金沢の宝円寺（曹洞宗）、玉泉寺（時宗）、経王寺（日蓮宗）の三ヶ寺の祠堂銀（合計九貫七百十六匁七分）を管理するよう加賀藩より命ぜられている。『加賀藩史料　第三編』、四九四―四九五頁。
（27）舘残翁『加賀大乗寺史』（北国出版社、一九七一年）二二七頁。
（28）舘残翁、前掲注（27）書、二三三頁。
（29）『続曹洞宗全書　第二巻　清規・講式』二七三頁上段。
（30）『続曹洞宗全書　第二巻　清規・講式』二七三頁下段。
（31）「檀中諸法事」には、一枚から二〇枚までは「一、壱枚　一汁三菜、供具四合燭二丁灯花、楞厳遶行、四枚屏風二段」とあるように、各斎銀毎に箇条書きでその供養法が整理されているが、一〇目から薬石添飯三〇目までの供養法は、それに比して雑然と表記されており、一枚を基準として法事の格の扱いが異なると考えられる。表6―4では比較のため、これらを合わせて表記した。
（32）「頓写法事法」『昭和修訂　曹洞宗行持軌範』（曹洞宗宗務庁、一九八八年）三六一―三六二頁。現代の頓写法事法は『曹

洞宗行持軌範』によれば、予め机を並べ、写経すべき経巻、経木、紙、筆、墨、硯等を僧数に応じて準備し、法要は殿鐘三会、僧衆上殿、導師入堂、上香焼香、献茶湯、普同三拝、著坐、開経偈、写経する経目の告知、写経、大悲心陀羅尼、写経された経木の回収・薫香、回向、普同三拝、散堂といった差定になっている。

(33)舘残翁、前掲注(27)書、八二頁。

(34)舘残翁、前掲注(27)書、二二八頁。

(35)『曹洞宗全書　大系譜一』。その法系は月窓明潭―一麟宗純―鶴菴全賀（常円寺開山）―隆山正育（常円寺二世）―一閑正天（四世）―実参嶺順（五世）―江岸月泉（六世）となっている。月窓明潭は「大本山總持寺住持歴代」によれば、寛正三年（一四六二）五月一日没である。

(36)『信達一統志　人物類巻之二』（『岩磐史料叢書　上巻』〈歴史図書社、一九七一年〉）。

(37)前掲注(36)書、二三九―二四〇頁。

(38)『曹洞宗全書　大系譜一』九三、一九六、二〇九頁。

(39)『続曹洞宗全書　第二巻　清規・講式』二四九頁上段。

(40)『曹洞宗文化財調査目録解題集　第7巻　北信越管区編』八四六頁。

(41)『曹洞宗全書　第三巻　清規』五一一頁下段。

(42)『曹洞宗文化財調査目録解題集　第7巻　北信越管区編』四七四―四七八頁。

(43)同右。

(44)『曹洞宗文化財調査目録解題集　第7巻　北信越管区編』五四四頁。

(45)『禅学大辞典』「懺摩札」の項には、「懺法に用い、懺悔の功徳をそなえる札。懺悔滅罪の利益があるという」とあり、『椙樹林清規』下巻、年中行事の「兼日ニ懺摩ノ札ヲ用意アルベシ」を引用している。仏教における免罪符のような物だろう。

（46）舘残翁、前掲注（27）書、一八五頁—二五七頁。

第七章　藩主家の菩提寺における供養儀礼

前章では、本多家を筆頭檀那とする加賀藩大乗寺における追善供養の具体相についてみてきた。本章では、大乗寺ほど多くの雲水を擁する僧堂ではないものの、藩主家の菩提寺としての役割を担う彦根藩清凉寺と松本藩全久院という二つの禅院に焦点を当てる。清凉寺の開基家は彦根藩主の井伊家であり、近世における追善仏事について『海会堂日用毘奈耶』（一七一六年撰）、『寿山清規』（一八一八年撰）から把握することができる。一方、全久院は松本藩主家である戸田家の追善仏事を担っており、その様子は『仙寿山全久禅院内清規』（一八世紀前期）から捉えることができる。

本章では、彦根藩主家の井伊家と松本藩主の戸田家の追善仏事を考察の対象とし、近世禅宗寺院と藩主家との結びつきや藩主家を追善仏事によって差異化する営みについて指摘する。次いで『吉祥山永平寺年中定規』『吉祥山永平寺小清規』に見られる近世永平寺の追善仏事の形態、近世末期の「鎮金取調」「日供月牌募縁之旨趣」といった史料から、永平寺の日牌・月牌・彼岸施食・流灌頂施食といった永代供養の勧募活動について取り上げる。

第一節　彦根清凉寺による藩主井伊家の追善供養

『海会堂日用毘奈耶』は近江彦根に所在する曹洞宗の清凉寺において近世に制定された清規である。本寺の開基は徳川家康に仕え、数多くの武功を上げた井伊直政（一五六一〜一六〇〇）である。直政の嫡男で二代彦根藩主となった直孝が父の菩提を弔うために慶長七年（一六〇二）に清凉寺は創建された。境内となったのは、西軍の石田三成が居城した佐和山城の麓にあった島左近屋敷跡であり、開山は愚明祥察（一五八三〜一六七〇）である。

この清凉寺の年中行事の規定として享保元年（一七一六）に清凉寺六世の東溟辨日（〜一七四三）によって撰述されたのが『海会堂日用毘奈耶』である。[1]海会堂は修行道場を、毘奈耶は律を意味し、叢林の規矩の意味と解される。『海会堂日用毘奈耶』には、「祥寿山清凉禅寺海会堂結冬安居月分須知」（以下「月分須知」と略記す）と題して年中行事の規定が見られ、ここに檀越に対する法要も載録されており、檀越の祈禱や追善仏事の実状を示している。

また清凉寺には、一九世寂室堅光が文化一五年（一八一八）に撰した『寿山清規』があり、[2]本清規にも『海会堂日用毘奈耶』と同様、檀越に対する行事が確認できる。以下では、この『海会堂日用毘奈耶』と『寿山清規』をもとに、近江彦根藩の歴代藩主を祀る清凉寺の追善供養について論じていきたい。とりわけ歴代藩主に対する追善供養や佐和山城の戦いでの戦没者を供養する儀礼について取り上げる。

ではまず『海会堂日用毘奈耶』の追善仏事に関して目を向けてみたい。表7―1は、本清規の追善仏事に関する記述を一覧にしたものである。本清規に見られる院号、院殿号の戒名は本表の示すように、彦根藩主となった井伊家のものである。『海会堂日用毘奈耶』が撰述された享保元年に彦根藩主であったのが第八代藩主井伊直惟なので、清凉寺では歴代の藩主を対象とした供養儀礼が年中行事として規定され、営まれていたと言える。正月一日、一〇月一四日晩に見られる「嫡伝五代」という語句は当寺開基の井伊直政の嫡子たちで、二代藩主井伊直孝から六代井伊直恒の五名を指していると考えられる。

次に仏事の内容について見てみたい。正月元旦の午時に開基である祥寿院殿の半斎諷経が大悲呪一返という形式で

表7―1　『海会堂日用毘奈耶』の追善仏事

＊戒名の示す人物は以下のとおりである。○で囲った数字は何代目の藩主かを示す。祥寿院殿…井伊直政①、久昌院…井伊直孝②、長寿院…井伊直興④、光照院…井伊直通⑤、玉龍院…井伊直澄、円成院…井伊直恒⑥

月日	対象	内容	典拠
一月一日午時	祥寿院殿・嫡伝五代	上供如レ恒、大悲呪一返、祥寿院殿半斎、又一返、嫡伝五代半斎、	『続曹全　第二巻　清規・講式』一八四頁下段
一月二日午時	霊廟・久昌院・長寿院・光照院・祥寿院・玉龍院・円成院	午時半斎、大悲呪一返、久昌院・長寿院・光照院、又一返、祥寿院・玉龍院・円成院、次遶行、	『続曹全　第二巻　清規・講式』一八四頁下段
一月三日午時	霊屋・玉龍院・円成院・祥寿院・久昌院・長寿院・光照院	都如二一日一、加二斎堂諷経一、且午時霊屋、大悲呪一返、玉龍院・円成院、同一返、祥寿院・久昌院・長寿院・光照院、次修正ノ満散行導、行道了テ宣疏、宣疏了テ日中回向、	『続曹全　第二巻　清規・講式』一八四頁下段―一八五頁上段
一月一三日粥後	大檀那	大檀那生辰、粥後、大般若、金剛経、普回向、普回向了テ三拝、帰堂、正五九祝月ナルユヘ、五月ハ略シテ九月ニ又アリ、	『続曹全　第二巻　清規・講式』一八五頁上下段
二月一日粥後	祥寿院	粥後、金剛経一巻、大悲呪、普回向、午時、祥寿院祥月出二手礼記註一行導、	『続曹全　第二巻　清規・講式』一八六頁下段
七月一日午時	開基	午時、開基追薦ノ大施餓鬼、行導、是ヨリ累日、嫡伝施餓鬼、同断、今日看経、	『続曹全　第二巻　清規・講式』一八八頁上段
七月一三日晩間	卯塔	晩間、衆寮諷経、次卯塔諷経、施餓鬼、楞厳呪、次上二大殿一普門品、行導、	『続曹全　第二巻　清規・講式』一八八頁上下段
七月一四日午時	捷檀中	午時、捷檀中、水向ノ施餓鬼、宣疏、行導、	『続曹全　第二巻　清規

			・講式』一八八頁下段
九月一三日	大檀	大檀生辰ノ般若、以報二答外護荷戴之恩一モノナリ、	『続曹全　第二巻　清規・講式』一八九頁上段
一〇月一四日晩	開基・嫡伝五代	同　当寺開山　同当寺二三四五代、以上大悲呪三返、了テ三拝、三拝了テ坐誦、 大悲呪　開基　大悲呪　嫡伝五代 大悲呪　総霊廟　次施餓鬼、施餓鬼了テ三拝、願文ナシ、布薩ノ時ハ、四弘誓ヲ誦スル故ニ、イツニテモ願文ナシ、懺摩法、并八十八仏ノ礼讃、其中当願ノ文アレバ、皆是願文也、	『続曹全　第二巻　清規・講式』一八一頁下段

行われ、続けて嫡伝五代の半斎諷経が営まれている。二日、三日も同様に井伊家の歴代藩主の供養が、「霊廟」「霊屋」で修行されており、正月三箇日は井伊家の追善仏事を大々的に執行する時節となっていた。

正月三箇日と並んで盂蘭盆には、歴代彦根藩主の供養が施餓鬼会で営まれている。七月一日午時にまず、開基追薦のための大施餓鬼会が行われ、「是ヨリ累日、嫡伝施餓鬼」とあるように、連日にわたり嫡伝たちの施餓鬼会が営まれている。七月一三日条に「晩間、衆寮諷経、次卯塔諷経、施餓鬼、楞厳呪、次大殿ニ上リ普門品、行導」とあり、卯塔のある墓苑での施餓鬼も確認できる。翌日の七月一四日は「午時、捷檀中、水向ノ施餓鬼、宣疏、行導」とあるので、宣疏を含む盂蘭盆大施餓鬼会となっており、檀越物故者全体を総回向するものであろう。七月一日からの連日にわたる施餓鬼会は、歴代藩主たちの追善仏事であり、近世において藩主であった武家の追善仏事を禅宗寺院では、施餓鬼によって営んでいた事例と言える。

一〇月一四日晩にも追善供養に関する記述が見られる。冬安居の結制土地堂念誦の後、初祖、宗祖、開山から五世までの歴代住持への法要が営まれ、続いて開基・嫡伝五代と「総霊廟」に対する供養が大悲呪と施餓鬼会によって修行されている。「布薩ノ時ハ、四弘誓ヲ誦スル故ニ、イッニテモ願文ナシ、懺摩法、并八十八仏ノ礼讃、其中当願ノ文アレバ、皆是願文也、」との記載は、おそらく施餓鬼会の代替として、布薩や懺摩法（観音懺法）も営まれたことを示すものであろう。

『海会堂日用毘奈耶』を撰述した清涼寺六世の東溟辨日は、『祥寿山清涼禅寺典座寮指掌』という典座寮の指南簿も享保二年（一七一七）に編纂している。本書は「上巻に年中行事を日毎にとりあげ、その時の膳部を詳記し、下巻には大檀越の年回忌の膳部、及び覚書、口上書等」を記載したもので、大檀那の年忌に供える献膳にまで詳細な取り決めがあったことが確認できる(3)。

続いて『寿山清規』を例に近世の曹洞宗寺院における追善仏事に関して見ていきたい。『寿山清規』は清涼寺一九世寂室堅光が文化一五年（一八一八）に撰述したもので、『海会堂日用毘奈耶』が年中行事のみを記載していたのに対し、本清規には年中行事だけでなく、月分行事や僧堂赴粥飯法・打長版法・打槌法・出班焼香法・上堂法・新到相看法・掛搭帰堂之法・秉払式・告香普説・普説法・入室式・朔望行茶法といった行法も載録されている(4)。『寿山清規』にも『海会堂日用毘奈耶』と同様に藩主井伊家の追善仏事の記載が数多く見られる一方、「石田群霊」への月忌供養などが確認でき、佐和山の戦いで没した前領主石田家の戦没者に対する法要も見られる。以下では、『海会堂日用毘奈耶』の記述を念頭に置きつつ、『寿山清規』から近世後期の清涼寺における追善供養の様相について見ていきたい。

表7―2は『寿山清規』の月忌供養を一覧にしたものである。年分行事の「二月」という見出しの割注に「月分月忌諷経等、皆正月に準じ、正忌を出す」とあるように(5)、正月の規定が一月分の年分行事と、毎月営まれる月分行事を兼ねたものとなっている。

表7―2　『寿山清規』記載の月忌一覧

＊『続曹洞宗全書　第二巻　清規・講式』一九一頁下段―一九四頁上段より作成。月忌の対象者で、その俗名が分かるものに関しては付記した。丸で囲った数字は何代目の藩主かを示す。

日時	対象（俗名）	仏事に関する記述
一日禺中	①開基公（井伊直政）・惣御嫡伝・連枝方	開基公献供大悲呪回向。惣御嫡伝。宝篋印呪。回向。連枝方。尊勝呪
三日晡時	⑥円成院殿（井伊直恒）・⑦泰源院殿（井伊直惟）	円成院殿・泰源院殿献湯。宝篋印呪。飲食法
四日禺中	両嫡伝（⑥円成院殿・⑦泰源院殿）	両嫡伝。月忌献供
六日禺中	眉山公（直中五男の亀五郎）・常清童女	月忌回向
七日禺中	龍滄院殿・鳳池院殿（直定室）	龍滄院殿月忌・鳳池院殿月忌回向
晡時	⑧天祥院殿（井伊直定）	天祥院殿献湯行道
八日禺中	⑧天祥院殿（井伊直定）・量寿院殿（直幸室）・実性院殿（直興室の直通母）	天祥院殿月忌献供行道。量寿院殿・実性院殿月忌回向
九日禺中	仙台院殿・峻徳院殿（井伊直滋）・明源院殿（直惟一〇女の明）	仙台院殿・峻徳院殿・明源院殿一同回向
一〇日禺中	普明院（直惟室で直禔母）	普明院月忌回向
一一日禺中	隆雲院殿	隆雲院殿月忌回向
晡時	龍泉院殿（井伊直富）	龍泉院殿献湯
一二日禺中	龍泉院殿（井伊直富） 青松院殿（直興室で直惟母）・有芳院殿（直惟九女の衍）・紅林院殿（直幸室）	龍泉院殿献供行道 青松院殿・有芳院殿・紅林院殿月忌回向
一五日禺中	円台院殿	円台院殿月忌回向

一六日禺中	涼秋童女・苗産公（直幸二六男）	涼秋童女・苗産公月忌回向
一七日禺中	東照宮（徳川家康）・泡洲公空華院殿（直惟一二女・浜）・大光院殿（直定母）・心苗院殿（直幸二男・直寧）・石田群霊	東照宮献供。泡洲公空華院殿・大光院殿・心苗院殿。及石田群霊等月忌献供回向
一八日禺中	掃雲院	掃雲院殿月忌
一九日禺中 晡時	南渓院殿 ④長寿院殿（井伊直興）・⑩大魏院殿（井伊直幸）・広度院（井伊直時）	南渓院殿月忌回向 長寿院殿・大魏院殿・広度院献湯行道
二〇日禺中	両御嫡伝（④長寿院殿・⑩大魏院殿）・広度（井伊直時）・梅暁（直幸室）・真月・文秀（直幸一八男の直明）・清光・松源院殿・霜柏公（直興五男の宮松）	両御嫡伝献供行道。広度・梅暁・真月・文秀・清光・松源院殿。及霜柏公月忌回向
二一日禺中	縁樹公（直惟室）	縁樹公回向
二三日禺中	本光院殿幻恵公（直通室）	本光院殿幻恵公月忌回向
二四日禺中 晡時	円明院殿・梅樹院殿・松山菴主 ⑤光照院殿（井伊直通）	円明院殿。梅樹院殿月忌回向。松山菴主月忌回向 光照院殿献湯行道
二五日禺中	⑤光照院殿（井伊直通） 霊松院殿	光照院殿献供行道 霊松院殿月忌回向
二七日晡時	②久昌院殿（井伊直孝）	久昌院殿献湯行道
二八日禺中	②久昌院殿（井伊直孝） 龍華院殿（直亮室） ⑨見性院殿（井伊直禔）	久昌院殿献供 龍華院殿月忌回向 見性院献湯行道

二九日禺中	智証院殿・清泉院殿・唯妙院殿・松嶽院殿（直興室）	知証・清泉・唯妙・松嶽四院殿月忌回向
晦日朝斎課罷 晡時	秀天院殿（直幸五男の仙之允） 開基公（井伊直政）	秀天院殿月忌回向 開基公献湯。小尽之日以二十九日一行レ之。

本表が示すように「開基」である井伊直政、その主君である東照宮をはじめ、歴代藩主や側室など、院殿号をもつ人物が月忌供養の対象となっている。その多くは月命日の禺中に営まれる「月忌回向」という献供諷経のみで供養されているが、歴代藩主に限っては逮夜の献湯諷経も営まれ、より懇ろな供養となるように差異化されている。月忌供養の内容に関しては、一月一日条にある井伊直政の月忌供養に読誦される経呪が明記されている。

禺中本尊上供。出班上香。大衆三拝。宣疏跪炉。普門品行導。消災呪。普回向。開基公献供大悲呪回向。惣御嫡伝。宝篋印呪。回向。連枝方。尊勝呪。行鉢。如レ常。

（『続曹洞宗全書　第二巻　清規・講式』一九一頁下段）

本尊上供の後に営まれる開基井伊直政への献供諷経では大悲呪が、それに続く「惣御嫡伝」への供養では宝篋印陀羅尼、「連枝方」では仏頂尊勝陀羅尼が読まれている。その他の月忌供養では、三日晡時の円成院殿・泰源院殿の献湯諷経に見える宝篋印呪・飲食法のほか、多くの献湯諷経・献供諷経では、「行道」とあるのみで読誦経典や法要の形態に関しては記載がないため、式次第は不明である。開基公の供養とともに惣御嫡伝・連枝方の供養も認められるが、「御嫡伝」は『海会堂日用毘奈耶』に見られた「嫡伝五代」と共通する語であり、二代目以降の先亡の歴代彦根藩主を指している。『海会堂日用毘奈耶』が編纂された時点では、先亡の藩主が五名であったため「嫡伝五代」という表現が用いられていた。しかし『寿山清規』はこれより約一〇〇年後に成立しているため、先亡の藩主は一〇名となっており、彼らを総称するために御嫡伝の語が用いられているのである。

「両御嫡伝」は月分行事の一九日晡時の献湯で「晡時。長寿院殿・大魏院殿・広度院献湯行道」、翌二〇日の献供で「両御嫡伝献供行道。広度・梅暁・真月・文秀・清光・松源院殿」とあるから、長寿院殿（四代藩主井伊直興）・大魏院殿（一〇代藩主井伊直幸）の二者を指していることが看取できる。つまり御嫡伝は開基を除いた歴代藩主を敬称する語句なのである。二名の前藩主と同様に一九日・二〇日に月忌の対象となっている広度院（井伊直時）は二代藩主直孝の子、三代藩主直澄の兄であが、御嫡伝には入っていない。これは藩主の兄弟でも御嫡伝の範疇には含まれないことを示し、直時をはじめとした井伊家の嫡男ではない男性親族は「連枝方」と敬称されたのである。この「御嫡伝」「連枝方」という敬称は、藩臣の小野田家や屋号をもつ商家の物故者の総称を「先祖」「先亡」としているのとは明確に異なる呼称であり、清凉寺における井伊家の特権的な地位を表象する語となっているのである。

続いて年忌仏事を取り上げたい。まず『寿山清規』に記載された年忌対象者の戒名に着目してみよう。本清規には、歴住はもとより、開基家である井伊家を中心に一六七名の戒名が確認できるが、その内訳を記せば、「公（宮）」が四（2・4％）、「院殿」が六九（41・3％）、「院」が二八（16・8％）、「庵主」が一（0・6％）、「居士・大姉」が八（4・8％）、「信士・信女」が五（3・0％）、「禅尼・信尼」が六（3・6％）、「童子」が二（1・2％）、「二字法名」が一（0・6％）、「四字法名」が一七（10・2％）、「上座」が二（1・2％）、「尼」が二（1・2％）、「比丘尼」が二（1・2％）、「和尚」が一（0・6％）、「歴住」が一七（10・2％）、「先祖・先亡・先霊」が二（1・2％）となる。とりわけ院殿号の戒名をもつ物故者への年忌が半数近くを占めており、藩主家の菩提寺という性格をよく示している。

一方、表7―3は『寿山清規』に記載されている歴代藩主の年忌仏事をまとめたものであり、本表が示すように逮夜の献湯諷経、命日の課罷（朝課諷経後）の献粥諷経と禺中の献供諷経という三つの法要によって追善供養が執行され

表7―3 『寿山清規』記載の井伊家に対する追善仏事

戒名	俗名	命日	仏事に関する記述（傍線は筆者による）	墓所	
①祥寿院殿	井伊直政（一五六一～一六〇二）	一月晦日（逮夜） 二月一日（正当）	夜間布薩。開基公献湯。小尽之日以二十九日一行レ之。課罷。鳴鐘一会。開基公献粥。十大願文。宝篋印呪。……禺中。本尊上供。開基公献供。拈香法語。楞厳行道。此中主人登二護国殿一焼香。正忌回向。	清凉寺	『続曹全　第二巻　清規・講式』一九四頁上段
②久昌院殿	井伊直孝（一五九〇～一六五九）	六月二七日（逮夜） 六月二八日（正当）	晡時。久昌院殿献湯。行道。課罷。鳴鐘。献粥諷経。禺中。久昌院殿正忌献供。	豪徳寺	『続曹全　第二巻　清規・講式』二〇六頁下段
③玉龍院殿	井伊直澄（一六二五～一六七六）	一月二日（逮夜） 一月三日（正当）	晡時玉龍院殿正忌献湯。宝篋印呪。飲食法。朝課罷。転二大般若一。鳴鐘。玉龍院殿献粥。十大願文。宝篋印呪。……禺中。上供。出班宣疏。普門品行道。如二初一日一。次玉龍院殿正忌献供。大悲呪。惣嫡伝方。惣連枝方。献膳惣回向。	清凉寺	『続曹全　第二巻　清規・講式』一九二頁上段
④長寿院殿	井伊直興（一六五六～一七一七）長寿公・覚翁・全翁とも	四月一九日（逮夜） 四月二〇日（正当）	晡時。長寿院殿宿忌行道。課罷。鳴鐘。長寿院殿献粥。禺中。長寿院殿正忌献供行道。	永源寺	『続曹全　第二巻　清規・講式』二〇四頁下段
⑤光照院殿	井伊直通（一六八九～一七一〇）	七月二四日（逮夜） 七月二五日（正当）	晡時。光照院殿献湯。行道。課罷。献粥諷経。禺中。光照院殿正忌献供	清凉寺	『続曹全　第二巻　清規・講式』二〇八

			行道。		頁下段
⑥円成院殿	井伊直恒（一六九三～一七一〇）	一〇月三日（逮夜） 一〇月四日（正当）	哺時。……円成院殿献湯。行道。課罷。円成院殿献粥。禺中。円成院殿献供。	豪徳寺	『続曹全　第二巻　清規・講式』二一二頁上段
⑦泰源院殿	井伊直惟（一七〇〇～一七三六）	六月三日（逮夜） 六月四日（正当）	哺時。僧堂念誦。泰源院殿献湯。課罷。鳴鐘。献粥諷経。十大願文。宝篋印呪。浄髪。普請。禺中。泰源院殿正忌献供行道。	清凉寺	『続曹全　第二巻　清規・講式』二〇六頁上段
⑧天祥院殿	井伊直定（一七〇〇～一七六〇）	二月七日（逮夜） 二月八日（正当）	哺時。天祥院殿献湯行道。課罷。鳴鐘一会。献粥。宝篋印呪。禺中。天祥院殿献供行道正忌回向。放生会。	清凉寺	『続曹全　第二巻　清規・講式』一九四頁下段
⑨見性院殿	井伊直禔（一七二七～一七五四）	八月二八日（逮夜） 八月二九日（正当）	哺時。僧堂念誦。見性院殿献湯。行道。或夜間行レ之。随二時宜一。課罷。見性院殿献粥諷経。禺中。見性院殿正忌行道。献供。回向。	豪徳寺	『続曹全　第二巻　清規・講式』二一〇頁下段
⑩大魏院殿	井伊直幸（一七二九～一七八九）	二月一九日（逮夜） 二月二〇日（正当）	哺時。大魏院殿献湯行道。課罷。大魏院殿献粥。禺中。大魏院殿正忌。献供行道。	豪徳寺	『続曹全　第二巻　清規・講式』一九五頁上段

ている。院殿号をもつ藩主ではない物故者の年忌仏事は、命日禺中の「正忌回向」のみが多く、藩主以外の物故者には基本的に献供諷経のみを行っている。つまり藩主とそれ以外の差異化が月忌だけでなく、年忌においても、逮夜・

献粥を営むか否かではかられていたのである。逮夜に営まれる献湯諷経は③玉龍院殿に見えるように宝篋印陀羅尼・飲食法によって営まれ、正当の献粥諷経は十大願文・宝篋印陀羅尼、献供諷経は開基の祥寿院殿の供養に見られるように楞厳呪行道であったと思われる。十大願文とは観音経を読経する前に誦す願文で、大悲呪の典拠となっている『千手千眼観世音菩薩大悲心陀羅尼』に載録されている唱句である。[6] 明治期に刊行された折本形式の経本には、十大願文読誦の後に普門品偈を読経するとあるので、[7] おそらく『寿山清規』の十大願文も普門品偈を続けて読誦したと思われる。彦根藩主である「御嫡伝」や、その兄弟・男性親族の「連枝方」は、年中行事の回向文でも読み込まれ供養されている。例えば、元旦の祝聖上堂では、

内賀畢。点司鳴二法鼓一衆集。
祝聖上堂式如レ常。直行鳴二殿鐘一一会。誦二十大願文一。回二向惣御嫡伝一。心経三巻。転二読大般若経一。転畢準泥陀羅尼二十返。普回向。

（『続曹洞宗全書　第二巻　清規・講式』一九一頁下段）

とあり、上堂の後に十大願文を読誦して「惣御嫡伝」へ回向している。二月一五日条にある開山の月忌においても、

課罷。鎮守諷経。鳴鐘一会。献粥諷経。粥罷。仏涅槃上堂。禺中……次開山献供。大悲呪。連枝。預内献。

（『続曹洞宗全書　第二巻　清規・講式』一九四頁下段―一九五頁上段）

とあるので、内々の仏事である「内献」によって「連枝」の供養が営まれている。藩主の嫡伝・連枝という集合的な物故者の年忌仏事は独立した法会ともなっていた。それは九月三日・四日条に次のように見える。

三日　嫡伝献供。法華遶行。連枝。宝篋印呪。晡時。僧堂念誦。嫡伝献湯。回向。
四日　浄髪。入浴。禺中。両嫡伝行道。回向。達祖献湯。

（『続曹洞宗全書　第二巻　清規・講式』二一〇頁下段―二一一頁上段）

嫡伝献供は法華経遶行、連枝の供養は宝篋印陀羅尼によってなされており、井伊家の歴代藩主だけでなく、連枝に対する供養も年中行事化していた。それらの中で、とりわけ井伊家の供養が大々的に営まれているのは、七月始めから盂蘭盆にかけての施食会である。『寿山清規』には『海会堂日用毘奈耶』と同様に七月一日から中旬までの追善供養の行法が詳しく記されている。表7―4は七月上旬に営まれる盂蘭盆供養を主眼とした法会をまとめたものである。

清涼寺では七月一日から一四日までの期間、夜間の大施食や、一三日禺中の大施食会を中心にさまざまな追善仏事が営まれている。概して言えば禺中に特定の物故者を対象とする献供諷経と、夜間の大施食会の二つを営む形態となっている。とりわけ興味深いのは、一三日間続く禺中の法要の構成である。一日から六日までは歴代の藩主が初代から順次供養され、七日には「大坂戦死備供」とあるように大坂の役での戦没者を供養している。八日の「松山菴主先亡備供」や九日の「小野田氏先亡備供」は彦根藩の家老などの藩臣たちの先祖供養であり、一〇日は「亀屋先霊備供」、一一日は「丸山屋・津軽屋祠堂先亡備供」とあるように、屋号をもつ有力商人の先亡供養となっている。そして一三日に宣疏・総回向の大施食を営み、一四日に嫡伝・連枝を総供養する献供が営まれている。つまり、禺中に営まれる追善仏事の日取りの順番が檀越の優先順位を示す指標となっているのである。七月の盂蘭盆施食会までの期間に、命日とは関係なく特別に供養されることは、清涼寺の有力外護者の証明にほかならない。七月上旬の日程は一日の法会を頂点として、そこから日数が降るほど、下位となっていくことを示している。

大まかに言えば、七月一日から六日までは藩主が、七日には大坂の役で「殉死」した彦根藩士や敵方の武士が、八日・九日には藩臣が、一〇日・一一日には商人階級が供養を営む順序となっており、基本的には藩主・藩臣・商人という身分階層が追善仏事の日取りに如実に表れている。

表7—4　『寿山清規』に見られる七月上旬の盂蘭盆供養

＊『続曹洞宗全書　第二巻　清規・講式』二〇七頁上段—二〇八頁上段より作成。

月日	仏事の対象者と形態	仏事に関する記述
七月一日	(禺中) 開基公①及連枝方献供 (夜間) 大施食	禺中。本尊上供。開基公及連枝方献供。斎罷。宣読清規。夜間。大施食。
七月二日	(禺中) 久昌院殿②連枝方献供 (夜間) 大施食	禺中。久昌院殿連枝方献供。夜間。大施食。
七月三日	(禺中) 玉龍院③・長寿院④各殿連枝献供。乾光院殿正忌回向 (夜間) 大施食	禺中。玉龍院・長寿院各殿連枝献供。乾光院殿正忌回向。晡時。僧堂念誦。夜間。大施食。
七月四日	(禺中) 光照院殿⑤・円成院殿⑥連枝方献供 (夜間) 大施食	禺中。光照院殿・円成院殿連枝方献供。入浴。夜間。大施食。
七月五日	(禺中) 泰源院殿⑦・天祥院殿⑧連枝献供、蘭貞玉香正忌 (夜間) 大施食	禺中。泰源院殿・天祥院殿連枝献供。蘭貞玉香正忌回向。夜間。大施食。
七月六日	(禺中) 見性院殿⑨・大魏院殿⑩連枝献供 (夜間) 大施食	禺中。見性院殿。大魏院殿。連枝献供。夜間。大施食。
七月七日	(禺中) 大坂戦死備供 (夜間) 大施食	禺中。大坂戦死備供。夜間。大施食。
七月八日	(禺中) 清蓮院法華一品献供、松山菴主先亡備供 (夜間) 大施食	禺中。清蓮院法華一品ニテ献供。松山菴主先亡備供。晡時。僧堂念誦。夜間。大施食。
七月九日	(禺中) 明源院殿正忌、小野田氏先亡備供 (夜間) 大施食、十九世和尚大施食	禺中。明源院殿正忌回向。小野田氏先亡備供。入浴。夜間。大施食。十九世和尚大施食。

七月一〇日	（禺中）亀屋先霊備供 （夜間）大施食	禺中。亀屋先霊備供。……夜間。大施食。
七月一一日	（禺中）丸山屋・津軽屋祠堂先亡備供 （晡時）龍泉院殿献湯 （夜間）大施食	禺中。丸山屋・津軽屋祠堂。先亡備供。……晡時。龍泉院殿献湯。或夜間。大施食。
七月一二日	（課罷）龍泉院殿献粥 （禺中）龍泉院殿献供 （夜間）大施食	課罷。龍泉院殿献粥。禺中。龍泉院殿献供。行道。夜間。大施食。
七月一三日	（禺中）大施食（惣檀回向） （晡時）卯塔施食	禺中。大施食。惣檀回向。宣疏。無二跪炉一。晡時。僧堂念誦。畢就二于卯塔一施食。
七月一四日	（禺中）惣嫡伝。并惣連枝方献供	禺中。惣嫡伝。并惣連枝方献供。

『海会堂日用毘奈耶』の盂蘭盆行事については表7―1のところで論じたが、両清規を比較して見ると、七月一日に営まれる開基追薦の法要から始まり、次いで嫡伝の法要が営まれ、一三日か一四日に宣疏を含む檀越全体の総回向的な大施餓鬼会が営まれるという一連の流れは両清規に共通してみられる。ただし相違点に関して目を向ければ『海会堂日用毘奈耶』では、七月一日から「開基追薦ノ大施餓鬼、行導、是ヨリ累日、嫡伝施餓鬼」とあり、仏事の形態が施餓鬼会である点が明記されているのに対し、『寿山清規』では一日に二名ずつ献供諷経が割り当てられている。つまり『海会堂日用毘奈耶』より一〇〇年後に編纂された『寿山清規』は新たに「嫡伝」と表象される藩主の物故者たちに対応する形となっているのである。とりわけ興味深いのは、『海会堂日用毘奈耶』には供養対象となっていな

かった藩臣の小野田氏の先祖、並びに亀屋・丸山屋・津軽屋といった屋号をもつ藩主家ではない檀家の供養が見られることである。『海会堂日用毘奈耶』が藩主の供養のみを略記した可能性も考えられるが、おそらくこの供養対象の増加は、清凉寺にとって井伊家だけでなく、藩臣や商人なども有力な外護者となり、その供養が重要視されるようになったことを物語るものであろう。

家老職をつとめるなど有力藩士であった小野田家の追善仏事は盂蘭盆の時節だけでなく、三月一八日や四月二七日条にも見える。

（三月一八日）禺中。小野田氏。先祖代々諸霊。慈馨院正忌。一同回向。……

（四月二七日）禺中。小野田氏先祖祠堂回向。

（『続曹洞宗全書　第二巻　清規・講式』一九六頁上段・二〇四頁下段）

三月一八日条は慈馨院正忌に併せて小野田氏の「先祖代々諸霊」が供養されている。四月二七日条では「小野田氏先祖祠堂回向」、表7—4に示した七月九日条では「小野田氏先亡備供」とあり、小野田氏の先祖供養が営まれている。小野田家の初代彦右衛門為盛は今川家に仕えていたが、天正一二年（一五八四）、徳川家康の上意により井伊直政の御付となり、二代目為躬は大坂夏・冬の両陣に井伊直孝の御供をつとめ、陣後加増されて千石の知行取となった。文化五年（一八〇八）に小野田氏の家督を継いだ九代目小一郎為典（一七七八～一八四六）は、『寿山清規』成立時に藩主であった井伊直亮のもとで御側役・御側役用人役・大殿様御用向頭取・旗奉行・家老本役などの要職をつとめ[8]、清凉寺に葬られている[9]。

一方、関ヶ原の戦いの以前、佐和山を居城とし彦根の領主であった石田家に対する月忌、年忌仏事が一月一七日・九月一七日条に見える（傍線は筆者による）。

（一月一七日）禺中。東照宮献供。泡洲公空華院殿・大光院殿・心苗院殿。及石田群霊等月忌献供回向。

（九月一七日）禺中。香嚫泡洲。就二石田群霊碑一大施餓鬼。須二直行備供一。

（『続曹洞宗全書　第二巻　清規・講式』一九三頁上段、二一一頁上・下段）

慶長五年（一六〇〇）九月一五日の関ヶ原の合戦後、家康率いる東軍は石田三成の居城であった佐和山城に進軍した。九月一七日に佐和山は戦場となり、この戦で石田三成の父正継や兄正澄をはじめ石田氏のほとんどが自害、戦死している。月忌が一七日、年忌が九月一七日に設定されているのはそのためであり、年忌仏事は佐和山城跡に建てられた「石田群霊碑」の前で大施餓鬼をもって営まれている。井伊直政の菩提円満を祈念して創建された清凉寺が、敵方であった石田家の供養を営むのは、敵味方供養を戦後の一時的な法要だけでなく、寺院の月分・年分行事に供養儀礼を組み込むことで、永続的に営もうとするものである。清凉寺が合戦となった佐和山城の麓にあった石田三成の重臣、島左近の屋敷跡に創建されたという経緯そのものが、井伊直政の菩提だけでなく敵方の戦没者の菩提をも弔う意図を示すものであろう。古戦場に建立された碑の前で戦没者供養を施餓鬼会によって執り行うことは、戦死という横死を遂げた犠牲者の怨恨を払拭することで災厄を予防し、領民の不安を拭おうとする藩主や清凉寺の姿勢がうかがわれるのである。

第二節　信濃松本全久院による藩主戸田家の追善供養

曹洞宗寺院における藩主家の追善仏事の実態は信州松本藩の仙寿山全久院にも多分に見られる。全久院は戸田家の祠堂所であり、本清規には藩主戸田光雄や家中の訪礼が年中行事として定められ、武家と寺家との交流が確認できる。以下では、川口高風が翻刻した『仙寿山全久禅院内清規』（以下『全久院清規』と略記す）をもとに、一八世紀の曹洞宗寺院における藩主家の追善仏事の有り様を見ていきたい。[10]

仙寿山全久院は三河の田原城を治める戸田宗光が明応八年（一四九九）に没した際、その子憲光が父の菩提を弔うために大洞山泉竜院四世の克補契嶷《こくほかいぎょく》（?～一五二三）を請して橋上村に禅院を創立したことにはじまる。[11]克補は勧請開山で、その高弟であった二世の光国舜玉（一四七七～一五六一）が実質的な開山である。[12]宗光の入道名の「全久」に因んで寺院名は「全久院」とされた。憲光の孫泰光が三河国宝飯郡牛久保鍛冶村へ移るにともなって天文一五年（一五四六）に克補を再び招き、同名の全久院を創建し、戸田家の祠堂所とした。その後、戸田康長の転封に従い天正一八年（一五九〇）に武蔵国榛沢郡東方に移設された。元和三年（一六一七）には、戸田光慈《みつちか》（一七一二～一七三二）の移封にともなって信州松本に移設されるが、明治四年（一八七一）に城主戸田光則が神道に改宗したため、廃仏毀釈により廃寺となった。[13]

本清規の成立年代に関して、川口高風は最も後代の世代忌が一八世鉄舟宗海（～一七二五）であるため、書写されたのはその示寂日である享保一〇年（一七二五）正月二一日以降であり、鍛冶村全久院の一九世太園牛道（一七二六年三月二一日入院、一七二七年七月退院）か、二〇世梅巌陽本（一七二七年七月入院、一七四二年六月退院）の代に行われたものであろうと論じている。[14]成立年代を檀那忌から考えてみれば、「月中行事」には戸田光慈の月忌供養が記載されているが、光慈没後に藩主となり宝暦六年（一七五六）一一月一日に没する戸田光雄の月忌は見えないので、戸田光雄が藩主であった一七三二年～一七五六年に制定された清規と思われる。

戸田（松平）家の祠堂所として移封の度に転地してきたことが示すように、全久院は戸田家の追善供養を主要な役割としていた。一八世紀半ばに成立する『全久院清規』は、享保一一年（一七二六）に戸田家が信濃松本藩への転封に伴って同地に移設された際、行法の整備を図るために編纂された清規と考えられる。本清規には戸田家や松本藩士との交流、戸田家の物故者への追善仏事に関する記載が豊富に認められる。例えば、「太守仏参」「家中ノ礼」といった語句は、編纂時に藩主の地位にあった戸田光雄とその家臣との訪礼を示し、追善仏事の対象となっている「先君」は、戸田家の歴代当主であり、全久院の開基である戸田宗光や初代松本藩主となった戸田光慈を指している(15)。このように『全久院清規』は松本藩主の家柄であった戸田家の供養とそのために来山する藩主・家臣への応待に対して、不備がないように制定された清規となっている。そのため、近世中期頃の藩主家と曹洞宗寺院における追善供養を媒介とした密接な結びつきが示されており、以下では、近世松本藩における藩主戸田家を中心とした追善供養の具体相を『全久院清規』を通して見ていきたい。

表7―5は『全久院清規』の「月中行事」を一覧にしたものである。在俗者で月忌の対象となっているのは、四日の宝雲院殿、一〇日の清貞院殿、一一日・一二日を待夜・正当とする泰心院殿、二三日の清霄院の四霊である(16)。宝雲院殿は藩主光雄の父で、宝永二年（一七〇五）より丹波守に任ぜられた岐阜加納藩三代の戸田光熙《みつひろ》である(17)。泰心院殿は戸田家で初代松本藩主となった戸田光慈である。一三日条では太守が仏参する「霊屋諷経」という法会も見え、おそらく戸田家物故者の総供養の法会と考えられる。このように全久院では、戸田家の当主であった人物の月忌や霊屋諷経が営まれ、いずれの法要にも「大守仏参」とあるから、藩主自らが参列する行事となっていた。

月忌に限らず、「大守仏参」「代参」の語が、四日・一〇日〜一二日・一九日・二三日・二九日・三〇日条に見られ、武家の全久院への来山が月分行事として組み込まれている。とりわけ興味深いのは大守仏参・代参の前日に「霊屋荘厳・掃地」（三日・九日・一〇日・一八日・二二日・二八日）という規定が見られる点である。「荘厳」は飾り付けを意味する

表7―5　『仙寿山全久禅院内清規』の「月中行事」

＊川口高風「『仙寿山全久禅院内清規』について」『愛知学院大学教養部紀要』第四九巻第二号、二六〇―二五九頁より作成。傍線は筆者による。

一日	祝聖　応供　鎮守諷経　大衆礼賀行　三方上供
二日	土地堂諷経
三日	庫堂諷経打板三通　念誦巡板七下鐘　報鐘三会 （晩間）掃地 霊屋荘厳
四日	両飯　宝雲院殿　火徳諷経　剃髪　入浴 大守仏参　（晩間）初祖諷経大夜
五日	初祖上供　粥飯トモニ諷経
六日	
七日	
八日	薬師諷経　念誦
九日	普庵諷経　掃地　剃髪　入浴　霊屋荘厳
一〇日	清貞院殿　代参　（晩間）掃地　二代和尚 大夜遶行　泰心院殿　大悲神呪
一一日	両飯　二代和尚上供大悲呪　泰心院殿楞厳呪坐誦 大守仏参
一二日	両飯　大守仏参　霊屋諷経
一三日	念誦
一四日	剃髪　掃地　入浴
一五日	祝聖　応供　鎮守諷経　大衆礼茶　三方上供 布薩　夜参行茶
一六日	伊勢諷経
一七日	
一八日	観音諷経　念誦　霊屋荘厳
一九日	代参　掃地　剃髪　入浴
二〇日	
二一日	
二二日	（晩間）霊屋荘厳
二三日	清霄院　代参　念誦
二四日	秋葉諷経　掃地　剃髪　入浴
二五日	
二六日	
二七日	永平和尚大夜遶行　開山和尚大悲神呪　茶湯
二八日	献粥諷経アリ　永平和尚大悲神呪　開山和尚遶行 （晩間）念誦　掃地
二九日	両飯　大守仏参
三〇日	代参　掃地　剃髪　入浴　布薩　夜参行茶

が、清掃を含めたものであり、戸田光慈やその家中の来山前に、必ず戸田家物故者が祀られた霊屋を掃除・荘厳する

ことが「月中行事」として定められているのである。清規の月分行事に、「祠堂・霊屋」といった特定の場所を清掃する規定が設けられることはあまり例がなく、全久院がいかに藩主・代参の来山に細心の注意をはらい、不備がないようにしていたかが、うかがわれる。

『全久院清規』は「年中行事」という行規を設けて、年間の行事の行法を定めている。記述の大半は「月中行事」と同様に戸田家の供養と藩主・家臣の交流に関する項目である。交流と記したのは仏事の際に藩主や代参が来山する一方、全久院の住持や使僧も年賀や節句などに献上品をもって登城しているためである。表7―6は松本藩との交流や追善仏事に関する記載を摘記したものである。本表が示すように年中行事には、二月一〇日の清貞院殿、二月一九日の光規殿、六月一九日の長興寺殿、七月二五日の脱空院殿、八月一九日の桃源院殿、八月二三日の清暄院殿の計六霊の年忌があげられている。(18) この年忌対象者のうち、「光規殿」は藩主戸田光雄の叔父で養父であった戸田光規（～一七一六）と思われる。長興寺殿は戒名と命日から曹洞宗の雲龍山長興寺を文明一四年（一四八二）に再建した戸田宗光（一四三九～一五〇八）と考えられ、(19) 明応年間に三河田原城を築城し戸田氏繁栄の礎を築いた人物である。

月忌の対象となっている宝雲院殿（光熙・九月四日没）、初代松本藩主の泰心院殿（光慈・八月一一日没）の年忌仏事の規定が見えないのは、寺院で極めて重要な儀礼であったので、別記していたためと考えられる。泰心院殿の年忌が重要視されていたことは、六月一一日条の以下の記載から分かる。

二代忌、行法如開忌也、預メ差定ヲ出シ、疏ノ用意アルベシ、八月泰心院殿同日ナル故ニ今月修スベシ、待夜ヨリ遶行ナリ、

（川口高風「『仙寿山全久禅院内清規』について」『愛知学院大学教養部紀要』第四九巻第二号、二六七頁上段）

表7—6　『全久院清規』「年中行事」に見る追善仏事と武家との交流

月日	原文
一月一日	下午大旦那仏参霊屋了テ書院ニテ人事ス、手掛昆布三、菓子八寸、五七色　茶、兼日用意ス可シ、江戸ヨリ帰城ノ時節、是レニ同ジ、献物台ヲ出シヲクベシ、年玉アリ、
一月四日	早飯シ未明ヨリ出駕、九ノ内須次ニ礼賀ス、扇子伴僧各手ニ贈ル、大衆同伴、六尺四枚立傘挟箱二荷合羽籠一荷草履取ナリ、四ツノ鐘ヲ聞テ登城、扇十揮茶五十袋献上、礼了テ帰院、中食シテ且ク大守ノ参詣ヲ待ツベシ、大守帰城ノ後、又出駕、城下寺院等順次ニ礼賀了テ帰院、夜分入浴、
一月六日	晩間、先君ノ位牌ヲ須弥ニ荘厳スベシ、
一月七日	家中ノ礼賀主人接ス、礼簿ヲモ出スベシ、
一月八・九日	此ロ年中上祠堂年忌ノ譜ヲ書シ、改所ニ出ス、供頭等土地堂馬形等ノ用意アルベシ、
一月一一日	大守仏参、掃地等用意アルベシ、
一月一二日	大守仏参、
一月一三日	晩間、被位牌等ヲ収ム、
一月一四日	晩間、土地念誦、祖堂大悲呪一返、開山二代一返先住諸大老一返上祠堂一返下祠堂略施餓鬼、大悲呪ニテ茶湯アリ、四節同断、小参有無主人ノ随レ意、先君牌ヲ須弥ニカザレリ、
一月一五日	家中礼賀主人接ス、礼簿ヲモ出スベシ、……祈禱懺法ノ配役差定ヲ出ス、
一月一八日	山門祈禱懺法、
一月一九日	御代参、野々山内匠殿ナリ、主人出ス、
一月二九日	大守仏参、
一月晦日	用人中御代参、主人出ス、
二月朔日ヨリ一四日ニ至ル	当月彼岸中日、懺法講衆ニ斎アリ、初日ヨリ門牌ヲ出ス、
二月一〇日	清貞院殿向月大守仏参アリ、
二月一二日	両日共、大守仏参、托鉢町家中古参寺次第ニ乞食、右大守仏参ノ時節其ノ心得有ルベシ、
二月一九日	光規殿向月、大守仏参
三月二日	須弥ヲ荘厳シテ先君牌ヲ出ス、
三月三日	家中礼主人接ス、礼簿楷上ニ出スベシ、
三月中	清明ノ節ナリ、モミ火　以テ諸堂ノ火ヲ改ムベシ、
五月四日	古参寺ヨリ先君牌前ノ粽来ル、方丈へ粽并三種ノ祝儀、使者アリ、須弥ヲ荘厳シテ先君牌ヲ出ス、
五月五日	祝聖朝課、恒規大衆礼賀、菖蒲、茶、菓粽ヲ先ニ行ク、上堂小参アリ、家中ノ礼主人接ス、礼簿ヲ出スベシ、
五月二六日	祈禱懺法ノ配役シ、差定ヲ出ス、
六月一日	粥後祈禱、懺法アリ、
六月一九日	長興寺殿忌、大守仏参アリ、宿夕ヨリ掃地スベシ、
七月一日	晩間ヨリ施食会、普門品遶行、此ノ維那ハ大衆輪次スベシ、役所ヨリ色紙来ル、幢ノ用意アルベシ、

＊川口高風「『仙寿山全久禅院内清規』について」『愛知学院大学教養部紀要』第四九巻第二号、二七一—二六三頁より作成。

七月三日	大殿荘厳晩ニ先君牌ヲ出ス、八ツ過キヨリ役人来ル、故ニ非時早キヨシ、門番所公儀ヨリ立、
七月四日	五ツ比、先君施食会、普回向了テ維那茶湯等ヲ献ジ、転身シテ主人ヲ揖シ位ニ就ク、主人進焼香ノ時ニ、両序左右ニ転シテ立ツ、主人進テ焼香、上供諷経了テ三拝、次ニ主人霊供ヲ薦ム、次ニ遶行、楞厳神呪也、回向了テ拝ナシ、半斎、老中相伴、四ツ時過キ大守仏参、
七月六日	寺中大掃地也、古卵塔ハ月始ヨリ僕ヲカケ掃地サスベシ、家中卵塔ハ三軒ノ僕立合掃地アリ、晩間、先君牌ヲ須弥ニ出ス、
七月七日	大衆礼賀、行茶、垂示等アリ、家中礼ハ主人接ス、古参寺ヨリ祝使アリ、素麺等三種来ル、
七月一〇日	晩間、先君牌ヲ出ス、
七月一一日	先君施食会、旦家中エ十四日施食会興行ヲ報ズル使僧ヲ廻スベシ、尤モ帳面ニ持参ノ来不来ヲシルスナリ、
七月一二日	先君施食会、
七月一三日	楞厳会満散、下午大衆帰菜斬、晩間卵塔諷経、
七月一四日	山門大施餓鬼、旦家惣斎也、諸士百人計リアル可シ、朝課罷ニ諸堂仏餉了リ、大衆小食アリ、家中ノ斎了テ飯台ヲ始ム、此日、朝ヨリ茶湯粥飯及晩間ノ茶湯トモニ下祠堂ワ大衆同音、楞厳神呪ニテ回向ス、旦霊ノ名字ヲ各自読ム可シ、十六日ニ至ルマデ如レ是当山ノ古例也、仏前ヨリ上祠堂マデ、茶湯等了テ戒尺一通ヲ打ス、此ノ時一衆祠堂ニ集ルベシ、晩間土地堂念誦、茶湯略施餓鬼ナシ、大悲神呪一返、下祠堂回向ス、昼過、大守仏参、霊屋ノ面正ニ焼香卓ヲ出ス、袱ヲ覆也、上ニ水鉢ニ溝萩ヲ一枝添ヘ、香炉ヲ置クベシ、室ノ間ニテ主人接ス、菓子五色位茶ヲ出ス、大守親儀アリ、台ヲモ兼テ用意アルベシ、晩間ニ先君牌ヲ須弥ニ出ス、
七月一九日	先君施食会、前夕位牌ヲ出ス、
七月二五日	脱空院殿忌日、大守仏参アリ、
七月二八日	須弥荘厳、先君牌ヲ出ス、
七月二九日	先君施食会、大守仏参、
七月三〇日	晩間、位ヲ改メ安ス、晩間先君入牌ヲバ出スベシ、明日、八朔ノ礼アル故、
八月一日	家中ノ礼主人接ス、礼簿ヲモ出ス、彼岸中日講懺法興行、講衆ニ斎アリ、預メ門牌ヲ出シ、配役差定ヲ出ス、
八月一九日	桃源院殿、大守廟参、前日掃地スベシ、
八月二三日	清霄院殿、大守廟参、同断、
九月八日	晩間、掃地、剃髪大殿荘厳、先君位牌ヲ出ス、
九月九日	家中ノ礼主人接ス、礼簿ヲモ出、
一二月二〇日	使僧ニテ歳末ノ祝儀ヲ城ニ贈ル、兼日橘柑ヲ用意アル可シ、
一二月二三日	ヨリ年賀、扇子ノ用意アルベシ、年礼ノ帳面ヲモ吟味ノ上シタタム可シ、家中来賀ノ礼簿ヲモ調ヘヲクベシ、
一二月二五日	餅搗也、此日、歳末ノ登城アリ、
一二月二八日	大殿荘厳、但シ小尽ニハ廿七日ナルベシ、大衆ノ龍天餅、歳末ノ祝儀アラバ諸寮ニ贈ルベシ、有無主人ノ意ニマカス可シ、此日ヨリ坐禅放参、城ヨリ先君ノ円餅五膳、方丈、寿餅外三種、歳末ノ賀使来ル、
一二月三〇日	先君ノ牌ヲ須弥ニ出ス、黄昏、大衆歳末ノ礼賀、行茶アリ、

これは八月一一日に示寂した二世光国舜玉の世代忌に関する記述であり[20]、八月一一日は戸田光慈（泰心院殿）の命日でもあるため、二代忌を六月一一日に移すという規定である。二ヶ月ずらしているのは、七月一一日に泰心院殿の盂蘭盆の月忌を弔う「先君施食会」を営むためである。つまり、開基と比肩するほどの大檀那の命日と歴住の正忌が重なるという偶発的な出来事により、二世と大檀那のどちらを優先するかという選択が迫られ、全久院では実質的な開山であった光国舜玉よりも、開基家で松本藩主であった泰心院殿の正忌を重視したのである。

檀那忌の中で特に注目されるのは七月の「先君施食会」という儀礼である。先君施食会とは毎年七月の戸田家物故者の月命日を施食会によって供養する仏事であり、七月四日・一一日・一二日・一九日・二九日条に確認できる。一見不規則に見えるが、月忌と照合すれば、四日は宝雲院殿（戸田光熙）、一一日・一二日の両日は泰心院殿の待夜・正当が適合する。年忌と照らして言えば、二九日は該当者がおらず判然としないが、一九日は光規殿と長興寺殿が該当する。つまり、先君施食会とは盂蘭盆を中日とする七月に、君主であった人物の月忌を施食会をもって供養する儀礼なのである。二代松本藩主の戸田光雄の代において「先君」とされたのは、戸田家の始祖である宗光、前々当主である父光熙、前当主である兄光慈であった。とりわけ前藩主であった光慈には待夜と正当の二度施食会が行われ、懇ろな供養となっている。先君施食会の行法に関しては七月四日条に詳しく、「半斎、老中相伴」「五ツ比」とあるので粥罷に営まれたと考えられる。差定は先君のための施食会を南面で営み、普回向で茶湯を献じ、住持焼香・両班転換し、須弥壇に置かれた先君への上供諷経が営まれ、楞厳呪遶行するというものである。

一方、七月一四日の盂蘭盆大施食会は檀越物故者の総回向として営まれていたようである。七月一一日に施食会興行を諸檀那に伝え、「来不来」を帳面に記す使僧が廻檀している。表7―6にも示したように、一四日の行事は「諸士百人」が参加する山門大施餓鬼に加え、朝・昼・晩の三時に祠堂で楞厳呪を読誦する法要が営まれている。この祠堂諷経の回向では、檀越諸霊の名字が読み込まれ、「十六日ニ至ルマデ如レ是当山ノ古例也」とあるので、一六日まで続けられた。

施餓鬼による供養は七月だけに見られるものではない。一月一四日条に

晩間、土地堂念誦、祖堂大悲呪一返、開山二代一返先住諸大老一返上祠堂一返下祠堂略施餓鬼、大悲呪ニテ茶湯アリ、四節同断、

（川口高風「『仙寿山全久禅院内清規』について」『愛知学院大学教養部紀要』第四九巻第二号、二七一頁上段—二七〇頁上段）

とあるように、全久院では四節の晩課で諸堂諷経が営まれていたが、これに併せて、上祠堂では大悲呪一返が読誦され、下祠堂では「略施餓鬼、大悲呪」による祠堂諷経が営まれていた。

伽藍に関して目を向ければ、「諸士百人」の山門大施餓鬼を営む七月一四日に、下祠堂の諷経形態が規定されていること、七月六日条に「家中卵塔」が清掃の対象となっていることから、藩主だけでなく藩士もまた祠堂の対象となっていたことが分かる。下祠堂という建物は松本藩士の先亡諸霊を祀る場であり、対して上祠堂は戸田家の「霊屋」であったと思われる。このような祠堂の二重構造は、藩主の側から言えば、みずからの特権的な地位の表明であり、松本藩士の側から見れば、全久院の下祠堂に入牌されることは「先君」と尊称される歴代当主に没後もなお仕えることを意味し、忠義を表明する営みとされたことであろう。本清規には位牌の荘厳法が以下のように明記されている。

荘厳　三仏二祖、開山二代前住年回副法師、各々須弥ノ正面ニ位ヲ設ケ安排スベシ、先君諸霊モ同シレ之ニ

余者内陣ノ内ニ位ヲ設ク可シ、尊宿ハ東ニ設ケ、士女ハ西ニ位ス、

（川口高風「『仙寿山全久禅院内清規』について」『愛知学院大学教養部紀要』第四九巻第二号、二六二頁上段）

藩主の特権的な地位は位牌の配置場所においても表象され、「先君諸霊」は年忌などの法要の際、開山歴住と同様に

須弥壇正面に位が設けられ、藩主以外の者と明確な差異化がはかられているのである。

以上、戸田家や松本藩士の追善供養に関して見てきたが、最後に武家と寺家との交流について見ていきたい。『全久院清規』では、節句をはじめとした大守・家中の訪礼に関する規定が数多く設けられている。一月一日下午に「大旦那」である藩主戸田光雄が礼賀に訪れ、霊屋に参拝した後、住持が書院にて手掛昆布（おぼろ昆布）・菓子・茶を贈呈している。対して藩主からは「年玉」が授与され、この訪礼は江戸からの帰城の際にも行われた。

一月四日と一二月二五日には住持自らが松本城に訪問している。一月四日条が示すように、住持は大衆とともに四ツ時の鐘を聞いて登城し、扇十揮と茶葉五〇袋を献上することが通例となっていた。その他、元宵節《げんしょうせつ》（一月一五日）や人日《じんじつ》（一月七日）・上巳《じょうし》（三月三日）・端午（五月五日）・七夕（七月七日）・重陽《ちょうよう》（九月九日）の五節句、八朔（八月一日）といった時節には家中が全久院に来山している。一二月二八日には家臣が「賀使」として全久院を訪れ、先君に供える円餅五膳と方丈への寿餅などを届けている。家中の役職に目を向けると、一月一九日には「御代参、野々山内匠《たくみ》殿ナリ、主人出ス」とあり、城代家老の野々山内匠家が代参として訪れている。(21) また七月四日の先君施食会には老中も参列し、一月晦日条には「用人中御代参、主人出ス」とあり、用人による代参も見られる。このような武家への応対は次の「年礼」によく示されている。

年礼　家中ハ審礼ノ間ニテ受ク、三方昆布代々二面火鉢二面
老中ニハ茶ヲ出ス、用人衆已下ハ不レ出、
尼衆ニハ吸物茶アリ、方丈ニテ人事ス、
尊宿湯茶吸物、

（川口高風「『仙寿山全久禅院内清規』について」『愛知学院大学教養部紀要』第四九巻第二号、二六三頁下段）

家中の訪礼は「審礼ノ間」にて受け、三方・火鉢を配置し、茶は老中には出すが、用人衆以下の家中には出さない決まりになっていた。このような藩主・家中の訪礼に際して、本清規では先君の位牌の配置・撤収の規定が細かく規定されており、戸田家への配慮や菩提所としての性格が端的に示されている。

以上、一八世紀中頃の曹洞宗寺院と武家との交流、追善供養の具体相を『全久院清規』から見てきた。先述したように『全久院清規』は曹洞宗寺院と戸田家や松本藩士などの武家との密接な関係を示し、先君牌の荘厳や、月忌・年忌・先君施食会という追善仏事、上祠堂・下祠堂という伽藍構造は、戸田家を他の檀越と差異化し、大檀那であることを示す表象として機能していた。

前節に見た清凉寺では、七月の盂蘭盆までの期間に初代藩主から順々に歴代藩主を施餓鬼会や献供諷経によって供養する手法が取られていたが、全久院では月命日を重視して施食会によって供養していた。藩主家との密接な関係をもっていたが故に、近代の神道改宗にともなって明治期に廃寺となってしまったが、近世においては藩主家・藩士諸霊の追善供養を担い、歴住の世代忌を二ヶ月前に移し、掃地・荘厳・位牌の出し入れといった必ずしも清規の内容としてそぐわない細かな規定を清規に載録してまで、武家に対応しようとした菩提寺があったことを『全久院清規』は示している。

第三節　近世永平寺における追善供養

本節では曹洞宗本山の永平寺における近世期の追善供養について考察する。まず尾崎正善が翻刻した岸沢文庫所蔵の『吉祥山永平寺年中定規』（以下、『永平定規』と略記す）を用い、檀越仏事や年中行事における追善供養の具体相を考察する。[22] 続いて、永平五〇世の玄透即中が撰述した『吉祥山永平寺小清規』（以下、『永平小清規』と略記す）をもとにその変化を考察し、次いで「日供月牌募縁之旨趣」と題する永代供養勧募の版木や檀越の祠堂を目的とした因縁殿という施設の造立などに触れていきたい。

まず『永平定規』から近世永平寺の供養に関して述べていきたい。本清規の成立年代に関して、尾崎は奥書に「本山大清撫国禅師御代改之嶺梅院記」とあることから、大清撫国（承天則地〈?～一七四四〉）が永平寺三九世住持時代であった享保元年（一七一六）から享保一四年（一七二九）の期間に定められたものであろうと推察している。[23] また永平寺四〇世、四一世、四四世の月忌等が見られることから、成立後に改編が加えられ、その下限は四四世の大晃越宗（?～一七五八）の示寂する宝暦八年（一七五八）をあまり下らないと指摘している。

「年中定規」という書名に端的に示されているように、本書は永平寺の正月元旦から一二月晦日までの年中行事を記したものであり、日分・月分・臨時の行事を掲載していない。そのため、本書から見る追善仏事は年中行事に限定されたものとなる。

『永平定規』における将軍家の行事や閻魔堂諷経に関しては、尾崎によって指摘されているが、[24] 本節では開基の仏事を含めて見ていきたい。表7―7は開基と東照宮の月忌・年忌に関する記述を一覧にしたものである。一月一日、三日の承陽殿での開山などへの献粥諷経の際に開基の献供も大衆諷経として営まれ、八月二三日は「開基ノ命日」で、御両尊の次に、大悲呪一巻を坐誦し、献供する諷経が営まれている。[25] また「東照宮」「権現公」に対する餉供・献供が一月から三月、五月、六月、一〇月、一二月の一七日条に見えるので、東照宮への月忌供養が営まれていたことが分かる。

年中行事における追善仏事に目を向けてみたい。七月一日から一六日までの追善仏事に関わる部分を摘記したのが

表7―7『吉祥山永平寺年中定規』記載の開基・東照宮の追善仏事

月日	仏事に関する記述	典拠
正月元旦	時至テ案内鐘五声ニテ承陽殿鐘三会、一二会之内、大禅師御登壇。直ニ暁天献茶湯、開基、道正モ大衆献也。次ニ仏殿祝聖諸諷経。了テ次ニ承陽献粥諷経。開基、道正モ大衆献ナリ。……午時三下鐘、……就仏殿三尊江献湯食茶菓諷経。普門品遶行。大悲呪・消災呪、普回向。次ニ日中諷経、次ニ承陽献飯諷経。開基、道正共ニ大衆献也。	尾崎正善「翻刻・岸沢文庫蔵『吉祥山永平寺年中定規』」『鶴見大学紀要 第四部 人文・社会・自然科学編』第三七号（二〇〇〇）九一頁上下段
正月三日	三日、振鈴。内賀如前日。衣鉢役寮、上方丈内賀。次ニ承陽献茶湯。次ニ仏殿祝聖朝課恒規。次ニ承陽献粥諷経、開基、道正共ニ大衆献。……午時満散。大鐘三会、仏殿献湯食茶菓諷経。出班焼香、宣疏。次ニ普門品、遶行。大悲呪・消災呪、普回向。次ニ日中諷経。了テ承陽献飯諷経、開基、道正共ニ大衆献也。……	同　九二頁下段
一月一七日	十七日、仏殿朝課、了テ天童禅師献供。次ニ東照宮餉供、了テ客殿行事恒規、付日中。	同　九四頁下段
二月一七日	朝課罷、天童禅師并東照宮献供。今日頃道正庵、年始ノ使者来ル。塔司江茂解毒持参ナリ。	同　九六頁下段
三月一七日	仏殿諷経、了テ天童禅師、権現公献供。	同　九八頁上段
五月一七日	朝課罷天童禅師并権現公献供。	同　一〇二頁上段
六月一七日	朝課罷、天童禅并権現公献供。	同　一〇三頁下段
八月二三日	廿三日、如昨朝、今日開基ノ命日、故御両尊ノ次ニ大悲呪壱巻ニテ備膳、座誦、略回向也。	同　一〇九頁上段
一〇月一七日	一七日、朝課恒規、付日中。次ニ天童禅師并権現公献供。	同　一一三頁下段
一二月一七日	一七日、朝課恒規、次ニ天童禅師并東照宮献供。	同　一一七頁上段

表7―8　『吉祥山永平寺年中定規』の七月上旬の追善仏事

＊尾崎正善「翻刻・岸沢文庫『吉祥山永平寺年中定規』」『鶴見大学紀要　第四部　人文・社会・自然科学編』第三七号（二〇〇〇）一〇四頁上段―一〇六頁上段より作成。

月日	仏事の形態	仏事に関する記述
七月一日	（禺中）看経、（晡時）水陸会	朔日、……禺中、看経。了而日中諷経。晡時、水陸会、了而楞厳遶行ナリ。水陸会、今日ヨリ初ル。維那八十二日迄本山ニテ順次ニ勤之、磬子ヲ打スベシ。
七月二日	（禺中）看経、（晡時）施餓鬼	二日、……禺中、看経。……晡時、施餓鬼、如昨日。
七月三日	（禺中）看経、（晡時）施餓鬼	三日、三時勤行、如昨日。
七月四日	（晡時）施餓鬼	四日、……看経無シ。晡時、施餓鬼、如昨日。
七月五日	（禺中）看経、（晡時）施餓鬼	五日、……禺中、看経。……晡施餓鬼。
七月六日	（禺中）看経、（晡時）施餓鬼	六日、勤行如昨日。
七月七日	（晡時）施餓鬼	七日、……晡時、施餓鬼。
七月八日	（禺中）看経、（晡時）施餓鬼	八日、……禺中、看経。晡時、施餓鬼。
七月九日	（晡時）施餓鬼	九日、……看経無シ。……晡時、承陽御茶湯。今日ヨリ初ル。開基、道正江モ上ル。初ト十四日十五日斗リ。次ニ施餓鬼、楞厳呪ヲ略シ、大悲呪ニテ回向。
七月一〇日	（禺中）看経、（晡時）施餓鬼	十日、……禺中、看経。……晡時、承陽御茶湯。次ニ施餓鬼、楞厳遶行ナリ。
七月一一日	（禺中）看経、（晡時）施餓鬼	十一日、禺中、看経。了而日中諷経。看経、今日限リ金剛経ト二巻也。……晡時、承陽御茶湯、次ニ大殿施餓鬼、楞厳呪無シ。大悲呪、回向也。
七月一二日	（晡時）施餓鬼	十二日、晡時、承陽御茶湯、次ニ施餓鬼、如昨日。
		十三日、……非時各院上山。……大鐘次第、卯塔諷経。無縫塔ニ到テ安楽品一巻。御開山

七月一三日	卯塔諷経、菩提園諷経、福井御廟所諷経	ヨリ物歴代迄略回向、次ニ大悲呪、施餓鬼、普回向、了而菩提へ行キ、先ツ御開山御二代江御茶湯諷経。大悲呪ニテ回向。次ニ開基、道正江大悲呪、略回向。次ニ大悲呪施餓鬼、楞厳神呪、普回向。了テ帰山掛福井御廟所へ上リ大悲呪、施餓鬼、略回向。……
七月一四日	（朝課罷）開基・道正の霊供諷経、（日中）山門大施餓鬼、（晡時）開基・道正の献茶湯施餓鬼	十四日、暁天御茶湯、開基、道正モ上ル。仏殿大殿朝課恒規。次ニ承陽御上供。次ニ開基、道正江モ大悲呪ニテ霊供諷経。了而飯台二菜。今日福井城主ヨリ代参有リ。……日中鐘ニテ山門ニテ大施餓鬼。楞厳遶行、本回向、疏モ有リ。……晡時、土地堂、次ニ承陽御茶湯、開基、道正ヘモ大悲呪ニテ茶湯ス。是レハ上壇ニテ、次ニ直ニ拝殿ニテ大悲呪、施餓鬼耳ニテ開基、道正江回向。但シフシナシ。回向ハ仰冀三宝ノ略回向也。
七月一五日	（日中）開基・道正の霊供諷経、（晡時）	十五日、……次ニ日中諷経、了而承陽御上供。開基、道正江モ大悲呪ニテ霊供諷経ス。
七月一六日	（禺中）、（晡時）	十六日、仏殿朝課……了而飯台、後帰堂ノ茶有リ。茶礼豆腐也。尤茶ハ茶堂也。大鐘次第鎮守御参詣、御出掛閻磨堂諷経有リ。……晡時、天童禅師祥月宿忌。各院上山。迎聖諷経、大悲呪、回向三拝。次ニ献茶湯菓。次ニ送施餓鬼誦ム也。但シ普回向フシナシ。

表7―8である。四日・七日・九日を除いた一日から一一日の禺中に看経が営まれている。晡時の水陸会・施餓鬼会は一日から一四日まで執り行われ、一日の水陸会と二日以降の施餓鬼は二日条に「晡時、施餓鬼、如昨日」とあることから、同じ法会を指していることが分かる。

『永平定規』の仏事の記載は法要名のみをあげ、行法や次第に関してはほとんど触れられていないが、七月一三日条には卵塔諷経・菩提園諷経・福井御廟所諷経が見られ、一四日条には開基と道正への霊供諷経と献湯諷経、山門大施餓鬼会が確認できる。一三日の卵塔諷経は無縫塔の前で安楽品一巻を読誦し、開山・歴住を読み込む回向を唱える。

　次いで大悲呪・施餓鬼を修行し、その後開基家や檀越を祀る菩提園へ移動し、開山・二代への「茶湯諷経」が行われた後、開基・道正に献茶湯を供えて大悲呪を唱え、さらに大悲呪・施餓鬼・楞厳呪が修法されている。この施餓鬼は菩提園に祀られた物故者の総供養を主眼とした施餓鬼会と思われる。「帰山掛福井御廟所へ上リ大悲呪、施餓鬼、略回向」とあるのは、菩提園からの帰山の途中、現在「松平公廟所」と称される福井藩主の松平家の廟所に寄り、施餓鬼会を営むというものである。この廟所には、徳川家康の二男である結城秀康の母、お万の方（長松院殿）の廟があり、(26)その他に正保三年（一六四六）に建立された福井三代藩主松平忠昌の五輪塔、正室国姫、殉死した寵臣七名の五輪塔、四代藩主の松平光通とその室の五輪塔が祀られている。(27)

　七月一四日条でとりわけ目を引くのは、「日中鐘ニテ山門ニテ大施餓鬼。楞厳遶行、本回向、疏モ有リ」というもので、おそらく一八世紀初頭まで永平寺でも山門大施餓鬼が営まれたようである。玄透即中の『永平小清規』では、七月一五日に仏殿前の中庭で大施餓鬼会が営まれているので、盂蘭盆大施餓鬼の儀礼空間は山門から仏殿前に変更されたことになる。一二月二九日条には、

　一、晡時、承陽献茶湯、開基、道正モ大衆献也。次ニ仏殿送リ施餓鬼、宣疏、楞厳遶行、尤両班有リ。

（尾崎正善「翻刻・岸沢文庫『吉祥山永平寺年中定規』」『鶴見大学紀要　第四部　人文・社会・自然科学篇』第三七号、一一八頁上段）

との行法が示され、今日では年中行事に規定されていない歳末大施餓鬼が一九世紀初頭の永平寺には確認できる。『永平定規』には「閻魔堂」に関する記述が一月一六日、七月一六日に次のように見られる。

一月一六日条

　朝課仏殿耳。直ニ両方分ケ巡堂……飯台。次ニ茶礼、豆腐茶有リ。右各院上山、了テ大鐘三会テ大禅師、鎮守御

参詣、合山御随伴。御出掛閻魔堂諷経在之。直ニ御参詣鎮守堂諷経、普門品・大悲呪・消災呪、普回向。白山・伊勢両方共ニ心経一、消災呪三返、宛普回向、三拝。……

七月一六日条

了而飯台、後帰堂ノ茶有リ。茶礼豆腐也。尤茶ハ茶堂也。大鐘次第鎮守御参詣、御出掛閻魔堂諷経有リ。次ニ鎮守堂ニテ普門品・大悲呪・消災呪、普回向。次ニ白山前・神明前江心経一・消災呪三返、宛普回向、了而御供頂戴。大衆一同退出。……

（尾崎正善「翻刻・岸沢文庫『吉祥山永平寺年中定規』」『鶴見大学紀要第四部　人文・社会・自然科学篇』第三七号、九四頁下段、一〇六頁上段）

鎮守諷経の参詣は四月五日にも見られるが、ここでは閻魔堂についてのみ着目したい。右に挙げたように、永平寺では一月と七月の一六日の鎮守への参詣の際に、まず閻魔堂での諷経が営まれていた。鎮守と閻魔王との関係や閻魔堂諷経の委細は判然としないが、閻魔堂は鎮守とともに半年に一度、諷経の対象となる重要な堂舎であったことが確認できる。

『永平定規』の在家者の追善仏事に関する記述は開基と東照宮のみであるが、これは永平寺において檀那忌を営んでいなかったことを示すものではない。開山永平道元と二世孤雲懐奘の霊骨を祀り、入祖堂諷経を経た尊宿を祀る承陽殿は、基本的に出家者の中でも建法幢を経た「大和尚」を祭祀対象とする施設である。しかし、祀られた位牌・尊像の中には、開基である波多野義重をはじめ、いくつか在家者のものが含まれている。その中には、彦根四代藩主井伊直興の叔母である掃雲院殿無染了心大姉と井伊直弼の二名の位牌も置かれているという。『永平寺史』所収の清涼寺六世の東溟辨日（～一七四三）の記した『井伊家族考』によれば、永平寺住持が井伊直政の葬儀の秉炬師をつとめ、井伊直政などの彦根藩主の日牌供養を営んだとある。

△泰安公慶長七壬寅年二月朔日ニ逝《ス》二（大坂合戦十四年ノ前也）于沢山《ニ》一、此時請《シテ》二永平第二十代門鶴和尚《ヲ》一而為二秉炬《ノ》導師《ト》一、乃相二具シテ衆僧三十人《ヲ》二而来、中陰諸般《ノ》仏事皆門寉（ママ）和尚焼香、三七日御逗留百ケ日迄《ノ》法事相畢《テ》御帰山、此時泰安公諸色《ノ》道具《ノ》代物并布施物・香奠物、凡《ソ》金千両、因《ニ》レ茲門寉（ママ）禅師建二立三門《ヲ》一、以二残金一為二泰安公《ノ》祠堂《ト》一也、永平寺大衆《ノ》朝課毎日有二泰安諷経一、其後永平寺代代《ノ》参内之後、法駕光二臨《スル》当寺《ニ》一者《ハ》乃《チ》為二御先祖焼香《ノ》一、示《セハ也》二道誼《ノ》所《ヲ》レ因《ヨル》也、

△久昌院殿逝去《ノ》時銀子二百枚、為二遺物《ト》一被レ贈二於永平寺《ニ》一、因レ茲、毎日諷経、如二泰安公《ノ》一也、

△掃雲院、銀子三百枚為二祠堂一被レ寄二於本山《ニ》一、為二玉龍院・春光院《ニ》并自《ノ》身一也、

△直興公、銀子百五十枚、為二玉龍院一被レ寄二於永平寺《ニ》一、於二本山仏殿一毎日玉龍院《ノ》諷経如二久昌院一、

（「井伊家族考」『永平寺史』上巻、五三〇頁）

「泰安公」は祥寿院殿清凉泰安大居士の戒名をもつ井伊直政を、久昌院は二代藩主井伊直孝を、玉龍院は井伊直澄を指しており、永平寺において「毎日諷経」（日牌）の対象となっていた。加えて、掃雲院・玉龍院・春光院三名の祠堂金が施入されている。掃雲院は元禄六年（一六九三）五月一八日に没しているので、『永平定規』成立時には、すでにこれらの四名の追善仏事が営まれていたであろう。そして、井伊直澄の追善仏事もまた毎日仏殿で営むものであったとされている。

『永平寺史』によれば、仏殿建立への助縁により掃雲院と井伊直弼の位牌は承陽殿下壇に祀られたという。永平寺の承陽殿は開山・歴住、末派寺院の尊宿たちの位牌を祀る施設となっており、承陽殿に在家者の位牌等を祀ることは、開基である波多野義重に比肩するほど永平寺に貢献した人物であることを示すものであろう。近世永平寺では、因縁殿が建立されるまでは、祠堂に檀越の位牌などが祭祀されていたと考えられるが、承陽殿という出家者を対象とした

堂舎に特例として入牌することで、在家者の寺院への貢献度を示し、位牌の祭祀場所によって檀越の地位・貢献度を可視的に差異化する手法がとられていたと考えられる。松本藩の全久院が藩主の戸田家を祀る上祠堂とその他の人々のための下祠堂の二つの祠堂を設置していたことは先述したとおりであり（第七章第二節）、このような祠堂の二重構造を永平寺では承陽殿と祠堂（因縁殿）によって形成していた。

以上、開基への献湯・献供、東照宮の月忌供養、盂蘭盆の追善仏事、閻魔堂・祠堂に関する記載から近世永平寺の追善供養を見てきた。続いて永平寺五〇世が古規復古の清規として制定し、全国僧録に告諭を出して、行法の準拠を促した『永平小清規』から、近世永平寺の追善仏事に関して見ていきたい。玄透即中（一七二九〜一八〇七）は祖規復古のため、享和三年（一八〇三）に『永平小清規』を開版している。

面山瑞方・玄透即中の古規復興は、近世曹洞宗における宗統復古運動の後期に位置づけられている。面山・玄透の二師は黄檗宗の伝来とその受容によって祖師の規矩からかけ離れた僧堂行法を営む曹洞宗を、清規編纂という営みによって是正をはかった[28]。この両者はいずれも清規を編纂し、刊行しているが、両清規には、「祖規」の位置づけに対して大きな相違が見られる。面山撰『行法鈔』の序では、

鈔中ニ、永平清規ヲ永規ト略称シ、瑩山清規ヲ瑩規ト略称ス、永瑩二規ハ、共ニ僧堂ノ清規ニテ、禅林唐宋ノ古風ナリ、……僧堂ヲ重興シテ、永瑩ノ祖風ヲ後ノ英孫ニ伝ンタメニ、コノ鈔ヲ述ス、

（『曹洞宗全書　清規』三二一頁下段）

と『永平清規』『瑩山清規』を「僧堂の清規にて禅林唐宋の古風」とし、永瑩二規を一組と捉え、「祖風」と表している。そのため、『永平清規』には載録のない月分・年中行事は『瑩山清規』に依拠して、『行法鈔』を制定している。

対して、玄透即中は、寛政八年（一七九六）に刊行した『祖規復古雑稿』「上官衙書」の中で、連綿と受け継がれる

祖規の変遷を次のように記している。

昔李唐之世。有㆓洪州百丈山大智禅師㆒。始建㆓叢林㆒。且立㆓清規㆒。救㆓像末不正之弊㆒弘㆓祖宗直指之教㆒。……至㆓於宋初㆒紀綱紊矣。古風廃矣。当㆓此時㆒也。有㆓慈覚大師賾公者㆒。出焉祖㆓述百丈㆒。著㆓禅苑清規十巻㆒。……規歩矩行殆出㆓於藍㆒者。独有㆓天童浄祖㆒。我永平元祖航㆑海南遊。直投㆓天童之室㆒。親証密契。曰㆑戒曰㆑法。……北入㆓越山㆒。時雲州刺史。某。渇㆓仰於師㆒。相㆓地於志比㆒。開㆓闢大仏蘭若㆒。請㆑師住焉。今之永平寺是也。乃条㆓列家訓数章㆒。曰㆓典座教訓㆒。曰㆓弁道法㆒。曰㆓赴粥飯法。及知事・衆寮箴規等㆒。都目㆓永平清規㆒。一準㆓天童模㆒。永為㆓将来範㆒。是我扶桑禅規之権輿也。

（『続曹洞宗全書　第二巻　清規・講式』三三七頁上・下段）

関口道潤の指摘にもあるように、[29] 玄透の「祖規」とは中国唐代に編まれた『百丈清規』、これを源流とする『禅苑清規』、これを純粋に行っていた南宋の天童如浄の行法を継承した道元の『永平清規』を指している。このことは、『永平小清規』自序に

明興已降。禅風一変。軌式失㆑古。乃於㆓我邦洞上禅林㆒。亦頗沿襲為㆑弊。背㆓馳於高祖大規㆒者不㆑為㆑尠矣。豈可㆑不㆑痛哉。

（『曹洞宗全書　清規』三三一頁上段）

とあることからも明らかで、玄透は黄檗の伝えた明様禅風が曹洞宗の禅林に弊害を与えたことを論じ、この風潮を「高祖大規」に背馳するものと厳しく批判している。自序には続けて、

於㆑是撰㆓小規一篇㆒。便㆘于行㆓古規㆒者㆖。蓋不㆑得㆑已也。如㆔祖規闕㆓於年月分。或臨時等章㆒者。以㆓従上古規㆒補㆑之。

（『曹洞宗全書　清規』三三一頁下段）

とあり、明様禅風改正の便のため『永平小清規』を上梓したことを述べ、「祖規」に欠けている年分・月分・臨時の行歩は「従上の古規」で補足するとしている。この「「従上の古規」とは『禅苑清規』『校定清規』『備用清規』『勅修清規』『瑩山清規』『大鑑清規』等」であった。[30] 玄透にとって「祖規」とは『百丈清規』『永平清規』であり、基本的に『瑩山清規』は「古規」であったのである。『永平小清規』の「例言」で『瑩山清規』への依拠が明言されているのは、次の月分・年分行事に関する部分である。

一月進者。自㆑朔至㆑晦行持也。要依㆓祖訓及諸規㆒折中。如㆓其課誦㆒。在㆑彼自㆓備用勅修幻住㆒。在㆓此方㆒自㆓瑩山東福㆒始。……

一年規者。自㆓正月㆒至㆓十二月㆒行持也。……如㆓施食法及断臂会㆒。全依㆓瑩山㆒。

（『曹洞宗全書　清規』三三三頁上下段）

このように玄透は『永平清規』を基底とし、その補足のために中国撰述の『校定清規』『備用清規』『勅修清規』、そして『瑩山清規』を用いて、『永平小清規』を制定した。そのため、僧堂行持から明様禅風を取り除くことを主眼として撰述された『永平小清規』には、『椙樹林清規』や面山瑞方の『行法鈔』などに見られる多様な追善仏事に関する行法は、ほとんど記載されていない。檀那施食や観音懺法、対霊の上堂などの記載は回向文・行法ともにまったくなく、わずかに開基・東照宮の年忌供養等を載録したのみである。『永平小清規』の冒頭に、

叢林行規。以㆓僧堂㆒為㆑最。衆寮次㆑之。凡大衆端㆓坐三昧㆒。不㆑必㆓課誦㆒。小開㆓看経㆒。以資㆓照心㆒。要以㆔定慧等学為㆓仏家之大本㆒也。

（『曹洞宗全書　清規』三三一頁上段）

とあり、僧堂での行規が最重要で「坐三昧に端すれば、課誦を必ずとせず」と論じている。この「課誦」には、おそ

らく檀越仏事の読経等も含まれていたであろう。面山も載録した檀那施食や対某霊上堂・対霊説法などは、玄透が「沿襲して弊をなし、高祖の大規に背馳する」清規とした『椙樹林清規』と共通の行法であったがために、祖規の行法を敷衍した『永平小清規』には載録されることはなかったと考えられる。

『永平小清規』の「月進」に載録された月分行事の規定に目を向けると、一七日に徳川家康、二四日に徳川秀忠の月忌献供の行法が看取できる。

十七日天童献供　東照宮献供
禺中上㆓祖堂㆒。天童浄祖献供諷経大悲呪。就㆓祠前㆒。東照宮献供諷経大悲呪。……
廿四日浄髪　普請　開浴　三世献供　台徳院殿献供
……禺中上㆓承陽㆒。二世和尚献供諷経大悲呪。就㆓祠前㆒。台徳院殿献供諷経大悲呪。

（『曹洞宗全書　清規』三四五頁上・下段）

法要の会場が「祠堂」となっているため、東照宮と台徳院が祠堂の祭祀対象となっていたことが分かる。この両名には正当禺中の献供諷経のみが大悲呪によって営まれている。「年規」と題した年中行事の一月二二日・二三日条には、開基である波多野義重の追善仏事も見られる。

二二日晡時。開基大仏寺殿宿忌。献湯諷経。
二三日禺中。大仏寺殿正忌。献供諷経。

（『曹洞宗全書　清規』三五一頁上段）

月忌の行法が記された東照宮・台徳院の年忌仏事も、一月二四日、四月一六日・一七日条に見られる。

二四日禺中。台徳院殿正忌献供諷経。……

一六日。晡時東照宮宿忌献湯諷経。
一七日。禺中東照宮正忌献供諷経。

（『曹洞宗全書　清規』三五一頁上段、三五五頁下段）

このように年忌の記載は法要名のみを記しており、仏事の行法は判然としない。『永平小清規』における追善仏事の記載でとりわけ興味深いのは、次の三月清明日の条の記述である。

清明日。祖堂祠堂諸檀越祠等。庫司預報灑掃。厳備㆓供養㆒。鳴鐘集衆。各処諷経。

（『曹洞宗全書　清規』三五三頁上段）

「清明」は言うまでもなく二十四節気の一つで、中国では唐代以降墓参りの風習があり、琉球ではこの日墓前で「清明祭」を営むことは有名である[31]。清明節は「掃墓節」とも呼ばれ、墓の掃除を営む日とされるが、『永平小清規』によれば、この清明節に永平寺では一山をあげて諸堂を清掃し、祖堂・祠堂・檀越祠等で諷経を営んでいる。『永平小清規』の目次には「三月……清明日諸堂諷経」とあるので、この法要は「諸堂諷経」という名称で呼ばれ、年中行事化していた。

以上、『永平定規』『永平小清規』をもとに、近世永平寺の追善供養を考察した。以下では清規以外の諸史料に基づいて見ていきたい。玄透代においても祠堂金の施入は見られ、例えば、温谷村の橋本茂左衛門は、

受納状

一、山壱ケ所　於小松村字茄子ケ谷山年米六升納、但福井御直段立之

右者、亀参善鑑居士為仏果菩提当、大禅師御茶湯料ニ小松村妙覚寺江被致寄附候ニ付納状、如件、

大本山永平寺

役局

文化二年

丑七月　日

温谷村

橋本茂左衛門殿

（『永平寺史』下巻、一二一七頁）

と永代に渡って茶湯を献ずる料金として山一箇所が施入されており、その目的は亀参善鑑居士の仏果菩提である。「大禅師」はおそらく開山である道元を示すものであろう。また『永平小清規』上梓そのものが、上巻末尾に見られるように四名の追福に充てられている。

上巻三十七紙、越州路福井安穏寺住持比丘瑞門、捐レ貲刻為ニ居山良廓居士、月光霊明大姉、枯木点雪居士、未参悟徹大姉一助ニ冥福一

（『曹洞宗全書　清規』三四六頁上段）

「三十七紙」は上巻が三七丁となっているためであり、この上巻は福井の安穏寺の住持瑞門の喜捨により、居山良廓居士・月光霊明大師・枯木点雪居士・未参悟徹大姉の四名の菩提のために上梓されている。つまり、清規刊行という営為もまた菩提円満のために回向される作善とされたのである。

永平寺の伽藍整備に着目すると、文政一一年（一八二八）五月に二世懐奘の五五〇回忌の大遠忌に因んで、「因縁殿」という祠堂が新築され、落慶法要では大施餓鬼会が修行されている[32]。福井鎮徳寺大願が文政一〇年（一八二七）に宝慶寺吟龍に宛てた書翰には、「祠堂霊牌所三間半四面」とあり、檀越、信者の祠堂入牌を目的とした施設であることが分

かる。[33] このように近世末に永平寺では、祠堂入牌や日牌月牌といった追善供養のための伽藍整備が積極的に進められたのである。

玄透即中は古規復古を実現すべく『永平小清規』を刊行し、これを各僧堂に送付して『椙樹林清規』によって黄檗の禅風をもっていた行法を改めるよう促したが、一方で常住の経済的基盤を確保すべく、尊宿・亡僧の位牌を祖堂へと入牌する「入祖堂《にっそどう》」を文化元年（一八〇四）に全国録所へ触達し、納金を以下のように定めた。[34]

一金三両宛　諸寺院并未転衣和尚　入牌料
一同弐両宛　平僧尼僧未転衣長老　入牌料
一同弐両宛　謚証状平僧涅槃号　官　金
一同壱両宛　尼僧首座号　官　金
一同壱歩宛　牌并茶湯菓安牌供養料

（『永平寺史』下巻、一一一二頁）

「諸寺院」はおそらく住持などをつとめた尊宿を指し、その入牌料は三両と定められている。永平寺侍真寮の『永平寺入祖堂名簿』の副簿には、玄透代の入牌数は五〇余であったという。[35] 玄透は永平寺に晋住した後、法堂と仏殿の間に接賓《せっぴん》一宇を建設し、光明蔵と法堂の間に妙高台《みょうこうだい》を新造し、この上壇に宝物を置いて転衣の僧に拝覧させたといわれている。[36] このように出家者を対象とした祖堂入牌が玄透即中によって末派寺院に勧募された。玄透遷化の後、入牌の対象者はさらに在家者にも拡張され、広く勧募されることとなった。

近世後期における永平寺の追善仏事を考える上で重要な史料に文政元年（一八一八年）の「鎮金取調」がある。本史料は、永平寺五三世の晋住に伴い、先代と当代の祠堂金の委細を示した文書である（傍線は筆者による）。

（表紙題僉）
文政元寅年
　鎮金取調
…（中略）…
　当代積金并諸祠堂金覚
一、金六拾弐両弐歩　文化十一戌五月ヨリ文政元年寅ノ十月迄、
　　　　　　　　　　御鎮金積金高
一、金拾五両　　　　御開山御茶湯料　五十三世御代寄附
一、同五両　　　　　寅ノ七月御開山御茶湯料、丹州東掛村春
　　　　　　　　　　現寺絶江長老、同惣檀中奉納金
一、同四両三分　　　日牌料金
一、同壱両二歩　　　月牌料金
一、同拾両　　　　　祖堂入牌料金
一、同三両弐歩ト銀五分　彼岸施食入霊料
一、同三歩ト銀四匁　流灌頂施食入霊料
一、同拾壱両ト銀九匁八分　右宣峰禅師両門前迄救積金三拾両、去ル戌九月ヨリ去丑冬迄利ニ利を加へ当代利息積金〆高、
〆金百拾四両ト銀拾四匁三分

…（以下略）…

右之通御渡申候、委細之義者文面ニ有之候、

右之通相違無御座候、以上、

文政元戊寅年

十月

監院
楼岳（印）

副寺
大栄（印）

維那
観応（印）

維那
義昇（印）

典座
隆国（印）

知客
正道（印）

（「永平寺文書」『永平寺町史　史料編』四一—四五頁）

傍線で示したように祠堂金の収入には、日牌・月牌・祖堂入牌・彼岸施食・流灌頂施食といった儀礼の料金・入霊料が細目として挙げられている。祖堂入牌での収入が一〇両、それ以外の日牌・月牌・彼岸施食・流灌頂施食は合計し

て一〇両ほどであり、主要な経済基盤であったとは言い難いが、施食会や日牌月牌を営み、常住の活計を図っていたことが知られる。

文政一〇年（一八二七）五月に晋住した永平寺五六世無庵雲居の代には、因縁殿の新造に伴って檀信徒へ追善供養を広く勧募している。文政一一年（一八二八）の年号をもつ「日供月牌募縁之旨趣」と題した版木には、永平寺二世孤雲懐奘の五五〇回忌に際して在家者の祠堂入牌を勧募し、日牌月牌供養を広く呼びかけている（傍線は筆者による）。

日供月牌募縁之旨趣

来ル丑のとし秋八月廿四日当山二代尊孤雲奘祖大和尚五百五拾回の遠忌相当丹付扶桑六十余州乃法孫越よび有縁の優婆塞うば夷等挙て慇懃乃供養を設希法乳の慈恩に酬んと欲す、志うるに仏殿及び祖師堂其外諸堂舎壱統仏具法器並ニ法被水引打敷等去ル享和の度高祖大師五百五拾回遠忌之節、有信の施主弁備の品毛旧損の類多く、今般遠忌共法要に立かかり依之先例を挙し十方有信乃檀力をか里喜捨の多少にかかわら次、施主の志し尓任せ法名一霊ニ幾い、又々何霊成りと母過去帳へ記し置其信施を乃て所謂る法器等修造の助情となし余財を不朽不備勝永代日供月ぱい乃供養料と成して過去帳の法名毎朝諷経之節、香花餉供を末奈えて合山能大衆一同永代回向怠慢有べから次、此善根の功徳力によ里て願ハくは頓尓仏果を証し於奈じく種智を円尓世ん丁と越具にハ化主の口演尓阿りよ路しく清聴仍う衛外護共丹誠を希もの也、

文政十一年戊子

春五穀日　　永平寺

執事

（『永平寺史』下巻、一二六二頁）

傍線部が示すように、二世の大遠忌に際して、施主からの喜捨がある場合は追善を望む法名を過去帳へと記入し、永

代日供月牌供養料とする。その後毎朝の諷経で回向し、その「善根の功徳力」によって頓に仏果を称せしめ、種智を円かにせんとするという趣旨が説かれている。この版木の年号からして、刷られた趣旨書は因縁殿の入牌勧募を兼ねる広告でもあったであろう。玄透即中が全国録所を通して勧募した入祖堂は主に出家者を対象としたものであるが、五六世無庵の頃には、祠堂が因縁殿として新造され、入牌が在家者にも広く呼びかけられるようになった。こうした追善仏事の積極的な勧化は、死者供養によって経済的基盤を確立していこうとする永平寺の姿勢を示すものである。因縁殿は創建から六年後の天保四年（一八三三）五月に焼失してしまうが、文久三年（一八六三）に新築された舎利殿[37]、昭和五年（一九三〇）の二世懐奘六五〇回大遠忌の記念事業として建立された祠堂殿（間口七五尺、奥行五三尺）は現在においてもなお永平寺の追善供養を担う施設として機能している。

以上、『永平定規』『永平小清規』を中心に近世永平寺における追善供養に関して見てきた。檀那忌に関する記述では、『永平定規』では東照宮と開基が、『永平小清規』では徳川家康・秀忠、開基の波多野義重の月忌・年忌が載録されていた。『永平定規』では、盂蘭盆施餓鬼や卵塔諷経、閻魔堂諷経などの行法も見え、一八世紀の永平寺における追善仏事の有りようを示していた。対して『永平小清規』は檀那忌とともに清明節の諸堂諷経が記されるのみで、これまで見てきた諸清規に比べ、追善仏事に関する行法がほとんど見えない。

清明節の諸堂諷経で供養される日牌・月牌の対象者、「福井御廟所」に祭祀された福井藩松平家の諸霊、伽藍再建に貢献した彦根藩の井伊家などを対象とした追善仏事は『永平小清規』には確認できないが、『永平定規』以降も営まれていたであろう。

中世永平寺の追善供養を示す明応四年（一四九五）の霊供田目録や永正六年（一五〇九）の「永平寺定」、近世では『永平定規』の追善仏事の記載、文政元年（一八一八）の「鎮金取調」に「日牌・月牌・彼岸施食・流灌頂施食」が収入項目にあげられていることなど、永平寺と追善仏事の関係を示す史料群の存在は、永平寺が一六世紀以降、継続的に追善供養を営んできたことを物語っている。それにもかかわらず『永平小清規』に記載がないのは、おそらく玄透の清規観に起因するものと考えられる。具体的に言えば、『永平小清規』は玄透が「祖規」とした『禅苑清規』『永平清規』に適う、あるべき永平寺の僧堂修行を記した思想書としての性格が強く、永平寺の日分・月分・年分行事の行法を遺漏なくまとめた行法書ではないと思われる。玄透は『永平小清規』制定以前、寛政五年（一七九三）に『円通応用清規』を撰述しているが、この清規の「月分行法次第」では、観音菩薩の縁日である一八日に「斎後。祠堂懺法。毎月皆爾」とあり、祠堂檀越のための観音懺法を規定している。[38] 玄透は寛政六年（一七九四）に『校訂冠註永平清規』を刊行し、翌寛政七年（一七九五）には古規復興を官に訴えて、大乗寺と対立している。寛政八年には『祖規復古雑稿』を著し、[39] 享和元年（一八〇一）には、大乗寺の無住を理由に年冬結制の欠会を命じ、大乗寺はこれを寺社奉行・関三刹に訴えるに至る。[40] このような過程は「祖規」「高祖大規」と尊称した永平大清規をより重視する姿勢を示すものである。『永平小清規』において「如二百丈洞山天童忌一。準二達磨忌一。如二高祖忌一。其法雖レ同二達磨忌一。循二本山旧例一一二増修」とあり、[41] 高祖忌は本山の旧例に依っているが、おそらく永平寺で営まれた追善仏事などは「本山の旧例」であっても、清規に記載すべき「叢林の行規」ではないと判断されたと考えられる。

まとめ

以上、清規や日鑑、追善供養に関する諸史料を参照しつつ、近世禅宗における追善供養の諸相を見てきた。本章で指摘した点を列挙すれば、以下のようになる。

彦根清凉寺の『海会堂日用毘奈耶』『寿山清規』や、信濃松本全久院の『仙寿山全久禅院内清規』には、井伊家や戸田家という藩主家の追善供養法が明記されていた。『寿山清規』では七月一日から六日まで命日に関係なく、井伊家の歴代藩主や「連枝方」の薨亡のために、献供諷経が順々に営まれていた。信濃松本全久院では、七月の月命日に戸田家の歴代藩主を供養する「先君施食」が修行されていた。これらの法会は他の檀越から藩主家を差異化し、特権的な地位にあることを追善供養において表象する儀礼であった。このような藩主家への配慮は『全久院清規』の月分行事に藩主家の来山の前日に「霊屋荘厳」「掃地」という規定が見られたことにも示されていた。清凉寺『寿山清規』には、開基家の敵方で関ヶ原の戦いによって滅亡した「石田群霊」に対する月忌供養や年忌を弔う大施餓鬼が定められ、戦没者供養を年中行事化する例があることを指摘した。

『吉祥山永平寺年中定規』には東照宮と開基の月忌・年忌のほか、盂蘭盆施食や卵塔諷経、閻魔堂諷経などの行法が載録されていたが、『永平小清規』には檀那忌とともに清明日の諸堂諷経が記されるのみで、追善仏事に関する行法がほとんど見えなかった。それは『永平清規』のみを「祖規・高祖大規」と捉えた玄透即中の清規観に基づいた祖規復興の影響によるものである。清規以外の明応四年（一四九五）の「霊供田目録」、永正六年（一五〇九）の「掟」、近世における伽藍整備や「鎮金取調」「日供月牌募縁之旨趣」といった諸史料から見れば、永平寺では、日牌・月牌をはじめとした追善供養を継続的に展開し、とりわけ近世後期に勧募活動を積極的に展開していた。

注

（1）『曹洞宗全書　解題・索引』四五七頁中段。

（2）『曹洞宗全書　解題・索引』四五七頁下段。

（3）曹洞宗文化財調査委員会編『曹洞宗文化財調査目録解題集5　近畿管区編』（曹洞宗宗務庁、一九九九年）一四―一五頁。

（4）『曹洞宗全書　解題・索引』四五七頁下段。

（5）『続曹洞宗全書　第二巻　清規・講式』一九四頁上段。

（6）『禅学大辞典』「観音十大願文」の項を参照。『大正新脩大蔵経』第二〇巻、一一五頁下段。「観音十大願文」は「願我速知一切法、願我早得智慧眼、願我速度一切衆、願我早得善方便、願我速乗般若船、願我早得越苦海、願我速得戒定道、願我早登涅槃山、願我速会無為舎、願我早同法性身」を指す。

（7）時代が下るが、明治三六年（一九〇三）に其中堂より刊行された『曹洞常用諸経要集』には、

観音十大願文

南無大悲観世音　願我速智一切法　南無大悲観世音　願我早得智慧眼
南無大悲観世音　願我速度一切衆　南無大悲観世音　願我早得善方便
南無大悲観世音　願我速乗般若船　南無大悲観世音　願我早得越苦海
南無大悲観世音　願我速得戒定道　南無大悲観世音　願我早登涅槃山
南無大悲観世音　願我速会無為舎　南無大悲観世音　願我早同法性身
我若向刀山　刀山自摧折　我若向火湯　火湯自消滅　我若向地獄　地獄自枯竭
我若向餓鬼　餓鬼自飽満　我若向修羅　悪心自調伏　我若向畜生　自得大智慧
南無大悲観世音三称三礼一衆着坐導師振鈴喝曰
爾時観世音菩薩説二大悲呪形貌状相一曰。押磬一衆同誦大悲心是平等心是無為心是無染着心是空観心是恭敬心是卑下心是無雑乱心是無見取心是無上菩提心是押磬二打導師振鈴喝曰
当知如是等心即是陀羅尼相貌汝等当依此修行之。次導師普門品戒偈挙了普回向三拝散堂

とあり、十大願文に続いて普門品偈を読誦する形式を載録している。
(8)彦根城博物館編『彦根藩史料叢書　侍中由緒帳2』(彦根市教育委員会、一九九五年)四四六頁。
(9)渡辺守順「彦根藩」『三百藩家臣人名事典　第4巻』(新人物往来社、一九八八年)三八三頁。
(10)川口高風「『仙寿山全久禅院内清規』について」『愛知学院大学教養部紀要』第四九巻第二号(二〇〇一年)。本清規には「僕」「下人」等の差別的表現が見られるため、取り扱いには注意を要する。
(11)川口高風、前掲注(10)論文。
(12)『禅学大辞典』「全久院」の項を参照、六七八頁上段。
(13)今泉忠左衛門編『仙寿山全久院志』(全久院芙蓉室、一九二九年)。
(14)川口高風、前掲注(10)論文、二七三頁下段。
(15)金井円『近世大名領の研究――信州松本藩を中心として』(名著出版、一九八一年)一三〇―一三七頁。
(16)二月一〇日が命日の清貞院殿は特定できないが、八月二三日の清霄院は松平頼豊の実母で、樋口信康の娘長(七姫)と思われる。
(17)『岐阜市史　通史編　近世』(岐阜市、一九八一年)八一―八四頁。
(18)二月一〇日・二月一九日条に見える「向月」は「祥月」を指すものと思われる。
(19)駒澤大学戦国史研究会が翻刻した明治一九年(一八八六)の日付をもつ長興寺「寺籍財産明細帳」に開創と題した部分に「永正五戊辰六月十九日戸田弾正左エ門尉宗光逝去、号当山開基後長興寺殿桂巌全久大居士」とあり、戸田宗光の命日が六月一九日で「当山開基後長興寺殿桂巌全久大居士」という法号であったことが分かる。駒澤大学戦国史研究会「長興寺文書の紹介――中世史料を中心に」『駒澤史学』第四九号(一九九六年)九二頁。
(20)今泉忠左衛門編『仙寿山全久院志』(全久院芙蓉室、一九二九年)、三頁。
(21)信州大学教育学部歴史研究会編『信州史事典1　松本藩編』(名著出版、一九八二年)四〇頁。

(22) 尾崎正善「翻刻・岸沢文庫『吉祥山永平寺年中定規』」『鶴見大学紀要 第四部 人文・社会・自然科学篇』三七号（二〇〇〇年）。
(23) 尾崎正善「岸沢文庫蔵『吉祥山永平寺年中定規』について」『宗学研究』第四二号（二〇〇〇年）一八五―一八六頁。
(24) 尾崎正善、前掲注（23）論文。
(25) 永平寺開基とされるのは「大仏寺殿如是元性居士」の戒名をもつ波多野義重であり、その正当は一月二三日とされている。開基家の波多野家の法名は永平寺境内の供養塔に代々刻印されており、開基家として護持を連綿と継承している。つまり、『永平定規』では命日が八月二三日となっているので、波多野義重ではない人物を「開基」としており、この八月二三日を命日とするのは、おそらく『永平定規』成立時に波多野家の先代とされた人物のものであろう。
(26) 熊谷忠興「護法の大檀那（その七）――松平家先祖代々」『傘松』七〇六号（二〇〇二年）八九頁。
(27) 大本山永平寺監修『新永平寺事典』（四季社、二〇〇二年）五七―五九頁。
(28) 玄透即中の古規復古運動に関しては、鏡島元隆「古規復古運動とその思想的背景」『道元禅師とその門流』（誠信書房、一九六一年）、玄透即中の大乗寺への批判に対する大乗寺の応答に関しては、大久保道舟「解説」『道元禅師清規』（岩波書店、一九四一年）二七九―二八五頁に詳しい。
(29) 関口道潤「13玄透」曹洞宗宗学研究所編『道元思想のあゆみ3　江戸時代』（吉川弘文館、一九九三年）五二六頁。
(30) 『曹洞宗全書　解題・索引』一五〇頁上・中段。
(31) 小熊誠「清明」「清明祭」『日本民俗大辞典』上巻（吉川弘文館、一九九九年）九三三―九三四頁。
(32) 『永平寺史』下巻、一二五七頁。
(33) 同右。
(34) 『永平寺史』下巻、一二二一―一二二二頁。
(35) 前掲注（34）書、一二一三頁。

(36) 同右。
(37) 熊谷忠興編『永平寺』（大本山永平寺、一九九六年）三六頁。
(38)『続曹洞宗全書　第二巻　清規・講式』三一三頁下段。
(39)『曹洞宗全書　解題・索引』「円通応用清規」の項、四六〇頁下段。
(40)『曹洞宗全書　解題・索引』「吉祥山永平小清規」の項、一四九頁下段。
(41)『曹洞宗全書　清規』三三三頁下段。

第三部　近代禅宗における追善供養の展開

第八章　近代禅宗における追善供養の展開とその再編

明治期に入り、西欧と比肩する近代国家の成立への歩みを進める中、仏教界では「信仰」に基づく一神教的な「宗教」観が導入されることで近代仏教思想が構築されていく。近世までに確立された各宗派の「宗旨」はキリスト教的信仰観の洗礼を受けて、祖師の思想や本尊信仰に根ざした近代的な「宗旨」へと再構築される一方、神道国教化政策や「家族国家観」の形成、近代的な「宗旨」に適った教化活動・実践として追善仏事もまた再編されていく。

第一節では体制内宗教ではなくなった仏教に対して、明治政府が寺院の死者供養をどのように活用していこうと構想し制度を構築していったのかを、明治二年（一八六九）の「教規之大意」に記載された檀那札の構想や壬申戸籍から確認する。次いで家族国家観と追善供養との関連を見るため、各宗派の大衆教化を担った僧侶や文部省社会教育局によって刊行された「祖先崇拝」「敬神崇祖」の啓蒙書から、各家の先祖供養と皇祖神との結びつきに対する認識を見ていく。

第二節では、既成仏教教団による戦没者供養を取り上げ、敬神崇祖とは異なる文脈での近代仏教教団における死者供養の展開を見ていく。

第三節では、仏教教団における追善仏事の再編の過程を曹洞宗を事例として考察する。史料としては近代に刊行された曹洞宗の軌範・行法書から、在家葬儀法の展開と追善供養儀礼の変遷を論じ、とりわけ「先亡累代諷経」という

「先祖」を対象とする供養儀礼が明治期に確立されていくことを検討する。

第一節　追善供養の近代化と祖先崇拝・先祖供養のイデオロギー

明治期における神道国教化政策を進める維新政府は、徳川幕府が採っていた檀家制度による民衆の戸籍管理を全面的に踏襲することはなかった。しかし、明治二年の「教規之大意」に見られる寺院による死者埋葬と人別手形の収納の構想や、壬申戸籍の記載事項に菩提寺が含まれていることは、死者供養を職掌とする菩提寺を介した民衆管理という宗門人別改帳と連続する方向性をもっていた。

森岡清美が紹介しているように、明治二年一二月、外務卿沢宣嘉・外務大輔寺島宗則から右大臣三条実美に提出された「教規之大意」には、第一に神職による氏子の人別手形発行、第二に神職による転出氏子の人別送り、第四に所在寺院による死者埋葬と人別手形の収納という条項が認められる。具体的に言えば、「氏神の神職が氏子の人別手形を発行し、他方寺院は檀那札を発行する」ことで、「戸籍への出生・転出入・死亡の登載」を行おうとしたのである。(1)

森岡の論じるように、明治政府がなぜ葬儀を介して仏教寺院に死亡届という戸籍管理を担わせる構想を思い立ったのかといえば、仏教の死者供養という役割を剝奪した際に起こるキリスト教の拡大を危険視したためである。明治期において「葬式仏教」が温存されたのは、葬儀を神葬祭に全面的に移行する政策を打ち出せば、その移行に時間がかかってしまい、キリスト教徒が増加して勢力拡大を許すことになるという判断から、近世と同様にキリスト教の布教を防ぐ「防壁」として「葬式仏教」を活用しようとしたためである。氏子札・檀那札による寺社の人民管理の方策は構想に留まるが、この形式は壬申戸籍に受け継がれていく。

明治元年（一八六八）一〇月の京都府戸籍仕法や明治三年（一八七〇）四月の山梨県戸籍編製法では、森岡清美の指摘するように檀那寺の記載が見られ、「宗門人別改帳の型式をそのまま踏襲したもの」であった。(2)明治四年（一八七一）四月四日戸籍法（太政官布告第一七〇号）の布達に基づいて作製された壬申戸籍では、「書式の雛型において各戸の末尾に氏神某社、某所某宗某寺と二行にして氏神社と檀那寺を併記するか、氏神某社と氏神社のみ単記する」形態であった。(3)このように近代に編纂された戸籍にも宗門人別改帳の形式は引き継がれていたのである。しかし、帰属する寺社名を戸籍に記載する形式は、明治一七年（一八八四）一一月早々と思われる時点で内務省訓示をもって「従来戸籍帳簿ニハ宗旨ヲ記載セシ処依頼記載ニ及ハス」と府県へ指示され、「わが国の戸籍は世俗化し、信教の自由をおかすことがないという意味で一層の近代性を帯びること」になった。(4)

明治から戦前の追善供養を考える上で極めて重要なのは、家族国家観との結びつきである。伊藤幹治が論じているように、家族国家観とは、明治中期から末期にかけて体系化されたものであり、「近世以来、社会制度として定着した「家」を拡大解釈して、天皇と国民の関係を本家と分家のアナロジーとしてとらえ、また、天皇を「大家長」、国民をその「赤子」とみたて」て、「天皇家の神話的先祖の傘下に、「家」の先祖を収斂させて、国家的な規模の壮大な先祖のヒエラルキーを構築」する国家観であり、「家」と祖先崇拝という二つの制度に根ざしたイデオロギーであった。(5)このような国家観のもと、「祖先崇拝」は「我が国独特」の「古来からの伝統」とされ、積極的に奨励されたことは、明治から戦前にかけて刊行された追善供養の啓蒙書が物語っている。例えば、曹洞宗の布教師であった黒木顕道(6)が大正一一年（一九二二）に刊行した『敬神崇祖』では、「祖先崇拝は我国固有の美徳であって、伊勢大廟は、皇室の御先祖であって、又は国民全体の大先祖であるから国民一般の崇敬する処である」と皇祖神である天照大神と国民各家の先祖とを結びつけ「大先祖」として表象している。(7)そして黒木は本書において、「敬神崇祖」の意味を次のように述べている（読点は適宜句点に改めた）。

敬神と崇祖とは先人に対して報恩の念感恩の情の現れた至誠である。伊勢参宮や産土神への参拝は敬神といふ意味で民族祖先に対しての報謝祈願である。又朝夕の仏檀《ママ》礼拝とか、祖先の墳墓掃除とか、招魂祭盂蘭盆会等に於けるは、感謝的崇祖の意味である。吾々は此の二様の意味を明かに自覚して後輩子孫の指導に当らねばならぬ。家庭教育の淵源はここに存ずるのである。

（黒木顕道『敬神崇祖』〈森江書店、一九二二年〉四頁）

黒木は伊勢参宮や産土神への参拝を「敬神」とし、仏壇への礼拝・墳墓掃除・招魂祭・盂蘭盆会を「崇祖」として捉えており、盂蘭盆会という仏教的な行事もまた「崇祖」として把握している。本書は『宗教時報』第六四号（大正一一年五月二〇日刊）に寄稿した「我国民の祖先崇拝」から第七一号（同年一二月二〇日刊）「追善供養の真意（十二）」までの原稿を森江書店が出版した書籍であるため、このような「祖先崇拝」観は『敬神崇祖』という書籍だけでなく、『宗教時報』という仏教新聞を媒介に認知されることとなったと考えられる。

一九三五年に刊行された真言宗の宮宗孝正『在家必携　追善供養のお話と其心得』においても、日本国民は「他国人には見られぬ敬虔な祖先崇拝の精神を強化して、国民の総先祖たる天照大神を尊崇し、吾家の祖先を崇拝して」きたとし、天照大神が「国民の総先祖」と位置づけられている。(8)

昭和一七年（一九四二）に文部省社会教育局が「家庭教育の振興に資するため指導者の参考資料」として國學院大學教授の河野省三に委嘱して著述された『家庭と敬神崇祖』では、「国民精神の涵養上最も緊要なる敬神崇祖の行事」として、天皇の「春秋の皇霊祭」「大祭日」とともに各々の家での先祖祭を挙げ、「家々に於いて先祖祭を行うことは、宮中の祭祀の御精神を体する我が古来の国ぶり」とし、「彼岸会・盂蘭盆会等は先祖祭の機会であるから、これ等の行事をも有意義ならしむることが望ましい」と記載している。本書は神式の先祖祭を主に啓蒙しているが、「彼岸会・盂蘭盆会等」という仏教的な行事も「先祖祭の機会」として肯定的に捉えて、薦めているのである(9)。

このように、既成仏教教団で大衆教化を担っていた僧侶や知識人たちが、「敬神崇祖」という枠組の中で、皇祖神である天照大神を国民全体の「大先祖」「総先祖」と位置づけて、先祖供養の延長線上に「敬神」を位置づけ、積極的に奨励していったのである。明治期の「先祖供養」は、家族国家観を土台として先祖と皇祖神が結びつけられることで、強いイデオロギー性を帯びた宗教実践となったのである。

第二節　仏教諸宗派による戦没者供養

明治期から戦前の既成仏教教団における死者供養の展開を考察する上で、敬神崇祖を巡る動向とともに重要なのは戦没者供養である。戊辰戦争・西南戦争といった維新政府と幕府軍・士族との国内の戦争、日清戦争から第二次世界大戦に至るまでの国際的な戦争によって多くの戦没者が生じた。その弔いのために神道・仏教を問わず、祭祀施設の建造が進められ、祭祀・供養といった追弔行事が執行された。

これまでに近代国家と死者、あるいは宗教とイデオロギー・権力との関係を検討するため、靖国神社や護国神社といった神道的な施設やそこでの実践から、戦没者への弔いが研究されてきた。こうした施設やそこでの慰霊は国際問題化して社会的な関心が向けられたこともあり、その研究蓄積は近年特に目覚ましい。

こうした神道的な戦没者祭祀を巡る研究とは別に、国家とは距離を置いた地域社会における葬儀や仏教諸宗派による供養を主題化したものに籠谷次郎、岩田重則の研究があげられる(10)。

籠谷は戦没者の葬儀の主催者や後援団体、参加者から「公葬」への推移を論じ、「葬式を官府にて営」み「公費にて葬送する」ような「公葬」は明治期には存在せず、昭和期に入ってからの営みとしている。「日露戦争中執行行事績報告書」には、日露戦争期の京都府与謝郡（二町二二村）の戦病死者の葬儀九七例が報告されており、主に「奉公義会」「尚武義会」という軍人後援団体が葬儀の主催者となっているが、遺族が主催する葬儀も八村で三五例見られるという(11)。一方、昭和期の戦没者の葬儀に目を向けると、一九三八年九月に大阪府が各市町村に布達した「戦死病没者公葬儀執行要領」には、公葬儀の祭主を市町村長とし、委員は市町村村吏員・在郷軍人分会役員・軍人遺家族援護組合役員・町会役員・青年団役員などから選出すべきこと、葬儀場はなるべく学校講堂町にすること、村葬を行った場合は個人葬を行わず、個人葬の場合は遺族に対して金一封を贈ること、町村葬は仏式または神式とし、その選択には遺族の意志を尊重することが記載されており、戦没者の葬儀が町村の行事として営まれていたことが分かる。

岩田は静岡県東部地方の特攻隊員の石造建立や生霊《せいれい》神社の創建から村落単位での戦没者祭祀を取り上げている(12)。また静岡県富士郡芝川町内の施餓鬼会に組み込まれた戦没者供養の事例や、山梨県東山梨郡の曹洞宗洞雲寺の境内にある戦没者の木像・位牌を祀った「忠霊殿」建立の経緯を報告し、戦没者祭祀が靖国神社・護国神社だけでなく、家・村という単位でも営まれており、家の死者とは異なった複数の宗教による多重祭祀という特徴を指摘している(13)。

戦没者の葬儀ではなく、既成仏教教団・寺院による戦没者追弔行事から、近代の戦没者供養を考察しているのは白川哲夫である。白川は浄土宗の宗門雑誌『浄土教報』から日清戦争期の浄土宗の戦没者追弔行事を摘記した一覧表を作成し、一八九四年八月から一八九六年一二月までの行事三三五例を報告している(14)。このような追弔行事の開催者は単独寺院が最も多いが、同一宗派の寺院によって構成される教区単位での行事も見られる。法要形態が明記されている行事で最も多いのは施餓鬼であり、四七例確認できる。日清日露戦争期における戦没者追弔の法会を浄土宗は施餓鬼会をもって営んだことが分かる。

白川は『浄土教報』（浄土宗）・『教海一瀾』（浄土真宗）・『六大新報』（真言宗）・『曹洞宗報』（曹洞宗）から大正・昭和における戦死者追弔行事に関しても報告しており、[15] 真言宗では「理趣三昧法要」によって、曹洞宗では「大施餓鬼会」によって戦没者供養が営まれていたことを指摘している。[16]

以上のように、戦没者供養に関する宗教儀礼に関して見てきたが、明治から戦前にかけて靖国神社・護国神社による「英霊祭祀」とともに、既成仏教による戦没者供養も広く営まれ、その儀礼の形態には、浄土宗・曹洞宗の施餓鬼会や真言宗の理趣三昧による法会が見られるのである。

日露戦争の戦没者供養の一例として、白川も取り上げている曹洞宗貫首による戦没者追弔の巡錫を取り上げたい。明治二八年一〇月五日に曹洞宗務院から全国末派寺院へ「陸軍各師団及び分営所海軍各鎮守慰問並ニ戦死病歿者追弔大法会」に関する「甲第十八号」という布達が出されている（適宜句点を補った）。

甲第十八号　　明治廿八年十月五日　　全国末派寺院

本年五月廿日両本山貫首猊下ノ告諭ニ基キ今般両本山貫首猊下ハ各々両本山ヲ兼帯シ一宗ヲ代表シテ陸軍各師団及分営営所海軍各鎮守府慰問並ニ戦死病歿者追弔大法会修行ノ為メ別表ノ通方所及期日ヲ定メ御巡錫相成候条。各師団分営営所及海軍鎮守府所在地ノ宗務支局ハ御巡錫ニ関スル諸般ノ事務ヲ鞅掌シ最寄寺院ハ該宗務支局ノ指揮ニ従ヒ営弁ノ労ヲ執ルベシ。尚ホ師管地ハ師管徴兵区域内、分営営所地ハ分営営所徴兵区域内ノ宗務支局教導取締及寺院代表者並ニ篤志ノ寺院僧侶ハ期日ニ来集シテ慰問及追弔法会ヲ賛助スヘシ。且ツ戦死病歿者本貫地ノ寺院ハ其遺族ニ対シ宗門ノ檀信タルト否トヲ問ハス今回追弔法会修行ノ場所及期日ヲ通知シ精々法筵ニ参詣セシムヘシ。其遠隔ニシテ参詣スルコト能ハサル者ニハ戦死病歿者ノ法名及俗名ヲ記セシメ法会所在地ノ宗務支局へ

表8—1　曹洞宗の両本山貫首の追弔巡錫

永平寺貫首猊下御巡錫期日方所慰問追弔及発着表

日時	場所	内容
一〇月二六日	高崎	慰問
二七日	高崎	追弔
三〇日	佐倉	慰問
三一日	佐倉	追弔
一一月七日	広島	慰問
八日	広島	追弔
十日	呉	慰問
一一日	呉	追弔
一三日	丸亀	慰問
一四日	丸亀	追弔
一六日	松山	慰問
一七日	松山	追弔
二一日	佐世保	慰問
二二日	佐世保	追弔
二五日	熊本	慰問
二六日	熊本	追弔
二八日	福岡	慰問
二九日	福岡	追弔
一二月一日	小倉	慰問
二日	小倉	追弔
乃至一四日	東京	慰問
一五日	東京	追弔

總持寺貫首猊下御巡錫期日方所慰問追弔及発着表

日時	場所	内容
一〇月二八日	金沢	慰問
二九日	金沢	追弔
一一月四日	新発田	慰問
五日	新発田	追弔
一〇日	仙台	慰問
一一日	仙台	追弔
一三日	青森	慰問
一四日	青森	追弔
二一日	横須賀	慰問
二二日	横須賀	追弔
二四日	豊橋	慰問
二五日	豊橋	追弔
二七日	名古屋	慰問
二八日	名古屋	追弔
二九日	大津	慰問
三〇日	大津	追弔
一二月二日	大阪	慰問
三日	大阪	追弔
四日	姫路	慰問
五日	姫路	追弔

郵送スヘシ。右布達ス。

（明治二八年一〇月五日「甲第十八号」
『曹洞宗務局布達全書』四〇—四一頁）

この布達は曹洞宗の永平寺・總持寺という両本山の貫首が日本各地の陸軍師団や海軍鎮守府を巡錫し、日露戦争の慰問・戦死病没者の追弔法会を告知したものである。後半では追弔法会に際して、宗務支局や末派寺院がどのように携わるかが説明されており、慰問・追弔法会に際して、「最寄寺院」は宗務支局の指揮に従って営弁を補助し、区域内の宗務支局教導取締や寺院代表者、篤志の寺院僧侶は期日に参集して賛助するよう説かれて、会の運営・法要への随喜が求められている。

追弔法会に先立ち、戦死病没者の「本貫地」に所在する寺院は、宗派を問わず遺族に追弔法会を告知・勧誘し、遠隔地である場合は戦死病没者の法名・俗名を記して宗務支局に郵送するように指示されている。本布達は『明教新誌』一八九五年一〇月一四日号にも掲載され、曹洞宗侶以外にも広く知られることとなった。

表8—1はこの布達に付載された明治二八年一〇月末から一

二月までの両本山貫首巡錫の行程をまとめたものである。「追弔」にのみ目を向けると、永平寺貫首は一〇月に高崎・佐倉を、一一月に広島・呉・丸亀・松山・佐世保・熊本・福岡を、一二月には小倉・東京を巡錫し、関東、山陽、九州の一一箇所を巡っている。対して、總持寺貫首は一〇月は金沢、一一月には新発田・仙台・青森・横須賀・豊橋・名古屋・大津、一二月には大阪・姫路を巡錫し、計一〇箇所で追弔会を営んでいる。

明治二八年一〇月五日付の布達の号外には、その法要の式次第が以下のように記載されている。

一追弔大法会ノ差定ハ左ノ如シ

差定

恭卜斯辰二昼一夜営弁出征軍隊戦死病歿精霊追弔供養併修出征軍隊戦勝祈禱行法差定如左

逮夜供養

下午　大施餓鬼会
　　　普門品行道
　　　御親化

当日法会

早晨　入王三昧
　　　朝課諷経
禺中　祝聖
　　　出征軍隊戦勝祈禱
正午　各霊献供

首楞厳経行道
大回向
対霊小参

右悉知

（明治二八年一〇月五日『曹洞宗務局布達全書』五〇—五一頁）

追弔大法会は二日に渡って営まれ、初日の午後に大施餓鬼会が、二日目の朝は坐禅（入王三昧）にはじまり、朝課諷経、祝聖諷経、出征軍隊戦勝祈禱が営まれ、戦没者に対し昼食が供えられる「各霊献供」が営まれ、首楞厳経行道・大回向・対霊小参によって供養される式次第となっている。

この施餓鬼会の差定は、曹洞宗の布達という形で発信され、曹洞宗の代表である両本山貫首（禅師）が執行している点から、曹洞宗における戦没者供養の一つのモデルとなった。式次第の最後にある「対霊小参」は、故人を前に生死に関わる問答をする禅宗の儀礼であり、『勅修百丈清規』[17]や、大乗寺の『椙樹林清規』などに記載されている。戦没者供養の式次第にこの「対霊小参」が組み込まれていることは、逮夜供養の施餓鬼会のみでは他宗派とほぼ同様の形式となってしまうため、「小参」を最後に営むことで、戦没者供養における禅宗の独自性を強調する試みであったと考えられる。この差定や日程は『明教新誌』などの仏教新聞にも掲載され、広く宗門寺院に認知されることとなった。

このような一宗派を代表する管長が戦没者追弔法会のために全国を巡教していたのは曹洞宗だけではない。例えば、浄土宗では、『明教新誌』三六八四号（明治二八年一一月二八日刊）に、

●日野管長の巡教　浄土宗管長日野霊瑞上人は金沢兵営追弔会を終て去十七日帰京せられたるが来卅日及来月一日宮崎《ママ》福島秋田岩手山形五県下同宗寺院の発企にて仙台市に執行さるる戦死者追弔会に臨るる筈にて河合梁定石

井了玄千野学禅の三氏随行せらるると云ふ

とあり、宗門を代表して管長が巡教し、各地の戦没者追弔会を営んでいることが分かる。

『宗教時報』に記載された曹洞宗寺院の戦没者供養を見てみると、第七号（大正六年七月刊）では「戊辰、日清、日露戦死病歿者の追弔大法会を厳修せらたり」とあり、第一二号（大正七年一月刊）には晋山式の後に「開山五百年忌法要、明治戊辰、日清日露役戦死病歿者並に檀信徒の大施餓鬼法会を厳修」している。その他、第二七号（大正八年四月刊）では第一次世界大戦での戦没者、第四三号（大正九年八月）では「遣西軍人戦病死者並に尼港殉難者の為め」の大施餓鬼会が営まれている。逮夜供養と当日仏事の二日にわたる式次第や対霊小参は確認できないものの、そのほとんどは大施餓鬼会による供養であった。

以上のように、各宗派の機関誌や『宗教時報』などの仏教新聞に戦没者追悼法会の動向は積極的に掲載され、広く認知されていった。掲載された法要には、教団や教区といった多数の寺院が合同で営むものだけでなく、個々の寺院一ヶ寺単位での戦没者供養も含まれ、地域も東京・大阪・京都といった大都市に所在する本山や名刹だけでなく、地方の末派寺院にまで及んでいる。新聞・機関誌というメディアを通して、戦没者供養への積極的な姿勢は喧伝されたのである。そしてある地方の末寺で戦没者供養が営まれたという事実をメディアが報道することは、帰属する菩提寺や地域の寺院でこのような法要を営んでいるか否かを問う機会を醸成する。こうした紙媒体のメディアによって、寺院行事としての戦没者供養への取り組みが広範囲に伝達されることは、寺院の戦死者への姿勢を計る一つの尺度を人びとに提供した。「他の地域の寺院で戦没者供養が営まれている」という情報の伝播は、戦没者供養を営む機会を増加させ、戦没者供養を仏教寺院の果たすべき役割・義務とする社会的要請を醸成していったのではないだろうか。

追善仏事が「敬神崇祖」の名の下に「国民の道徳・義務」として奨励される当時の世相から考えても、「国家のために殉死した」戦没者に対する供養が否定されることは考えにくい。国家間での戦争によって多くの戦没者が生まれるという近代日本の状況は、戦没者供養としての性格を担ってきた施餓鬼会を執行する機会を飛躍的に増加させたのである。

第三節　近代曹洞宗における葬儀・追善供養法の変遷

本節では、近代における追善供養儀礼の再編の動向を曹洞宗の清規・行法書から辿ってみたい。とりわけ、宗旨の構築、家族国家観の形成、「敬神崇祖」の奨励という時代的変化の中で、政治的重要性を強く帯びる「先祖」を供養する追善仏事の行法の推移について着目したい。

近代における追善仏事法を論ずる前に、禅宗における葬儀法の変遷について概観しておきたい。我が国における禅宗の葬儀法は崇寧二年（一一〇三）に長蘆宗賾《ちょうろそうさく》によって編纂された『禅苑清規』に依拠しており、本清規には、住職をはじめとした「尊宿」に対する葬儀法と、尊宿に満たない「亡僧」に対する葬儀法が記載された。宗賾は禅浄兼修の僧であったため、その葬儀法にも「阿弥陀仏十念」「往生呪・四聖号」といった浄土思想に基づく部分があった(18)。

一方、曹洞宗の清規における葬儀法の初出は『瑩山清規』であり、現時点で最古の写本とされる永和二年（一三七六年）書写の禅林寺本には(19)、「亡僧時可行事」として亡僧に対する念誦・回向文が記載されている。太容梵清による写本を承けて開版された月舟宗胡・卍山道白の流布本『瑩山清規』（一六八一年刊）では、こうした浄土教色が払拭され(20)、葬儀法に関しても亡僧だけでなく「尊宿遷化」の葬法も記載されており、『瑩山清規』が宗門において書写伝承されていく過程で、次第に浄土教色が払拭され、葬儀法も追加されてきたと考えられている。

このように禅宗の葬儀法は尊宿・亡僧に対する葬儀法を中心にしている。一方、我が国における在家者に対する体系的な葬儀法の初出は永禄九年（一五六六）に編纂され、明暦三年（一六五七）に刊行された臨済宗、天倫楓隠撰述の『諸回向清規』であるとされている。在家者に対する禅宗の葬儀法は、没後に剃髪・授戒することで僧侶とするため「没後《もつご》作《さ》僧《そう》」と呼ばれ、こうして僧侶となった物故者に『禅苑清規』以降の清規に記載された亡僧に対する葬儀法を営んできた。今日、在家者の葬儀で用いられる棺前念誦・挙棺念誦・山頭念誦と各回向文もこの亡僧に対するものを適応して用いられている。[21]

中国撰述の『禅苑清規』から現行の『昭和修訂　曹洞宗行持軌範』までの一一種の清規に掲載された葬儀法を比較した佐藤昌史によれば、亡僧葬儀法は先述の浄土色の払拭・再入、回向文の追加、変更、太鼓や鉢といった鳴らし物の定式化といった変遷を経ながらも、各念誦や諷経の大要はほとんど変化していないという。[22]また、曹洞宗の在家葬儀法が軌範上で公式に規定されたのは一九五〇年に刊行された『昭和改訂　曹洞宗行持軌範』であるという。[23]

在家葬儀法の成文化に関して禅宗の動向を鳥瞰的に見た時、臨済宗では『諸回向清規式』にその回向文が掲載され、貞享元年（一六八四）刊行の無著道忠『小叢林略清規』によって委細が規定されるなど、一七世紀には葬儀法の成文化がなされた。対して曹洞宗では『義雲和尚語録』『普済禅師語録』に在家者に対する起龕や下火の法語が見られ、道元滅後まもなく在家葬儀が営まれていたとされており、[24]中世後期・近世初期の切紙資料の中に「没後授戒之作法」と題した葬儀に関する文書が存在するものの、広く流布するような文書に成文化されたのは鴻盟社が刊行した『洞上行持諷経錦嚢』、清規で言えば戦後に刊行された『昭和改訂　曹洞宗行持軌範』であるとされている。[25]曹洞宗における在家葬儀は、義雲の香語などから一四世紀前半に確認されていることを鑑みると、その公的な軌範への成文化には実に六〇〇年以上もの歳月を要したことになる。

尾崎正善が清規に記載された葬送儀礼の変遷について論ずる中で、「『瑩山清規』自体は、あくまでも僧堂行事中心の清規であり、在家葬儀に関してまで記載されることはない。葬祭儀礼の詳しい記載は、切紙などの二次的記録の中で伝授されることとなる」と指摘するように[26]、僧堂修行を第一とする曹洞宗にとって、在家葬儀法は二次的な儀礼として位置づけられ、公的性格の強い清規にはその性格上、掲載されにくかったと考えられる。

本節ではこうした諸研究を受け、明治・大正期における曹洞宗の葬儀・追善供養法に焦点を絞って考察したい。明治・大正期を考察の対象とする理由は、仏教諸宗派に関わる出版社が多く創業し[27]、多様な仏教出版物・行法書が刊行された時代であるにもかかわらず、これまでの葬儀・追善供養法の研究においては、曹洞宗務局・宗務庁の出版した『行持軌範』に焦点が当てられるものの、仏教出版社が刊行した行法書がほとんど取り上げられていない。筆者はこれらの行法書が仏教儀礼の伝播・均一化に大きな影響力を持ち、公的な軌範である『行持軌範』を補完する役割を果たしていたと考えている。

およそ四〇年間の明治期において、曹洞宗に関する行法書は数多く刊行された。印刷技術が近世的な木版印刷から活版印刷の導入、台頭という変化を迎え、こうした技術を活用し、仏教諸宗派の書籍を刊行する書肆が興隆、活躍した。こうした書肆の出版物の一つに行法書がある。

表8―2は明治から現在までに刊行された曹洞宗の軌範・行法書を一覧にしたものである。ここで取り上げた書籍は筆者が重要と考える一部のものであるが、其中堂の『甘露門』や一八八九年に曹洞宗務局から刊行された『明治校訂　洞上行持軌範』をはじめとして、多数の書籍が刊行されている。出版者に着目すると、これらの行法書は大きく公私の二種に分かれる。一つは曹洞宗の行政機関である「宗務局」「宗務庁」が発行した『洞上行持軌範』（一八八九年、一九一八年）、『曹洞宗行持軌範』（一九五〇年、一九五七年、一九六七年、一九八八年）である。もう一つは一般書肆が発行し

た書籍である『甘露門』『洞上行持四分要録』『改正施餓鬼作法』『洞上行持諷経錦嚢』『曹洞四分回向集』『禅宗曹洞聖典』である。本節ではこれらの書籍の記載から葬儀と追善供養法についてそれぞれ変遷を辿ってみたい。

明治一六年（一八八三）に其中堂から出版された『甘露門（大施餓鬼）』（以下、『甘露門』と略記す）について見てみたい。本書は近世面山瑞方が制定した「奉請三宝」に始まる『甘露門』を刊行したものであるが、後半部には「若人欲了知」

表8―2　近代に刊行された曹洞宗の軌範・行法書

書名	出版年	出版者	著者・編者	形状	冊数
『甘露門（大施餓鬼）』	一八八三年	其中堂	面山瑞方	折本	1冊
『明治校訂　洞上行持軌範』	一八八九年	曹洞宗務局	曹洞宗務局	和装本	3冊
『諷経必携　洞上行持四分要録』	一八九〇年	森江書店	菊地太仙	折本	1冊
『改正施餓鬼作法　甘露門・在家葬式法』	一八九一年	森江書店	原大泉	和装本	1冊
『洞上行持諷経錦嚢』	一八九二年	鴻盟社	不明	折本	1冊
『曹洞四分回向集』	一九〇三年	出雲寺松栢堂（其中堂）	古川清林	折本	1冊
『禅宗曹洞聖典』	一九一一年	光融館	山田孝道	洋装本	1冊
『改訂増補明治校訂　洞上行持軌範』	一九一八年	曹洞宗務局	曹洞宗務局	和装本	3冊
『昭和改訂　曹洞宗行持軌範』	一九五〇年	曹洞宗宗務庁	曹洞宗宗務庁	洋装本	1冊
『昭和改訂　曹洞宗行持軌範』	一九五七年	曹洞宗宗務庁	曹洞宗宗務庁	洋装本	1冊
『昭和訂補　曹洞宗行持軌範』	一九六七年	曹洞宗宗務庁	曹洞宗宗務庁	洋装本	1冊
『昭和修訂　曹洞宗行持軌範』	一九八八年	曹洞宗宗務庁	曹洞宗宗務庁	洋装本	1冊

から始まる「開甘露門」と呼ばれる施餓鬼法、『仏頂尊勝陀羅尼』や浴仏偈・龕前念誦・挙龕念誦・山頭念誦とその回向、安位諷経回向といった葬儀法が記載されており、回向文に「功徳奉為某名入安位」と記されていることから、在俗者を対象とした葬儀法と考えられる。

軌範・行法書上における在家葬儀の念誦文や回向文の初出は、松浦秀光によれば、後述する『洞上行持諷経錦嚢』という鴻盟社が一八九二年に刊行した書籍であると指摘されているが[28]、この『甘露門』の刊行は一八八三年なので、近代において出版された行法書において、初出の可能性をもつ。ただし、広く禅宗で言えば、第四章で見たように臨済宗の『諸回向清規』の「諸念誦之部[29]」や、『小叢林略清規』の「在家送亡[30]」、寛文七年（一六六七）に刊行された『無縁双紙』の「諸念誦部」などに在家葬儀の念誦・回向文が載録されており、『甘露門』付載の葬儀法はこれら近世の刊本の記述を承けたものである。ただし、以下に示す安位諷経の行法は『椙樹林清規』の「亡僧ノ式」に依拠したものである。

山頭
……
了而楞厳神呪或大悲神呪回向
上来念誦諷経功徳奉為某名入茶毘掩土之次荘厳報地
次祈禱心経三巻不動呪廿一返普回向次安位諷経光明真言随求陀羅尼各廿一返大悲呪一返回向
上来諷誦経呪功徳奉為某名入安位荘厳報地　十方三世至蜜

（『甘露門』〈其中堂、一八八三年〉）

『椙樹林清規』所収の亡僧葬法における安座諷経では、山頭念誦の後、本尊前で般若心経三返・不動呪二一返を誦し、普回向を唱えて、大悲呪・光明真言二一返・八句陀羅尼二一返を読誦する形式である。[31] 対して、『甘露門』付載の葬儀法には八句陀羅尼を欠いているが、ほぼ同様の式次第である。このように近世の刊本に記された行法だけでなく、『椙樹林清規』にも依拠しながら、葬儀法の行法書を仏教書林が出版していたのである。後述するように、明治・大正期に宗務局から頒布された『明治校訂　洞上行持軌範』という公的な儀軌には葬儀法は載録されていないため、仏教書肆の行法書はその補完的な役割を担ったと考えられる。

次に明治初期に曹洞宗務局より発行された『明治校訂　洞上行持軌範』を取り上げたい。『正法清規』や『椙樹林清規』などが各僧堂ごとの軌範という性格を強く帯びていたのに対し、『明治校訂　洞上行持軌範』は宗門全寺院が遵守すべき軌範の書として曹洞宗務局より明治二二年（一八八九）に発行された。曹洞宗からは（傍線は筆者による）、

明治校訂洞上行持軌範編纂完成ヲ告ケタルニ由リ茲ニ之ヲ頒布セシム宗内僧侶一般ニ修習シテ従前区々ノ行持ヲ廃止シ明治廿四年一月一日以後同一ニ此ノ軌範ヲ遵行スヘシ

明治廿二年八月十五日　永平現董直晃断際禅師瀧谷琢宗

總持現董法雲普蓋禅師畔上楳仙

（『曹洞宗務局布達全書』第五巻、八二丁裏）

との告諭が明治二二年八月一五日に出されており、「区々ノ行持ヲ廃止シ」「軌範ヲ遵行スヘシ」とあるように、宗門寺院の行持を本書によって画一化することで儀礼の地域性や多様性が強い宗門の統一化を試みている。本書の記載事項は表8―3の示すとおりであり、[32] 本書には、葬儀に関する記載は僧俗ともに確認できない。

この欠を補うべく、檀信徒の葬儀に関する行法を記載したのは、菊地太仙が編者をつとめ、森江書店から一八九〇年六月に出版された『諷経必携　洞上行持四分要録』（以下『四分要録』と略記す）である。[33] 本書は一八八九年一〇月に宮

表8―3　『明治校訂　洞上行持軌範』（曹洞宗務局・一八八九年刊）の目次

●日分行事

後夜坐禅　朝課諷経　赴粥飯法　粥罷普請　早晨坐禅　早参法益　竃公諷経　日中諷経　午時行鉢　斎罷看読　斎罷法益　晩課諷経　薬石喫湯　初夜坐禅　附　日課三時諷経回向　日課三時諷経考

●月分行事

初一日　祝聖諷経・鎮守諷経・課罷小参・巡堂行茶・本尊上供　三日　僧堂念誦　四日　浄髪・開浴・達磨献湯　五日　韋駄天諷経・達磨献供　八日　僧堂念誦　九日　浄髪・開浴　十一日　宣読清規　十三日　僧堂念誦　十四日　浄髪・開浴・夜参行茶　十五日　祝聖諷経・鎮守諷経・小参・巡堂行茶・本尊上供・布薩　十八日　僧堂念誦　十九日　浄髪・開浴　廿三日　僧堂念誦　廿四日　浄髪・開浴　廿八日　僧堂念誦・両祖献湯　廿九日　両祖献粥・両祖献供　三十日　浄髪・開浴　三十一日　布薩・夜参　附　各寺開山諷経回向・同世代諷経回向・在家檀那諷経回向・同略回向

●年分行事

一月一日　人事行礼　賀客管待　転大般若　僧堂特為茶　結制半夏
一月二日　転大般若
一月三日　転大般若
一月廿二日　開基征月忌逮夜諷経準例
一月廿三日　開基征月忌献供諷経準例
二月一日　読遺教経
二月九日　行履調査
二月十日　円鏡調印式
二月十一日　紀元節祝聖
二月十四日　僉疏式　涅槃会準備　土地堂念誦
二月十五日　人事行礼　涅槃会出班焼香　涅槃会略修回向
二月十六日　衆僧送行　開旦過
四月一日　閉爐
四月七日　仏誕会準備　僉疏式
四月八日　仏誕会出班焼香
五月一日　戒臘簿調認　閉旦過
五月二日　入寺式　請首坐法　排位諸図調認
五月十二日　疏牓調認　僉疏式　普回向牌調認
五月十三日　請楞厳頭法　啓建楞厳会　夏中楞厳会法　衆寮諷経
五月十四日　土地堂念誦　僧堂特為湯
五月十五日　人事行礼　住持巡寮　戒臘円鏡牌　祝茶　上堂　僧堂特為茶
五月十六日　羅漢講式　本則茶
五月十七日　祝茶　法問
六月一日　僧堂換簾
七月一日　結制半夏
七月二日　淋汗開浴
七月廿日　諸堂晒薦
八月一日　晩課施餓鬼会
八月九日　行履調査
八月十日　円鏡調印式
八月十二日　僉疏式
八月十三日　楞厳会満散　墳墓諷経
八月十四日　僉疏式　土地堂諷経
八月十五日　人事行礼　盂蘭盆会
八月十六日　衆僧送行　開旦過
九月廿八日　両祖宿忌　迎真諷経　特為湯諷経　僉疏式
九月廿九日　両祖献粥諷経　出班焼香　特為茶　送真諷経
十月一日　僧堂換簾
十月四日　達磨忌　僉疏式　迎真諷経　献湯諷経
十月五日　献粥諷経　出班焼香　送真諷経
十一月一日　閉旦過　戒臘簿調認　開炉
十一月二日　入寺式　請首座法　排位諸図調認
十一月三日　天長節祝聖
十一月十二日　湯牓念誦調認
十一月十三日　衆寮諷経
十一月十四日　土地堂念誦　僧堂特為湯
十一月十五日　人事行礼　住持巡寮　戒臘円鏡牌　祝茶　上堂　僧堂特為湯
十一月十六日　羅漢講式　本則茶
十一月十七日　祝茶　法問
十二月七日　成道会準備　徹夜坐禅
十二月八日　献粥諷経　出班焼香
十二月九日　断臂報恩　徹夜坐禅
十二月十日　献粥諷経　献供諷経
十二月十三日　掃煤
十二月卅一日　土地堂念誦

●附属法並臨時行持
諸疏類　涅槃会疏　誕生会疏　成道会疏　楞厳会啓建疏
楞厳会満散疏　盂蘭盆会施餓鬼疏　高祖忌疏　太祖忌疏
達磨忌疏　両祖忌疏　各寺開山忌疏　附　諸疏調整弁
●雑部類
更点法廃止時分法新設　挙経法　回向読誦法　打磬法　手磬法　鳴木魚　回向双紙伝致法　進退略法　十仏名弁

●諸図式
楞厳会図　念誦巡堂図　僧堂鉢位図　衆寮看読位　課誦位　飯台位　行茶位
●臨時類
入院晋山法　入院晋山略法　祝国開堂法　当晩小参法　新到掛搭法　施餓鬼法　説教道場法　転読大般若法　転読大般若疏　頓写法事式

城県曹洞宗沙弥教校の学科書として編纂されたものでもともとは非売品であったが、翌年に森江書店から刊行された。編者の菊地太仙（聖嶽大仙）は、宮城県曹洞宗沙弥教校の校長兼教師であり[34]、宮城県大河原町の繁昌院二一世となった人物である。『明治校訂　洞上行持軌範』が編纂、頒布されたわずか一年後に、東京飯倉町の森江書店という書肆から『四分要録』は販売された。森江書店は「禅宗書林」を自称し、禅家の仏教経典類を出版している書店であった。本書の凡例には、以下のようにある（傍線は筆者による）。

一、此書ハ沙弥童行ノ教育ニ必用ナルモ世ニ未ダ編纂シテ冊子トナシタル者ナキヲ以テ寺門ノ授業頗ル不便ヲ感セリ故ニ余授業ノ余暇輯録シ以テ之ヲ活梓ニ附スル者専ラ駆烏ヲシテ謄写ノ煩労ト時日ノ消費トヲ省カシメント欲スルナリ

一、此書ハ乾坤二巻概子行持軌範ノ中ヨリ日分月分年分ノ要ヲ摘録スト雖ドモ其無キ所即チ臨時分ノ如キ之ヲ他ノ書ニ採テ其闕略ヲ補ヒ以テ行法諷経ト夏冬制中トノ便ニ供ス

一、此書固ヨリ世ニ公ニスルノ意ニアラサレドモ望求ノ者日ニ多ク余ニ頒附ヲ責テ止マス然ドモ冊数限リアリ悉ク其嘱ヲ塞クニ足ラス故ニ今ハ止ムナク公益スルコトトナシタリ　…（中略）…

維時明治廿三年六月上浣　　編者謹識

（菊地太仙編『諷経必携　洞上行持四分要録』凡例）

乾坤二巻とあるのは本書が折本形式で表側が乾巻、裏側が坤巻となっているためである。凡例の「行持軌範ノ中ヨリ日分月分年分ノ要ヲ摘録スト雖ドモ其無キ所即チ臨時分ノ如キ之ヲ他ノ書ニ採テ其闕略ヲ補ヒ以テ行法諷経ト夏冬制中トノ便ニ供ス」との記載から分かるように、先述した『行持軌範』に記載が少ない臨時行持に関する行法を載録し、その欠を補完する目的で刊行されている。本書でとりわけ注目すべきは、先の『明治校訂　洞上行持軌範』にはなかった在家葬儀に関する唱句・念誦文・回向文が記載されていることであり、その項目は以下のとおりである。

〔檀越行事　葬儀〕

・懺悔文　・三帰戒文　・十重禁戒・入棺諷経回向　・龕前念誦、回向　・挙棺念誦　・山頭念誦、回向　・送棺回向　・安位諷経回向　・大幡文　・小幡文　・天蓋幡文　・剃髪式偈

本書には儀礼の詳細な所作などは省略され、唱句や回向文のみしか掲載されていない。また、尊宿・亡僧に対する葬儀法に関する記載はまったくなく、開山・世代の月忌、年忌の諷経と開山・世代・亡僧の「墳墓諷経」の回向文が記載されているのみである。鈴木泰山が『禅宗の地方発展』において、『瑩山清規』の回向文に関して論ずる中で、「現今曹洞宗寺院に普く使用せられている洞上行持四分要録」という表現が見られるように[35]、本書は曹洞宗内に広く普及していた。先の其中堂が刊行した『甘露門』付載の葬儀法よりも詳細な記述となっており、とりわけ安位諷経が大悲呪のみを読誦する形式を載録している。先述した曹洞宗務局発行の『明治校訂　洞上行持軌範』と本書を比較して考えると、『行持軌範』は僧堂での行事に重きを置き、宗務局という公的機関から刊行された曹洞宗の統一的な軌範としての性格をもつのに対し、『四分要録』はより檀信徒教化を重視した書籍となっている。

『四分要録』が刊行された翌年の明治二四年（一八九一）に森江書店は面山瑞方の『施餓鬼作法』に在家葬儀を付載

した『改正施餓鬼作法』を刊行している[36]。本書は原大泉が編輯し、森江佐七が出版した書籍であるが、其中堂の『甘露門』の構成を踏襲したものであり、面山撰の甘露門と在家葬儀法から成っている。ただし、後半部の山頭念誦の念誦文と行法、安位諷経の行法に変更が加えられている。具体的には山頭念誦の「南無西方極楽世界大慈大悲阿弥陀仏」を三遍唱える部分が十仏名に変更され、安位諷経の行法が削除されている。以上のような浄土色の払拭、『椙樹林清規』の行法の削除により、葬儀法が『瑩山清規』に依拠した行法に再編されている。そしてこの葬儀法は出版書肆を同じくする先の『四分要録』とほとんど同一のものである。

本書でとりわけ注目したいのは、変更の理由を明記している点である。例えば、山頭念誦での阿弥陀念仏を十仏名に変更した理由は、「十仏名ヲ唱フハ瑩規ニ憑ル今後ハ南無西方極楽云々ハ廃スヘシ」、安位諷経の行法に関しては、「安位諷経ハ諸清規有無一ナラス原拠明確ナラサルモノニ付廃スヘシト宗局ヨリノ令ナレハ茲ニ載セス」、本書巻末には「七本塔婆ハ無縁双紙ニ出ル外諸清規ニナシ廃スヘシト宗局ノ令ナレハ亦載セス」とある。以上のように、森江書店の『改正施餓鬼作法』は曹洞宗務局の令に従って、其中堂の『甘露門』載録の葬儀法を改正したものであり、そのため宗務局の意向に沿った葬儀法と考えられる。

森江書店より『四分要録』が刊行された約二年後、曹洞宗の出版物を多く手がける鴻盟社から『洞上行持諷経錦嚢』（以下『諷経錦嚢』と略記す）が出版される。鴻盟社は『修証義』を編纂した大内青巒によって創業された出版社である。巻首には「曹洞宗務院御検閲済」との文言や一仏両祖の図像が掲載されており、先の『四分要録』よりも宗門の公認を意識した書籍となっている。曹洞宗の機関誌『宗報』第三三号に掲載された『諷経錦嚢』（第五版）の広告には、本書を「洞上不可欠の大宝典」と謳い、「字形を大ならしめたれば御老眼にも容易に読むことを得べし」と購買を勧誘している[37]。本書は一九三〇年にも改版されており、このような『四分要録』『諷経錦嚢』といった一般書肆の行法書の流布は、これらに記載された葬儀・追善供養法が普及した状況を示していると思われる。

葬儀に関する記述を見ると、先の『四分要録』が在家葬儀の回向文を記載しているのに対し、鴻盟社の『諷経錦嚢』には、「尊宿喪法」と「在家喪法」の二種が掲載されている。

前者の「尊宿喪法」では、門牌や請喪司諸職牓図、請仏事牓図、喪中行法牓図、出喪牓図に始まり、続いて「尊宿喪法念誦回向」と題して、入龕念誦・回向、移龕回向、逮夜念誦・回向、起龕念誦、山頭念誦・回向が記載され、次いで彩幡四流・白幡四流の「尊宿喪儀幡文」が掲載されている。つまり、具体的な葬法というよりも、尊宿葬儀の際に準備する幡や掲示物、並びに葬儀での唱句をまとめた内容となっている。和尚に満たない亡僧、在家者の葬儀法に関しては「在家喪法念誦回向」と題し、入龕諷経回向、龕前念誦・回向、挙棺念誦、山頭念誦・回向、送棺回向、安位諷経回向、大幡文・小幡文・天蓋幡文・剃髪偈が記載されている。『四分要録』と比べて、懺悔文・三帰戒文・十重禁戒が省略され、念誦のみを記載している。

『四分要録』『諷経錦嚢』といった一般書肆の行法書が宗門寺院に広まる中で、一九一八年に改訂された『改訂増補明治校訂　洞上行持軌範』の臨時行持に、「尊宿葬儀法」が追加される。この葬儀法は戦後の『昭和改訂　曹洞宗行持軌範』（一九五〇年刊）から現行の『昭和修訂　曹洞宗行持軌範』（一九八八年刊）にまで継続的に掲載されている。一方、在家者の葬儀法に関しては、一九五〇年に刊行された『昭和改訂　曹洞宗行持軌範』に初めて掲載され、その次第は現行の『昭和修訂　曹洞宗行持軌範』に継承されている。

以上、明治・大正期の清規・行法書から曹洞宗における葬儀法の変遷について見てきた。これらの書籍には、曹洞宗の行政機関である宗務局・宗務庁から刊行された『行持軌範』と一般書肆から刊行された行法書の二種があり、葬儀法に関する記載は、公的性格が強い『行持軌範』よりも『甘露門』『四分要録』『改正施餓鬼作法』『諷経錦嚢』といった仏教書店から刊行された書籍にまず掲載された。ここから近世と同様に公的な軌範だけでなく、商業的な一般書籍もまた曹洞宗の儀礼流布の基盤となったと考えられる。こうした状況をうけ、『行持軌範』にも一九一八年に尊宿の葬儀法が、一九五〇年には在家葬儀法が追加記載され、現在に至っている。この二つの軌範は宗務局・宗務庁という宗門の行政機関によって編纂されたものであるが、その販売・頒布取次を行ったのは『諷経錦嚢』を刊行した鴻盟社であり、一般書肆がいかに近代において仏教儀礼の流布に重要な役割を果たしていたかが推察される。

ではなぜこのような変遷を辿ったのか、試論の域をでるものではないが筆者の見解を述べたい。先行研究が指摘するように[38]、明治維新後、曹洞宗は行政を担う宗務局の設立、宗制の制定を行い、「曹洞宗」という宗派の制度・行政の近代化を急速に進めた。宗門が統一化される中で軌範を各僧堂・寺院で個々に継承する形式から宗門全体が依拠する形式へと変更する必要があった。それは全国に展開する教線の最前線で活動する寺院が法統や創建の経緯といった個々の歴史的背景、当該地域の宗教的背景によって、儀礼の地域性や多様性を多分にもっていたからであろう。

しかし、とりわけ民衆との重要な接点となっていた葬儀に関して画一的な行法を公的に規定することは難しかったのではないだろうか。そこには道元などの著作を中核とした宗旨と宗門の葬儀法との整合性を図るといった困難な問題が横たわっている。『行持軌範』は宗門の公的な軌範という性格故に、葬儀法の掲載に関して消極的にならざるをえなかったと思われる。そこで『改正施餓鬼作法』に見られるような「宗局ヨリノ令」を出し、『諷経錦嚢』では「曹洞宗宗務院御検閲済」という認可を与えるなど、一般書肆の刊行する行法書に対する影響を及ぼすことで、曹洞宗の葬儀法を『洞上行持軌範』という儀軌には載録しなかったものの、半ば公的な行法として普及させていったと考えられる。尾崎正善が指摘するように、在家者に対する葬儀法には二次的な位置づけがなされ、その行法は中・近世を通じて切紙や刊本によって伝承されてきた。そして、仏教出版社がこれらの行法を「経本」と呼ばれるような携帯性・

利便性に特化した書籍として商品化し、販売したのである。つまり、仏教書肆の刊行した行法書は切紙などの代替的役割を果たし、在家葬儀法が軌範に掲載される基盤となったと思われる。

以上、明治から現在までの葬儀法の変遷について見てきた。次に中陰仏事や百箇日、年忌仏事といった追善供養法について、先の葬儀法と同様の資料を用いて、その変遷を見ていきたい。

曹洞宗務局より一八八九年に刊行された『明治校訂　洞上行持軌範』には、僧俗を問わず葬儀法の記載がないことは先述した通りである。本書に示される追善供養法は、日分行事の朝課諷経で営まれる「祠堂諷経」、月分行事の「檀那諷経」、年分行事の開基大仏寺殿宿忌献湯諷経・正忌献供諷経、墳墓諷経である。まず日分行事の「祠堂諷経」に関して以下のように記載されている。

　同　祠堂諷経　寿量品偈

仰ギ冀クハ三宝俯シテ照鑑ヲ垂レタマヘ。上来大乗妙典如来寿量品偈ヲ諷誦ス。集ムル所ノ功徳ハ、某和尚某首座某上座当山亡僧伽等各々品位本朝人王歴代皇帝各々神儀当寺開基已下檀那先亡結縁諸霊日牌月牌諸精霊等戒名両本山ハ護法会過去帳及吉祥講仏慈講ノ諸霊等当寺結縁祠堂ノ檀那合山清衆ノ六親眷属七世ノ父母法界ノ含識ニ。同ク菩提ヲ円ニセンコトヲ。

（『明治校訂　洞上行持軌範』上巻、一七丁表、原漢文）

この記述から祠堂諷経では妙法蓮華経如来寿量品偈を読誦し、祠堂などに祀られている和尚・首座・上座・亡僧といった僧侶、並びに歴代皇帝・開基などの在家者を供養する法会であることが分かる。また「開基」という語のあとに「已下檀那先亡結縁諸霊日牌月牌諸精霊等戒名両本山ハ護法会過去帳及吉祥講仏慈講ノ諸霊等」とあり、それぞれの寺院に結縁し、日牌月牌といった供養の対象となっている者、そして本山ではその信者組織である「吉祥講」「仏慈講」の物故者を読み込むようになっている。月分行事の「檀那諷経」について見てみると、凡ソ各寺開基又ハ大檀那若クハ特別祠堂ノ月忌正忌ニ当ル時ハ逮夜献湯当日献供諷経ヲ勤ムヘシ回向ニ云ク在家通常ノ回向モコレト同シ

（『明治校訂　洞上行持軌範』上巻、三九丁表）

とあり、開基などの大檀那の月忌の前日には、逮夜献湯、当日には献供諷経を勤める形態となっている。末尾の注記に「在家通常ノ回向モコレト同シ」とあり、開基や大檀那といった経済的な援助の大きな外護者だけでなく、一般の在家者も同様の回向を用いる旨が記載されている。

その回向文を見ると、

浄極り光り通達し、寂照にして虚空を含む、却来して世間を観ずれば、猶夢中の事の如し。仰ぎ冀くは三宝、俯して照鑑を垂れたまえ。山門毎（今）月来（今）日伏して、開基法号某甲某乙月忌（何忌）之辰に値う。虔で香燭（蜜湯茶湯珍膳）を備え、経（呪）を諷誦す。集むる所の功徳は覚霊を資助し報地を荘厳す。伏して願は、生死の流に処して、驪珠独り滄海に耀き、涅槃の岸に踞して、桂輪孤り碧天に朗に、普く世間を導て、同く覚路に登んことを。

（『明治校訂　洞上行持軌範』上巻、三九丁表、原漢文）

というもので、『瑩山清規』（禅林寺本）の「亡者回向」を継承した文言を用いている。[39] 法要の形態に関しては、年分行事に、

開基大仏寺殿宿忌○粥罷知殿又ハ侍真開基ノ牌前ヲ荘厳シ花燭供具ヲ備フ。哺時献湯諷経ス。鳴鐘集衆両序班立常ノ如シ住持入堂仏前ニ上香シ直ニ開基牌前ニ到テ焼香献湯揖シテ位ニ帰ル。維那挙経ス。観音経行道回向文ハ通常ノ在家回向浄極光通達云云了テ散堂。…（中略）…午時開基正忌献供諷経○茶菓湯珍饈ヲ供シ楞厳呪行道回向トス。行式ハ宿忌ト同シ。右ハ各寺院ノ開基

征月忌ヲ準知セシムル為メ茲ニ祖山ノ例ヲ示ス

（『明治校訂　洞上行持軌範』中巻、六丁裏―七丁表）

とあり、永平寺開基である大仏寺殿の宿忌献湯諷経・正忌献供諷経が各寺院の「開基征月忌ヲ準知」させる目的で示されている。この記述によれば、祥月命日の前日に営む逮夜献湯では観音経が、正当の献供諷経では楞厳呪が読誦される形態となっている。年分行事の八月一三日の項に、墳墓諷経に関する記載があり、哺時に開山塔、世代塔、亡僧卵塔での諷経の後、甘露門を読誦しながら、檀越の墳墓を巡行するとある[40]。

それに対し、森江書店より販売された『四分要録』には、これまでの清規に見られない形態の追善供養法が示されている。「檀越行事」と題して、次のような回向文が記載されている（傍線は筆者による）。

〔檀越行事　年回〕

○本尊上供回向　心経

上来、般若心経を諷誦する功徳は大恩教主本師釈迦牟尼仏、高祖仏性伝東国師承陽大師、太祖弘徳円明国師、尽十方界、一切の三宝に回向す。伏して願くは四恩総て報じ三有斉く資け法界の有情と同く種智を円かにせんことを。冀ふ所は家道興隆、災障消除、諸縁吉祥ならんことを。

○正当年回回向　経呪適宜

浄極り光通達し寂照にして虚空を含む。却来して世間を観ずれば猶ほ夢中の事の如し。仰ぎ冀くは三宝伏して照鑑を垂れたまへ。（家門毎 山門本）月（来 今）日伏して（法号 何回）忌の辰に値う。虔で香華灯燭湯菓茶珍饈を備へ以て供養を伸ぶ。恭く現前の清衆を請して同音に経呪を諷誦（或は看誦 又は訓誦）す。集る所の功徳は覚霊を資助し報地を荘厳す。伏して願くは生死の流に処して驪珠独り滄海に耀き涅槃の岸に踞して桂輪孤り碧天に朗かに普く世間を導て同く覚路に登らんことを。

○先亡累代諷経回向　一呪適宜
仰ぎ冀くは三宝俯して照鑑を垂れたまへ。上来（経呪）ヲ諷誦す集る所の功徳は、（先亡累代法号）家門先亡累代精霊、六親眷属七世の父母、有縁無縁三界の万霊、法界の含識等に回向す。冀ふ所は曠劫の無明当下に消滅し、真空の妙智即ち現前することを得、頓に無生を了て速に仏果を証せんことを。
○檀越墳墓諷経回向　大悲呪
上来大悲心陀羅尼を諷誦す集る所の功徳は何信士女に回向す。冀ふ所は報地を荘厳せんことを。十方三世云云
○卒屠《ママ》婆文（七七日之部）
○年回搭婆文（百ヶ日、一周年、三年、七年、十一年、十三年、十七年、二一年、二三年、二七年、三十三年、五十年）
（菊地太仙編『諷経必携　洞上行持四分要録』乾巻）

本書に記載された法要には、般若心経を読誦するA「（檀越）本尊上供」、適当な経呪を読誦するB「正当年回回向」とC「先亡累代諷経」、大悲心陀羅尼を読むD「檀越墳墓諷経」の四種があげられている。回向文から見れば、この追善仏事は本尊釈迦牟尼仏と両祖である永平道元、瑩山紹瑾、そして一切の三宝に回向するA本尊上供をまず行い、次いで「正当」と呼ばれる命日を迎えた物故者を弔うB正当年回回向、そして物故者の家の先祖を供養するC先亡累代諷経という三部構成となっている。この構成は現行の『昭和修訂　曹洞宗行持軌範』にある檀越本尊上供、祠堂檀那諷経、檀越先亡累代諷経という曹洞宗の追善供養法とほとんど同様の形態であり、これにD檀越墳墓諷経という墓参での法要が加えられている。物故者に対する供養の前に本尊上供を営む形態は、面山瑞方の『洞上僧堂清規行法鈔』にある、

薦亡施食法ハ、小施架ノ上ニ位牌ヲ立テ、小供具先ノ如シ、尽出輪回生浄土ノ次ニ、直ニ普回向シテ、両序環転

シテ、本尊上供、次ニ亡者ニ献供シテ遶行ナリ。

（『曹洞宗全書　清規』一二一頁下段―一二二頁上段）

との記載や、石川力山が取り上げた新潟県諸上寺所蔵の江戸中期頃に書写された切紙資料に、

未八　献霊供法

先進《テ》二本尊前《ニ》一焼香上供諷経、次《ニ》維那向《テ》二導師《ニ》一問訊而進二亡者位牌前一焼香、取二生飯一薫二香煙上《ニ》一黙唱云、上分三宝中報四恩、下及六道皆同供養、唱了置二生飯於盤側《ニ》一、挿二著（箸カ）於飯上一念想云、竪《ニ》亘二三際一、横《シテ》窮二十方一、次黙唱二亡者法号一、眨眼住視《ス》、亦焼香合掌唱云、三輪清浄空寂三輪龕、如是此三唱《ヒ》了、転レ身向二導師一問訊《シテ》飯レ位、導師進二位牌前一、焼香観想《シテ》飯レ位《ニ》、一揖《スル》時維那挙《ス》レ経也

（石川力山「中世曹洞宗切紙の分類試論（十一）――追善・葬送供養関係を中心として（補）」『駒澤大学仏教学部研究紀要』第四六号、一九八八年、一三四頁下段）

とあり、本尊上供の後に物故者の追善仏事を営む形態は近世以降、宗門寺院の儀礼としてある程度定着していたと思われる。しかし、この『四分要録』に示された本尊上供・正当年回回向・先亡累代諷経からなる三部構成の追善供養法は、管見の限り本書以前の軌範・行法書には確認できない。おそらく現行の『昭和修訂　曹洞宗行持軌範』に記載されている追善供養法の起源は、一八九〇年頃と言えるのではないだろうか。

表8―4は『明治校訂　洞上行持軌範』『四分要録』以後の行法書などに記載された在家仏事の回向文を一覧にしたものである。本表が示すように、『四分要録』に掲載された三部構成の追善供養法は、それ以後に刊行された『諷経錦嚢』（一八九二年刊）、『曹洞四分回向集』（一九〇三年刊）、『禅宗曹洞聖典』（一九一一年刊）といった一般書肆の回向集・行法書に若干の違いはあるものの、ほとんど同等の文言が継続して記載された。『禅宗曹洞聖典』の檀越本尊上供回向

表8—4　曹洞宗の軌範・行法書に記載された追善仏事の回向文

種類	法要名	明治校訂　洞上行持軌範（1889）	諷経必携　洞上行持四分要録（1890）
一仏両祖への法要	檀越本尊上供	記載無し	●本尊上供回向 上来、般若心経を諷誦する功徳は大恩教主本師釈迦牟尼仏、高祖仏性伝東国師承陽大師、太祖弘徳円明国師、尽十方界、一切の三宝に回向す。伏して願くは四恩総て報じ三有斉く資け法界の有情と同く種智を円かにせんことを。冀ふ所は家道興隆、災障消除、諸縁吉祥ならんことを。
物故者のための法要	祠堂檀那諷経（月分）	●祠堂檀那諷経 浄極り光り通達し、寂照にして虚空を含む、却来して世間を観ずれば、猶夢中の事の如し。仰ぎ冀くは三宝、俯して照鑑を垂れたまへ。山門毎（今）月来（今）日伏して、開基法号某甲某乙月忌（何忌）の辰に値ふ。虔で香燭（蜜湯茶湯珍膳）を備へ、経（呪）を諷誦す集むる所の功徳は覚霊を資助し報地を荘厳す。伏して願は、生死の流に処して、驪珠独り滄海に輝き、涅槃の岸に踞して、桂輪孤り碧天に朗に、普く世間を導いて、同く覚路に登んことを。	記載無し
	正当回向	同上	●正当年回回向 浄極り光通達し寂照にして虚空を含む。却来して世間を観ずれば猶ほ夢中の事の如し。仰ぎ冀くは三宝伏して照鑑を垂れたまへ。家（山）門毎（本）月来（今）日伏して法号何回忌の辰に値ふ。虔で香華灯燭湯菓茶珍饈を備え以て供養を伸ぶ。恭く現前の清衆を請して同音に経呪を諷誦（或は看誦、又は訓誦）す集る所の功徳は覚霊を資助し報地を荘厳す。伏して願くは生死の流に処して驪珠独り滄海に耀き涅槃の岸に踞して桂輪孤り碧天に朗かに普く世間を導て同く覚路に登らんことを。
先亡累代のための法要	先亡累代諷経	記載無し	●先亡累代諷経回向 仰ぎ冀くは三宝伏して照鑑を垂れたまへ。上来経呪を諷誦す集る所の功徳は、（先亡累代法号）家門先亡累代精霊、六親眷属七世の父母、有縁無縁三界の万霊、法界の含識等に回向す。冀ふ所は曠劫の無明当下に消滅し、真空の妙智即ち現前することを得、頓に無生を了て速に仏果を証せんことを。
墓参の法要	墳墓諷経	●普回向 願わくは此の功徳を以て、普く一切に及ぼし、我等と衆生と、皆共に仏道を成ぜんことを。	●檀越墳墓諷経 回向 上来大悲心陀羅尼を諷誦す集る所の功徳は何信〈士・女〉に回向す。冀ふ所は報地を荘厳せんことを。十方三世云云

洞上行持諷経錦嚢（1892）	曹洞四分回向集（1903）	
●本尊上供回向 上来般若心経を諷誦する功徳は大恩教主本師釈迦牟尼仏、高祖仏性伝東国師承陽大師、太祖弘徳円明国師、尽十方世界、一切の三宝に回向す。伏して願くは四恩総て報じ三有斉く資け法界の有情と同く種智を円かにせんことを。冀ふ所は家道興隆、災障消除、諸縁吉祥ならんことを。	●檀越本尊上供回向 上来般若心経を諷誦する功徳は大恩教主本師釈迦牟尼仏、高祖仏性伝東国師承陽大師、太祖弘徳円明国師、尽十方世界、一切の三宝に回向す。伏して願くは四恩総て報じ三有斉く資け法界の有情と同く種智を円かにせんことを。冀ふ所は家道興隆、災障消除、諸縁吉祥ならんことを。	●檀越本尊上供回向 上来般若心経を諷誦する
●檀那諷経 浄極り光り通達し、寂照にして虚空を含む。却来して世間を観ずれば、猶夢中の事の如し。仰ぎ冀くは三宝、俯して照鑑を垂れたまへ。山門毎（今）月来（今）日伏て、開基法号月忌（又は某甲何忌）の辰に値ふ。虔で香燭（茶湯珍饈）を備へ、経（呪）を諷誦す集る所の功徳は覚霊を資助し報地を荘厳す。伏して願くは、生死の流に処して、驪珠独り滄海に輝き、涅槃の岸に踞して、桂輪孤り碧天に朗に、普く世間を導て、同く覚路に登んことを。	●檀那諷経 浄極り光り通達し、寂照にして虚辰を含む。却来して世間を観ずれば、猶夢中の事の如し。仰ぎ冀くは三宝、俯して照鑑を垂れ玉へ。山門毎（今）月来（今）日伏て、開基法号月忌（又は某甲何忌）の辰に値ふ。虔で香燭（茶湯・珍膳）を備へ、経（呪）を諷誦す集る所の功徳は覚霊を資助し報地を荘厳す。伏して願くは、生死の流に処して、驪珠独り滄海に輝き、涅槃の岸に踞して、桂輪孤り碧天に朗に、普く世間を導て、同く覚路に登んことを。	●檀那諷経 浄極り光通達し、寂照にして虚空を含む。
●正当年回向 浄極り光り通達し寂照にして虚空を含む。却来して世間を観ずれば猶ほ夢中の事の如し。仰ぎ冀くは三宝俯して照鑑を垂れたまへ。家（山）門毎（本）月来（今）日伏して法号何回忌の辰に値ふ。虔で香華灯燭湯菓茶珍饈を備へ以て供養を伸ぶ。恭く現前の清衆を請して同音に経呪を諷誦す集る所の功徳は覚霊を資助し報地を荘厳す。伏して願くは生死の流に処して驪珠独り滄海に耀き涅槃の岸に踞して桂輪孤り碧天に朗かに普く世間を導て同く覚路に登らんことを。	●檀越年忌正当回向 浄極り光り通達し寂照にして虚空を含む。却来して世間を観ずれば猶ほ夢中の事の如し。仰ぎ冀くは三宝俯して照鑑を垂れたまへ。家（山）門毎（本）月来（今）日伏して法号何回忌の辰に値ふ。虔で香華灯燭湯菓茶珍饈を備へ以て供養を伸ぶ。恭く現前の清衆を請して同音に経呪を諷誦す集る所の功徳は覚霊を資助し報地を荘厳す。伏して願くは生死の流に処して驪珠独り滄海に耀き涅槃の岸に踞して桂輪孤り碧天に朗かに普く世間を導て同く覚路に登らんことを。	●檀越年忌正当回向 浄極り光通達し寂照にして虚空を含む。
●先亡累代諷経回向 仰ぎ冀くは三宝俯して照鑑を垂れたまへ。上来経（呪）を諷誦す集る所の功徳は、（先亡累代妙号）家門先亡累代精霊、六親眷属七世の父母、有縁無縁三界の万霊、法界の含識等に回向す。冀ふ所は曠劫の無明当下に消滅し、真空の妙智即ち現前することを得、頓に無生を了じ速に仏果を証せんことを。	●檀越先亡累代諷経回向 仰ぎ亡くは三宝俯して照鑑を垂れたまへ。上来経（呪）を諷誦す集る所の功徳は、（先亡累代法号）家門先亡累代精霊、六親眷属七世の父母、有縁無縁三界の万霊、法界の含識等に回向す。冀ふ所は曠劫の無明当下に消滅し、真空の妙智即ち現前することを得、頓に無生を了じ速に仏果を証せんことを。	●檀越先亡累代諷経回向 仰ぎ冀くは三宝伏して照鑑
●檀越墳墓諷経 回向 上来大悲心陀羅尼を諷誦す集る所の功徳は何信（士・女）に回向す。冀ふ所は報地を荘厳せんことを。十方三世云云	●檀越墳墓諷経 回向 上来大悲心陀羅尼を諷誦す集る所の功徳は何信（士・女）に回向す。冀ふ所は報地を荘厳せんことを。十方三世云云	●檀越墳墓諷経 上来大悲心陀羅

曹洞宗行持軌範	改訂増補明治校訂　洞上行持軌範 （1918）	禅宗曹洞聖典 （1911）
法要名の記載はあるが、	記載無し	功徳は大恩教主本師釈迦牟尼仏、高祖仏性伝東国師承陽大師、太祖弘徳円明国師常済大師、尽十方法界、一切の三宝に回向す。伏して願くは、四恩総て報じ、三有斉く資け、法界の有情と同く種智を円かにせんことを。更に冀くは、家道興隆、災障消除、諸縁吉祥ならんことを。
●開基正忌準例 浄極まり光通達し、寂照にして虚空を含む、却来して世間を観ずれば、猶ほ夢中の事の如し。仰ぎ冀くは三宝、俯して照鑑を垂れ給へ。山門毎（今）月来（今）日伏して、開基法号某甲某乙月忌（何忌）の辰に値ふ。	●祠堂檀那諷経 浄極り光り通達し、寂照にして虚空を含む、却来して世間を観ずれば、猶夢中の事の如し。仰ぎ冀くは三宝、俯して照鑑を垂れたまえ。山門毎（今）月来（今）日伏して、開基法号某甲某乙月忌（何忌）之辰に値ふ。虔で香燭（蜜湯茶湯珍膳）を備へ、経（呪）を諷誦す集むる所の功徳は覚霊を資助し報地を荘厳す。伏して願は、生死の流に処して、驪珠独り滄海に耀き、涅槃の岸に踞して、桂輪孤り碧天に朗に、普く世間を導て、同く覚路に登んことを。	却来して世間を観ずれば、猶ほ夢中の事の如し。仰ぎ冀くは三宝、俯して照鑑を垂れ玉へ。山門毎（今）月来（今）日伏て、開基法号月忌（又は某某　忌）の辰に値ふ。虔で香燭（茶湯・珍膳）を備へ、経（呪）を諷誦す集る所の功徳は覚霊を資助し報地を荘厳す。伏して願くは、生死の流に処して、驪珠独り滄海に輝き、涅槃の岸に踞して、桂輪孤り碧天に朗に、普く世間を導て、同く覚路に登らんことを。
法要名の記載はあるが、回向文の記載なし。	同上	却来して世間を観ずれば猶ほ夢中事の如し。仰ぎ冀くは三宝伏して照鑑を垂れ玉へ。山（家）門毎（本）月毎（来）日伏して法号何回忌の辰に値ふ。虔で香華灯燭湯菓茶珍饈を備へ以て供養を伸ぶ。恭く現前の清衆を請して同音に経呪を諷誦す集る所の功徳は覚霊を資助し報地を荘厳す。伏して願くは生死の流に処して驪珠独り滄海に耀き涅槃の岸に踞して桂輪孤り碧天に朗かに普く世間を導て同く覚路に登らんことを。
記載無し	記載無し	を垂れ玉へ。上来経（呪）を諷誦す集る所の功徳は、（先亡累代法号）家門先亡累代精霊、六親眷属七世の父母、有縁無縁三界の万霊、法界の含識等に回向す。冀ふ所は曠劫の無明当下に消滅し、真空の妙智即ち現前することを得、頓に無生を了て速に仏果を証せんことを。
記載無し	●普回向 願わくは此の功徳を以て、普く一切に及ぼし、我等と衆生と、皆共に仏道を成ぜんことを。	尼を諷誦す集る所の功徳は某信〈士・女〉に回向す。冀ふ所は報地を荘厳せんことを。

	昭和訂補　曹洞宗行持軌範（1967）	昭和改訂　曹洞宗行持軌範（1957）	昭和改訂（1950）
●檀越本尊上供 上来、摩訶般若波羅蜜多心経を諷誦する功徳は、大恩教主本師釈迦牟尼仏、	法要名の記載はあるが、回向文の記載なし。	法要名の記載はあるが、回向文の記載なし。	回向文の記載なし。
	●開基正忌準例 浄極まり光通達し、寂照にして虚空を含む、却来して世間を観ずれば、猶お夢中の事の如し。仰ぎ冀くは三宝、俯して照鑑を垂れたまえ。山門毎（今）月来（今）日、伏して開基法号某甲某乙月忌（何忌）の辰に値う。虔んで香華灯燭（蜜湯・湯菓茶珍膳）を備え、経呪を諷誦す、集むる所の功徳は、覚霊を資助し、報地を荘厳す。伏して願わくは、生死の流れに処して、驪珠独り滄海に耀き、涅槃の岸に踞して、桂輪孤り碧天に朗らかに、普く世間を導いて、同じく覚路に登らんことを。	同右	虔んで香華灯燭（蜜湯、菓茶珍膳）を備へ、何経（呪）を諷誦す、集むる所の功徳は、覚霊を資助し報地を荘厳す。伏して願くは、生死の流れに処して驪珠独り滄海に耀き、涅槃の岸に踞して、桂輪孤り碧天に朗かに、普く世間を導いて同じく覚路に登らんことを。
●祠堂檀那諷経（各寺開基正忌回向） 浄極まり光通達し、寂照にして虚空を含む、却来して世間を観ずれば、猶お夢中の事の如し。仰ぎ冀くは三宝、俯	法要名の記載はあるが、回向文の記載なし。	法要名の記載はあるが、回向文の記載なし。	
●檀越先亡累代諷経（総回向） 菩薩清凉の月は、畢竟空に遊ぶ、衆生心水浄ければ、	記載無し	記載無し	
	記載無し	記載無し	

昭和修訂　曹洞宗行持軌範（1988）
高祖承陽大師、太祖常済大師に供養し奉り、無上仏果菩提を荘厳す。伏して願わくは、四恩総て報じ、三有斉しく資け、法界の有情と、同じく種智を円かにせんことを。冀う所は、家門繁栄――祈願することばを読み込む――、子孫長久、災障消除、諸縁吉祥ならんことを。
同右
して照鑑を垂れたまえ。山門毎（今）月来（今）日、伏して、――法号――月忌（何忌）の辰に値う。虔んで香華灯燭（蜜湯・湯菓茶珍膳）を備え、経呪を諷誦す、集むる所の功徳は、覚霊を資助し、報地を荘厳す。伏して願わくは、生死の流れに処して、驪珠独り滄海に輝き、涅槃の岸に踞して、桂輪孤り碧天に朗らかに、普く世間を導いて、同じく覚路に登らんことを。
菩提の影中に現ず。仰ぎ冀くは三宝、俯して照鑑を垂れたまえ。上来、経呪を諷誦す、集むる所の功徳は、――法号――家門先亡累代精霊、六親眷属七世の父母、有縁無縁三界万霊法界の含識等に回向す。冀う所は、曠劫の無明は、当下に消滅し、真空の妙智、即ち現前することを得。頓に無生を了じ、速やかに仏果を証せんことを。
記載無し

では、瑩山を唱礼する部分がそれまで「太祖弘徳円明国師」だったものが、「太祖弘徳円明国師常済大師」と大師号が付け加えられており、一九〇九年に明治天皇から下賜された諡号を取り入れている。

　一方、これらの法要の形態、およびその回向文すべてが『行持軌範』に掲載されるのは、一九八八年に刊行された現行の『昭和修訂　曹洞宗行持軌範』が初めてである。物故者の命日に営まれる追善供養法に関しては、一九一八年刊行の『改訂増補明治校訂　洞上行持軌範』には、祠堂檀那諷経[41]、大仏寺殿宿忌献湯諷経、正忌献供諷経[42]が継続して記載されたのみである。『昭和改訂　曹洞宗行持軌範』（一九五〇年刊、一九五七年刊）、『昭和訂補　曹洞宗行持軌範』（一九六七年刊）では、「第七章　檀信法要作法」として「一、寺院にて行う場合」と「二、施主家にて行う場合」の二種があげられ、寺院での法要の式次第は次のようなものである。

　殿鐘三会、大衆上殿、両序分班対立、七下鐘にて導師上殿。進前焼香本尊上供（月分行持一日を参照）を行ふ。続いて拈香法語、修証義、普門品等を読誦遶行、回向終って導師退殿。施主の焼香は、読経中若くは導師退殿後に行ふ。本尊上供の次に施主家の志望により施餓鬼会、歎仏会、若しくは観音懺法等を行ってもよい。

（『昭和改訂　曹洞宗行持軌範』二九五頁）

この記載から、軌範上に見る戦後以降の追善供養は、本尊上供の後、拈香して法語を唱え、修証義や普門品などを読誦遶行する正当回向の二部構成となっている。後者の追善の法会には、施主家の志望によって施餓鬼会、歎仏会、観音懺法などを営んでもよいとの文言が記載されており、各寺院で継承されてきた行法を容認する内容となっている。

現行の『昭和修訂　曹洞宗行持軌範』には、

殿鐘三会、大衆上殿、両序分班対立、七下鐘にて導師上殿。進前焼香、本尊上供を行う。続いて拈香法語、祠堂檀那諷経（正忌回向）、檀越先亡累代諷経（総回向）終わって、導師退殿。施主の焼香は、読経中もしくは導師退殿後に行う。施主家の志望により正忌回向、総回向に代えて施食会、歎仏会、もしくは観音懺法等で行ってもよい。

（『昭和修訂　曹洞宗行持軌範』三五六―三五九頁）

とあり、本軌範において初めて、一八九〇年頃の行法書に掲載された檀越本尊上供・正当年回回向・先祖累代諷経の三部からなる供養法・回向文が掲載されるに至った。

以上のように一八九〇年頃の行法書に掲載された三部構成の追善供養法は、公的な儀礼として『行持軌範』に掲載されることとなった。筆者がここで注目したいのは、三部構成にしてある点である。A本尊上供は江戸中期の面山瑞方『洞上僧堂清規行法鈔』の月分行事に見られる法要で、祝禱日に仏殿に祀られた本尊釈迦牟尼仏を礼拝する儀礼である。それに対し、B正当年回回向は、先述した『明治校訂　洞上行持軌範』の「祠堂檀那諷経」であり、回向文も中世より用いられてきた「亡者回向」とほぼ同様である。つまり、ABはいずれも近代以前から存在する法要であり、中世からの追善供養法である「亡者回向」を中心に、近世からのA本尊上供に、C先亡累代諷経を加えることで形成されているのである。

ではなぜ、このような三部構成となったのか、筆者の見解を述べたい。先述したように、明治初期は曹洞宗において宗門内の統一を急速に進めた時代であった。両祖忌、両祖の呼称の統一がなされる一方、宗門の教化理念や布教政策の中心には「一仏両祖」への信仰というスローガンが掲げられ、唱名念仏・題目に対応するような「南無釈迦牟尼仏」という「本尊唱名」なども勧化された[43]。第五章で論じたように、近世禅宗では施餓鬼会や観音懺法、歎仏などのさまざまな儀礼が追善仏事として営まれていたが、このような多様性は「一仏両祖」への信仰とは直接結びつきにくいものであったと思われる。そこで、本尊への礼拝の儀礼である「本尊上供」を追善仏事の最初に営み、その回向文で「大恩教主本師釈迦牟尼仏、高祖仏性伝東国師承陽大師、太祖弘徳円明国師」と唱礼することで、檀信徒に対して「一仏両祖」の教化を進めようとしたのではないだろうか。その証左として、『明治校訂　洞上行持軌範』に記載された僧堂での本尊上供の回向文は（傍線は筆者による）、

上来般若心経を諷誦する功徳は真如実際に回向し、無上仏果菩提を荘厳す。四恩総て報じ、三有斉く資け法界の有情と同く種智を円にせんことを

（『明治校訂　洞上行持軌範』上巻、二六丁裏、原漢文）

となっており、「一仏両祖」の唱礼はもともとの本尊上供の回向文には記載されていない[44]。換言すれば、現在曹洞宗で営まれている追善仏事は、明治期に「一仏両祖」への信仰を教化理念の中核に据えることで宗門の統一を進めた曹洞宗の近代化と呼応する形で生まれ、「一仏両祖」への信仰を檀信徒に涵養するために再構成された教化儀礼であると言える。

次に注目されるのは、C先亡累代諷経という法要である。この諷経の「曠劫の無明当下に消滅し、真空の妙智即ち

現前することを得、頓に無生を了て速に仏果を証せんことを」という回向文は近世に刊行された『諸回向清規』や観音懺法の講式本に記載された「亡者陳白」「亡者回向」に依拠したものである。ただし亡者陳白の回向文は「今月某日伏して亡者某年忌の辰に値う」とあり、累代の先祖に向けられたものではなく、Bと同様に年忌などの正当を迎えた物故者を対象とした回向文である。(45)つまり、Cは一人の死者を弔う法要の回向文に「家門先亡累代精霊、六親眷属七世の父母」という文言を追記することで、系譜的な先祖のための「先祖供養」の儀礼へと再編されているのである。

こうした系譜的な先祖を供養する「先亡累代諷経」が追善仏事として行法書に記載される背景には、おそらく一九世紀末に明治民法の施行などに関連し、明治二〇年代から形成される「家族国家観」が影響しているのではないだろうか。天皇と国民の関係を本家と分家のアナロジーとして捉え、あるいは天皇を「家父長」、国民をその「赤子」とみたてるこの国家観において、(46)国民が先祖を崇拝することは、国民の根源の先祖とされた天皇家の始祖たる神々を敬うことに繋がるという論理をもっていた。このような主張は主として井上哲次郎、穂積八束などによってなされたものであるが、こうした「家族国家観」が形成されるのは、行法書が刊行される時期とほぼ重なる。つまり、明治時代の家族国家観というイデオロギーが形成される中で、系譜的な「先祖」への崇拝がより重視される傾向が強まり、曹洞宗の追善供養法にも物故者を供養する「死者供養」だけでなく、「先祖」を供養する儀礼が追加・再編されたのではないだろうか。そして、この先亡累代諷経は、その後「国民の道徳」とされる「祖先崇拝」「敬神崇祖」の具体的実践ともなったと考えられる。(47)

まとめ

以上、近代における追善供養の展開を、家族国家観と敬神崇祖論、仏教諸宗派の戦没者供養、曹洞宗における葬儀・追善供養法の変遷から考察した。

第一節では、明治二年（一八六九）一二月に提出された「教規之大意」による氏子札・檀那札による戸籍管理の構想や壬申戸籍への菩提寺の記載などを取り上げ、神葬祭への全面移行を進めた際に起こりうるキリスト教の伝播を防ぐ防壁として「葬式仏教」が温存されたことを論じた。そして大正・昭和期に刊行された黒木顕道『敬神崇祖』、宮宗孝正『在家必携　追善供養のお話と其心得』、河野省三『家庭と敬神崇祖』といった追善供養の啓蒙書を取り上げ、これらの書籍には明確に皇祖神である天照大神を「大先祖」「総先祖」として表象し、先祖供養による「崇祖」と、天照大神を崇拝する「敬神」が結びつけられて積極的に奨励されていたことを指摘した。

第二節では、明治期から戦前に執行された日本仏教による戦没者供養に関して、先行研究を参照しつつ、『宗教時報』や『曹洞宗報』の記載から考察した。浄土宗・曹洞宗の戦没者供養の法会は、中世より見られる行法である施餓鬼会が用いられ、真言宗では理趣三昧などが営まれていた。『曹洞宗報』に掲載された永平寺・總持寺貫首による巡錫での「追弔大法会」では逮夜供養で施餓鬼を営み、当日法要では戦勝祈禱・各霊献供・首楞厳経の読誦行道に加えて、「対霊小参」という禅宗独自の行法も営まれており、このような式次第が戦没者供養における禅宗の独自性を主張するものとして位置づけていた。並びに個々の寺院や教区、宗派といったさまざまな規模で戦没者供養が営まれ、その様子が各宗派の機関誌や仏教新聞に掲載された。戦没者供養の報道は、個々の寺院での戦没者供養への取り組みを促す役割を果たしたと考えられることを指摘した。

第三節では、明治・大正期を中心とした近代曹洞宗における葬儀・追善供養法の展開を、曹洞宗務局が頒布した『洞上行持軌範』『曹洞宗行持軌範』や、森江書店・鴻盟社といった一般書肆から刊行された行法書を史料として論じた。

曹洞宗の軌範・行法書における在家葬儀の初出は明治期であり、僧堂修行の行法に次ぐ「二次的」な位置づけがなされてきた在家葬儀法は、「切紙」や近世に開版された行法書などによって伝承されてきたが、明治以降その代替的役割を森江書店や鴻盟社などの仏教出版社の刊行した行法書が担うようになっていった。明治から戦前において、僧堂行持は『明治校訂　洞上行持軌範』により定められ、在家葬儀法に関しては『甘露門』『四分要録』『改正施餓鬼作法』『諷経錦嚢』といった行法書によって規定されていった。

公的な軌範たる『行持軌範』には戦後になって在家葬儀法が載録されるが、戦前期は一般書肆の行法書に対して、宗務局は「令」を出したり、「御検閲」を行うことで統制をはかっていった。これらの軌範・行法書に掲載された葬儀法は『禅苑清規』から大要の変化はないが、追善供養法には再編が認められ、現行の檀越本尊上供、祠堂檀那諷経、檀越先亡累代諷経という三部構成の追善仏事は、明治期における宗門の「一仏両祖」を教化理念の中核とする方針、並びに家族国家観や「祖先崇拝」「敬神崇祖」のもつイデオロギーの影響の中で確立されたものと位置づけた。

ここから明治・大正期において、仏教的な思想、儀礼の普及は寺院や宗務局、宗務庁という宗教的、行政的な機関だけでなく、私的な書店もその一翼を担い、両者は儀礼を普及させる点において、相補的な関係にあったと言える。日本では西洋より一足遅れて明治に入って活版印刷の技術が普及したが、これによって台頭した一般書肆が仏教儀礼の普及に大きな影響を与えた時代となったのである。

注

（1）森岡清美『家の変貌と先祖の祭』（日本基督教団出版局、一九八四年）四三―五〇頁。
（2）森岡清美、前掲注（1）書、四一頁。
（3）森岡清美、前掲注（1）書、四一―四二頁。
（4）森岡清美、前掲注（1）書、六五頁。
（5）伊藤幹治『家族国家観の人類学』（ミネルヴァ書房、一九八二年）二頁。
（6）『宗教時報』第四一号（大正九年六月二〇日）の「人物評論」によれば、黒木顕道は曹洞宗第二中学・第三中学林長を歴任し、神奈川県立感化院の副院長となった人物で、『宗教時報』で散見されるように、全国各地でさまざまな講演・教化を行っていた。大正・昭和初期における仏教新聞・雑誌の曹洞宗に関わる記事内容に関しては、熊本英人「大正・昭和初期曹洞宗の宗勢とその思潮――曹洞宗関係新聞雑誌記事分類目録稿（1）（2）（3）」『曹洞宗研究員研究紀要』第二九号（一九九八年）、『駒澤大学仏教学部研究紀要』第六〇号・第六一号（二〇〇二・二〇〇三年）で報告されている。
（7）黒木顕道『敬神崇祖』（森江書店、一九二二年）。
（8）宮宗孝正『在家必携　追善供養のお話と其心得』（藤井文政堂、一九三五年）。
（9）河野省三『家庭と敬神崇祖』（文部省社会教育局、一九四二年）二五―二六頁。
（10）籠谷次郎「戦死者の葬儀と町村――町村葬の推移についての考察」『歴史評論』第六二八号（二〇〇二年）、岩田重則『戦没者供養のゆくえ――戦争と民俗』（吉川弘文館、二〇〇三年）、同『お墓の誕生――死者祭祀の民俗誌』（岩波書店、二〇〇六年）。
（11）籠谷次郎、前掲注（10）論文、五〇―五一頁。
（12）岩田重則『お墓の誕生――死者祭祀の民俗誌』（岩波書店、二〇〇六年）一八八―一九三頁。
（13）岩田重則『戦没者供養のゆくえ――戦争と民俗』（吉川弘文館、二〇〇三年）三〇頁、同、前掲注（12）書、一七六―二〇〇頁。

(14) 白川哲夫「日清・日露戦争期の戦死者追弔行事と仏教界——浄土宗を中心に」『洛北史学』第八号（二〇〇六年）。
(15) 白川哲夫「大正・昭和期における戦死者追弔行事——「戦没者慰霊」と仏教界」『ヒストリア』第二〇九号（二〇〇八年）。
(16) 白川哲夫、前掲注（15）論文、六二一―六三頁。
(17)『大正新脩大蔵経』四八巻、一一二八頁上段。
(18) 佐藤昌史「宗門葬祭儀礼の変遷——亡僧葬法を中心として」『教化研修』第三三号（一九九〇年）五四頁上段。
(19) 尾崎正善「翻刻・禅林寺本『瑩山清規』」『曹洞宗宗学研究所紀要』第七号（一九九四年）。
(20) 竹内弘道「瑩山禅師の著作にみえる死後観」『葬祭——現代的意義と課題』（曹洞宗総合研究センター、二〇〇三年）九六―一〇〇頁。
(21) 尾崎正善「宗門葬祭儀礼の一側面——宗門清規・回向の変遷を通して」『曹洞宗研究員研究紀要』第二四号（一九九三年）一四七頁下段―一五三頁下段。
(22) 佐藤昌史、前掲注（18）論文、五九頁上段―六〇頁下段。
(23) 佐藤昌史「宗門葬祭儀礼の変遷（二）——在家葬法を中心として」『教化研修』第三四号（一九九一年）三九頁下段。
(24) 松浦秀光『禅家の葬法と追善供養の研究』（一九六九年、山喜房佛書林）五―六頁、伊藤良久「曹洞宗教団における葬祭史——瑩山禅師の周辺まで」『宗学研究紀要』第一四号（二〇〇一年）二一〇頁。
(25) 松浦秀光、前掲注（24）書、佐藤昌史、前掲注（24）論文。
(26) 尾崎正善、前掲注（21）論文、一四七頁下段。
(27) 近代における仏教出版物を対象とした研究には、安食文雄『20世紀の仏教メディア発掘』（鳥影社、二〇〇二年）、同『モダン都市の仏教』（鳥影社、二〇〇六年）がある。
(28) 松浦秀光、前掲注（24）書、一三六頁。
(29)『大正新脩大蔵経』八一巻、六七五頁上段―六七六頁下段。

(30)『大正新脩大蔵経』八一巻、七〇九頁下段―七一〇下段。

(31)『曹洞宗全書　清規』「椙樹林清規巻之上」四七五頁上段。原文は以下の通りである。
次本尊前ニテ諷経アリ、主人先向二本尊一焼香三拝、次新亡ニ焼香ス、維那着座シテ、先心経三巻、不動ノ呪廿一返ニテ、普回向ス、次大悲呪ト、光明真言廿一返、八句陀羅尼廿一辺ニテ、為二新亡一安座諷経ス、送亡牌ノ図如レ後、

(32)渡部正英は『明治校訂　洞上行持軌範』に葬儀法が載録されなかったことに関して、明治政府の宗教政策と曹洞宗との関わりから論じている。渡部正英「『洞上行持軌範』についての一視点（その二）」『宗学研究』第二六号（一九八四年）。

(33)宮城県繁昌院に所蔵されている一八八九年一〇月に撰述された菊地太仙編『諷経必携　洞上行持四分要録』坤巻（非売品）を当山住職横山栄良老師より提供して頂いた。記して感謝を示したい。本節では、本書とともに、第一三刷（一九〇三年九月一三日）を用いた。

(34)菊地太仙『諷経必携　四分要録』（宮城県曹洞宗沙弥教校、一八八九年）奥付。

(35)鈴木泰山『禅宗の地方発展』（吉川弘文館、一九四二年）八九頁。

(36)原大泉編『改正施餓鬼作法――甘露門・在家葬式法』（森江佐七、一八九一年）、『続曹洞宗全書　第二巻　清規・講式』所収の「改正施餓鬼作法　甘露門 在家葬式法」には面山撰の施餓鬼作法のみしか載録されていないため、国会図書館所蔵本を参照した。

(37)『宗報』第三三号（曹洞宗務局文書課、一八九八年五月一日）。

(38)横関了胤『曹洞宗百年のあゆみ』（曹洞宗宗務庁、一九七〇年）、桜井秀雄「総説――明治期・曹洞宗団概史」『曹洞宗選書第一巻　教義篇――初期宗団教理1』（同朋舎出版、一九八一年）、同『共同研究報告書　明治期『宗報』にみる宗門教化理念』（曹洞宗教化研修所、一九九一年）。

(39)尾崎正善「翻刻・禅林寺本『瑩山清規』」『曹洞宗宗学研究所紀要』第七号（一九九四年）八〇頁。

『明治校訂　洞上行持軌範』にはもう一種「在家略回向」という簡略な回向文が次のように記載されている。

仰ぎ冀くは三室（ママ）、俯して照鑑を垂れたまえ。上来経呪を諷誦す集むる所の功徳は法号霊位に回向し報地を荘厳せんことを

（『明治校訂　洞上行持軌範』上巻、三九丁裏、原漢文）

（40）『明治校訂　洞上行持軌範』中巻（曹洞宗務局、一八八九年）三五丁表裏。

（41）『改訂増補明治校訂　洞上行持軌範』上巻（曹洞宗務局、一九一八年）三九丁表。

（42）『改訂増補明治校訂　洞上行持軌範』中巻（曹洞宗務局、一九一八年）六丁裏—七丁表。

（43）小杉瑞穂「「本尊唱名」についての考察——宗門教化の変遷に見る「本尊唱名」」『教化研修』第五二号（二〇〇八年）。

（44）一仏両祖の唱礼は一九五〇年刊行の『曹洞宗行持軌範』から朝課諷経の仏殿諷経回向文に取り入れられ、一九六七年刊行の『昭和訂補　曹洞宗行持軌範』から月分行持の本尊上供回向文に組み入れられた。

（45）「諸回向清規」『大正新脩大蔵経』八一巻、六七三頁上段、「観音懺摩法」『続曹洞宗全書　第二巻　清規・講式』七七八—七八一頁。

（46）伊藤幹治、前掲注（5）書、一一—一六頁。

（47）祖先祭祀のイデオロギーに関しては、森岡清美、前掲注（1）書に詳しい。

結論

以上、三部八章にわたって日本禅宗における追善供養の歴史的展開を検討した。これまでの弔いをめぐる研究では葬儀が議論の中心となり、寺院・僧侶の領域とは異なる実践群が対象となってきたという経緯を念頭に、仏教的な弔いである追善供養に焦点を絞って考察した。各章の結論はそれぞれの「まとめ」にあるので再説は避けるが、本論の意義を中心に最小限の総括をしておきたい。

追善供養は仏教伝来とともに我が国に取り入れられ、造仏・造寺・写経の願文が示すように、古代からすでに見られた。東西大寺や国分寺・国分尼寺には官寺としての役割の一つに天皇家の追善供養が含まれており、天皇家は国家的事業として唐朝に倣った国忌を取り入れている。一方、公家たちのあいだにも、氏族・門流の紐帯として、顕密の法華八講を主とする追善仏事が浸透していった。平安末期から鎌倉期にかけては、天皇家の公的な追善仏事として御願寺での国忌八講が恒例行事として定着していく。この八講は室町期において足利将軍家にも取り入れられ、「武家八講」と呼ばれる形態が確立された。平安朝までは法華八講・法華懺法といった顕密仏事がひろく営まれていたが、鎌倉幕府が成立して武家が台頭すると、禅宗による追善仏事が北条氏に取り入れられていく。北条氏はすでに鎌倉末期において、室町期の足利氏よりも一足先に、追善仏事として法華八講と拈香・陞座・楞厳呪といった禅宗様式の仏事を併修していたのである。

武家の追善仏事における禅宗の台頭は、武家と禅宗との関わりが強まった室町期には、より一層明確となる。足利将軍家の仏事では、鎌倉末期の北条氏と同様に、拈香や陞座といった仏事が京都五山の禅僧によって営まれた。五山の禅僧たちは忌日法会だけでなく、京洛で餓死した飢饉難民や戦没者のための施餓鬼会も担っていく。さらに一五世紀の伏見宮栄仁親王の追善仏事では、禅宗がこれをも担うようになり、観音懺法や施餓鬼会などの多様な行法が確認された。こうした行法の多様化は、法華八講・法華懺法・如法経十種供養・曼荼羅供などの体系化された顕密仏事に対峙しうる禅宗独自の追善供養の体系化を企図するものであった。

禅宗による供養儀礼は、室町期から戦国期にかけて地方領主や守護大名にも受容されていく。曹洞宗や五山林下の禅院はまさにこの時期に地方展開しており、在地の武士や民衆に対する追善仏事を担っていった。しかし、天皇家や武家の追善仏事は日数・参集する僧侶数・式次第などが極めて大掛かりなものであったのに対し、守護大名などの仏事では、観音懺法と楞厳呪、あるいは施餓鬼会と楞厳呪といったように、天皇家や武家の仏事を簡略化して取り入れていった。禅宗の観音懺法が武士の追善仏事として導入された背景には、武士の生の有りよう、つまり殺生という生業から生じる「罪業」を滅罪したいという願いがあったと考えられる。日本禅宗による死者供養の展開は、単に宗祖の遺した行法を守り続けるといった固定的なものではない。飢饉や戦乱が日常化していた中世においては、罪業や横死者と向き合う禅僧の姿があり、彼らは死者たちの生前のあり方を見定めて、行法を改変し、多様化させていったのである。

近世に入ると、藩主に対する特別な施食会などが確立されることで追善仏事の差異化が進む一方、葬儀・追善供養に関する様々な行法書や解説書が刊行され、行法・縁起・故実・霊験などが流布していく。一八世紀中頃からは武家だけでなく、有力商人層もまた寺院の有力な外護者となり、商人たちは筆頭檀那の武家に配慮しつつも、より格式の高い仏事を選択する例も見られるようになる。近世の寺院は檀家制度によって幕藩体制に取り込まれたというほど単純なものではない。藩主家の菩提寺の例から分かるように、寺院はそれぞれの置かれた地理的・政治的な状況のなかで、檀越の政治的な立場に配慮しつつ寺院自体の発展に繋がるような供養儀礼を営む、したたかな側面もあった。

近代に入ると、曹洞宗を例に見れば、宗門の近代化に伴う追善供養法の統一が注目される。仏教書肆の行法書には、檀越本尊上供・正当年回回向・先亡累代諷経という三部構成の追善仏事法が載録されており、本尊・道元・瑩山という一仏両祖の信仰を涵養する檀越本尊上供が追善仏事に取り入れられた。加えて、戒名によって物故者を供養するのではなく、集合的な「先祖」を供養する「先亡累代諷経」が組み入れられた。曹洞宗の追善供養は、近代になって「先祖供養」をより明確に打ち出す行法へと変容した。日本禅宗において、歴史を通じてほとんど変化がなかった葬儀法とは対照的に、追善供養はさまざまな状況に即してそのつど再構築されてきたのである。

本書では追善供養の変遷を行法や供養の具体例から描いてきたが、そこでは死者の追善菩提のために、読経・法会を営むことで功徳を生んできた僧衆たちの姿が色濃くあらわれていた。法華八講、如法経十種供養、法華懺法、曼荼羅供、理趣三昧、頓写、拈香法語、陞座、施餓鬼会、観音懺法、千部会など追善仏事に用いられた儀礼は実に多様であり、これらの法要に参列する導師以外の僧侶もまた死者供養には不可欠の存在であった。

法要だけでなく、例えば『普済寺清規』の地下を巡る僧、近世でいえば大乗寺『副寺寮日鑑』に見られるような細かく規定された献立に従って霊膳の料理を作り、日牌料・月牌料の調達を担う曹洞禅僧、『東都歳事記』に描かれた施主の求めに応じて塔婆を墨書する僧侶など、供養のための実務を担う僧たちがいた。聖のような全国を遊行して勧化を担う僧侶が活躍した一方、寺院には供養などの読経・法会を執行し、実務を担う僧侶たちが存在したのである。

このような僧衆の多くは、後世へと伝えられるような著作を残さず、宗派の思想の潮流へはほとんど影響を及ぼさなかったであろう。一山の住持職や要職に就くことなく、寺院のさまざまな雑事を担いながら示寂した僧が数多いたことは、寺院の歴住塔の傍らにある亡僧のための墓碑が示している。しかし、日々寺院で営まれる儀礼に参加し実務を担った僧侶たちの存在なくして、死者供養は成り立たなかった。各法要において磬子などの鳴らし物を担当したり、個々の配役に応じた行法をつとめ、経典・陀羅尼を読誦し、法要を完遂することによって、死者を追善するための功徳が生み出されてきたのである。現代日本において葬儀や追善供養を主たる宗教的な役割とする菩提寺の多くは、まさに本書で取り上げた供養文化の延長線上にあるのである。

本書では日本禅宗における追善供養の歴史的展開を描くために、清規や日鑑、語録を活用した。序論で論じたように、こうした清規は曹洞宗では宗祖研究の史料として用いられてきたものの、仏教の民俗宗教的展開を描く史料としてはあまり活用されてこなかった。本書で扱った清規や日鑑の多くは戦前期に刊行された『曹洞宗全書』と、一九七〇年代に刊行された『続曹洞宗全書』に載録されたものである。つまり、翻刻されてすでに四〇年以上も経つ全書に掲載されるほどの重要な典籍を用いた基礎的な研究がこれまで進められてこなかったのである。

本書の意義の一つは、日本曹洞宗の基礎的な典籍を用いて、禅宗の民俗宗教的展開を通史的に論じた点にある。中世や近世の清規が現存している寺院は禅宗寺院全体から言えばほんの一部にすぎないが、これらはみな日本の禅宗を代表する古刹である。古刹が所蔵する清規などの史料が示す供養儀礼の変遷を「日本禅宗における追善供養の展開」として提示することはできたであろう。その際、単に儀礼法にだけ焦点を合わせるのではなく、語録や仏教説話などに見られる実例をも含めて供養の実態や状況について見るよう心がけてきた。

本書のもう一つの意義は、死者を弔う営みを、文献史料に依拠して、追善供養という仏教的な宗教実践から考察したことである。供養する対象によって死者供養と先祖供養とを区別する視点からすれば、日本の歴史的展開の中では、

「亡者」と表現される個別的な死者への供養儀礼がそのほとんどを占めている。本書では、集合的な死者である「先祖」を対象とする儀礼が近代になってから創造されていく過程を明らかにした。これは日本人の一般的な死者観として語られる「先祖観」について再考の余地を指摘するものである。

本書で論じ尽くせなかった課題も多くある。第一に、未翻刻の史料を活用できなかったことである。本書ではすでに翻刻されている清規・語録・日鑑に依拠しつつ、禅宗における追善供養の変遷を描いてきた。しかし序論で示したように、未翻刻の史料が今も禅宗寺院に多く残されており、これらの翻刻を進めた上で、禅宗における追善供養の全体像をあらためて考察する必要がある。また大乗寺の検討では清規だけでなく、同時代の日鑑を使用することで考察を深めることができたが、それ以外の清規の分析では、清規のみに依拠して検討した部分が多かった点も課題である。

第二に、先の一点目の課題と関連するものであるが、本書では主に寺院や僧侶個人が作成した史料を活用したため、施主である在俗者の側から供養について取り上げる視点が希薄であった点である。供養を営む僧侶の目線と、それを依頼する在俗者の目線との両方から考察することで、供養の全体像を初めて捉えることができる。本書では、清規・日鑑という寺院側の史料から加賀藩の本多家・彦根藩の井伊家・松本藩の戸田家を取り上げたが、武家側の史料からの検討を行うことがほとんどできなかった。近世中期以降、商人たちは武家をも凌ぐ経済的援助を寺院に行うようになるが、その追善供養に関しても、彼らの残した日記や仏事の留記などから検討を加えることができれば、追善供養の全体像が浮き彫りになるだろう。

第三に、近世以降の出版文化の中で刊行された、死者の弔いに関する書籍の内容を検討する課題が残されている。このような書籍の中で、「追善供養」だけでなく「先祖」がどのように語られたのかに焦点を合わせることによって、檀家制度や家墓・先祖代々墓の普及、近代における「祖先崇拝」「敬神崇祖」との連続性・関連性が検証できるようになるであろう。そして近代の活版印刷による出版物のなかで「先祖」がどのように語られているのかについても、仏教諸宗派の僧侶による追善供養の啓蒙書を広く取り上げて、比較検討する必要がある。

以上、大きく三点の課題を挙げたが、これらの課題を含めて禅宗における葬儀や追善供養といった弔いについて、今後検討をより深めていきたい。

あとがき

私が本書で扱った清規という史料に本格的に取り組むようになったのは、平成二〇年以降に大学院博士後期課程に復学してからである。学部生時代の演習では長谷部八朗先生のゼミに所属して御指導をいただき、宗教学に関心をもつようになった。修士課程からは池上良正先生に御指導を仰ぎ、東北地方におけるシャーマニズムを中心としつつ、民俗宗教に関する研究を進めていった。私が在籍した駒澤大学大学院の仏教学専攻は、インド・中国・日本の仏教思想をサンスクリットなどの語学を駆使して読み解いていく仏教学と、曹洞宗の思想・歴史を研究する宗学、民俗宗教論を主軸とする宗教学の院生が互いに切磋琢磨する場となっている。こうした他分野との交流を日々持てたことは、清規をはじめとする禅宗の文献史料と接するよい機会となった。私は平成一九年に曹洞宗の大本山永平寺に安居し、約一年間、修行生活を送った。あくまで曹洞宗の一宗侶として安居に臨んだのであるが、永平寺で日々綿密に営まれる仏教儀礼を実際に体験したとき、宗教学の研究者としてまさに「儀礼の宝庫」という印象を抱いた。近代以降、仏教寺院が著しく変容していく中で、中国禅宗の宗風を今に遺す寺院は限られているが、永平寺にはまさにこうした古来からの仏教儀礼が生きているという実感を持った。その一方で、修行道場としての役割を果たしつつも、法堂で営まれる臨時回向や祠堂殿での一座読経といった供養儀礼を行う本山のあり方に民俗宗教的な世界を感じ、興味を抱いた。安居を終えて大学院に復学した際、こうした永平寺のあり方を念頭に置きつつ、中世以来日本で編纂された清規史料をあらためて読み進めたとき、宗門の法統を保とうと奮闘する生き生きとした禅宗寺院の姿が史料から感じられるようになった。本書はこうした体験をもとに、追善供養という領域から禅宗の歴史的展開を論じたものである。私の最初の単著であり、これまでの研究がようやくまとまった形となったことに安堵している。

本書を刊行するまで、実にたくさんの方々にお世話になった。まず恩師の池上良正先生に感謝申し上げる。まだ学術的な文章を書くことがままならなかった修士課程のころから御指導を賜り、駒澤大学に提出した学位論文の主査をおつとめいただいた。先生の御指導の中で強く印象に残っているのは研究における視点の大切さを学んだことであり、この経験は私のかけがえのない財産である。私の研究の視点が少しでも読者の関心を惹くものとなっているならば、それは池上先生の御指導の賜物である。

また学部生以来、長谷部八朗先生には御指導を賜り、研究への意欲を絶えず鼓舞していただいた。佐々木宏幹先生、佐藤憲昭先生からは研究への御助言をたびたびいただいた。永井政之先生には学位論文の副査をご担当いただき、今後の研究を進める上での貴重な御指摘を賜った。清規に関しては、曹洞宗総合研究センター講師の尾崎正善先生より史料の御紹介をいただいた。

駒澤大学の加藤之晴先生、梶龍輔氏、横山龍顕氏、武井謙悟氏、武井慎悟氏にも感謝を表したい。研究会の時など折にふれて励まされ、校正作業を手伝ってもらった。大学院の後輩である広瀬良文氏、龍谷孝道氏とは、大学院時代に毎日のように蕎麦屋に通って夕食をともにしながら、今後の禅宗研究の方向性について熱く議論した。これは一生忘れ得ぬ経験となった。また大学院時代をともにした程正先生、山口弘江先生には奉職した駒澤大学仏教学部において、研究だけでなく学生指導や多様な校務など、公私ともにお世話になっている。衷心をもって御礼申し上げたい。

また同世代の研究者である岡本亮輔氏、碧海寿広氏には絶えず研究意欲を鼓舞してもらい、感謝している。そして本書刊行を快くお引き受けくださった国書刊行会、そして刊行まで導いていただいた編集部の今野道隆氏に篤く御礼申し上げる。

最後になるが、研究生活をずっと支えていただいた父と母に深く感謝の意を述べたい。本当にありがとうございました。合掌。

平成三〇年一月

徳野　崇行

初出一覧

「片仮名本『因果物語』にみる近世禅僧の供養儀礼――施餓鬼と観音懺法を中心に」『駒澤大学仏教文学研究』第一八号（二〇一五年）　**第四章第二節**

「近世における禅宗行法書の出版について――施餓鬼・観音懺法を中心に」『駒澤大学仏教学部研究紀要』第七四号（二〇一六年）　**第五章第一節**

「近世曹洞宗における追善供養の具体相――大乗寺『副寺寮日鑑』を中心に」『駒澤大学大学院仏教学研究会年報』第四二号（二〇〇九年）　**第六章第二節**

「明治・大正期における曹洞宗の葬儀・追善供養法――行持軌範・洞上行持四分要録・洞上行持諷経錦嚢を資料として」『駒澤大学大学院仏教学研究会年報』第四三号（二〇一〇年）　**第八章第三節**

参考文献

序論

池上良正「宗教学の方法としての民間信仰・民俗宗教論」『宗教研究』第三二五号（二〇〇〇年）
池上良正『死者の救済史』（角川書店、二〇〇三年）
池上良正「東アジアの救済システムとしての「死者供養」」『宗教研究』第三五九号（二〇〇九年）
池上良正「上海市における「死者供養仏教」の活性化――松隠禅寺の事例を中心に」『文化』第二八号（二〇一〇年）
井上治代『墓と家族の変容』（岩波書店、二〇〇三年）
今枝愛真『中世禅宗史の研究』（東京大学出版、一九七〇年）
岩田重則『墓の民俗学』（吉川弘文館、二〇〇三年）
岩田重則『お墓の誕生――死者祭祀の民俗誌』（岩波書店、二〇〇六年）
ウィリアム・R・ラフルーア『水子――〈中絶〉をめぐる日本文化の底流』（青木書店、二〇〇六年）
岡田宜法『日本禅籍史論』上・下巻（井田書店、一九四三年・復刊本は国書刊行会、一九七二年）
沖本克己「清規研究ノート」佐々木教悟編『戒律思想の研究』（平楽寺書店、一九八一年）
沖本克己「戒律と清規」『岩波講座東洋思想　第12巻　東アジアの仏教』（岩波書店、一九八八年）

尾崎正善「清規研究の問題点――南禅寺関係の清規紹介を兼ねて」『禅学研究』第八〇号（二〇〇一年）
勝田　至「さまざまな死」『岩波講座日本通史　第8巻　中世2』（岩波書店、一九九四年）
川村邦光「弔い論へ向けて――死者、亡霊、戦死者から」『現代思想』第三三巻第九号（二〇〇五年）
菊地　暁『柳田国男と民俗学の近代――奥能登のアエノコトの二十世紀』（吉川弘文館、二〇〇一年）
孝本　貢『現代日本における先祖祭祀』（御茶の水書房、二〇〇一年）
小坂機融「清規変遷の底流（一）（二）」『宗学研究』五・六号（一九六三・一九六四年）
小坂機融「永平清規」『講座道元　第3巻　道元禅師の著作』（春秋社、一九八〇年）
小坂機融「室町期清規考――『正法寺清規』と『竜泰寺行事次序』を介して」『駒澤大学仏教学部研究紀要』四六号（一九八八年）
小坂機融「解題　一、清規」『道元禅師全集　第6巻』（春秋社、一九八九年）
小坂機融「清規研究の動向と展望」『駒澤大学大学院　仏教学研究会年報』二三号（一九九〇年）
小坂機融「第一部総説　四　清規の変遷」曹洞宗宗学研究所編『道元思想のあゆみ2　南北朝・室町時代』（吉川弘文館、一九九三年）
五来　重『先祖供養と墓』（角川書店、一九九二年）
五来　重『葬と供養』（東方出版、一九九二年）
佐藤弘夫『死者のゆくえ』（岩田書院、二〇〇八年）
佐々木宏幹『〈ほとけ〉と力――日本仏教文化の実像』（吉川弘文館、二〇〇二年）
佐々木宏幹『仏力――生活仏教のダイナミズム』（春秋社、二〇〇四年）

佐島　隆「死をめぐる伝統的習俗の変容――陸中沿岸山田町の事例を中心にして」『日本文化研究所研究報告』第二八集（一九九一年）
新谷尚紀『日本人の葬儀』（紀伊國屋書店、一九九二年）
新谷尚紀『お葬式――死と慰霊の日本史』（吉川弘文館、二〇〇九年）
鈴木岩弓「民俗仏教にみる「死者」への祈り――遺影を手がかりに」『日本仏教学年報』第七〇号（二〇〇四年）
曹洞宗宗宝調査委員会編『曹洞宗宗宝調査目録解題集1　東海管区編』（曹洞宗宗務庁、一九九一年）
曹洞宗宗宝調査委員会編『曹洞宗宗宝調査目録解題集2　北海道管区編』（曹洞宗宗務庁、一九九四年）
曹洞宗文化財調査委員会編『曹洞宗文化財調査目録解題集3　九州管区編』（曹洞宗宗務庁、一九九六年）
曹洞宗文化財調査委員会編『曹洞宗文化財調査目録解題集4　中国管区・四国管区編』（曹洞宗宗務庁、一九九七年）
曹洞宗文化財調査委員会編『曹洞宗文化財調査目録解題集5　近畿管区編』（曹洞宗宗務庁、一九九九）
曹洞宗文化財調査委員会編『曹洞宗文化財調査目録解題集6　関東管区編』（曹洞宗宗務庁、二〇〇三年）
曹洞宗文化財調査委員会編『曹洞宗文化財調査目録解題集7　北信越管区編』（曹洞宗宗務庁、二〇〇六年）
高橋繁行『葬式の日本史』（講談社、二〇〇四年）
竹田聴洲『祖先崇拝　サーラ叢書8』（平楽寺書店、一九五七年）
竹田聴洲編『葬送墓制研究集成3　先祖供養』（名著出版、一九七九年）
田中久夫『祖先祭祀の研究』（弘文堂、一九六七年）
田中久夫『仏教民俗と祖先祭祀』（永田文昌堂、一九八六年）
圭室諦成『葬式仏教』（大法輪閣、一九六三年）

中込睦子『位牌祭祀と祖先観』（吉川弘文館、二〇〇五年）
林　英一『近代火葬の民俗学』（法藏館、二〇一〇年）
福田アジオ『寺・墓・先祖の民俗学』（大河書房、二〇〇四年）
藤井正雄「4葬送の儀礼」「5回向の儀礼」『日本人の仏教　仏教の儀礼』（東京書籍、一九八三年）
村上興匡「近代葬祭業の成立と葬儀慣習の変遷」『国立歴史民俗博物館研究報告』第九一集（二〇〇一年）
森岡清美『家の変貌と先祖の祭』（日本基督教団出版局、一九八四年）
山田慎也「近代における遺影の成立と死者表象――岩手県宮守村長泉寺の絵額・遺影奉納を通して」『国立歴史民俗博物館研究報告』第一三二集（二〇〇六年）
山田慎也『現代日本の死と葬儀――葬祭業の展開と死生観の変容』（東京大学出版会、二〇〇七年）
ロバート・J・スミス『現代日本の祖先崇拝』上・下巻（御茶の水書房、一九八一年・一九八三年）
桜井義秀『死者の結婚――祖先崇拝とシャーマニズム』（北海道大学出版会、二〇一〇年）
高橋三郎編『水子供養――現代社会の不安と癒し』（行路社、一九九九年）
波平恵美子「異常死者の葬法と習俗」『仏教民俗学大系4　祖先祭祀と葬墓』（名著出版、一九八八年）
文化庁編『日本民俗地図Ⅶ（葬制・墓制）』（国土地理協会、一九八〇年）
松浦秀光『禅家の葬法と追善供養の研究』（山喜房佛書林、一九六九年）
松崎憲三編『東アジアの死霊結婚』（岩田書院、一九九三年）
森栗茂一「水子供養の発生と現状」『国立歴史民俗博物館研究報告』第五七集（一九九四年）
柳田国男「先祖の話」『柳田国男全集13』（筑摩書房、一九九〇年）

渡辺章悟『十三仏信仰――追善供養の仏さま』(渓水社、一九八九年)

第一部　奈良・平安仏教と中世禅宗における追善供養の展開

相川浩昭「氏寺の中世的展開――『建内記』にみる浄蓮華院の役割を通して」『常民文化』第二九号(二〇〇六年)
赤田光男「林下塔頭の葬祭儀礼について――特に大徳寺の諸相」上井久義編『葬送墓制研究集成　第5巻　墓の歴史』(名著出版、一九七九年)
赤田光男「戦国期美濃国における禅院の建立と小林寺殿の葬祭儀礼」『帝塚山大学人文学部紀要』第二五号(二〇〇八年)
赤田光男「中世後期における一条家の葬送と追善儀礼」『帝塚山大学人文科学部紀要』第二四号(二〇〇八年)
赤田光男「中世後期における大乗院奉公人の葬祭儀礼」『日本文化史研究』第四〇号(二〇〇九年)
赤田光男「中世後期南都の盆行事について」『帝塚山大学人文学部紀要』第二六号(二〇〇九年)
東　隆真『洞谷記に学ぶ――日本初期曹洞宗僧団の胎動』(曹洞宗宗務庁、一九八二年)
有馬頼底「臨済宗の声明――相国寺を中心として」『声明大系6　禅解説』(法藏館、一九八四年)
安藤嘉則「中世臨済宗徹翁派における入室について」『駒沢女子短期大学研究紀要』第三七号(二〇〇四年)
池田魯参「『観音懺法』の成立背景と曹洞宗旨」『宗学研究』第四三号(二〇〇一年)
石川　一「九條家の仏事についての考察――『南北百番歌合』の再検討を照準として」『広島女子大国文』第二三号(二〇〇七年)

出雲路修「解説」『新日本古典文学大系30　日本霊異記』（岩波書店、一九九六年）
伊藤良久「中世曹洞宗禅語録に見る葬祭儀礼――葬儀・追善供養・逆修の法語から」『宗学研究』第五〇号（二〇〇八年）
伊藤良久「中世曹洞宗における逆修とその思想背景」『宗学研究紀要』第二一号（二〇〇八年）
伊藤良久「中世禅宗における逆修――臨済宗と曹洞宗の異同」『曹洞宗研究員研究紀要』第三九号（二〇〇九年）
稲城信子「法華八講に関する一試論」『文学』第五七巻第二号（一九八九年）
海老名尚「中世前期における国家仏事の一考察――御願寺仏事を中心として」『寺院史研究』第三号（一九九三年）
榎本榮一「『御堂関白記』における仏事について」『東洋学研究』第四三号（二〇〇六年）
遠藤基郎「院政期儀礼体系の素描――仏事を中心に」羽下徳彦編『中世の政治と宗教』（吉川弘文館、一九九四年）
大石雅章『日本中世社会と寺院』（清文堂出版、二〇〇四年）
大田壮一郎「室町幕府の追善仏事に関する一考察――武家八講の史的展開」『仏教史学研究』第四四巻第二号（二〇〇二年）
尾崎正善「『瑩山清規』の変遷について――徳泉寺蔵「延宝五年本」について」『宗学研究』第三五号（一九九三年）
尾崎正善「『瑩山清規』の変遷について（２）――諸本の系統に関する覚書」『曹洞宗宗学研究所紀要』第六号（一九九三年）
尾崎正善「宗門葬祭儀礼の一側面――宗門清規・回向の変遷を通して」『曹洞宗研究員研究紀要』第二四号（一九九三年）
尾崎正善「施餓鬼会に関する一考察（１）――宗門施餓鬼会の変遷過程」『曹洞宗宗学研究所紀要』第八号（一九九四年）
尾崎正善「施餓鬼会に関する一考察（２）――真言宗との比較を通して」『印度学仏教学研究』第四三巻第一号（一九九四年）
尾崎正善「施餓鬼会に関する一考察（３）――諸仏光明真言灌頂陀羅尼と大宝楼閣善住秘蜜根本陀羅尼について」『曹洞宗研究員研究紀要』第二六号（一九九五年）

尾崎正善「曹洞宗葬祭儀礼と陰陽道――大安寺蔵『回向并式法』・永久文庫蔵『年中行事清規』に関して」『印度学仏教学研究』第四五巻第一号（一九九六年）
尾崎正善「大安寺蔵『回向并式法』について」『宗学研究』第三八号（一九九六年）
尾崎正善「永久文庫蔵『年中行事清規』について」『宗学研究』三九号（一九九七年）
尾崎正善「『慧日山東福禅寺行令規法』について」『鶴見大学紀要 第四部 人文・社会・自然科学編』第三六号（一九九九年）
尾崎正善「曹洞宗における「布薩」について」『印度学仏教学研究』第四八巻第一号（一九九九年）
尾崎正善「普済寺関係清規について」『宗学研究』四三号（二〇〇一年）
小原　仁『中世貴族社会と仏教』（吉川弘文館、二〇〇七年）
梶原正昭「武士の罪業感と発心」今成元昭編『仏教文学の構想』（新典社、一九九六年）
勝又俊教「第八章　空海と仏事法会」『弘法大師の思想と源流』（山喜房佛書林、一九八一年）
神谷昌志「序章　廣澤山普済寺の黎明」『廣澤山普済寺六百年史』（曹洞宗廣澤山普済寺、二〇〇八年）
河合泰弘「『洞谷記』二種対照（一～三）」『禅研究所紀要』第三〇～三二号（二〇〇二～二〇〇四年）
河合泰弘「『洞谷記』の編集動機について（二）――流布本『洞谷記』の編集意図をめぐって」『禅研究所紀要』第三二号（二〇〇四年）
木内修岳・孤島泰凡・粕谷善通「曼荼羅供について」『真言宗豊山派総合研究院紀要』第六号（二〇〇一年）
岸　泰子「室町・戦国期における宮中御八講・懺法講の場」『日本宗教文化史研究』第九巻第一号（二〇〇五年）
京樂真帆子『平安京都社会史の研究』（塙書房、二〇〇八年）

栗原　弘「藤原行成家族の葬送・追善仏事・忌日について」『名古屋文理大学紀要』第四号（二〇〇四年）
小井川理「平安時代一品経供養と普賢菩薩画像制作について」『美術史学』第二四号（二〇〇四年）
後藤みちこ「中世後期公家の「家」の祖先祭祀――三条西家の追善仏事にみる」前近代女性史研究会編『家・社会・女性
古代から中世へ』（吉川弘文館、一九九七年）
小峯和明「表白」『仏教文学講座　第8巻　唱導の文学』（勉誠社、一九九五年）
五味文彦『殺生と信仰――武士を探る』（角川書店、一九九七年）
坂本　要「餓鬼と施餓鬼」坂本要編『地獄の世界』（北辰堂、一九九〇年）
桜井秀雄「瑩山禅師門流の教団形成――教化学的視点から奥の正法寺を中心として」瑩山禅師奉讃刊行会編『瑩山禅師研究』
（瑩山禅師奉讃刊行会、一九七四年）
櫻木　潤「嵯峨・淳和朝の「御霊」慰撫――『性霊集』伊予親王追善願文を中心に」『仏教史学研究』第四七巻第二号（二〇
〇五年）
佐々木宗雄「王朝国家期の仏事について」『日本王朝国家論』（名著出版、一九九四年）
佐藤健治「葬送と追善仏事にみる摂関家行事の成立」『史学雑誌』一〇三巻一一号（一九九四年）
佐藤健治『中世権門の成立と家政』（吉川弘文館、二〇〇〇年）
佐藤秀孝「恭翁運良・孤峰覚明と初期曹洞宗教団」『禅学研究』第七七号（一九九九年）
佐藤俊晃「曹洞宗室内伝法式と下火儀礼――曹洞宗教団の葬送観をめぐって」『禅学研究』第八三号（二〇〇五年）
佐藤昌史「宗門葬祭儀礼の変遷――亡僧葬法を中心として」『教化研修』第三三号（一九九〇年）
佐藤昌史「宗門葬祭儀礼の変遷（二）――在家葬法を中心として」『教化研修』第三四号（一九九一年）

佐藤恒雄「藤原為家の仏事供養について」『広島女学院大学大学院言語文化論叢』第九号（二〇〇六年）

澤田瑞穂『修訂　地獄変――中国の冥界説』（平河出版社、一九九一年）

柴田實編『御霊信仰』（雄山閣出版、一九八四年）

静　慈圓「第二編　空海の行動と思想　第二章　空海の願文の構造とその特色」『空海密教の源流と展開』（大蔵出版、一九九四年）

水藤　真『中世史研究選書　中世の葬送・墓制――石塔を造立すること』（吉川弘文館、一九九一年）

水藤　真「戦国時代の一貴族の死者儀礼――『宣胤卿記』の葬送・追善の記事から」石井進・萩原三雄編『帝京大学山梨文化財研究所シンポジウム報告集　中世社会と墳墓――考古学と中世史研究3』（名著出版、一九九三年）

鈴木泰山『禅宗の地方発展』（吉川弘文館、一九四二年）

曽根原理「室町時代の武家八講論議」『日本仏教文化論叢　上巻』（永田文昌堂、一九九八年）

曽根原理「室町時代の御八講論議」『南都仏教』第七九号（二〇〇〇年）

平　雅行「鎌倉における顕密仏教の展開」『日本仏教の形成と展開』（法藏館、二〇〇二年）

高木　豊『平安時代法華仏教史研究』（平楽寺書店、一九七三年）

高島正人「奈良朝宮廷の忌斎――わが国における忌日・周忌の起源」『瀧川政次郎先生米寿記念論文集――神道史論叢』（国書刊行会、一九八四年）

高橋哲秋『大梅拈華山圓通正法寺誌　奥の正法寺』（大梅拈華山圓通正法寺、一九九四年）

高橋秀樹『日本中世の家と親族』（吉川弘文館、一九九六年）

竹内弘道「瑩山禅師の著作にみえる死後観」『葬祭――現代的意義と課題』（曹洞宗総合研究センター、二〇〇三年）

竹田和夫「鎌倉時代の経供養行為について――十種供養を中心に」『鎌倉遺文研究』第二三号（二〇〇九年）
田中徳定『孝思想の受容と古代中世文学』（新典社、二〇〇七年）
田中久夫「盂蘭盆会と無縁仏」『仏教民俗学大系6　仏教年中行事』（名著出版、一九八六年）
天納傳中「宮中御懺法講について」『伝教大師と天台宗』（吉川弘文館、一九八五年）
徳永誓子「後鳥羽院怨霊と後嵯峨皇統」『日本史研究』第五一二号（二〇〇五年）
中尾　堯「院政期の写経とその儀礼」中尾堯編『鎌倉仏教の思想と文化』（吉川弘文館、二〇〇二年）
中尾良信「無本覚心について」『宗学研究』第二三号（一九八一年）
長田郁子「鎌倉期における皇統の変化と菩提を弔う行事――仁治三年正月の後嵯峨天皇の登位を中心に」『明治大学大学院文学研究論集』第一五号（二〇〇一年）
中村一郎「国忌の廃置について」『書陵部紀要』第二号（一九五二年）
中村　史『日本霊異記と唱導』（三弥井書店、一九九五年）
長沢利明「盂蘭盆と施餓鬼会」『西郊民俗』第一八四号（二〇〇三年）
奈良康明「第二章　死後の世界――アヴァダーナ文学を中心として」『講座仏教思想　第7巻　文学論・芸術論』（理想社、一九七五年）
奈良康明「餓鬼（preta）観変遷の一過程とその意味」勝又俊教博士古稀記念論文集編纂委員会編『勝又俊教博士古稀記念論文集　大乗仏教から密教へ』（春秋社、一九八一年）
成河峰雄「禅宗の喪葬儀礼」『禅学研究所紀要』第二四号（一九九六年）
新村　拓「施薬院と悲田院」『日本医療社会史の研究――古代中世の民衆生活と医療』（法政大学出版、一九八五年）

西尾和美「室町中期における飢饉と民衆――応永二十八年及び寛正二年の飢饉を中心として」『日本史研究』第二七五号（一九八五年）
西山美香「五山禅林の施餓鬼会について――水陸会からの影響」『駒澤大学禅学研究所年報』第一七号（二〇〇六年）
西山良平「御霊信仰論」『岩波講座日本通史　第5巻　古代4』（岩波書店、一九九五年）
布谷陽子「承久の乱後の王家と後鳥羽追善仏事」羽下徳彦編『中世の地域と宗教』（吉川弘文館、二〇〇五年）
野口武司「『吾妻鏡』の死没記事」『信州豊南短期大学紀要』第二三号（二〇〇六年）
橋本初子「史料紹介　七僧法会について――足利義満没後百ケ日七僧法会の史料」『愛知学院大学大学院文学研究科　文研会紀要』第二号（一九九一年）
服部良男「横死者への眼差し――水陸画や甘露幀に触発されて日中韓の生死観におよぶ」『列島の文化史11』（日本エディタースクール出版部、一九九八年）
葉貫磨哉「鎌倉仏教に於ける栄西門流の位置――退耕行勇とその周辺」『仏教史学研究』第二〇巻第二号（一九七八年）
林　文理「中世如法経信仰の展開と構造」『寺院史論叢1　中世寺院史の研究（上）』（法藏館、一九八八年）
速水　侑「二　氏族仏教の発達」『日本仏教史　古代』（吉川弘文館、一九八六年）
原田弘道「中世における洞済交渉の一側面」『駒澤大学仏教学部研究紀要』第三四号（一九七六年）
原田正俊『日本中世の禅宗と社会』（吉川弘文館、一九九八年）
原田正俊「室町殿と仏事法会――葬送・中陰仏事を中心に」『仏教史学研究』第四三巻第二号（二〇〇一年）
引田弘道「Padma Purana の餓鬼観」『曹洞宗研究員研究紀要』第一八号（一九八六年）
樋口健太郎「摂関家「氏寺」の中世的展開――法成寺・平等院を中心に」『年報中世史研究』第三二号（二〇〇七年）

樋口健太郎「「氏寺」から見た王家・摂関家の成立」『ヒストリア』第二一三号（二〇〇九年）
彦由三枝子「後白河院七七忌百僧供と鎌倉宗教界」『政治経済史学』第四四六号（二〇〇三年）
久水俊和「天皇の喪葬儀礼と室町殿――御幸供奉を中心に」『国学院大学大学院紀要　文学研究科』第三四輯（二〇〇三年）
久水俊和「改元と仏事からみる室町期の皇統意識――後光厳院流後花園天皇の誕生」『国史学』第一九九号（二〇〇九年）
服藤早苗『家成立史の研究』（校倉書房、一九九一年）
服藤早苗「平安貴族層における墓参の成立――墓参より見た家の成立過程」藤井正雄・義江彰夫・孝本貢編『シリーズ比較家族2　家族と墓』（早稲田大学出版部、一九九三年）
藤本　晃『ラトナ仏教叢書　廻向思想の研究――餓鬼救済物語を中心として』（国際仏教協会、二〇〇六年）
藤本　晃『死者たちの物語――『餓鬼事経』和訳と解説』（国書刊行会、二〇〇七年）
平岡定海「藤原氏の氏寺と天台宗の進出――法性寺と法成寺について」『大手前女子大学論集』第一二号（一九八八年）
広瀬良弘『禅宗地方展開史の研究』（吉川弘文館、一九八八年）
藤木久志『飢饉と戦争の戦国を行く』（朝日新聞出版、二〇〇一年）
藤田大誠「近代日本における「怨親平等」観の系譜」『明治聖徳記念学会紀要』復刊第四四号（二〇〇七年）
古瀬奈津子「『国忌』の行事について」『古代文化』第四三巻第五号（一九九一年）
法政大学能楽研究所編「観世新九郎家文庫目録（上）」『能楽研究』第二号（一九七六年）
細川涼一『中世の律令寺院と民衆』（吉川弘文館、一九八七年）
堀　一郎『上代日本仏教文化史』上・下巻（臨川書店、一九四一年・一九四三年）
堀　一郎『我が国民間信仰史の研究（二）宗教史編』（創元社、一九五五年。同書は『堀一郎著作集　第7巻　民間信仰の形態と

機能』〈未來社、二〇〇二年〉として再刊)
堀　裕「平安期の御願寺と天皇――九・十世紀を中心に」『史林』第九一巻一号(二〇〇八年)
桃　裕行「忌日考」『桃裕行著作集　古記録の研究』上巻(思文閣出版、一九八八年)
松尾剛次『中世都市鎌倉の風景』(吉川弘文館、一九九三年)
松尾剛次『救済の思想――叡尊教団と鎌倉新仏教』(角川書店、二〇〇八年)
松岡心平「足利義持と観音懺法そして『朝長』」『東京大学教養学部　人文科学科紀要　国文学・漢文学』第九四輯(一九九一年)
三島暁子「室町時代宮中御八講の開催とその記録――真名記と仮名記」『武蔵文化論叢』第二号(二〇〇二年)
三島暁子「南北朝、室町時代の追善儀礼に見る公武関係」『武蔵文化論叢』第三号(二〇〇三年)
三島暁子「御懺法講の定着過程にみる公武権威の主導権争いについて――南北朝から室町後期まで」『芸能史研究』第一六二号(二〇〇三年)
道端良秀『仏教と儒教』(第三文明社、一九七六年)
峰岸純夫『中世災害・戦乱の社会史』(吉川弘文館、二〇〇一年)
村井弘典『奥の正法寺　成立と展開――宗門発展期におけるその位置づけ』(大梅拈華山圓通正法寺、二〇〇七年)
山田雄司『跋扈する怨霊――祟りと鎮魂の日本史』(吉川弘文館、二〇〇七年)
山田雄司「怨霊と怨親平等との間」国学院大学研究開発推進センター編『霊魂・慰霊・顕彰――死者への記憶装置』(錦正社、二〇一〇年)
山中玲子「二　〈朝長〉「懺法」」『中世文学研究叢書6　能の演出――その形成と変容』(若草書房、一九九八年)

山端昭道「『瑩山清規』と『正法清規』」『印度学仏教学研究』第二七巻第二号（一九七九年）
山本真吾「空海作願文の表現世界――伊予親王関連願文を中心に」『人文論叢　三重大学人文学部文化学科研究紀要』第八号（一九九一年）
横井覚道「日本曹洞宗伝承声明講式について」『宗学研究』九号（一九六七年）
吉岡義豊『道教と仏教』（国書刊行会、一九七〇年）
渡辺秀夫「願文の世界」『平安朝文学と漢文世界』第四篇（勉誠社、一九九一年）

第二部　近世禅宗における追善供養の展開

飯田利行『学聖無著道忠』（禅文化研究所、一九八六年）
石川力山『禅宗相伝資料の研究』上・下巻（法藏館、二〇〇一年）
今泉忠左衛門編『仙寿山全久院志』（全久院芙蓉室、一九二九年）
大久保道舟「解説」『道元禅師清規』（岩波書店、一九四一年）
尾崎正善「『椙樹林清規』について――瑩山清規との比較において」『宗学研究』第三四号（一九九二年）
尾崎正善「『椙樹林清規』に関する一考察――『瑩山清規』との比較において（二）」『曹洞宗宗学研究所紀要』第五号（一九九二年）
尾崎正善「『椙樹林清規』の『黄檗清規』受容について――『洞上僧堂清規考訂別録』の批判を通して」『曹洞宗研究員研究紀要』第二三号（一九九二年）

尾崎正善「『椙樹林清規』と『黄檗清規』――『黄檗山内清規』の紹介を中心として」『印度学仏教学研究』四二巻一号（一九九三年）
尾崎正善「『椙樹林清規』と『黄檗山内清規』――「雲堂常規」との比較」『宗学研究』第三六号（一九九四年）
尾崎正善「岸沢文庫蔵『吉祥山永平寺年中定規』について」『宗学研究』第四二号（二〇〇〇年）
尾崎正善『私たちの行持　宗門儀礼を考える』（曹洞宗宗務庁、二〇一〇年）
鏡島元隆「古規復古運動とその思想的背景」『道元禅師とその門流』（誠信書房、一九六一年）
鏡島元隆「日本禅宗史――曹洞宗」『講座禅　第4巻　禅の歴史　日本』（筑摩書房、一九七四年）
鏡島元隆『日本の禅語録　第18巻　卍山・面山』（講談社、一九七八年）
鎌田茂雄『中国の仏教儀礼』（大蔵出版、一九八六年）
川口高風「『仙寿山全久禅院内清規』について」『愛知学院大学教養部紀要』第四九巻第二号（二〇〇一年）
金井　円『近世大名領の研究――信州松本藩を中心として』（名著出版、一九八一年）
金　成炫「近世の京都商人「近江屋」上河家による手島家の継承――「年忌留書」を中心として」『史林』第八五巻第五号（二〇〇二年）
熊谷忠興「護法の大檀那（その七）――松平家先祖代々」『傘松』七〇六号（二〇〇二年）
榑林皓堂「月舟の雲堂常規と黄檗清規」『印度学仏教学研究』第五巻第一号（一九五七年）
下郡　剛「近世琉球社会における臨済宗寺院と葬送・追善仏事」『立正史学』第一〇五号（二〇〇九年）
小坂機融「近世に於ける曹洞禅の復興――特に清規恢復の前提」『印度学仏教学研究』第一四巻第二号（一九六六年）
小坂機融「第一部　近世における道元禅の展開（四）清規論の展開」曹洞宗宗学研究所編『道元思想のあゆみ3　江

戸時代』（吉川弘文館、一九九三年）
駒沢大学戦国史研究会「長興寺文書の紹介――中世史料を中心に」『駒澤史学』第四九号（一九九六年）
末木文美士『近世の仏教――華ひらく思想と文化』（吉川弘文館、二〇一〇年）
関口道潤「13　玄透」曹洞宗宗学研究所編『道元思想のあゆみ3　江戸時代』（吉川弘文館、一九九三年）
禅文化研究所編『小叢林略清規』（禅文化研究所、一九九五年）
曽根原理「徳川家康年忌行事にあらわれた神国意識――家光期を対象として」『日本史研究』第五一〇号（二〇〇五年）
曽根原理「徳川家康年忌行事と延暦寺」『仏教史学研究』第五一巻第一号（二〇〇八年）
竹内道雄『曹洞宗教団史』（教育新潮社、一九七一年）
舘　残翁『加賀大乗寺史』（北国出版社、一九七一年）
田中　潤「徳川将軍の年忌法要にみる門跡」『近世の天皇・朝廷研究大会成果報告集』第一回（二〇〇八年）
圭室文雄『日本仏教史　近世』（吉川弘文館、一九八七年）
圭室文雄『葬式と檀家』（吉川弘文館、一九九九年）
中近世戒律文化翻刻研究会「戒山慧堅撰『近住八戒儀録要』翻刻と解題」『昭和女子大学文化史研究』第一〇号（二〇〇六年）
中尾　堯「江戸の仏教年中行事」『風俗』第一六号第二号（一九八八年）
奈倉哲三「近世後期真宗法事の実態と意義（上・下）――越後国蒲原郡願正寺とその同行」『仏教史研究』第三五巻第一号・第二号（一九九二年）
奈倉哲三「真宗寺院の永代経執行について――「近世後期真宗法事の実態と意義」補足」『仏教史研究』第三六巻第一号（一

九九三年）
野乃花香蔵『玄透即中の思想とその誓願――続編』（玄透禅師顕彰会、一九七六年）
野村照子「大乗寺の崇信者家柄町人――本吉屋右衛門と紙屋庄三郎」『石川郷土史学会々誌』第二六号（石川郷土史学会、一九九三年）
長谷川匡俊『近世浄土宗の信仰と教化』（渓水社、一九八八年）
引野亨輔「近世日本の書物知と仏教諸宗」『史学研究』第二四四号（二〇〇四年）
引野亨輔『近世宗教世界における普遍と特殊　真宗信仰を素材として』（法藏館、二〇〇七年）
広瀬良文「近世禅僧における鎮霊と施食供養――三河国八名郡慈広寺の事例を中心に」『曹洞宗総合研究センター学術大会紀要』第一一号（二〇一〇年）
福田アジオ『寺・墓・先祖の民俗学』（大河書房、二〇〇四年）
藤實久美子『近世書籍文化論――史料論的アプローチ』（吉川弘文館、二〇〇六年）
望月真澄『近世日蓮宗の祖師信仰と守護神信仰』（平楽寺書店、二〇〇二年）
森田登代子『近世商家の儀礼と贈答――京都岡田家の不祝儀・祝儀文書の検討』（岩田書院、二〇〇一年）
森本幾子「近世大阪商家における追善供養と食――雑喉場魚問屋神崎屋平九郎家の追善供養」『なにわ・大阪文化遺産学研究センター２００８』（二〇〇八年）
森本一彦『先祖祭祀と家の確立――「半檀家」から一家一寺へ』（ミネルヴァ書房、二〇〇六年）

第三部　近代禅宗における追善供養の展開

池上良正「靖国信仰の個人性」『駒沢大学　文化』第二四号（二〇〇六年）
今井照彦『近代日本と戦死者』（東洋書林、二〇〇五年）
岩田重則『戦没者供養のゆくえ――戦争と民俗』（吉川弘文館、二〇〇三年）
オリオン・クラウタウ「近世仏教堕落論の近代的形成――記憶と忘却の明治仏教をめぐる一考察」『宗教研究』第三五四号（二〇〇七年）
伊藤幹治『家族国家観の人類学』（ミネルヴァ書房、一九八二年）
籠谷次郎「市町村の忠魂碑・忠霊塔」『歴史評論』第二九二号（一九七四年）
籠谷次郎「戦死者の葬儀と町村――町村葬の推移についての考察」『歴史評論』六二八号（二〇〇二年）
川村邦光編『戦死者のゆくえ――語りと表象から』（青弓社、二〇〇三年）
熊本英人「大正・昭和初期曹洞宗の宗勢とその思潮――曹洞宗関係新聞雑誌記事分類目録稿（1）（2）（3）」『曹洞宗研究員研究紀要』第二九号（一九九八年）、『駒澤大学仏教学部研究紀要』第六〇号・第六一号（二〇〇二・二〇〇三年）
小杉瑞穂「「本尊唱名」についての考察――宗門教化の変遷に見る「本尊唱名」」『教化研修』第五二号（二〇〇八年）
桜井秀雄「総説　明治期・曹洞宗団概史」『曹洞宗選書　第1巻　教義篇――初期宗団教理1』（同朋舎出版、一九八一年）
桜井秀雄『修訂　曹洞宗回向文講義』（曹洞宗宗務庁、一九九七年）
桜井秀雄編『共同研究報告書――明治期『宗報』にみる宗門教化理念』（曹洞宗教化研修所、一九九一年）

白川哲夫「地域における近代日本の「戦没者慰霊」行事――招魂祭と戦死者葬儀の比較考察」『史林』第八七巻第六号（二〇〇四年）
白川哲夫「日清・日露戦争期の戦死者追弔行事と仏教界――浄土宗を中心に」『洛北史学』第八号（二〇〇六年）
白川哲夫「大正・昭和期における戦死者追弔行事――「戦没者慰霊」と仏教界」『ヒストリア』第二〇九号（二〇〇八年）
中濃教篤「公葬形式をめぐる神仏の抗争――靖国神社国営化問題に関連して」『現代宗教研究』第九号（一九七五年）
中濃教篤「総論」『戦時下の仏教』（国書刊行会、一九七七年）
中西直樹「戦時体制下の「神仏対立」」『戦時教学と真宗』第1巻（永田文昌堂、一九八八年）
羽賀祥二「戦争・災害の死者の〈慰霊〉〈供養〉――一八九〇年代の東海地域を中心として」国学院大学研究開発推進センター編『霊魂・慰霊・顕彰――死者への記憶装置』（錦正社、二〇一〇年）
藤田大誠「日本における慰霊・追悼・顕彰研究の現状と課題」国学院大学研究開発推進センター編『慰霊と顕彰の間――近代日本の戦死者観をめぐって』（錦正社、二〇〇二年）
藤田大誠「近現代日本の慰霊・追悼・顕彰に関する主要研究文献目録」国学院大学研究開発推進センター編『慰霊と顕彰の間――近代日本の戦死者観をめぐって』（錦正社、二〇〇二年）
藤田大誠「国家神道と靖国神社に関する一考察――近代神道における慰霊・追悼・顕彰の意味」国学院大学研究開発推進センター編『慰霊と顕彰の間――近代日本の戦死者観をめぐって』（錦正社、二〇〇二年）
森岡清美『家の変貌と先祖の祭』（日本基督教団出版局、一九八四年）
森岡清美・今井照彦「国事殉難戦没者、とくに反政府軍戦死者の慰霊実態」『成城文藝』第一〇二号（一九八二年）
森　謙二『墓と葬送の現在――祖先祭祀から葬送の自由へ』（東京堂出版、二〇〇〇年）

矢野敬一「戦死者と「郷土」――ナショナルな共同性」川村邦光編『戦死者のゆくえ――語りと表象』（青弓社、二〇〇三年）
横関了胤『曹洞宗百年のあゆみ』（曹洞宗宗務庁、一九七〇年）

史料名索引

す

せ

そ

た

人名索引

お

か

き

く

け

こ

さ

し

す

せ

そ

た

ち

つ

て

と

な

に

ぬ

の

は

ひ

ふ

へ

ほ

ま

み

む

め

も

や

よ

ら

り

れ

わ

寺社名索引

く

け

こ

さ

し

す

せ

そ

た

ち

つ

て

と

な

に

は

ひ

ふ

ほ

ま

み

む

や

ゆ

よ

ら

り

る

れ

ろ

著者紹介
徳野　崇行（とくの　たかゆき）
1978年、宮城県生まれ。
駒澤大学大学院人文科学研究科修了。博士（仏教学）。
現在、駒澤大学仏教学部専任講師。
専門は宗教学。
共著に『聖地巡礼ツーリズム』（弘文堂、2012年）がある。

日本禅宗《にほんぜんしゅう》における追善供養《ついぜんくよう》の展開《てんかい》
ISBN978-4-336-06228-4

平成30年2月20日　初版第1刷発行

著　者　徳野崇行
発行者　佐藤今朝夫

〒174-0056　東京都板橋区志村1-13-15
発行所　株式会社　国書刊行会
電話 03(5970)7421　FAX 03(5970)7427
E-mail: info@kokusho.co.jp　URL: http://www.kokusho.co.jp

落丁本・乱丁本はお取替えいたします。
印刷 創栄図書印刷株式会社
製本 株式会社ブックアート